★ 무궤도버스의 측면에 그려진 붉은 별은 개당 5만 킬로미터 주행을 나타낸다. 이 낡은 모델들이 오랜 기간 평양의 근거리 대중교통의 모습을 결정했다. 몇 년 전부터는 여전히 만원이기는 해도 새롭고 현대적인 장비를 갖춘 버스들이 보인다.

★ 북조선 사람들도 자동차를 좋아한다. 1990년대 초에는 대부분 독일제인 수입차들이 포장도로의 자리를 많이 차지했었다. 진품과 모조품이 섞여 있었고 일부는 처참한 상태였다. 2002년부터는 남한 통일교와의 합작회사인 평화자동차회사가 평양 남쪽에 있는 공장에서 다양한 모델의 현대적인 자동차를 생산한다.

★ 유령이 나올 듯 텅 빈 도로들이 오랜 기간 북조선을 나타내는 수상쩍은 표지의 하나였다. 그러나 적어도 수도 평양만큼은 급격하게 변했는데, 이는 국산 자동차의 생산, 중국에서의 연료 수입, 증가하는 중산층 덕이다.

★ 330미터 높이에 105층짜리 특별 기획 류경호텔은 1987년에 공사가 시작되었다가 1992년에 중단되었다. 그 이후로 이 거대한 건축 폐허는 16년 동안이나 수도에서 분명하게 눈에 보이는 경제 실패의 표지였다. 2008년에 이 나라의 유일한 이동통신망을 운영하는 이집트 텔레콤회사 오라스콤이 정면부에 피복을 입히는 일을 시작했다. 오늘날 류경호텔은 평양을 상징하는 건축물의 하나다.

★

1972년에 60회 생일을 계기로 평양의 만수대언덕에 세워진 김일성 동상은 가장 크고 가장 중요한 지도자 숭배 장소다. 김정은은 권력을 승계하고 겨우 4개월 만인 2012년 4월에 초과노동을 동원해 아버지 김정일 동상을 추가한 기념비를 제막했다. 김일성은 좀 더 나이 든 모습으로 안경을 끼고 웃고 있다. 2012년 가을에 두 조각상은 다시 수정을 거쳤다. 김정일은 파카를 입고 있고, 두 사람은 같은 방향을 바라본다.

★ 어디에나 존재하는 표어들은 수십 년 동안이나 오로지 흰색 바탕에 붉은 글씨로 적혔다. 2012년 가을부터 점점 잿빛 화강암에 새겨진 표어가 거리 모습에 등장하는데, 값이 더 비싸면서도 훨씬 덜 눈에 띄는 것이라 멀리서는 거의 읽을 수도 없다. 아래 그림에서 오른쪽 건물의 출입구 위에 이런 표어가 적혀 있다. 오히려 왼편 건물에 금색으로 적힌 '상점'이라는 글자가 더욱 잘 보인다.

★ 원거리통신은 북조선 인프라의 수많은 약점 중 하나였다. 옛날 유선통신망은 연결편이 적고, 흔히 공중전화가 유일한 소통 가능성이었다. 2008년에 이집트 오라스콤과 합작으로 설립된 고려링크는 전국적으로 200만 개 이상의 이동통신을 중계하고 있는데, 통신망의 90퍼센트를 차지할 정도로 편향이 심하다.

★ 특히 지방에서 상인들은 자주 임시 가판대를 차려놓고 있는데, 어디서나 볼 수 있다. 국가가 허용한 제도화된 자유거래 형식은 군마다 있는 시장이다. 아래 사진은 평양 남쪽에 위치한 군 인민위원회 소재지에서, 저 멀리 배경에 보이는 시장으로 가는 길 위에 있는 주민들의 모습. 시장은 특이하게도 북조선과 국경을 맞댄 중국의 '지린[길림]' 성과 같은 이름을 달고 있다. 몇몇 예외를 빼면 외국인들은 시장에 들어갈 수 없다.

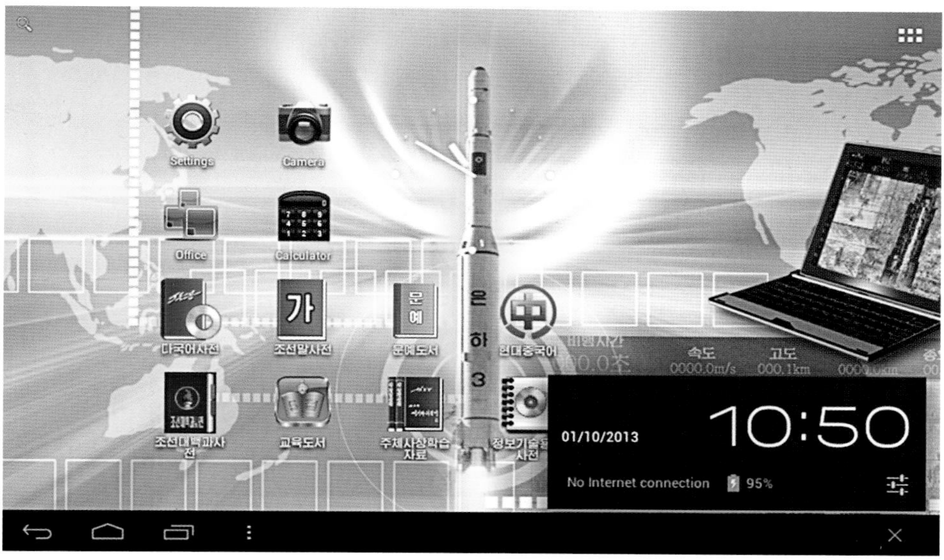

★ 북조선의 태블릿 PC 삼지연의 스크린샷을 보면 배경은 애국적인 모습이고, 지도자들의 저작을 연구할 수 있는 몇몇 앱도 마찬가지다. 하지만 백과사전, 다국어사전, 초등학교와 중학교의 교과서 전부 등이 들어 있고, 몇몇 외국 전자책의 한국어 번역판도 들어 있다. 예를 들면 마거릿 미첼의 《바람과 함께 사라지다》 같은 작품.

★ 부유한 부모를 둔 아이들은 김일성의 지시로 개장한 볼링클럽 '골든레인'에 있는, 일본에서 수입된 게임기에 칩을 넣어 게임을 한다. 동북쪽 국경선 신의주에서 행상하는 여성의 자식들은 그런 것은 꿈이나 꿀 수 있을 뿐이다.

★ 젊은 커플이 새로운 평양의 음식점 한 군데서 만나고 있다. 그들은 음식의 절반가량을 접시에 남겼다. 지방에도 사적인 느낌을 주는 음식점들이 많이 생겨났다. 하지만 많은 사람들에게 고기를 먹는 일은 드문 호강으로, 명절에 친구들과 함께 즐긴다.

★

북조선에도 사람들의 삶이 있다. 도시에서의 결혼식 스트레스[여러 커플이 한 사진에 등장]와 시골에서의 더욱 평화로운 모습.

★ 김일성이 언젠가 텅 빈 판매대가 못마땅하다는 말을 한 뒤로 판매대들은 항상 가득 채워졌다. 하지만 가격표가 없는 것으로도 알 수 있듯이 진열된 것은 장식품일 뿐이고 팔리는 것은 바닥의 묶음이었다. 오늘날 북조선에서는 시장 또는 많은 사람이 방문하는 사진 속 지하철 키오스크에서 볼 수 있는 것처럼 쇼핑이 광범위하게 정상화되었다.

★ 지방에서 자전거는 가장 중요한 이동 수단이다. 덕분에 자주 관찰되는 사업 아이디어가 이동 자전거 수리소. 여자들이 담배, 음료, 스낵 등을 판다면, 대부분 나이 든 남자들은 수선 도구를 갖추고 자전거가 고장 난 고객들을 기다리고 있다.

★ 1980년대 말부터 북조선에서는 민간 영역에서 매우 산발적인 건축만 이루어졌다. 2012년에 공개된 평양의 만수대아파트 등 대규모 건축 기획은, 사람들에게 이제 시절이 더 좋아질 것임을 보여주기 위한 것이다. 지방에서는 대부분 훨씬 소박하게 살고 있다.

위 대 한 령 도

흥남비료련합기

조선로동당 총비서이시며 조선민주주의인민공화국 국방위원회 위원장이신 우리 당과 우리 인민의 위대한 령도자 김정일동지께서는 흥남비료련합기업소를 현지지도하시였다.

내각총리 박봉주동지, 당중앙위원회 비서들인 김국태동지, 김기남동지, 당중앙위원회 부장 동지, 당중앙위원회 제1부부장들인 주규창동지, 리재일동지가 동행하였다.

위대한 령도자 김정일동지를 현지에서 함경남도당위원회 책임비서 홍성남동지, 함경남도인민위원회 위원장 김풍기동지를 비롯한 도와 기업소의 책임일군들이 영접하였다.

기업소의 전체 당원들과 근로자들은 당창건 60돐을 빛나는 로력적성과로 맞이할 불타는 일념을 안고 증산의 불길을 세차게 지펴올림으로써 비료생산에서 련일 새로운 혁신을 창조하고있다.

밝혀주시고 《비료는 곧 쌀이고 쌀은 곧 사회주의다.》라는 유명한 명제를 내놓으시였다.

김정일동지께서는 위대한 수령님의 손길아래 승리와 번영의 한길을 달려온 공장의 영광스러운 발전로정을 감회깊이 회고하시고 수령님의 령도와 세심한 보살피심에 의하여 기업소는 나라의 [illegible] 직한 대규모의 비료생산기지로 전변되였다고 하시면서 수령님의 불멸의 혁명업적은 조국청사에 길이 빛날것이라고 말씀하시였다.

김정일동지께서는 이어 합성직장, 비누직장을 비롯한 생산공정들을 돌아보시면서 기술개건정형과 생산실태를 료해하시였다.

흥남의 로동계급은 당의 과학중시사상을 높이 받들고 [illegible] 공정을 비롯한 여러 생산공정들을 현대적으로 개건하여 비료생산을 높이였으며

조선로동당 총비서이시며 조선민주주의인민공화국 국방위원회 위원장이신 우리 당과 우리 인민의 위대한 령도자 김정일동지께서는 흥남비료련합기업소를 현지지도하시였다.

내각총리 박봉주동지, 당중앙위원회 비서들인 김국태동지, 김기남동지, 당중앙위원회 부장 박남기동지, 당중앙위원회 제1부부장들인 주규창동지, 리재일동지가 동행하였다.

위대한 령도자 김정일동지를 현지에서 함경남도당위원회 책임비서 홍성남동지, 함경남도인민위원회 위원장 김풍기동지를 비롯한 도와 기업소의 책임일군들이 영접하였다.

기업소의 전체 당원들과 근로자들은 당창건 60돐을 빛나는 로력적성과로 맞이할 불타는 일념을 안고 증산의 불길을 세차게 지펴올림으로써 비료생산에서 련일 새로운 혁신을 창조하고있다.

김정일동지께서는 먼저 기업소의

밝혀주시고 《비료는
사회주의다.》라는
으시였다.
김정일동지께서는
손길아래 승리와 번
공장의 영광스러운
회고하시고 수령님의
살피심에 의하여 기
직한 대규모의 비료
다고 하시면서 수령
적은 조국청사에
말씀하시였다.
김정일동지께서는
누직장을 비롯한 생
면서 기술개건정형과
시였다.
흥남의 로동계급
사상을 높이 받들고
정을 비롯한 여러
으로 개건하여 비
공장의 면모를 일신

★ 위: 아리랑 공연 중 위대한 지도자 김정일이 탄생한 집에서 따스한 빛이 나온다.

아래: 거리낌없는 수정. 흥남 비료공장의 문서보관실에 전시된 당 기관지 복사본에 공란이 보인다. 오른쪽은 박남기라는 이름이 들어 있는 오리지널 신문. 그는 2009년 화폐개혁의 실패에 대한 책임을 뒤집어쓰고, 그 이름과 함께 사라졌다. 그의 직함(당중앙위원회 부장)은 지워지지 않았다.

북한

전체주의 국가의 내부관점

● **일러두기**

본문의 [ ] 속 설명은 옮긴이의 것이다. 단 인용문의 [ ] 속 설명은 저자의 것이다.

NORDKOREA: Innenansichten eines totalen Staates
by Rüdiger Frank

NORDKOREA

북한

INNENANSICHTEN EINES TOTALEN STAATES

전체주의 국가의 내부관점

뤼디거 프랑크 지음 | 안인희 옮김

한겨레출판

서문

1991년 10월 7일 베를린에서 나는 동료 학생 다섯 명과 함께 흔히 북조선이라는 이름으로 알려진 조선민주주의인민공화국의 수도인 평양[1]으로 가는 비행기에 앉아 있었다. 마침 이날이 이전 해부터 더 이상 존재하지 않게 된 동독의 건국 '42주년' 되는 날이었기에 우리는 그에 대한 농담을 주고받았다. 수명이 얼마 남지 않은 사회주의 국가 한 곳으로 여행한다는 사실이 특별한 느낌을 주었다. 오늘날의 관점에서 보면 이 비행으로 북조선과 나의 인연이 시작되었다.

정확히 그 2년 전인 1989년 10월 7일, 동베를린의 겟세마네교회 앞에서 벌어진 시위가 잔인하게 진압되었다. 이틀 뒤인 10월 9일에는 10만 명의 시위대가 내 고향도시 라이프치히의 거리들을 행진했다. 국가가 거기 맞서 아무 일도 못할 거라고는 전혀 예상되지 않던 때였다. 그 사람들은 나보다 더 영리하고 용감했다. 당시 나는 정권교체가 문제가 아니고 체제 자체가 문제라는 점을 겨우 이해한 참이었는데, 그들은 벌써 행동에 나섰던 것이다. 그 용감한 사람들을 기리기 위해 10월 7일이 독일 통일 날짜로 선택되지 않은 것은 유감이다.

이미 오래전부터 뇌사상태이던 동독의 최후는 어쨌든 바로 이 라이프치히의 월요일 시위로 확정되었다. 1주 뒤에는 에리히 호네커[Erich Honecker]가 떠났고, 그로부터 다시 3주 뒤에는 장벽이 무너졌다. "우리가 인민이다"라는 구호는 "우리는 한 민족이다"라는 구호로 바뀌었다. 1990년 3월에 예전의 연합정당이던 기독교민주당(CDU)이 최고인민회의 선거에서 승리했고, 7월에는 약속한 독일 마르크화가 도입되었다. 그리고 1990년 10월 3일에 동독은 공식적으로 역사의 한 장이 되었다. 이 모든 일은 온건하게 말해도 숨이 멎을 만큼 놀라운 일이었고, 나 개인으로서는 절대로 예측하지 못한 일이었다. 내가 동독 주민으로서 주류의 지식을 갖추고 있었는데도 그랬다. 그러니 오늘날에도 나는 북조선의 가까운 미래에 대한 예측을 매우 꺼릴 수밖에 없다.

1990년도 겨울학기에 나는 베를린 훔볼트대학교에서 한국학 공부를 시작했다. 원래 내 관심은 역동적으로 발전하고 있던 남한을 향했다. 물론 북조선에 관한 세계적으로 유명한 전문가 한 명의 강의를 들을 특권도 누렸다. 한국학 교수이던 헬가 피히트[Helga Picht]는 최고위층에 이르기까지 북조선을 속속들이 직접 보아서 알고 있었다. 교수님은 보통은 도달하기 어려운 깊이까지 북조선을 이해할 수 있도록 가르쳤다. 그분의 객관적이고도 비판적인 태도는 평양에서 받아들여지지 않았고, 머지않아 입국이 금지되었다. 그 뒤로 나는 입국금지를 일종의 표창장으로 여기게 되었거니와, 지금까지 나도 두 번 그런 표창장을 받았다.

당시는 그런 '변화'의 직후라 기묘한 시대였다. 예를 들어 북조선 출신으로 한국어 강사이던 박 교수님은 아내와 딸과 함께 — 다른 딸 하나는 '안전'을 위해 고향에 붙잡혀 있었고 — 1993년까지도 동베를린의 조립식 주택에 살았다. 심지어 한 번은 여럿이 그 집에 식사 초대를 받아 가기도 했다. 개혁가가 아니던 교수님은 자기 주변에서 일어나는 변화들을 있는 힘을 다해 무시하려고 애썼다. 이 판단력 있는 남자에게 그것은 아마 몹시 힘든 일이었을 것이다. 나는 이분에게서도 북조선에 대해 많은 것을 배웠다.

독일에서 1년 동안 집중적인 강의를 듣고 나자 나는 한국에서 공부할 준비가 되었다. 물론 남한으로 갈 셈이었다. 하지만 나의 모교와 북조선의 자매학교 사이에 놀랍게도 독일 통일 이후에도 지속되던 교환협정 방식으로 최초의 기회가 내게 주어졌다. 독일 학술교류처는 당시 내게는 천문학적이던 금액을 장학금으로 제공해서 외국에서 한 학기를 보낼 수 있도록 후원해주었고, 나를 지도하던 교수님이 비자를 받아주었다. 이로써 나는 몇 달 동안 김일성대학교에서 한국어를 공부하기로 결정되었다. 당시에는 내가 그것을 실수라고 여겼음을 고백해야겠다. 오늘날의 관점에서 그것은 그야말로 단 한 번뿐인 행운이었다.

북조선에 도착하자 충격이 밀려왔다. 나를 기다리는 것이 무엇인지 아무도 미리 알려주지 않았었다. 나 또한 어째서 그런지 묻지 않았다. 사회주의야 나도 안다고 생각했으니까. 어쨌든 나는 동독에서 태어나 자랐고, 아버지의 연구 체류를 통해 제한적이긴 했어도 1970년대에 만 5년을 소련에서 보냈으니 말이다. 하지만 북조선은 내가 전에 보았던 모든 것과 완전히 달랐다. 1991년 평양행 비행은 생각했던 것처럼 나의 과거로 되돌아가는 시간여행이 아니었다. 그보다는 오히려 낯설고 기묘하고 비현실적이고, 머지않아 좌절을 불러올 세계로 들어가는 일이었다.

당시 내 눈에는 북조선이 분명 앞으로 6개월도 버티지 못할 것으로 보였다. 나라의 경제는 명백히 바닥이었고, 세계 도처에서 사회주의 국가들이 도미노처럼 무너지는 판이니, 북조선이 그 뒤를 따르는 것은 시간문제로만 생각되었다. 지금은 내가 그런 오판에도 불구하고 여전히 영향력 있는 집단에 속한다는 게 위안이 될 정도다. 북조선의 붕괴는 전 세계에서 상당히 정기적으로 예견되었고, 지금도 예견되고 있다.

그 뒤로 나는 이 나라를 이해하려고 노력해왔다. 그것은 아직도 끝나지 않은 아주 긴 과정이다. 북조선에 관해 책을 쓰려는 사람은 2주 동안 그 나라를 여행하든지 아니면 20년 동안 탐색을 해야 한다던 스승 헬가 피히트 교수님의 말이 언제나 거듭 기억나곤 한다. 당시에는 그 말이 좀 과장이라고 생각했지만, 거의 25년 세월이 흐르고 나서야 나는 이 책을 쓰기 시작했다.

그사이 나는 빈대학교의 교수가 되어 이곳 동아시아연구소 소장직도 맡게 되었다. 이 안전한 지위가 제공하는 유일한 특권은, 비판받을까 지지를 받을까 하는 기회주의적인 고려를 하지 않고도 논쟁의 여지가 있는 이 주제에 대해 발언할 기회를 준다는 점이다. 또한 사람들은 내 의견을 경청하는데, 이는 기쁜 일이지만 동시에 그와 결부된 책임을 생각하면 이따금 깜짝 놀라곤 한다. 내가 쓴 기사와 인터뷰들이 〈쥐트도이체 차이퉁*Süddeutsche Zeitung*〉과 〈빌트*Bild*〉지에 실리곤 한다. 나는 지미 카터Jimmy Carter를 중심으로 하는 전직 국가원수 모임에 자문해주기도 했고, 현재는 세계경제포럼의 회원이며, 이런저런 국가들에 상담역도 한다. 2013년 9월에는 〈프랑크푸르트 알게마이네 차이퉁*Frankfurter Allgemeine Zeitung*〉지가 나를 독일에서 가장 영향력 있는 경제학자 50인 명단에 올리기도 했는데, 물론 북조선과 관련된 내 일 덕이었다. 또한 북조선과 남한의 관공서와도 접촉하고 있다.

책으로 할 수 있는 일이 상당히 많기는 하지만, 또한 계속 불가능한 상태로 남아 있는 것들도 많다. 그러니 극히 솔직한 태도로 자기가 '한나라'를 만족스럽게 설명할 수 있는가를 자문해보아야 한다. 우리는 조국에 대해 '설명'하려고 해도 쉽사리 한계에 부딪친다. 언어장벽이 없고, 매우 광범위한 자료와 정보를 이용할 수 있고, 연구에 그 어떤 제약이 없는데도 말이다. 수백만, 수천만의 사람들로 구성된 사회는 너무나 다양하고 복잡하다. 그러니 북조선에 대해 모든 의문을 넘어선 완벽하고 객관적이며 궁극적인 설명을 기대하는 것은 비현실적이다.

그래서 이 책은 나의 개인적 경험과 관점에 의존한다. 그 점을 분명히 하려고 개인적인 이야기를 책의 시작으로 삼았거니와, 학자로서는 매우 특이하게도 1인칭 서술을 선택했다. 내 관점을 유일한 진리로 만들려는 것이 아니다. 북조선이 실제 어떠한지를 쓰려는 것이 아니라 내게는 어떻게 보이는지를 쓰려고 한다. 그래서 나의 삶의 길, 교육, 경험 등에서 나온, 개인적 색채를 지닌 인식을 소급해 이용한다.

나는 현실로 존재하는 사회주의를 정치적으로 올바른 기록물이나 어느 정도 재미있는 오락영화를 통해서만이 아니라 직접 겪어서 아는 사람으로서 말하려는 것이다. 그러다보니 북조선의 미래에 대해 예언하는 것이나 북조선 사람들의 삶에 대해 너무 선불리 판단을 내리는 것에 몹시 몸을 사리게 된다.

나는 한국학자 및 지역학자 자격으로 이 책을 쓴다. 그동안 나는 한국의 역사, 문학, 정치, 경제, 사회 등을 공부했거니와, 한국어 출전문서들을 읽을 수 있으며 한국인들과 이야기를 나눌 수 있다. 이것은 북조선에 대해서처럼 극단적 찬반으로 나뉜 문서들에서 얻는 '정보들' 말고는 서양 언어로 된 자료 자체가 적고 그마저 이용가치가 상대적으로 적은 경우에는 도움이 된다.

또한 경제학자로서 내가 받은 철두철미하게 서양식인 교육도 북조선에 대한 내 관점을 결정하고 있다. 독일 학자로는 드물게 일찌감치 경제학에서 동아시아의 중요성을 깨닫고 탐구한 베르너 파샤Werner Pascha의 제자인 나는, 경제정책에서 정부의 개입을 중시한다. 경제의 발전과정이란 그것이 이루어지는 곳의 정치적·사회적 주변 환경의 깊이를 의식해야만 비로소 이해할 수 있다고 나는 확신한다.

그리고 나는 20년도 더 전부터 [이 책을 마무리하던] 2013년 9월까지 정기적으로 북조선을 방문한 사람의 관점에서 이 책을 쓴다. 학생으로, 유럽연합 대표단의 일원으로, 경제학자로, 그리고 관광객으로 그 나라에 갔었다. 이런 방문들은 대개 짧고 일방적이었다. 서양에서 온 손님은 나라 안을 자유롭게 돌아다니지 못하고 사람들과 자유롭게 소통할 수도 없다. 그렇다고 해서 움직임과 소통이 불가능하다는 뜻은 아니다. 다만 좌절에 대한 높은 정도의 내성과 긴 호흡을 가져야 한다. 북조선은 쉽사리 그리고 재빨리 자신을 열어 보이지 않지만 끈질기게 접근을 시도하면 마침내 보상을 얻는다.

갈등을 두려워하는 사람은 차라리 북조선이라는 주제에서 손을 떼는 편이 낫다. 이 주제에 대해서는 자주 이상할 정도로 격한 감정들이 일깨워진다. 여러 집회에서 또는 그보다 더 극단적인 인터넷 광장에서 익명의 포스팅을 통해 나는 얼마나 비판을 받았던가. 2006년에 내가 브뤼셀에서 열린 유럽연합 의회 청문회에서, 2002년에 시작된 개혁과 그 영향에 대해 발언하고 있을 때 관중석에 있던 어떤 미국인이 분개해서 이렇게 외쳤다. "당신은 공산주의에 대해 아무것도 몰라!" 변화하는 북조선이라는 이미지는 그가 미리 갖고 있던 의견과는 맞지 않았고, 특히 외부에서 주도하는 정권교체 요구를 의문스럽게 만들었기 때문이다.

하지만 그 반대편도 내게 불만이다. 2014년 1월에 함부르크에서 강연한 다음 친북조선 통일을 지지하는 사람에게서 극히 공격적인 책망을 경험했다. 어째서 이런저런 업적들은 도무지 언급하지도 않고, 북조선 지도부의 위대한 성공들을 의문스럽게 만들 생각만 하느냐고 했다. "당신은 조선민주주의인민공화국에 대해 아무것도 모르네요." 북조선에 대해 발언하려면 뱃심이 두둑해야 한다. 정치적인 상황이나 실질적인 지식과는 별도로 거의 모든 사람이 북조선에 대해 확고한 의견을 가진 것처럼 보이니 말이다. 조금이라도 다른 관점은 자주 격한 거부반응을 일으킨다. 이 나라는 그야말로 흑백으로 있어야 하는 모양이다.

북조선을 있는 그대로 대하는 것이 어째서 그리도 어려운지 자주 자문해보았다. 다른 곳에도 상궤를 벗어난 통치자들과 군사독재자들이 있고, 다른 곳에서도 인권이 짓밟히고, 다른 곳에서도 아이들이 굶주린다. 그렇다고 북조선의 사정이 더 나아지는 것은 아니지만, 그래도 이 나라에 대해서는 조언을 거부하는 그런 확신이 대체 어디서 오는 것일까?

어쩌면 인간은 자기가 더 낫다고 규정하기 위해 타자가 필요한 모양이다. 우리 유럽인들에게는 오래전부터 아시아가 그런 역할을 해왔다. 에드워드 사이드Edward Said의 책에서 그것을 읽을 수 있다. 미디어도 중요한 영향을 준다. 비주얼로 보면 북조선은 환상적이다. 극단에 이어 다른 극단이 나타나서는 곧바로 규범이 된다. 하늘로 날아오르는 미사일, 특이한 헤어스타일의 뚱뚱한 지도자, 분열행진하는 병사들, 슬픈 일상의 현실을 찍었다는 흔들리는 '진짜배기' 사진들이 항구적으로 되풀이되다보면, 시간이 흐르면서 그런 것이 한 나라를 나타내는 핵심적인 표지가 되어버린다. 게다가 북조선은 우리 사이에 놀라울 정도로 항상 존재하고 있으며, 심지어는 대중잡지에 이르기까지 온갖 미디어에 생생하게 등장한다. 이 나라가 매우 작고 지리적으로 유럽에서 엄청나게 멀리 떨어져 있음을 생각해보면 이 또한 이상한 일이다.

우리의 과도한 관심은 아마, 그곳 권력자들이 우리에게서 실질적으로 오래전에 사라진 이념에 적어도 명목상으로나마 끈질기게 기대는 탓인 것 같다. 하지만 그보다 큰 이유는 그들이 핵무기를 제조하고 미국에 도전한다는 데 있다. 이 체제는 동독처럼 쇠진하거나, 하다못해 중국과 베트남의 예를 좇아 개혁하는 것마저 질기게 거부한다. 그러니까 북조선은 존재할 수 없는 나라인 것이다.

그런데도 여전히 그 나라가 '존재'한다. 북조선이라는 나라가 있다는 것은 혼란스럽기는 해도 엄연한 현실이다. 이 책에서 나는 다양한 관점에서 그리고 과제의 복합성에 어울리도록, 이런 현상도 관찰할 것이다. 나의 모든 주장에 동의를 기대하는 것은 아니고, 다만 있는 그대로 냉정하게 검토하고 생각해보려는 마음가짐을 기대한다. 지정학적이고 전략적인 강제성 말고도, 한 나라와 그곳의 상태를 단순히 무시해서는 안 된다는 도덕적인 당위성도 있으니 말이다.

2014년 1월, 빈에서

뤼디거 프랑크

역자 서문

1.

이 책을 읽으며 우리 한국인의 묘한 처지를 다시 느꼈다. 우리 자신을 정확하게 알기 위해 객관적인 타인의 관점이 필요하다는 것, 남의 관점에 기대려는 것이 아니라 그동안의 역사적 상황이 우리를 우리 자신에 대해 무지하게 만들었기 때문에 어쩔 수 없이 그렇게 된 측면이 있다는 것 말이다.

맨 먼저 충격으로 다가온 것은 한국인으로서 나의 자의식이 그냥 남한 사람의 의식일 뿐, 한반도 전체를 포괄하는 것이 아니라는 사실이었다. 나는 북한 또는 북조선을 거의 배제하면서도 아예 그 사실을 의식하지도 못한 채, 태연하게 남한인이 아닌 한국인이라는 자의식을 지녔다. 북한에 대해 거의 모르면서 그냥 북한은 현재 일탈상태에 있는, 언젠가 우리 품으로 돌아와야 할 대한민국의 말썽꾸러기 하부조직이라는 정도의 인식 아닌 느낌을 품고 살아온 것이다.

다른 한편 우리는 거의 하루도 빼지 않고 북한이라는 나라를 의식하며 산다. 한국전쟁과 그 후유증, 요즘은 저 두려운 핵무기와 미사일, 툭하면 나타나는 북의 도발, 우리의 정치풍경을 결정하는 이른바 진보진영과 보수진영의 온갖 싸움에 이르기까지, 어디 한 군데 북한이라는 요소가 빠진 곳이 없다.

사유에서 북한을 빼놓고도 아무렇지도 않고, 독도는 물론이요 북한 땅까지 우리 땅인 듯 여기면서 자신이 멀쩡히 한국인이라고 느끼지만, 실은 반쪽짜리 한반도 사람이라는 이 명백한 사실을 깨닫고 인정하기가 쉽지 않았다. 그래서 이 책은 내게 '한국인, 나는 누구인가?'를 한 번 더 성찰해볼 기회를 주었다.

이 책을 쓴 뤼디거 프랑크는 독일인 경제학자이자 한국학자다. 한국학 분야를 연구하기에 그는 특별히 유리한 경력을 지녔다. 독일 통일이 진행되던 기간에 베를린대학에서 한국학을 전공하면서 평양의 김일성대학에서 한 학기 한국어를 배웠다. 30년에 걸쳐 남한과 북조선을 드나들면서 관찰을 멈추지 않았으며, 남한의 대학에서 강의를 한 경력도 있다. 그는 독일어, 러시아어, 영어, 한국어에 능통하며 한자를 읽을 수 있고, 중국어도 가능한 것 같다. 그리고 빈Wien대학교 동양학 분야 교수가 되었다.

동시에 그는 경제학을 전공했다. 옛 동독의 라이프치히 출신으로 어린 시절 소련에서 5년을 산 적이 있어서 사회주의 경제와 자본주의 경제를 직접 체험하고, 학문과 이론으로 보강했다. 독일 통일 과정도 동독인의 입장에서 직접 경험했다. 당연히 그는 경제학자의 관점으로 북조선과 남한을 관찰한다. 오늘날 남한과 북조선을 구분하는 최상위 개념은 자본주의와 사회주의 경제 시스템일 테니 그보다 더 적합한 관점이 있을까? 한국인이라는 익숙한 자의식을 잠시 내려놓고, 믿을 만한 제3자의 객관적 관찰을 우선 차분히 경청해보자. 비판할 시간은 다 읽고 나서도 충분할 테니 말이다.

2.

이 책은 원래 한국인이 아닌 서양의 독자들을 위해 쓰인 것으로, 한국의 전통과 역사에 대한 간략한 소개를 출발점으로 삼는다. 분단 이전까지 남북 공통의 역사와 그 이후 서로 갈라지는 역사가 소개되는데, 우리가 스스로 이해하거나 설명한 역사와는 조금 다른 부분들도 볼 수 있다. 남의 눈으로 바라본 우리의 역사에는 어딘지 낯설고 불편한 요소들이 섞여 있다. 북조선 내부의 권력투쟁을 거쳐서 김일성이 통치권을 장악하는 과정, 이어서 분단과 한국전쟁의 과정도 냉정하게 서술된다. 북조선의 역사를 잘 모르는 사람은 여기서 비로소 한 나라의 출발 지점을 알게 된다.

2장에서는 오늘날까지 북조선을 견고하게 유지해준 이념적 기반과 이 나라의 지도자가 차지하는 독특한 위치를 설명한다. 이어서 3장은 북조선의 헌법을 토대로 그 정치체제를 받치는 권력의 세 기둥인 당, 국가(행정부와 의회), 군대에 대해 관찰한다. 북조선 헌법을 비교적 상세히 살펴볼 기회인데, 이 헌법은 매우 자주 변경되고 있으며 당이나 군대에 대해 구체적으로 밝히지는 않는다. 따라서 외부에는 알려지지 않은 다른 규정들이 있을 것으로 보인다. 북조선이 비밀스러운 나라임을 분명히 알 수 있다.

정치체제에 뒤이어 4, 5, 6장에 걸쳐 북조선의 경제 시스템을 설명한다. 원래의 사회주의 경제체제의 의미를 제시하면서, 북조선이 그런 사회주의 경제관에서 벗어나 독자적인 시스템을 갖추었다는 것, 그리고 그 변화 과정과 의미를 상세히 탐색한다. 시장경제로의 개혁을 하지 않을 수 없는 사정도 저절로 밝혀진다. 더불어 김대중-노무현 정부의 햇볕정책과, 도로 경직된 이명박-박근혜 정부의 대북 정책, 그 기간 북조선의 내부 사정도 함께 정리되어 있다. 통일을 위해 앞으로 나아가려면 깊이 음미해보아야 할 내용들이다.

7장은 2011년 김정일이 죽으면서 권력을 승계한 김정은에 대한 짧은 관찰, 8장은 북조선 내부의 정치선전이라 불러 마땅한 '아리랑' 축전의 내용을 자세히 다룬다. 9장은 통일을 전망하는데, 독일 통일을 토대로 특히 남측에서 오해하는 이른바 '통일 비용' 문제를 경제학자로서 정밀하게 짚어낸다.

3.

북한문제 전문가가 아닌 나는 당연히 '북한'이라는 말에 익숙해 있다. 다른 개념을 생각해본 적이 없다. 저자의 다른 책《북한여행》을 번역할 때도 그랬다. 하지만 우리 책을 거듭 읽으면서 남한과 북한이라는 줄임말의 토대가 된 '대한민국', 즉 '한국'이 북조선 측 용어가 아니라는 사실을 더욱 깊은 맥락에서 사색했다.

우리가 '북한'이라 부르는 나라에서 스스로를 칭하는 이름은 '조선민주주의인민공화국', 즉 '조선'이다. 이 국호에는 파생어들이 뒤따른다. 우리글을 가리키는 표현은 남한에서 '한글', 북조선에서 '조선글'이다. '한반도'도 저쪽에서는 '조선반도'가 된다. 원래 같은 것인데 다른 이름으로 불리고 있다. 점차 문제의 심각성을 깨달으면서 이 책에 가장 빈번히 등장하는 단어 '코리아Korea'를 놓고 고민이 시작되었다. 이 책은 북조선을 다루는 책이기 때문이다. 이 단어를 어떻게 번역해야 할까? 북조선 사람들은 이것을 뭐라고 읽을까?

그러면서 저자가 지적하는 사실, 즉 남북에 존재하는 이런 나라 이름의 차이가 통일을 가로막는 작지 않은 장애가 된다는 사실을 이해하게 되었다. 그러니까 '고려(KOREA)' 연방제라는 제안이 나오게 된 배경을 이해하기 시작한 것이다. 결국 편집자와 상의를 거쳐 '북한'이라는 우리 용어를 제목과 일부 문맥에 남겨두되 대부분의 자리에는 '북조선'을 도입하기로 결정했다. 그 파생어들도 마찬가지다. 그 뒤로 번역자와 편집자는 교정이 마무리된 원고를 다시 한번 검토하면서 바뀐 표현들을 찾아 일일이 수정하는 작업을 거쳤다.

북조선, 즉 '조선'이라는 국호를 받아들인 뒤로 나는 인식의 대전환을 경험했다. 북한이라 부를 때는 반도의 북쪽이 그야말로 남한의 일부처럼, 우리의 하부조직처럼 여겨졌었다. 하지만 북조선이라 부르면서 이것이 엄연히 다른 나라임을 인정하지 않을 수 없었다. 오랜 기간 같은 역사를 공유하는 같은 민족의 국가지만 지금은 다른 나라인 것이다(실제로 두 나라는 1991년 9월 18일 동시에 유엔에 가입했다). 엄밀한 의미에서 통일을 논하려면 먼저 이 사실부터 인정하지 않으면 안 된다. '북한과의 통일'이라고 말하면 그 말 자체가 이미 남한 주도의 흡수통일이라는 의미를 함축하기 때문이다. 통일된 나라는 당연히 '한국'이라는 이름으로 불릴 것이라는 뜻이다.

그런데도 이 책에서 '한국'이라는 말을 버리지는 못했다. 예를 들어 '통일(된) 한국'이라는 문맥에서 '한국'을 대체할 다른 낱말을 찾을 수가 없었다. 그래서 특히 통일문제를 다루는 부분에서 이 말을 그대로 두었다. 고양이를 고양이라 불러야 문제를 정확히 바라볼 수 있고, 조선이라는 용어를 받아들이지 않으면 안 된다고 생각하지만, 그럼에도 이곳은 엄연히 남한이고, 남한 독자를 위한 책이니 용어를 확장하는 데 한계가 있었다.

4.

우리나라는 강대국들에 둘러싸여 있다. 일본도 중국처럼 강대국이고, 러시아와 미국도 강대국이다. 우리의 머리에는 우리가 평화를 사랑하는 민족인데 (공격적인) 외세의 침입을 받아 피해를 입었다는 역사 인식이 상당히 깊이 박혀 있다. 꼭 근거 없는 생각만은 아닐 것이다. 하지만 이렇게 감정적인 전제를 깔고 역사를 바라보면 관점이 일방적이고 편협해지기가 쉽다. 이제는 피해자라는 의식을 그만 내려놓고, 주변국들의 힘의 관계를 냉철하게 고려하면서 우리 역사를 돌아보아야 한다. 우리만의 관점이 아닌 세계 역사의 큰 틀 안에서 우리 역사를 바라보아야 한다. 그럴 때가 되었다.

이런 관점으로 보면 독일의 분단과 한국의 분단을 대등하게 바라보는 일을 다시 생각하게 된다. 양쪽에 분단이 등장하게 된 역사적 전제가 완전히 다른데, 분단이라는 현상만 따로 떼어서 비슷한 일인 것처럼 생각할 수는 없다. 또 조선을 강제병합한 일본을 조선과 대등한 나라처럼 바라보는 것도 다시 생각해야 한다. 일본은 중국, 러시아, 미국과 차례로 맞붙어 승리를 맛본 나라다. 물론 마지막에 미국에 패배하긴 했지만. 저자는 여기저기서 그런 현실을 조심스럽게 짚어낸다.

역사상 수많은 일들이 강대국들의 이해에 따라 결정되어왔다. 당연히 강대국의 관점에서 바라볼 줄 알아야 한다. 우리는 강대국이 아니었으니 그것이 쉽지 않다. 관점을 뒤집어 반대편에서 바라보기가 어렵고,

그런 역사를 인정하자니 자존심도 상한다. 하지만 이것이 현실이다. 저자는 이러한 지정학적 현실 아래서 한국의 통일을 냉정하게 논한다.

저자는 여러 난관에도 불구하고 남북통일은 가능할뿐더러 성사될 것이라고 말한다. 먼저 남과 북이 똑같이 통일을 열렬히 염원하고 또 의지를 표명하고 있기 때문이다. 그리고 남한과 북조선의 경제적 기반과 현재의 여러 능력이 서로를 보완하는 특성이 있어서, 통일국가는 단순한 영토 통합을 넘어 양측 모두에 대단한 경제적 성과를 가져올 것이기 때문이다.

그렇다면 통일은 어떤 식으로 이루어질까? 세 가지 방식이 예측된다. 먼저 강한 쪽이 약한 쪽을 통합하는 흡수통일 방식이다. 독일 통일의 방식이다. 독일은 국제적 상황이 급변하면서 예기치 않게 통일의 기회를 맞이했고, 다행히도 그 기회를 잘 포착해 통일을 이루었지만 상당한 후유증을 겪었다. 주로 옛날 동독 주민들이 많은 고통을 감내해야 했다.

두 번째 방식은 양쪽의 힘이 어느 정도 대등해진 상태에서의 통일이다. 예컨대 북조선이 중국과 베트남의 예에 따라 경제 상황을 개선한다면 이런 방식의 통일이 가능하다. 이는 북측이 바라는 바로서, '고려 연방제' 등 북측의 통일방안에 그런 생각이 들어 있다. 북측은 이를 이루기 위해 어떻게든 시간을 벌려고 노력하지만, 계속되는 경제제재가 큰 걸림돌이 되고 있다. 남측도 이런 방식의 통일을 진지하게 여기고 대비해야 한다.

또 하나의 가능한 방식이 있다. 저자는 중국 및 미국과 등거리 관계를 추구하는 아세안ASEAN의 예를 좇아 남북이 일종의 '동아시아연합'을 결성하면 어떤가 하는 제안을 한다. 통일을 이룬다고 해도 어차피 통일된 한국은 팽팽히 대립하는 미·중 사이에서 절묘한 중간 위치를 찾아내지 않으면 안 된다. 그러니까 통일에 앞서 남북이 동맹관계를 만들어낸다면, 강력한 외세에 맞서 서로를 보호하면서 통일을 이룰 때까지 시간도 벌 수 있다는 것이다. 북조선이 핵을 보유하고 있다는 사정과 발전된 남한의 경제적 능력을 합쳐놓고 보면, 이 동맹관계가 제대로 기능만 한다면 상당한 힘을 가질 것임을 짐작할 수 있다. 이런 방안은 현재로서는 전혀 그럴싸해 보이지 않지만, 전략적인 사유는 열려 있다.

끝으로 저자는 우리 남한 사람들에게 통일 비용을 너무 걱정하지 말라고 당부한다. 통일 비용은 단순한 경비가 아니고 오히려 엄청난 경제 발전의 기회가 된다는 점을 독일 통일을 예로 들어 자세히 설명한다. 경제학자인 그의 설명을 믿어도 될 것이다.

2020년 7월

옮긴이 안인희

차례

3 정치체제 권력의 세 기둥

4 경제 연마하지 않은 금강석

5 개혁 한 걸음 전진, 두 걸음 후퇴

경제특구 수익창출원이자 위험요인

7 김정은 치하의 북조선 아직 이용되지 않은 잠재력

대형 구경거리 아리랑 90분 만에 보는 북조선

9 **통일** 미래 전망

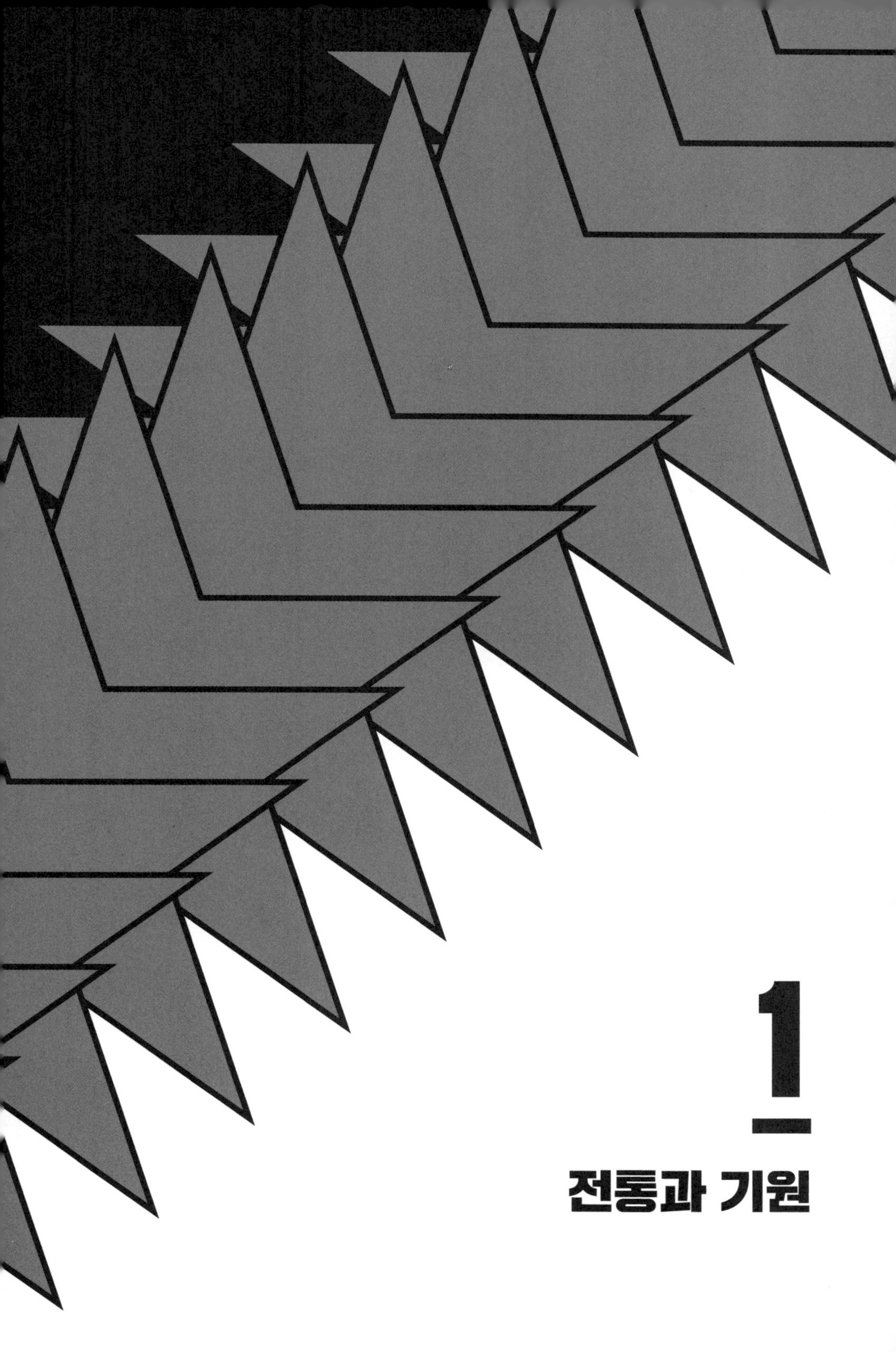

1

전통과 기원

한 나라의 입장이 뭔지 이해하고 또 이 나라가 어떻게 발전할지를 평가하려면 그 나라의 과거에 대해 알아두는 것이 도움이 된다.[1] 북조선도 예외는 아니다. 이 나라의 특징을 이루는 사건들, 경험, 전통은 어떤 것인가?

여기서 두 부분으로 나누어 생각하는 것이 더 적합해 보인다. 역사적 유산의 일부는 남북 공통이고, 다른 일부는 북조선에만 해당한다. 이 두 가지 전통 노선은 일부 겹친다. 남한과 북조선의 관계와 재통일을 염두에 둔다면 역사적인 공통점을 알아두는 것이 흥미로운데, 그런 공통점이 놀라울 정도로 많다. 한글 등 역사적 업적들에 대한 자부심, 그동안 겪은 부당한 일들에 대한 분노, 민족의 적들에 대한 혐오 등 공통점들은 통일 이후 이념적인 간극을 극복하는 데 도움을 줄 잠재력을 포함한다. 물론 최악의 경우 공동의 적에 대한 이미지를 구축하는 방식으로 말이다.

나아가 북조선에서 남쪽과는 완전히 다르게 해석하는 역사의 뿌리도 몇 가지 있다. 항일운동과 한국전쟁이 그것이다. 그리고 오롯이 북조선만의 경험도 있는데, 예를 들면 거대한 두 사회주의 동맹국인 중국 및 소련과의 충돌 같은 것이다.

공통의 뿌리

"한국은 5,000년 역사를 가진 나라다." 이는 남한과 북조선에서 통용되는 표준적 진술이다. 5,000이라는 숫자는 상징적인 뜻으로 이해해야 한다. 한국은 공식적으로 역사가 조금 더 오랜 중국과, 조금 더 짧은 일본 사이의 중간에 있음을 완전히 의식하고 있다. 거칠게 말하자면 한국인의 세계관도 그것으로 설명된다. 나중에 다시 이 지점으로 돌아오기로 하자.

모든 한국인의 신화적 조상인 단군을 다루는 방식을 보면 북조선이 민족의 전설을 얼마나 진지하게 여기는가를 잘 알 수 있다. 하늘에서 내려온 존재와 곰에서 사람이 된 여자 사이에 태어난 아들 단군은 기원전 2333년부터 이 땅을 다스렸고, 초자연적인 장수를 누린 다음 산신령이 되었다. 역사가들은 많은 전설의 경우처럼 여기서도 사실적인 배경을 보여주는 요소들을 찾아냈다. 그러니까 하늘에서 내려온 존재란 시베리아 지역에서 한반도로 이주해온, 더욱 발달된 문명을 지닌 종족을 나타내는데, 이들이 원래 한반도에 정착해 있던 곰종족과 연합해서 경쟁관계에 있던 호랑이종족에 맞서다가 나중에 곰종족과 뒤섞였음을 알려주는 내용이라는 것이다.

북조선에서는 그런 세속적인 해석을 가볍게 뛰어넘었다. 1990년대 초에 북조선의 학자들은 위대한 김일성[2] 수령님의 직접 지시를 받아 시조인 단군의 유골을 찾기 시작했다. 김일성의 현명한 영도 덕분에 그들은 유골을 찾아냈는데, 그것도 몹시 실용적으로 평양 근처에서 찾아냈다. 1995년 4월 초 프라하에서 열린 대규모 국제 한국학회에서 북조선 대표가 매우 진지한 태도로 발굴 결과를 발표하는 것을 듣던 내 동료들이, 황당해하면서도 재미있어하는 기묘한 표정을 짓던 것이 지금까지도 잘 기억난다.[3] 오늘날에는 북조선에서 이집트의 사카라를 연상시키는 기념비적인 계단식 피라미드 내부에 모셔진 초대형 유골을 보고 경탄할 수가 있다.

이 단군신화는 조선반도 전체에 대한 거의 노골적인 주도권 요구와 결합된다. 남한에서도 숭배되는 겨레의 근원이자 시조의 유골이 북조선의 수도 근처에 있는데, 앞으로 언젠가 통일된 조국의 중심지가 평양 말고 달리 어디가 될 수 있다는 말인가? 단군을 대하는 방식은 북조선에서 역사가 어떤 역할을 하는지를 짐작하게 해준다. 북조선 지도부의 핵심적인 정당성은 보통 독재자들의 경우처럼 정기적으로 돌아오는 선거 과정에 있는 것이 아니기 때문이다. 그보다는 과거를 소유하고 독점적으로 과거를 해석하는 권한이야말로 이곳 정치체제의 근본적 토대이다.

통합된 조선민족의 국가가 언제부터 존재하느냐는 논란의 여지가 있다. 10세기에 대략 오늘날의 한국 영토에 고려 왕조가 세워졌다는 것만은 확실하다. '코리아'라는 이름도 고려에서 나왔다. 흔히 마르코 폴로Marco Polo의 덕으로 돌려지는데, 그는 중국에서 쿠빌라이칸Khubilai Khan의 궁정에 머무는 동안 이 나라에 대해서도 들었다고 한다. 하지만 오늘날 코리아라는 이름은 서방 국가에서만 널리 통용된다. 북쪽에서는 보통 '조선'이라는 이름이, 남쪽에서는 '한국'이라는 이름이 쓰이고 있다. 머지않은 장래에 재통일이 이루어질 경우 공통의 이름을 선택하는 것이 상당한 문젯거리가 될 것임을 짐작할 수 있다.

불교의 양대 유파 중 대승불교가 고려의 국교였다. 대승불교는 통치자들에게는 상당히 실용적인 가치가 있었다. 이 신앙은 힘든 삶의 환경에 대해 인내심을 가질 것을 설교하고, 훌륭한 행동을 하고 물질적 욕심에서 벗어남으로써 출구[해탈]에 도달할 수 있다고 알려준다. 고려시대(918~1392년)에 이 나라의 특징이던 불교의 사찰들은 강력한 경제력을 갖추었으며, 그런 재산에 근거해서 소규모의 사병私兵을 거느릴 수가 있었다. 덕분에 사찰들은 매우 위험할 정도로 독립적인 정치적 인자가 되었다.

오늘날 북조선에서는 이런 과거에 대해 비판적이다. 종교로서의 불교는 오늘날의 지배적인 이념과 직접적인 경쟁 상대이고, 또한 불교와 결부된 봉건적 수탈도 비난을 받는다. 물론 북조선 당국은 불교를 민족유산의 일부로 인정하고 어느 정도는 수용할 각오를 보인다. 특히 지방에서는 불교 사찰들이 잘 보존되어 있어서 서양의 관광객들에게 제공되는 관광 프로그램의 주요한 부분이고, 주민들도 이것을 집중적으로 이용한다. 주요한 성소의 시주함들은 언제나 가득 채워지고, 신혼부부는 불교의 탑들 앞에서 신혼여행 사진을 찍는다.

아직 고려시대이던 13세기에 한국사에서 한 가지 서사 방식이 나타나는데, 이것은 한국인의 자기서술에서 아주 꾸준히 유지되고 있다. 즉 한국인이 외국 침략의 희생자라는 내용이다. 1231년부터 1259년 사이에 북방에서 여섯 차례 물밀듯이 한반도를 공격해온 몽골 군대에 맞서 군사적으로 허약하던 고려는 제대로 대응하지 못했다. 고려는 한족-몽골족 혼성인 원나라의 위성국가가 되었고, 이것은 1368년 원나라가 끝날 때까지 지속되었다. 이런 굴욕과 방어력 부족의 경험이 북조선에서 군사우선정책(선군정치)을 설명하는, 매우 멀리까지 거슬러 오르는 근거의 하나이다.

14세기에 중국에서 원나라가 쇠약한 징후를 보이자 고려에서도 저항의 움직임이 나타났다. 이런 저항은 진보적 이념까지는 아니더라도 당시에는 매우 현대적이던 유교의 표지를 달고 나타났다.

유교의 유산

전문가들은 유교라는 개념으로 '동아시아'를 설명하려는 노력에 통상 매우 회의적이다. 실제로 동아시아 전체와 이 지역의 개별 국가들은 수천 년에 걸쳐 성장한 도덕론의 표제어 몇 개만으로 파악하기에는 너무 복잡하고 다양하다. 게다가 유교 자체도 다양하게 해석된다는 점까지 더해진다. 19세기 함경북도의 농부는 15세기 세종대왕 시절 서울의 왕궁에 근무하던 관리와는 유교에 대해 분명 다른 이미지를 가졌을 것이다.

여기서는 단순화된 (신진)유교에 집중하려 하는데, 이는 오늘날에는 유교로 생각되지도 않는다. 기독교도가 되기 위해 신학을 공부해야 하는 것이 아니듯, 적어도 거칠게나마 유교의 가르침에 따라 행동하기 위해 반드시 공자의 고전을 읽어야 하는 것은 아니다.

그렇다면 광범위한 대중을 포괄하는 일상의 유교는 어떤 모습인가? 유교도는 세계를 일종의 시계[기계장치]로 본다. 이 시계의 각 부분은 저마다의 과제를 극히 꼼꼼하게 수행해야 한다. 오로지 주어진 과제만을 수행해야 하는데, 그것도 다른 모든 부분들과 완전히 조화를 이루도록 수행해야 한다. 그래야만 전체 시계가 제대로 작동할 수 있다. 사회에서 인간은 시계의 톱니, 시침, 용수철, 회전축이 된다. 각자 자신의 책무를 다하기 위해 모두가 동일한 것을 알아야 하고, 또한 그 실행을 위한 능력을 갖추어야 한다.

여기서 교육이 결정적인 역할을 한다. 교육은 사람들에게 각자의 역할을 알려주고, 그것을 실행하는 데 필요한 지식을 전달한다. 창의력은 중요하지 않고, 오히려 걸림돌이다. 미리 정해진 정도를 넘어선 모든 행동은 전체 기계의 작동에 방해가 되기 때문이다. 따라서 전달되는 교육 내용도 상대적으로 경직되고 정적靜的이다. 단순하게 말하자면 수백 년 동안 유교도를 위한 교육이란 고대 한자를 익히고, 그다음에는 분명하게 정해진 순서에 따라 한자로 쓰인 책들[사서삼경]을 탐구하는 것이었다. 탐구란 통상 암기를 뜻한다. 시험에서는 이런 책들에서 나온 인용문들을 얼마나 능숙하게 다룰 수 있는가를 보여주어야 했다. 난이도가 다른 여러 단계의 시험들이 있고, 시험에 합격해야만 관직을 받을 수 있었다. 가능한 한 높은 관직을 얻는 것이 유교도의 궁극적인 목표였다.

오늘날 동아시아 여러 나라의 교육체계의 강점과 약점을 살펴보면 일정한 유사성이 있음을 알 수 있다. 교과과정은 배워야 할 사실적 지식의 양이 엄청나다는 게 특징이다. 남한에서 대학 입학시험을 놓고 쓰이는 사당오락(문자 그대로는 4는 합격, 5는 불합격)이라는 유행어는 성공하려면 네 시간만 자는 것을 견뎌야 한다는 관점을 드러낸다. 다섯 시간을 잔다면 목표를 이룰 수 없다. 이런 배경에서 보면, 북조선에 널리 퍼진 공식적인 기록문 암기와 지도자들의 인용문 암기는 이상할 것도 없다.

교육 말고도 엄격한 서열체계가 유교의 사회 표상에서 중요한 역할을 한다. 여기서도 바탕에 놓인 논리를 이해하는 데 시계 이미지가 유용하다. 각각의 톱니바퀴가 움직일지 움직이지 않을지, 어느 방향으로 움직일지를 스스로 결정한다는 건 생각할 수도 없는 일이다. 큰 톱니바퀴도 있고 작은 톱니바퀴도 있고, 시계를 조이는 사람, 기름 치는 사람, 먼지를 털어내는 사람, 이따금 고장 난 부품을 고치거나 교체하는 사람도 있다. 유교의 관점으로는 사회에서 구성원 각자의 이런 차이를 분명하게 하고 그들의 관계를 규정하는 것이 중요한 일이다.

공자는 가족을 작은 우주로서 이상적인 국가공동체의 모범으로 이용했다. 아버지는 다툼의 여지가 없는 가장이다. 아버지의 뒤를 이어 장남이 가장 역할을 맡는다. 구성원들 상호 간의 관계는 무엇보다도 다섯 가지 기본적인 인간관계에 따라 규정된다. 남자는 아버지와 군주와 손윗사람을 존경해야 한다. 그는 아들과 신하와 아내와 손아랫사람의 존경을 기대할 수 있다. 친구 등 대등한 관계는 이런 네 가지 서열관계가 나타나지 않을 경우에만 존재할 수 있다[유교의 오륜, 즉 부자유친, 군신유의, 장유유서, 부부유별, 붕우유신에 대한 설명이다].

이 서열체계에서 황제가 중심 역할을 한다. 그는 하늘의 위임을 받아, 하늘의 질서와 조화를 이룬 방향을 사회에 제시한다. 과오를 범할 경우 황제는 권한을 박탈당하고 교체될 수 있는데, 실제로 몇 번 그런 일이 일어났다.

개인은 공동체의 일원으로서만 자아를 실현하고 삶의 의미를 얻는다. 이런 표상들이 옛날 중국에서 주식인 쌀이 오로지 완벽하게 조직된 집단을 통해서만 생산될 수 있었다는 사정과 관계가 있다는 흥미로운 주장도 있다. 전답이 겨우 몇 사람에 의해 점유되고 경작될 수 있었던 유럽과는 달리, 벼농사는 높은 정도의 협동을 요구했고 지금도 그렇다. 특히 물을 대는 문제에서 그랬다. 카를 마르크스Karl Marx와 뒷날 특히 카를 아우구스트 비트포겔Karl August Wittfogel은 이른바 이런 '아시아식 생산방식'

을 연구했다. '동양의 전제정치'라는 말도 '아시아인들'의 태도에 대한 전체적인 설명을 위한 것이다.[4]

문화결정론을 지나치게 밀고 나가지는 말자. 다른 문화권에서도 연장자는 존경을 받고, 여성은 억압을 당하며, 권위적인 권력요구들이 있다. 다른 곳에서도 개인은 오로지 집단 안에서만 행복을 찾을 수 있다는 이념이 선전되었다. 그러므로 유교적 사유의 영향 아래서 수백 년 동안 삶이 아무런 결실도 없이 정체되었던 양 대하는 것은 잘못이다. 각각의 사회는, 모든 사람이 항상 거기 매달리지는 않는데도 자주 놀랄 만큼 고집스럽고 아주 느리게만 변하는 규칙들을 갖는다.

우리는 오늘날 남북 양쪽의 일상에서, 분명하게 규정된 인간관계들을 지향하는 특별한 유사성을 확인할 수 있다. 처음 만난 사람들이 서로를 알아가는 전형적인 방식도 여기 속한다. 보통 성별은 확연히 드러나게 마련이니 제외하고 상대방의 나이, 결혼 여부, 직업상 지위 등을 묻는다. 그에 따라 서로의 호칭이 정해지는데, 이런 호칭은 말할 때 어느 정도로 높임말을 써야 할지 알려주고, 또한 서열체계를 드러낸다. 북조선을 방문한 사람은 곧바로 그곳 사람들이 매우 격식을 차린 옷차림을 한 것을 보게 된다. 셔츠와 넥타이를 갖춘 양복이 남자들의 표준 의상인 것 같다. 이것은 독재국가에서 흔히 그렇듯이, 특정한 제복화 경향이나 개인을 억압하려는 국가적 소망의 표현만은 아니다. 유교의 이상에 따르면 겉모습은 내면을 반영하는 것이다. 현실에서 그것은 옷이 사람을 만든다는 뜻이다. 2004년에 나는 유럽연합 대표단의 일원으로 북조선을 여행했다. 우리 여행단에 속한 두 명의 유럽 외교관이 해진 청바지와 티셔츠를 입고 여권도 없이 평양을 탐색하러 나섰다가 기차역에서 '수상한' 사진을 찍었다는 이유로 현장에서 체포되었다. 적절한 옷차림을 했더라면 그런 일은 일어나지 않았을 것이다. 나는 같은 날 검정 양복 차림으로 수도의 절반가량을 걸어서 돌아다니며 카메라의 플래시를 터뜨렸는데 아무 문제도 없었다.

유교의 전통 말고는 1910년부터 1945년까지 일본의 군사독재를 경험한 것과 1945년 이후로 스탈린Joseph Stalin의 소련, 마오쩌둥毛澤東의 중국과의 동맹을 경험한 것도 북조선의 정신적 유산에 속한다. 북조선에서 밑으로부터의 민주적 개혁을 소망하는 사람은 이 점을 고려해야 한다. 민주주의 체험의 결핍이 독재체제에 대한 변명은 아니라도, 독재체제가 계속 유지되는 것을 이해하는 데는 도움이 된다. 또한 외부에서 정보들이 쏟아져 들어올 때 정부가 겪는 이념적인 위험성도 이해할 수 있게 해준다.

당대에 현대적이고 진보적이던 유교사상, 교육을 통해 최적화할 수 있는 개인적 성취를 강조하는 유교사상은 14세기 말에 많은 고려인들에게, 국가종교로서 오래전에 정점을 지난 불교에 대한 매력적인 대안으로 여겨졌다. 특히 기존의 권력체제에서 배제된 상류층 일부에게 이 새로운 이념은 사회적 신분상승의 기회였다.

이 시기에 나온, 한국에서 아주 유명한 일화 하나가 흥미로운 딜레마를 보여준다. 고려의 상류계층 출신으로 유교사상의 영향을 받은 젊은 정몽주는 당시 고려의 상황에 불만을 품었다. 그는 개혁의 필요성을 알면서도 이성계를 중심으로 한 쿠데타 세력을 따르기를 거부했다. 유교사상을 받아들인 그에게는 어떤 상황에서도 자신의 왕에게 충성할 의무가 있었기 때문이다. 곧 그는 암살당했다.

오늘날에도 개성에서 이 사건이 일어난 장소인 돌다리 선죽교를 구경할 수가 있다. 정몽주와 그의 딜레마 — 좋은 일에 동참하느냐, 아니면 나쁜 군주에게 충성하느냐 — 이야기는 북조선의 교과서에 실려서 사람들 사이에 널리 알려져 있다. 개성에서 공식적으로 나를 안내하던 북조선 수행원들은 그들이라면 어떻게 하겠느냐는, 아주 순수하지만은 않은 나의 질문에 아무 답변도 하지 않았다.

권력정책의 전통들

이성계는 왕을 퇴위시키고 1392년에 새로운 유교국가인 조선왕조를 세웠다. 그보다 24년 전 중국에서는 원나라를 제거하고 역시 유교국가인 명왕조가 성립되었다. 두 나라 사이에 일종의 동반자관계가 생겨나면서 뒷날 이 시대는 황금시대로 여겨지게 된다. 유교 사유의 맥락에서 대등함은 있을 수가 없었다. 중국은 황제가 다스리는데, 조선에는 '겨우' 왕밖에 없었다. 조선의 왕은 베이징에 거하는 하늘의 아들[천자]에게 인정을 받은 뒤에야 비로소 나라의 적법한 통치자가 되었다. 해마다 조공사신이 인삼과 다른 물품을 들고 조선의 서해안을 따라 중국으로 갔다. 그들은 꼭 필요한 예법을 잘 알았고 중국어를 했으며 공자의 고전들에 대한 훌륭한 교육을 받은 사람들로, 중국 궁정에서 정중한 접대를 받았다. 그런 다음 값비싼 답례선물을 싣고 돌아왔다.

'사대주의' 곧 '대국을 섬기는 사상'은 치욕이 아니었다. 그것은 문명국가에 어울리는 명예였다. 일본에는 이런 특권이 주어지지 않았고, 남북의 모든 사람들은 상당히 심술궂은 태도로 거듭 이 사실을 기꺼이 밝히곤 한다. 오늘날 북조선에서는 '사대주의'라는 개념을 경멸적인 의미로 사용하는데, 그것은 주로 남한이 '주인'인 미국을 추종하고 아첨한다는 뜻으로 하는 말이다. 역사의식이 담길 경우에는, 물론 베이징을 향한 은폐된 독립선언 같은 것이라고 짐작해볼 수가 있다.

고려의 수도이자 불교 지도층의 중심지는 개성이었다. 오늘날 개성은 남북이 공동으로 운영하는 경제협력 지역으로 알려져 있다. 새로 권력을 잡은 이성계는 권력 중심지를 새로운 수도인 현재의 서울로 옮겼다. 한국처럼 중앙집권적 국가에서는 수도에 있다는 것이 권력에 동참하는 열쇠가 된다. 그레고리 헨더슨Gregory Henderson은 한국의 정치체제에서 전통적으로 언제나 중심부를 차지하려는 경쟁이 벌어졌을 뿐, 중심부와는 경쟁하지 않았다는 것을 매우 설득력 있게 서술한다.[5] 대안적인 권력 중심부라는 것은 없었다. 수도에서 쫓겨난다는 것은 정치적 경력의 종말을 뜻했다. 오늘날 북조선에서도 수도 평양에서 사는 것 자체가 특권이다. 지방으로의 이주는 무거운 형벌로서, 물자 공급, 교육 기회, 삶의 질, 경력의 기회 등 모든 면에서 부정적인 결과를 가져온다.

그러니까 개성이 수도의 기능을 잃어버리고 서울로의 접근이 엄격히 통제되면서, 단번에 매우 효율적으로 고려의 엘리트들은 모조리 권력을 잃었다. 100년 이상에 걸쳐 그들의 후손은 유교사상을 검증하는 과거시험에 응시하는 것조차 금지되었다.

직접적인 정치적 영향력에서 그렇게 배제되면서 부유하고 교양 있는 데다가 인맥이 잘 형성된 옛날 지도층의 후손들은 상업으로 방향을 돌렸다. 유럽에서 차별대우를 받던 유대인과 조심스럽게 비교할 수 있을 것이다. 이른바 개성상인들은 유교국가인 조선에서 특별한 존재였다.[6] 1900년 무렵에는 개성 주민의 80퍼센트가 상업활동, 특히 이윤이 많이 남는 인삼 무역에 종사했다. 그들은 자체적인 은행체계를 발전시키고, 국내는 물론 중국에까지 이르는 무역로들을 열었다. 현재 북조선에서 가장 유명한 시장경제 방향으로의 국제적 무역 협조 실험이 개성과 결합되었다는 것은 주목할 만한 우연이다.

개성상인들의 예는 유교 세계에서 상업이 극단적으로 위상이 낮았다는 점을 강조해서 알려준다. 이는 오늘날까지도 남북 양쪽에서, 그러니까 극단적으로 물질주의적인 남한에서조차 타당성을 가지는 가치평가이다. 농부마저 상인보다 상위계층으로 여겨졌다. 전문적인 장인들은 오로지 궁정에만 있었다. 그 밖에는 전국 어디서나 농부들이 일상에서 필요한 물품들을 스스로 생산했다. 유럽에서 우리가 시민계급[부르주아지]과 연결시키는 것들이 조선에서는 19세기 말까지도 상대적으로 발전되지 않았었다. 도시민의 자의식, 지방분권적인 지도부, 국가에 대한 회의, 시민의 자부심 같은 것들 말이다. 이런 배경을 놓고 보면 현재 북조선에서 관찰되는 중산층의 형성은 특히 주목할 만한 발전이다.

고급문화와 자기고립

1392년 (창립자의 성을 따서 이조[7] 또는 나라 이름을 따서 조선왕조라 불리는) 새로운 왕조의 성립 이후 처음 200년 동안은 경제적 문화적으로 번영을 누렸다. 같은 유교사상을 지닌 명나라와의 교류가 활발하고 결실도 많았다. 15세기 초에 조선은 자체 문자를 만들면서 문화적인 걸작을 완성했다. 엄격하게 학문적인 기준에 따르면, 오늘날에도 쓰이는 24자의 자음과 모음으로 구성된 한글[8]은 이때의 자모를 조금 변화시킨 것이다.

한국어를 말하는 성인이라면 한글 자모의 도움을 받으면 단 며칠 만에 읽기와 쓰기를 배울 수가 있었다. 물론 양반(두 집단)[양반兩班은 원래 관료체제를 이루는 동반과 서반을 이르던 말에서 유래했다]이라 불리던 귀족들은 공식 교육에 근거한 자기들의 특권을 보호하기 위해 새로운 문자를 '여자들의 문자'[암글]라고 깎아내려서 이 문자가 널리 퍼지는 것을 효율적으로 막을 수 있었다. 19세기 말까지 공식적인 문서 교류는 계속해서 고대 한자로 처리되었다. 공자의 옛 경전들을 한국어로 번역한 한국판 마르틴 루터Martin Luther[당시 통용되던 라틴어 성서를 쉬운 독일어로 번역해서 종교개혁에 성공했을 뿐만 아니라, 현대 독일어의 아버지로도 여겨진다]는 존재하지 않았다. 관직을 얻으려면 꼭 필요한 전제인 과거시험은 이론적으로는 모든 사람에게 열려 있었지만, 실질적으로는 자녀들에게 일곱 살부터 한자 경전 교육을 시킬 수 있는 일부 계층만 접근이 가능했다.

그런데도 유교의 윤리와 질서는 조선에 일정한 복지를 마련해주었다. 이런 상태는 대개 일본인 해적들의 기습을 통해서만 위협을 받았는데, 이들은 주로 해안가 마을들을 습격해서 주민들을 죽이거나 납치하고 쌀을 강탈해 갔다. 서울에 있는 조정은 어찌할 바를 몰라서 해적들의 주목을 끌지 않으려고 바다에서 잘 보이는 곳에는 정착지 건설을 중지시키는 지경까지 이르렀다. 이렇게 해서 뒷날 조선을 '은자의 나라'라고 일컫게 만드는 고립정책이 처음으로 모습을 드러낸다.

여러 면에서 방향을 결정한 트라우마 체험은, 중국식 음력의 갑자에 따라 발발 연도의 이름을 붙인 임진전쟁[임진왜란]이었다. 도요토미 히데요시豊臣秀吉가 1592~1598년 일본의 사무라이들을 이끌고 중국을 점령하기 위해 먼저 조선으로 왔다. 조선은 전투경험이 훨씬 많은 일본 전사들에 맞서서, 해군제독[수군통제사] 단 한 사람이 지닌 절망의 용기와 그가 만든 쇠로 덮은 배들 말고는 달리 내놓을 게 없었다. 북조선 정부가 오늘날 조국방어를 확실히 하려고 심지어 굶주림까지도 감수한다면, 이토록 생생하게 깨어 있는 역사적 경험을 바탕으로 한 것이고, 주민들은 적어도 어느 정도까지는 그것을 받아들일 각오가 되어 있다.

일본군이 중국 명나라 국경에 위협할 정도로 다가간 다음에야 중국은 원군을 보냈다. 1598년에 히데요시가 죽고 그의 후계 자리를 놓고 전쟁이 벌어지자 일본인들은 조선에서 철수했다. 그들의 철군은 행정상 혼돈에 빠진 파괴된 나라만을 뒤에 남긴 것이 아니었다. 조선인들에게 이 전쟁은 큰형님인 중국이 망설이다가 겨우 도와준 탓에 불편한 뒷맛을 남겼다. 서울의 귀족층은 계속 순진하게 과거지향적인 유교적 꿈의 세계에 빠져 보지 않으려 했지만, 베이징의 관점에서 조선의 전략적 역할은 언제나 꼭두각시 국가 노릇이었다. 모든 공격을 중국의 별다른 개입 없이 초기에 물리치고, 더 이상 다른 가능성이 남지 않게 되면, 문화적 희생과 피해를 부르는 방어전쟁을 가능한 한 중국 본토가 아닌 이곳에서 치러주는 꼭두각시 국가 말이다. 그와 같은 도움의 수혜자[중국]는 마지못해 감사하며 엄청난 물질적 사회적 경비를 감당했다. 이 고약한 게임은 조선의 후기 역사에서도 되풀이되었다. 북조선이 군사적 영역에서 최대한의 독립성을 계속 고집하고, 악명이 자자할 정도로 동맹국들을 신뢰하지 않는 이유를 더욱 깊이 이해하게 해주는 또 다른 퍼즐 조각이 이것이다.

조선은 일본의 침략에서 결코 완전히 회복하지 못했다. 조선왕조의 영광스럽던 시대는 지나갔다. 1627년과 1636년에도 또 다른 외세의 침입이 있었는데, 이번에는 북쪽에서 육로로 온 것이었다. 만주족은 중국에서 명나라를 물리치고 청나라를 건설했다. 청나라는 1911년까지 지속된다. 조선은 수백 년 만에 처음으로 중국과 동시에 왕조를 교체하는 것을 피할 수 있었다. 우세한 군사력에 머리를 조아리긴 했지만, 속으로는 높이 숭배하던 명나라의 진짜 후계자는 조선이라 자부하고, 야만족이자 이민족 지배자로 여긴 청나라를 경멸하면서 음흉한 전복 계획들을 세웠다. 여기서 보다시피, 권력정책에서 현실감각의 부족 역시 역사에서 선례를 찾을 수 있다.

세계에 등을 돌린 '은자의 나라'의 태도는 17세기부터 점점 더 극단적으로 되었다. 1653년에 어떤 네덜란드 선원이 일본으로 가는 길에 다른 선원들과 함께 난파를 겪고 조선의 해안으로 밀려들었다. 그는 그곳에 13년 동안 붙잡혀 있었는데, 이는 대단한 행운이었다. 난파해서 밀려온 다른 사람들은 그 자리에서 처형되었기 때문이다. 그는 여덟 명의 선원과 더불어 마침내 도주에 성공했고, 이어서 약간 찬사가 섞인 책을 썼다. 이것은 오늘날 조선에 대해 서양어로 쓰인 비교적 상세한 최초의 보고서로 여겨진다.[9]

공평하기 위해서 일본도 19세기 중반까지는 점점 더 위협적으로 생각된 포르투갈 사람들의 침공에 차단과 방어로 응수했고, 이어서 네덜란드 사람들과 마지막으로 영국 사람들의 침공에도 방어로 대응했다는 점을 언급해야 한다. 어쨌든 이 모든 경우에서 오늘날 북조선에서 관찰되는 고립주의 정책과 특히 외국인 혐오의 역사적 선례를 못 보고 지나치기는 어렵다.

외부의 영향

—

오늘날의 북조선이 정말로 완전히 고립될 수가 없듯이 후기 조선왕국도 서양의 이념에서 완전히 자유로울 수는 없었다. 다른 기술적인 발전들과 함께 기독교도 중국을 경유해 조선에 들어왔다. 권력에서 배제된 상류층 구성원들이 여러 이유에서 특히 가톨릭교를 받아들였다. 가톨릭으로 개종한 귀족들과 그 추종자들이 정치적으로 위협이 되자 왕은 하나의 모범을 만들었다. 1801년에 처음으로 시작되어 1866년까지 총 네 번에 걸친 대규모 기독교 박해가 이루어졌고, 그 결과 오늘날 한국은 공식적으로 인정된 순교자 수가 전 세계에서 네 번째로 많은 나라가 되었다.

19세기에 미국의 영향이 점점 커진 덕분에 개신교도 점점 더 널리 퍼졌다. 특히 민중 사이에 퍼졌다. 1890년 무렵 오늘날 북조선의 수도인 평양에는 100개 이상의 교회가 있었고, 20세기 초에는 기독교도의 비율이 엄청나서 동아시아 최대의 기독교 도시가 되었으며, 심지어 "동양의 예루살렘"으로까지 여겨졌다.[10]

이런 맥락에서 북조선 건국자이자 오랜 기간 지도자였던 김일성이 평양 근처 출신으로 그의 어머니와 외가가 기독교도였다는 사실을 알면 흥미롭다. 그런 것이 그에게 영향을 남기지 않았을 리가 없으니 말이다. 오늘날 그와 그의 아들 김정일이 숭배를 받는 방식을 관찰하다보면 기독교의 성화聖畫와 그 상징성과의 비교를 피할 길이 없다. 김정일의 생가는 눈이 잔뜩 내린 밤 따스한 빛으로 감싸인 오두막으로 묘사되곤 하는데, 그의 탄생 시각에 하늘에서 별 하나가 나타나 그가 지닌 치유 능력을 알린다. 이것은 많은 예 중 하나에 지나지 않는다.

그런데도 전체적으로 보면 19세기 말까지 조선에서 서양의 영향은 상대적으로 미미했다. 이것은 1876년에 극적인 방식으로 변했고, 여기서 조선인의 관점에서 매우 불명예스러운 역할을 한 것은 다시 일본인이었다.

그보다 불과 몇 년 전인 1868년에 일본은 '메이지유신'으로 알려진 현대화운동을 시작한 참이었다. 일본은 서둘러 유럽의 제국주의 열강들과 미국에 문호를 열었다. 거기서 직접적인 모범 역할을 한 것은 1870~1871년에 프랑스와 싸워 승리를 거둔 다음 유사한 과제에 맞닥뜨린 독일이었다.

일본인들은 경제, 행정, 군대 등을 현대화했다. 빌헬름 2세Wilhelm II 치하의 독일이 당시 흔한 방식으로 식민지 획득을 통해 '양지바른 자리'를 확보하려고 했던 것과 비슷하게, 일본도 곧바로 영향력을 미칠 수 있는 영역들을 살펴보았다. 일본의 야망은 아프리카까지는 못 미쳤지만, 바로 문 앞의 조선은 허약한 데다 아직 그 어떤 서방 강대국의 요구도 없는 상황이었다.

메이지유신이 시작되고 겨우 8년 만에 일본은 조선과 억지로 불평등조약을 맺는 데 성공했다. 1876년의 강화조약은 일본이 20년 전 미국과 서명한 조약들의 구조를 따른 것이었다. 일본은 조선에서 치외법권을 얻었고 무역을 위한 항구 세 군데를 열었는데, 이는 원칙적으로 조선을 경제적으로 약탈하기 위한 것이었다. 이어지는 시기에 체결된 대부분의 조약들에서 일본은 조선의 독립을 확정하는 것을 매우 중요하게 여겼다. 이는 중국이 국제법적으로 조선의 보호국으로 인정될 수도 있는 배경에서 일어난 일인데, 그렇게 되면 조선반도를 접수하려는 일본의 계획에 걸림돌이 될 판이었다.

조선의 수도 서울에서는 순진하고도 확고한 태도로 중국의 황제에게 희망을 걸었지만, 황제 자신도 아편전쟁 이후로 권력을 빼길 처지에 있었다. 당시 현대적이라 여겨지던 일본에 친근감을 가진 조선의 젊은 양반들이 일으킨 정변은 1884년에 진압되었다. 10년 뒤에는 종교적 민족주의 세력인 동학이 주도한 민중궐기가 실패로 돌아갔다. 이 반란자들은 무엇보다도 외국인을 이 땅에서 몰아내고, 동도서기東道西器(동양의 길, 서양의 기술)라는 표어 아래 본래 조선의 전통과 요구에 맞도록 서양 이념과 기술을 받아들이자는 주장을 폈다. 오늘날 북조선의 '주체'사상과의 유사점이 놀라울 따름이다.

동학반란['동학란'은 민란으로 보던 기존의 시각을 반영한 용어로, 현재는 '동학농민운동'으로 개칭되었다]은 중국-일본 전쟁[청일전쟁]으로 이어졌고, 두 나라는 조선 땅에서 전쟁을 치렀다. 1895년 일본이 이 대결에서 승리했다. 그 밖에도 진압된 동학군에서 오늘날까지도 남북 모두에 남아 있는 종교 하나가 생겨났다. 북조선에는 심지어 공식적으로 허용된 정치적 정당, 곧 '천도교 청우당'이 존재한다.

1895년 이후로 조선에서의 주도권을 두고 중국이 가장 강력한 경쟁자로 나타나자 일본은 조선반도에 자신의 존재를 강력하게 구축했다. 무역, 투자, 문화 교류, 왕이 감당하지 못할 정도로 빚을 늘리도록 계속 해준 광범위한 대출, 마지막으로 일본 화폐를 변형한 화폐의 도입 등으로 조선은 공식적으로 식민지가 되기 오래전부터 이미 한 걸음씩 차례로 주권을 빼앗겼다.

동시에 일본은 서양 강대국들과의 합의를 거쳐 조선에 대한 영향력을 외교적으로도 확보했다. 러시아는 1905년의 전쟁[러일전쟁]에서 패배했다. 당시 주도적인 세계열강 영국과 미국은 조선반도에서 일본의 완전한 행동 자유를 인정해주는 조약들을 도쿄 측과 맺었다. 미국은 그 대가로 일본의 필리핀 포기를 받아냈으며, 필리핀은 짧은 중단 뒤에 수십 년 동안 미국의 통제 아래로 들어갔다.

절망 상태에서 조선의 왕인 고종은 1897년에 이미 중국으로부터 독립된 완전한 주권을 선포했고, 나라 이름도 '대한제국'으로 고친 터였다.

이것은 서력의 기원 무렵 한반도에 존재했던 이른바 세 개의 한나라[삼한]에 대한 통치자라는 뜻이었다. 오늘날 남한의 공식 국호인 '대한민국'은 여기서 나온 것이다. 1907년에 왕은, 일본이 강제한 1905년의 보호조약에 항의하기 위해 헤이그 — 평화회의 — 에 사절단을 파견했다. 이 사절단은 제대로 영접을 받지 못했다.

낡은 구조들을 지닌 채 내부적으로 갈가리 찢긴 허약한 상태로 국제적 후원도 얻지 못한 조선은 1910년에 국가주권을 잃고 일본의 식민지가 되었다.

오늘날 남북에서 이 경험의 의미는 아무리 중요하게 다뤄도 모자랄 정도다. 일본의 조선 점령에 앞서 경제적 의존이 먼저 나타났기에, 남한의 독재자 박정희는 1960년대와 1970년대 자신의 통치 기간에 성공적으로 추진한 경제 건설에서, 해외의 직접투자 자금이 대규모로 나라 안으로 들어오는 것을 확고히 피했다. 투자를 받아 다시금 일본에 종속되는 대신 남한은 꼭 필요한 자금을 조달하기 위해 부채를 짊어졌다.

오늘날 북조선도 정치적 주권의 상실에 앞서 경제적 의존이 이루어졌다는 사실을 잊지 않았다. 민족주의적인 주체사상은 여러 측면을 갖는다. 자주경제의 극대화는 의심의 여지없이 주체에 속한다. 외부와의 경제적 접촉이 너무 강해지고 너무 중요해지고 너무 일방적이 되면, 평양에서는 곧바로 요란하게 경종이 울린다. 정치적 독립을 위해서는 경제적 불리함조차 감수할 각오가 되어 있다.

남북에서 오늘날까지도 관찰되는, 강대국과 그들의 의도에 대한 의혹은 물론 19세기까지 또는 20세기 초까지 소급해 올라간다. 중국과 서방에 배신당했다는, 또는 버림받았다는 감정이 뿌리 깊이 박혀 있다.

일본에 대한 남북의 관점은 독특하게 혼합된 것이다. 남한이나 북조선 양쪽에서 사람들은 동쪽 이웃나라가 무거운 죄를 저질러놓고는 그것을 올바르게 처리하지 않았다고 생각한다. 독일이 2차대전 후에 매우 활발하게 과거를 극복했다는 것이 일본과의 담판에서 긍정적인 모범으로 거론되곤 한다. 그래서 한국인들은 예컨대 독도를 둘러싼 것과 같은 일본과의 영토분쟁을 새로운 식민지 야욕으로 간주하고, 따라서 공격적으로 대응한다.

그러면서도 한국인들은 일본의 성공에 깊은 인상을 받았다. 이해할 수 있는 일이지만 오랫동안 열등한 나라로 간주되던 일본이 어떻게 그렇게 짧은 시간 만에, 그리고 지속적으로 우위를 차지할 수 있게 되었는가 하고 자문하는 것이다. 1945년 이후 미국은 집중적으로 남한과 일본의 협조를 후원했고, 덕분에 두 나라에서 경제 발전의 유사점을 찾아볼 수 있다. 예컨대 국가와 경제의 관계, 대규모 재벌기업의 설립, 수출 위주의 성장 전략 등이다.

북조선에서 일본에 대한 해방전쟁은 김일성을 둘러싼 민족주의 신화의 기반이다. 그 때문에 일본을 관찰할 때 남한과 같은 긍정적인 방식이 여기서는 더욱 어렵다. 1884년에 일본의 예를 따르고자 했던 개혁가들은 애국심 없는 자들이라고 비난을 받는다. 그런데도 놀라울 정도의 유사점들이 있다. 19세기 후반 일본의 현대화 슬로건은 '후코쿠 교헤이(부유한 나라 강한 군대)[부국강병]'였다. 김일성의 사망 이후 최악의 고난 기간에, 그리고 1990년대 말의 대규모 기근 사태가 일어났을 때, 그 아들 김정일은 두드러지게 비슷한 울림을 갖는 '강성대국(군사적 강국, 경제적 부국)'이라는 표어 아래서 북조선의 재활 운동을 시작했다. 일본의 군사적-민족적 전통과 오늘날 북조선 사이의 정신적인 연관성을 지적하는 저자들도 있다.[11]

식민지 시기 35년은 모든 점에서 힘들었다. 나라는 경제적으로 약탈되었고, 나중에는 일본의 중국 정복을 위한 행군 기지가 되었다. 수십만 명의 젊은 여성들이 강제로 일본인 군부대 접대부가 되었다. 1930년대 말 이후로 일본은 조선을 동화同化시키려 했다. 1943년부터 학교에서 조선말을 가르치는 것이 금지되었다. 조선인들은 일본 이름을 받아들이고 일본 황제를 신으로 모셔야 했다. 1936년 베를린 올림픽경기에서의 사건 하나가 조선인 억압에 대한 전형적 징후를 보여준다. 조선 사람 손기정은 마라톤 경기에서 우승했다. 하지만 그는 일본식 손기테이라는 이름으로 금메달을 받았다. 국가별 메달 획득에서도 일본의 금메달로 기록되었다.

식민지 시기는 조선인의 민족적 자존심에 심각한 타격을 입혔다. 독립을 잃어버릴 위협에 맞서 저항할 때 이미 민족의식이 나타났다. 1897년 이후로 지식인들은 신문과 소책자 인쇄를 통해 민중에 다가가기 위해서, 그리고 민중이 민족문제에 관심을 가질 수 있도록, 수백 년 전에 고안된 문자인 한글을 마침내 사용하기 시작했다.

식민지 시기로 소급되는, 또 오늘날까지도 강력한 한민족의 민족주의는 분명히 방어적 특성을 갖는다. 외부의 적을 통해 민족정체성이 의문시되면서 생겨난 민족주의는 따라서 오늘날까지도 전투적이다. 그런데도 이웃들을 한민족화하려는 것이 아니라 모든 외세의 침입 노력에서 자국을 보호하려는 것이다. 자기 포기에 이를 정도로 모든 수단을 동원하는 것도 당연시한다. 그러므로 오늘날 북조선 지도부가 경제적·정치적 비용에도 불구하고, 조국을 습격하려는 도발이자 전주곡으로 생각되는 외국의 군사 훈련에 맞서 핵무기와 굽히지 않는 태도가 필요하다고 주민들을 설득하기가 정말로 쉽다는 것이 전혀 놀랍지 않다.

1945년 이후 북조선 내부의 권력투쟁

동아시아에서 2차대전은 급작스럽게 끝났다. 미국은 1945년 8월 6일 히로시마에, 9일 나가사키에 원자폭탄을 투하했고, 일본은 8월 15일에 항복했다. 오늘날 남북에서는 이 날짜를 해방일로 축하한다. 이에 앞서 소련은 잽싸게 8월 8일 일본에 선전포고를 했다. 도쿄 측이 갑작스럽게 항복해버릴 경우 일본이 차지한 소련 영토에 대한 우선권을 방해받지 않기 위해서였다. 이 개입의 결과 일본은 북부의 섬 몇 개를 잃었다. 북부 섬들은 1905년 러일전쟁의 승리 이후 일본이 차지했던 것으로, 오늘날에도 그사이 소련에서 러시아로 이름을 바꾼 이웃나라와의 평화조약 체결을 방해하는 요인이다.[12]

자신의 성공에 깜짝 놀란 미국의 병사들은 9월 초에야 조선반도에 도착했는데, 이와 달리 소련 군대는 조선반도에서 일본 군대에 맞서 손실이 큰 전투에 며칠 더 일찍 뛰어들었다. 이와 관련된 기념비인 '해방탑'이 평양의 모란봉공원 가운데 있는데, 여기에는 러시아어와 한국어로 "위대한 소련군이… 조선 인민을 일본 점령의 고통에서 해방"시켰다고 기록되어 있다. 이는 현재 북조선의 공식적 역사관에 정면으로 배치되는 내용이라 주목할 만하다. 이 비명은 내가 집중적으로 탐색했는데도 만족할 만한 답변을 찾아내지 못한 북조선의 수많은 수수께끼 중 하나이다.

김일성에 대한 공식적인 설명[13]은 20년 동안이나 영웅적인 빨치산투쟁을 한 다음 혼자서 일본군을 물리쳤고, 따라서 너무나 자연스럽게 해방된 조선의 지도자가 되었다는 것이기 때문이다. 해방탑에서 겨우 몇백 미터 떨어진 곳에 있는 두 개의 기념비가 이 기억할 만한 사건을 기록하고 있다. 하나는 김일성이 승리하고 평양으로 돌아올 때 그를 향해 열광하는 대중에게 연설하는 모습을 그린 거대한 모자이크 그림이다. 이 그림은 사진을 옮긴 것인데, 해당 사진의 가장 초기 판본들에서는 배경에 소련군 장교 몇 명과 함께 레닌Vladimir Ilich Lenin과 스탈린의 현수막들을 알아볼 수 있었다.[14] 물론 저 모자이크 그림이나 오늘날 북조선의 역사책에 나오는 사진에서는 그런 배경의 모습을 찾아볼 길이 없다.

또 다른 기념비는 '개선문'이다. 이보다 조금 작은 파리 개선문과 비슷하게 이것도 다차선 도로의 중앙에 우뚝 솟아 있는데, 자동차 통행의 빈도는 프랑스 수도에 미치지 못한다. 기둥에 쓰인 두 개의 숫자 — 1925와 1945 — 는 김일성이 13세에 만주 방향으로 떠나면서 나라를 해방시키고 나서야 돌아오리라고 맹세했던 연도와, 20년 뒤에 자신의 약속을 실현한 연도를 새긴 것이다.

실제로 소련은 일본 식민지이던 38도선 이북의 조선을 1945년 8월 중순부터 점령하고는, 유럽에서도 알려진 것과 같은 방식으로 자신들의 표상에 따라 나라를 바꾸기 시작했다. 산업체 대부분을 몰수한 것도 그에 속하는데, 북부의 산업체들이 대개 일본인 소유였기에 아무런 문제도 일으키지 않았다. 시골의 토지는 너무나 기뻐하는 농부들에게 분배되었다. 문자교육과 양성평등에 대한 법률 및 캠페인이 그 뒤를 따랐다.[15]

이런 조치들은 주민들 사이에서 매우 인기가 높아서 평양 정치지도부의 입지를 강화해주었다. 하지만 이 지도부는 어떻게 만들어졌나?

북조선 지도부에서 현재 전개되고 있는 상황을 염두에 두고, 오늘날 하나의 정당(조선로동당)과 한 명의 지도자로 구성된 단일 체제의 형성 과정을 조금 더 자세히 살펴보는 것이 쓸모가 있다. 김일성은 상당한 내부의 저항에 맞서 온갖 수단을 동원하고 엄청난 노력을 기울인 끝에야 겨우 권력을 쟁취할 수가 있었다. 이것은 그의 아들이며 후계자인 김정일(1994~2011)이 권력을 구축한 기반이자, 다시 그의 아들 김정은(2011~)의 통치 근거가 되는 김일성 유산의 본질적인 부분이다.

1945년 이후 북조선에서 10년 동안이나 계속된 다양한 정치적 세력의 내부 대립에 대해서는 상세한 정보들이 존재한다.[16] 해방 직후 가장 유력한 그룹은 조만식을 중심으로 한 주로 기독교 민족주의자들이었는데, 그들은 잘 조직되어 있었고 일제의 탄압에 맞서 활발한 저항운동을 벌인 덕에 일반 민중 사이에서 높은 존경을 받았다. 그들은 또한 일본이 물러간 다음 전국에서 임의로 생겨난 지방 자치 기구인 인민위원회에서도 가장 많은 인원을 차지했다.

이 민족주의자들 다음가는 두 번째로 거대한 정치 집단은 자칭 좌파 세력들로, 처음에는 다양한 정당이나 단체에 소속되어 있었다. 조선에 남아 있던 조선공산당의 당원들은 자주 격한 항일운동을 벌인 탓에 형무소에 갇혀 있었고, 덕분에 사람들 사이에서 존경을 받았다(이른바 국내파). 또한 조선의 공산당원이지만 중국의 공산당원들과 나란히 항일운동을 펼친, 보통 중국 공산당원이기도 했던 사람들(연안파)이 있었다. 또한 소련에서 태어나 두 언어를 쓰면서 자란 조선인 그룹도 있었는데, 이들은 소련 정부나 소련공산당에서 일정한 경력을 거쳤고 훌륭한 교육도 받은 사람들(소련파)이었다. 그리고 마지막으로 조선이나 중국 동북부에서 항일투쟁을 벌이면서 그 과정에 모스크바의 후원을 받은 사람들도 있었다(갑산파). 갑산파는 다른 그룹에 비해 규모가 훨씬 작아서 처음에는 고작 50명 정도에 지나지 않았는데, 1945년에 겨우 33세인 김일성이 이끌고 있었다.

이 좌파 단체들은 조선 북부에서 위험할 정도로 강력한 민족주의자들을 무력화시키려고 1946년에 자기들끼리 연합했다. 남부에서는 미 점령군이 이런 연합을 막았다. 그런데 공산당 본부는 소련군과 미군 공동위원회가 통치하던 수도 서울에 있었다. 소련 점령 지역에서 활동하던 조선공산당 북조선분국은 약간 더 온건한 조선신민당과 합당해 북조선로동당이 되었다. 여기서 '북조선'이란, 나라 이름이 아니고 조선의 북부라는 의미였다. 수가 훨씬 많은 조선공산당과 공공연히 경쟁에 나설 의도는 없었다.

새로운 북조선로동당의 첫 위원장은 김일성이 아니라 합당 이전 조선신민당의 당수이던 김두봉이었다[김일성은 부위원장]. 김두봉은 나중에 최고인민위원회(의회)의 상임위원회 위원장으로서 북조선의 국가원수가 되었고, 1957년까지 이 상징적인 지위를 유지했다.

세력 규합과 소련 점령군의 강력한 후원에 힘입어 공산주의자들은 민족주의자들을 인민위원회와 권력에서 몰아내는 데 성공했다. 밀려난 이들은 북조선로동당에 흡수되거나 남한으로 후퇴했다. 이제 김일성은 자기 정당 내부의 다툼에만 집중할 수 있게 되었다.

스탈린의 심복으로 소련 비밀경찰국장인 라브렌티 베리야Lavrentii Beriya와 분명히 긍정적으로 진행된 몇 번의 대화를 거친 다음 김일성은 북조선의 임시 인민위원회 위원장이 되었고, 이로써 실질적으로 조선 북부 행정부의 수반이 되었다. 그는 모스크바와 탁월한 관계를 유지했고, 이런 방법으로 자기 정당 안에서도 꾸준히 권력을 키워나갈 수 있었다.

좌파 연합이 결성되고 민족주의자들을 무력화시킨 다음, 앞서 말한 파벌들은 당내에서 투쟁을 계속했다. 처음에는 국내파가 나머지 세 파의 공격을 받았다. 국내파를 제거한 다음 김일성은 연안파를 숙청했는데, 이들에게는 특히 한국전쟁의 실패 책임이 돌아갔다. 1953년 스탈린이 죽은 다음에는 소련파가 숙청의 목표가 되었다. 김일성은 1956년 8월에 자기에게 맞서다가 실패한 쿠데타 시도를 이용해서 아직 당 내부 서열이 높던 경쟁자들을 제거하고 마침내 자신이 주도하는 갑산파의 우위를 확립했다.

오늘날의 북조선을 이해하기 위해서는 김일성이 오랜 기간 복잡한 과정을 거쳐 권력을 쟁취했다는 사실을 확실히 알아두는 것이 중요하다. 그는 이 과정에서 재빨리 연합을 결성하고 다시 해체할 수 있는 능수능란한 전술가임을 입증했다. 또한 연합 세력을 얻고 추종자를 열광시키는 데 필요한 매력과 카리스마를 지녔으며, 동시에 적들에 대해서는 상당한 정도의 냉혹함도 지녔다. 소련은 분명 그의 능력을 매우 잘 알았지만 그의 권력욕을 얕잡아 보았다. 젊은 김일성을 소련의 꼭두각시로 이용하려던 계획은 실패로 돌아갔다.

김일성은 당내에서 훨씬 더 강하고 경험도 풍부한 경쟁자들에 맞서 자신의 입지를 구축해야 했다. 덕분에 그는 당내 다원론이라는 이념에 무관심하고, 아주 작은 반대의 징후에도 과격하게 대응하게 되었다. 1948년 조선반도에 두 개의 국가가 설립된 이후로 조선로동당으로 불리게 된 당과 나라 전체는 그의 요구대로 단일한 체제가 되지 않을 수 없었다. 조금의 일탈도 허용되지 않았다. 게다가 김일성은 안전을 위해 중국의 '대약진'과 문화혁명 같은 대담한 실험들도 포기했다. 마오쩌둥과는 달리 그는 그런 실험의 결과로 나타날 혼돈 뒤에 다시 권력을 차지할 처지에 있지 않았던 것 같다.

오늘날 북조선의 반대 세력에 대해 물으려 한다면, 노선이탈자에 대한 관용의 문제가 중요해진다. 소련과 동부 및 중부 유럽 각국의 공산당에서는 스탈린 시대가 끝난 다음에 개혁지향적인 무리들이 나타났고, 일부는 뜻을 관철하기도 했다. 그에 반해 북조선에서는 지난 수십 년 동안 그런 조직화된 노력을 아예 찾아볼 수가 없었다. 이따금 인적 구성이 개편되고, 지도부 인사가 사라지거나 서열체계에서 아래로 내려가는 일은 있었다. 그런 일들은 분명 북조선 지도부 안에서 기강에 따른 조치들이 활발하다는 것을 알려주는 유일한 표지지만, 우리는 아무리 노력해도 그리고 미디어를 통해 널리 퍼진 소문들이 있음에도, 그 세부사항을 완전히 이해하지 못한다. 개혁이라는 게 있다면 그것은 언제나 위에서 직접 나오는 것이다.

늦어도 1956년부터 김일성은 북조선의 로동당과 국가에서 논란의 여지가 없는 1인 통치자였다. 이어지는 수십 년을 이용해서 그는 자신의 권력을 굳히고, 자기 개인에 대한 숭배를 점점 키우고, 자신만의 유사-사회주의 이념에 따른 권력기반을 만들어내서 완전히 공고하게 하고 후계자를 양성했다.

분단

분단 상황은 오늘날 남북에서 가장 큰 민족적 비극으로 여겨진다. 한국은 자신이 강대국들의 이해관계 다툼의 희생자라고 여긴다.

1945년에 연합군은 적국인 일본에 항복을 강요하고는 1910년부터 일본의 지배 아래 있던 조선반도도 점령해버렸다. 독일과 비슷하게 한국도 두 개의 점령 지역으로 나뉘었다. 오늘날까지 지속되는 이 분단은 조선과 관계가 있는 것이 아니라, 결정권을 가진 세력들의 상충하는 이해관계에서 나온 부수적인 결과였다. 이런 사정은 어차피 존재하는 분단을 더욱 고통스럽게 만든다.

1945년 무렵 강대국들의 이해관계는 아주 복잡한 특성을 가진 것으로, 역사적으로 훨씬 이전까지 소급해 올라간다. 차르 시대의 러시아가 이미 38도선을 따라 조선반도를 러시아와 일본의 영향권으로 나눌 생각을 했었다. 차르의 생각은 무엇보다도 부동항인 포트아서(오늘날 중국 다롄의 일부)를 확보하고, 만주횡단철도 노선을 그곳의 해군 보급 기지까지 연결하려는 것이었다. 일본은 시장과 풍부한 지하자원을 얻으려고 조선을 식민지로 만들었지만, 전략적으로는 일본의 원래 목표인 아시아 대륙으로의 확장을 위한 교두보로 이용할 셈이었다.

그렇다면 일본이 패배한 뒤에 무엇 때문에 조선이 분단되어야 했던가? 1945년 해방 시점에 조선은 식민지였고, 이것은 무엇보다도 영국의 관점에서 곤란한 문제였다. 일본에 승리한 다음 조선을 독립하도록 놓아주는 것은 불쾌한 선례가 되었을 것이다. 인도가 대영제국 왕실의 보석이었지만, 동남아에는 그 밖에도 다른 식민지들이 있었다. 브루나이, 버마[현재의 미얀마], 홍콩, 말레이시아, 싱가포르와 또 다른 지역들이었다. 이 대부분의 식민지들은 1941년부터 일본인들에게 점령되었다. 그렇다면 이런 지역들도 일본의 식민지배가 물러난 다음 똑같이 독립되어야 하나? 런던의 입장에서 그런 생각은 받아들일 수가 없었다. 그에 따라 처칠Winston Churchill은 전후戰後 질서를 위한 여러 협의에서 언제나 조선을 중장기적인 신탁통치 아래 두자고 제안하곤 했다. 이런 제안은 오랜 세월에 걸친 조선의 문명을 의도적으로 무시한 채, 일본이 철수한 다음 조선인들이 자치를 할 능력이 없으니 서방 국가들에 의한 지도가 필요하다는 점을 근거로 한 것이었다.

협상 테이블에 앉은 다른 연합국 대표들에게 — 스탈린, 루스벨트

Franklin Roosevelt, 그리고 이따금 장제스蔣介石 — 한국의 운명은 어차피 무관했다. 새로운 세계 개편을 놓고 전쟁이 끝나기 한참 전부터 이미 시작된 장기판에서 그들에게는 그보다 더 긴급한 다른 관심사들이 있었다. 마침내 1943년 12월 카이로회담에서 조선을 '적절한 시기에' 독립시키기로 합의를 보았다. 50년 동안의 신탁통치가 논의되었다.

그런 다음 1945년 들어 사건들이 빠르게 진행되자 일본이 항복하기 5일 전에, 미국은 가능한 한 자신들에게 유리한 군사분계선을 찾아내라고 미군 장교 두 명을 겨우 몇 분 동안 지도실로 보냈다. 그들은 지도를 바라보다가 선 하나를 찾아냈는데 다시 북위 38도선이었다. 이것은 조선을 비슷한 크기로 둘로 나누는 선이었다. 서울은 이 선의 바로 남쪽에 있었고 따라서 미군 점령 지역에 있게 될 터였다. 조선인들과는 전혀 상의도 없이 한 번 더 민족의 운명이 결정되었다.

북쪽에서 조선반도로 밀려든 소련군은 1945년 8월 15일 일본에 승리를 거둔 뒤에 아무런 문제없이 곧바로 조선반도 전체를 점령할 수도 있었을 것이다. 미군은 너무 멀리 떨어져 있다가 9월 9일에야 조선반도에 상륙했기 때문이다. 하지만 소련군은 이 기회를 알아채지 못했다. 소련 측이 조선을 공동으로 점령하자는 약속을 엄수한 이유는 다양하다. 우선 모스크바가 일본 점령 지역을 분할하고 미국이 유럽 전쟁터에서 한 합의[2차대전 이후 실제로 유럽 대륙에 나타난 동서 진영 성립의 토대가 되는 여러 합의]들을 이행하기를 바랐다는 점을 꼽을 수 있다. 러시아의 동쪽 경계선 확보는, 북조선에 들어감으로써 이미 성취되었다.

조선을 2개 점령 지역으로 분할한 다음, 조선반도에서 두 강대국과 각각의 조력자들 사이에 협력관계는 힘들었다. 신탁통치에 대한 저항이 점점 커졌다. 스탈린이 후원하는 세력이 충분히 강해졌다고 확신하자,

모스크바는 입장을 바꾸어 이전에 합의한 신탁통치에 반대하게 되었다. 군사분계선 양측에서 각기 정치적 반대파가 극도로 가혹한 박해를 받았고, 덕분에 격렬히 이주가 이루어졌으며, 결국 정치 세력의 양극화로 연결되었다. 조선반도에서 남과 북은 제각기 자신의 주도 아래 통일과 공동정부를 이루어야 한다고 선전했다. 서로 다른 정치적 표상들, 신탁통치 문제, 개인적인 권력욕, 분리된 선거, 그리고 갓 시작된 냉전 등이 조선을 확고히 둘로 나누었다. 1948년 8월 15일에 대한민국이 성립되고, 이어서 1948년 9월 9일에 조선민주주의인민공화국이 나타나면서 분단은 그 형태를 갖추었다.

한국전쟁

소련군은 즉시 북조선에서 철수했다. 그러면서 올바로 기능하는 경제, 확고한 정치체제, 중무기로 무장한 잘 훈련된 군대를 뒤에 남겼다. 미국 역시 철수하라는 정치적 압력이 점점 거세졌다. 남쪽의 상황은 훨씬 덜 안정되어 있었고, 군대라고 해봐야 고작 경무장을 갖춘 경찰부대 정도였다. 그래서 김일성은 미국의 후원이 없다면 남쪽이 금방 와해될 것이고, 경제적으로 우세한 북조선과 기꺼이 합칠 것이라고 확신했다. 한국전쟁(1950~1953년)은 이런 통일 형태를 도입하려는 시도였다. 북조선에서 한국전쟁은 '승리한 조국해방전쟁'으로 여겨진다.

1950년 6월 25일에 누가 공격을 시작했느냐에 대해서는 양측이 정반대 관점을 보이지만, 실은 거의 의심의 여지가 없는 일이다. 전쟁의 전개 상황으로 보아도, 1991년에 공개된 소련 문서고의 기록들을 보아도, 북조선이 급속도로 남한 군대의 저항을 격파하고 겨우 3주 만에 거의

전국을 점령하다시피 했다는 것이 분명하다.[17]

겨우 몇 달 전에 건국된 중화인민공화국은 서방 강대국들에 의해 유엔 안전보장이사회(안보리) 이사국으로 인정되지 않았고 소련 대표는 참석을 거부했기 때문에, 남은 이사국들인 미국, 영국, 프랑스는 불과 몇 시간 만에 결의를 채택하고 곧이어 의기투합했다. 공식적으로 유엔기를 들고 싸우는 미국 군대와 연합군은 각기 관점에 따라 용감한, 또는 위험한 작전을 수행하여, 빠른 승리를 자신하다가 깜짝 놀란 북조선군을 포위해 물리칠 수 있었다. 남한 대통령 이승만의 요청에 따라 단순히 이전 상태를 복원할 뿐만 아니라 그 이상의 반격이 중화인민공화국의 국경선까지 이어졌다.

이 순간 세계는 3차대전의 가장자리에 서 있었다. 김일성의 습격 뒤에 스탈린의 위탁에 의한 대리전쟁이 감추어져 있을 것이라고 짐작했기에 미국의 반응이 그토록 재빠르고도 격하게 나왔었다. 나중에 이것은 오판으로 밝혀졌지만, 1950년 6월 워싱턴에서는 충분히 단호한 반응을 하지 않으면 유럽에서와 비슷한 전쟁으로 발전할까 봐 두려워하지 않을 수 없었다.

중국은 미국 군대가 국경선까지 밀려오고 원자폭탄 투하를 논의하다가 점차 외교적으로 결정하기로 바뀔 때까지 잠자코 있다가, 정규군이 아닌 이른바 자원군을 전쟁에 투입했다. 그들은 엄청난 희생을 치렀으며, 그중에는 전사해서 북조선에 매장된 마오쩌둥의 아들 마오안잉毛岸英도 있었다. 유엔군은 대략 38도선으로 퇴각했다. 이것은 내게 언제나 약간 기묘하게 생각된다. 그곳에는 이런 전선戰線을 정당화해줄 만한 그 어떤 자연적 지형지물도 없기 때문이다. 어쨌든 지금까지는 베이징과 워싱턴 사이에 그 어떤 합의가 있었다는 증거는 나오지 않았다. 2년간 [정전]협상이 계속되었고, 그 기간에 북조선은 철저히 우세한 미국 측의 공습으로 문자 그대로 대지가 평평해질 정도로 파괴되었다. 2차대전 기간 아시아 전체에 쏟아진 것보다 더 많은 폭탄이 이 기간 북조선에 투하되었다. 1953년 3월 스탈린이 죽고 마침내 1953년 7월 27일에 오늘날에도 실효를 발휘하는 정전협정이 맺어졌다.

오늘날 북조선에서는 한국전쟁을 미국의 공격에 맞선 성공적인 방어전쟁이었다고 본다. 마치 골리앗에 맞선 다윗 같은 영웅적인 전쟁이었다는 것이다. 특히 2013년에 복구된 수도의 박물관 하나와 미군의 잔혹행위를 전시하는 신천의 박물관이 그 전쟁을 기념하고 있다.

나는 신천박물관을 여러 차례나 방문했다. 설사 비판적인 서방 방문객이라도, 여기서 전쟁범죄들이 일방적이긴 해도 상당히 정확히 묘사되고 있는 것 같다는 느낌을 받게 된다. 한국전쟁은 이념을 두고 벌어진 내전이었고, 전선은 나라의 너른 지역에서 여러 번이나 서로 방향이 바뀌면서 움직였다. 가장 고약한 인권침해에 대해 이보다 더 자료가 방대한 현장을 상상하기란 어렵다. 양측에서 이념적 숙청이 이루어졌고, 개인적인 보복들도 행해졌으며, 가장 저급한 (비)인간적인 충동들도 깨어났었다. 오늘날 북조선의 미국에 대한 관계, 형제국가인 남한에 대한 관계를 생각해보려 한다면 이 사실을 분명히 알아두는 것이 중요하다. 우리 독일인들이 재통일 과정에서 그와 비슷한 일을 극복하지 않아도 되었다는 것은 행운이라고 할 수 있다.

지정학적으로도 한국전쟁은 광범위한 파급 효과를 가진 사건이었다. 이 전쟁은 미국이 일본을 이전의 적대국가로 여기기를 차츰 그만두고, 오히려 동아시아 냉전의 현장에서 가장 중요한 동맹국으로 여기는 과정을 강화시켰다. 독일과 비교하면 일본에서 비판적인 과거 청산이 부족하다는 사실도, 미국의 관심이 이렇게 바뀐 것과 관계가 있다. 서유럽에서 한국전쟁은 비슷한 사건들에 대한 두려움에서, 새로운 독일 방위군의 창설을 포함해 공동의 전투력을 구축하는 결과를 불러왔다. 중화인민공화국은 원하든 원치 않든 동구권의 일부로 편입되었다. 1970년대 초에야 리처드 닉슨Richard Nixon 대통령이 소련에 대한 중국인들의 잠복된 적대감을 이용하면서 미국과 중국의 접촉에 도달할 수 있었다.

이 전쟁은 한반도의 분단을 고착시키고, 양측 권력자들을 강화시켰다. 그들의 위치는 이제 매우 상징적인 성격을 갖게 되었다. 냉전 한가운데서 동서 양 진영은 제각기 자신의 가치관에 따라 어느 한 편을 물질적으로 지원해서 자기쪽 체제의 우수성을 증명하려 들었다. 전에는 한국에 대해 들어보지도 못한 수많은 사람들에게 이 나라가 이제는 하나의 개념이 되었다.

북조선은 이런 원조에서 엄청난 혜택을 입었다. 동해안에 위치한 북조선에서 두 번째로 큰 도시인 함흥이 1954~1962년 동독에 의해 재건된 것은 독일에서도 거의 알려지지 않은 기획이다.[18] 이 기획에는 건축가와 도시계획가들의 양성도 포함되었기 때문에, 북조선 전국에서 당시 동독 원조자들이 교육받은 바우하우스 양식의 요소들이 여기서 다시 전수된 것을 오늘날에도 알아볼 수 있다. 이런 도움은 북조선 미디어에서 언제부턴가 '형제의' 도움에서 '기술적' 도움으로 격하되었다가, 이제는 보고서와 역사책들에서 거의 완전히 사라졌다.

외부의 눈길로 보면 실망스러운 이런 배은背恩은 북조선이 초기의 협력에서 배운 교훈이었다. 또한 이 나라의 지도부가 극히 교묘하게 저보다 여러 배나 강력한 동맹국가들[소련과 중국]을 서로 대립시켜 제게 유리하게 이용한 일이기도 했다. 1950년대에 이미 두드러지게 나타나서

1960년대 초에 완전히 고조된 소련과 중국의 다툼은 특히 이런 맥락에서 모범적이다.[19] 문서고의 문헌들이 입증해주는 바에 따르면 북조선 외교관들은 의도적으로 어느 한편의 원조 제공을 이용해서 다른 편에서도 그에 상응하는 인정을 받곤 했다.

물론 정말로 수입이 쏠쏠한 이런 상황이 영원히 지속될 수는 없었다. 김일성은 1956년 소련공산당 20차 전당대회 이후에 타당해진 집단지도체제와 평화공존이라는 원칙에 찬성할 수가 없었다. 이런 원칙들은 그의 통치권을 위협하고 남측과의 통일을 어렵게 할 것이기 때문이었다. 그는 또한 점점 더 모험적이 되어가던 마오쩌둥의 정책에 회의적이어서, 너무나도 대담한 그의 실험들에 동참할 수 없었으며, 경제적·기술적으로 매력적인 소련과의 공공연한 적대관계에 동참할 각오도 없었다. 달리 어떻게 할 수 없게 되자 1960년대 초부터 김일성은 강력하게 선전하는 주체사상을 동원해서 모스크바와 베이징으로부터 북조선의 독립을 선언했다.

이로써 국가 형성 국면은 끝나고, 강력한 '동맹국들'의 후견에서 벗어나는 일도 완성되었다. 오늘날까지 지속되는 북조선의 독자적인 발전노선이 시작되었는데, 과거 수백 년 역사의 다양한 경험이 그 기반이 되었다. 북조선의 역사 해석은 이 정치체제와 지도부가 지닌 정당성의 근거이다.

이런 지식을 품고 오늘날의 북조선을 바라보면 여러 번 덧칠한 모습이 나타난다. 맨 아래 바탕칠은 1392년 이후 조선왕조 기간에 양성된 유교의 유산이다. 그 위로 1910년부터인 일본 식민지 시기의 경험, 그리고 1945년 이후 소련과 중국의 영향 등이 차례로 덧칠되었다. 맨 바깥층은 김일성과 그 후계자들의 작업으로 칠해졌는데, 후계자들은 자신만의 색깔을 입힐 수는 있었지만 지금까지는 완전히 새로운 그 어떤 모습을 내놓지는 못했다. 여기저기 칠에 생채기가 나서 더 아래층의 색채가 드러난다. 이따금은 색칠한 것이 떨어지거나 뒤섞여 있다. 전체적으로 오늘날 북조선은 앞서 언급한 여러 요소들로 복잡한 무늬를 만들어내는데, 그렇기 때문에 역사적 뿌리를 무시한 일차원적인 관찰은 불완전할 뿐더러 관찰자를 오도하기도 한다.

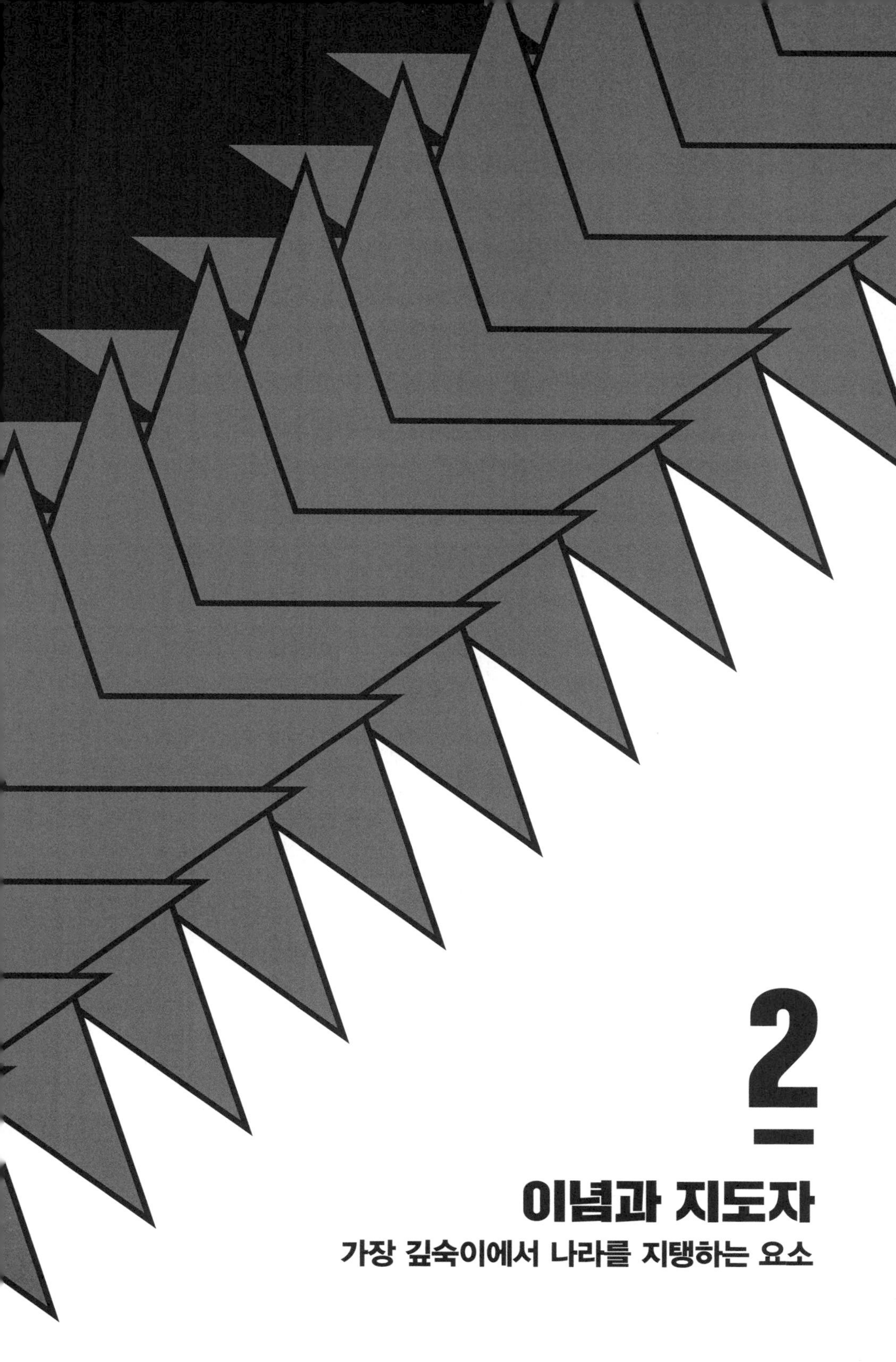

2

이념과 지도자

가장 깊숙이에서 나라를 지탱하는 요소

심각한 기근, 건국자의 죽음, 다른 사회주의 체제들의 붕괴 등을 겪고도 어째서 북조선이 아직도 존재하는지 그 이유를 말해야 한다면 나는 망설임 없이 이념이라고 답할 것이다. 그러니까 어린 시절 잔뼈에 새겨져 보편으로 받아들여진, 어디에나 드러나 있는, 타협 없는 포괄적 진리라는 주장을 갖춘 세계관 체계 말이다. 지도자를 중심으로 하는 이념은 북조선 사람들에게 한 보따리의 가치들을 전달하는데, 과거 많은 북조선 사람들은 이 가치 보따리를 식량 등 원초적인 육체적 요구보다 더 중하게 여겼다. 언젠가 이 정권이 서서히 또는 급격히 사라진다면, 이념의 변화 또는 이념에 대한 신뢰 상실이 그 원인이 될 것이다. 김정일이 1995년에 다음과 같이 강조해서 말한 것은 공연한 일이 아니다. "여러 나라에서의 사회주의의 좌절이 남긴 가장 심각한 교훈은 사회주의의 변질이 사상의 변질로부터 시작되며 사상전선이 와해되면 사회주의의 모든 전선이 와해되고 종당에는 사회주의를 송두리째 말아먹게 된다는 것이다."[1]

여기저기서 특수한 측면들이 제각기 북조선 방식으로 채색되어 있기는 하지만 북조선에서 관찰되는 많은 현상들은 원칙으로 보면 전형적으로 사회주의적인, 또는 전체주의적인 것이다. 독일에는 25년 전부터 그런 것이 더는 없어서 그런 체제에 깃든 논리와 그 결과도 차츰 잊혀가는 중이므로, 여기서 일반적인 사회주의 이념의 작용 방식을 먼저 설명하고 이어서 지도자숭배를 뜻하는, 특별히 북조선 방식의 표현인 '주체'와 '선군'을 탐색하기로 한다.

사회주의와 공동체: 의식적으로 올바른 일 하기

사회주의 사회는 — 시장경제와는 달리 — 지배적인 이념 없이는 존재할 수 없다. 레닌이 마르크스를 인용해 멋대로 발명해서 적절히 조정된 형태로 온갖 맥락에서 극히 다양한 나라들에 수출한 국가사회주의 체제의 기본이념을 눈앞에 그려본다면, 어째서 그런지가 분명해진다.[2]

어디서나 부족한 자원을 '더 낫게' 분배하기 위해 사람들이 '올바른 일'을 하는 것이 이 체제의 기반이다. 하지만 어떤 사회가 '올바르고' '좋은' 것인지는 엄밀히 정의되어야 하는데, 이런 정의를 내리는 것이 바로 이념의 본질적 기능 중 하나다. 국가제도(관료제도)와 정치체제(일당독재 체제)의 건설과 정치적 자유를 다루는 일(억압) 등에서 정해진 특성들은 이념에서 나온다.

투자가 어디로 흘러가는지, 국가가 예산을 어떻게 집행하는지, 개인의 활동은 어떻게 보상되는지, 소비물품의 분배는 어떻게 조직되는지, 이 모든 것이 이념으로 뒷받침된다. 따라서 이념은 정치적·사회적 결과와 나란히 직접적인 경제적 결과를 갖는다.

사회주의 사회들이 해답을 찾으려고 아무리 노력해도 성과를 얻지 못한 중요한 문제 하나가 소유와 책임의 관계다. 공동부엌을 가진 주거공동체에서 살아보았거나, 공중위생시설의 상태와 개인위생시설의 상태를 비교해본 사람이라면 여기서 무슨 이야기를 하는지 알 것이다. 집단소유 또는 그보다 더욱 분산된 국가소유 시설에 비해 사유재산인 시설이 효율적으로 이용되고 보존되는 경향이 강하다. 하지만 주거공동체에서는 분노를 불러일으키는 정도의 일이라도, 공동재산에 기초한 국가에는 존폐 위기가 될 수가 있다. 국가에서 '올바른' 행동이라는 원칙의 엄수는 선택사항이 아니라, 경제와 전체 사회의 기능을 위해 필수불가결한 전제조건이다. 따라서 그런 행동을 하려는 각오, 또는 꼭 필요한 경우 강요하려는 각오도 그만큼 크다.

서양 사회에서 각 개인은 '올바르게' 행동하기 위해 매뉴얼이나 교육을 필요로 하지 않는다. 애덤 스미스Adam Smith는 '보이지 않는 손'이라는 말로 자유로운 경제질서라는 매우 강력한 이미지를 만들어냈다. 거칠게 말하자면 그것은 자연스러운 것으로 여겨지는 개인들의 이기심에 광범위하게 근거하는데, 이런 이기심에서 개인들은 자기도 모르는 사이 중앙의 유도가 없이도 '올바른 것'을 행한다. 국가는 단순히 재산권을 보장하고 공공재를 보살피며, 사회적 합의에 따라 사회제도를 통한 재분배를 이용해 이기주의의 고약한 부분을 줄이려고 노력한다.

그에 반해 국가사회주의 체제들에서는 전혀 다른 논리가 타당해진다. '보이지 않는 손'이라는 생각은 비난을 받고, 개인의 이기심은 유죄 선고를 받는다. 자유주의자라면 아마도, 인간을 항구적으로 천성과 반대로 행동하게 하려는 일이라고 말할 것이다. 개인의 이익은 공동체의 이익에 비해 현저히 하찮게 취급된다. 여기서 공동체란, 맥락에 따라 작업반 또는 단위부대 또는 정당이 될 수 있다. 북조선에서 공동체의 가장 소중한 최고 형식은 조선민족이다. 북조선 사회주의는 가장 깊이 그리고 공공연히 민족주의를 지향하는데, 이는 현실에 존재했던 다른 사회주의와는 분명하게 구분되는 점이다.

사람들이 가진 특정한 행동방식을 없애거나 아니면 그들이 특정한 행동을 하도록 만들기 위해서는 반드시 이념이 필요하다. 종교가 통상 매우 유사하게 규범적인 목표 설정을 한다. 예컨대 기독교의 십계명을 생각해보라. 종교가 의무적인 국가종교로 되면 이념과의 차이는 곧바로 사라진다. 북조선의 이념은 거꾸로 자주 종교에 견주어진다.

사회적 행동은 어느 정도까지는 모든 사회에서 구성 요소다. 그것은 가족이 존재한다는 것에서 생겨나고, 복잡한 공동체에서의 생존에 필수적인 분업에서도 비롯된다. 그렇기 때문에 이념에서는 사회적 행동의 생산 자체는 문제가 아니고, 그런 행동의 가치기반과 범위, 그와 결부된 개인적 결정권의 제한 등이 핵심이다.

이념은 그것을 만들고 해석하고 적응시키고 전파하는 어떤 기관이 있다는 것을 내포한다. 국가사회주의 체제의 경우 그것은 독점적 권력을 주장하는 '정당'이다. 소련과 중국에서는 공산당이고, 동독에서는 독일사회주의통일당(SED)이었다. 북조선에서는 조선로동당이, 뒤에서 상세히 논하게 될 '주체'를 중심으로 하는 북조선 이념의 보호자이다.

정당이 이념을 책임지고 국가가 그 실천을 책임지기 때문에 사회주의 체제에서 국가와 정당의 혼합은 전형적이다. 북조선도 그렇다. 정당과 국가는 주민들의 행동이 목표에 맞추어지도록 힘을 모은다. 국가와 정당은 규칙을 제시하고 감시를 동원해서까지 규칙의 엄수를 통제하고,

사용 가능한 모든 수단을 동원해서 그것을 관철시킨다.

사회주의 체제의 창조자와 보존자들은 늘 자기들이 바로 도덕적 우월함이며 우주적인 진리라는 점에서 출발했다. 북조선에서도 이 점은 다르지 않다. 그래서 자신의 의견과 다른 의견들에 대해 너그럽지 않다. 이런 인과관계를 아주 분명하게 알고 있는 것이 중요하다. 그래야만 국가와 개인들이 이념을 실현하기 위해 동원하는 극단적인 수단들을 이해할 수 있게 된다. 정치적 이탈자에 대한 박해, 개인적 자유의 엄청난 제한, 인권침해 등이 그런 수단들이다.

가해자들의 죄의식이 극히 미약하다는 것이 치명적이다. 목적이 수단을 정당화한다는 신념은 광범위하게 퍼져 있다. 1945년 이후 나치의 고위 간부들, 또는 1990년 이후 슈타지[동독 비밀경찰] 지휘관들이 고발을 받자 내놓은 반응들을 떠올려본다면, 이런 주장에 동의할 것이다. 1989년 11월 13일 동독 최고인민회의에서 국가안전부 장관 에리히 밀케Erich Mielke가 내놓은 희비극적인 발언은 그런 고전이다. "하지만 나는 모든… 모든 사람을 사랑한단 말이오."[3]

마지막에 결국은 억압으로 끝난다 해도, 시작은 설득을 통한 감화다. 이념을 내놓는 자들은 자신의 가르침을 스스로 믿고, 이것이 올바르고 좋은 것이라 여긴다. 그들은 자신이 억압자가 아니라 엄격한 교사일 뿐이라고 여긴다. 우리가 흔히 선전이라는 개념으로 요약하는 것이 이 영역에 들어간다. 신문, 라디오, 티브이 등 국가 매체들은 당이 제시한 목표에 맞게 사람들을 교육하는 것을 목적으로 삼는다. 객관적인 정보나 오락이 아니라 가치와 행동지침의 전달이 중요하다.

더 알고 싶다면 북조선 미디어의 그 어떤 인터넷 사이트라도 방문해볼 것을 추천한다.[4] 거기서 가부장적인 훈계의 어조를 들을 수 있다. 남한 사람들의 고약한 처지에 대해, 그리고 미국의 범죄에 대해 읽을 수 있다. 또한 전 세계적으로 사람들이 북조선과 그 지도자를 얼마나 존경하는지도 알게 된다. 생산과 나머지 다른 영역에서의 다양한 성과도 듣는다. 이런 정치적 내용들은 조선 문화의 유일하고 우월한 업적들에 대한 계몽으로 보충된다. 훈계조, 흑백의 그림, 항구적이고 지루한 반복 등은 가르침의 의도에 대한 그 어떤 의심도 남기지 않는다.

북조선 사람들은 미디어를 통해 지도자의 최근 활동에 대해서도 알게 된다. 그런 보도에는 자주 더 노력하라는 요구가 포함된다.[5] 김정은은 권력을 승계하고 겨우 몇 달 뒤인 2012년 5월에 전국적인 미디어를 통해, 보통과는 달리 날카로운 비판을 해서 주의하라는 신호를 보냈다. 할아버지인 김일성의 생가 근처 유원지를 방문했다가 그곳의 보도가 망가지고 칠이 벗겨지고 보도 위로 잡초가 무성한 것을 보았던 것이다. 그에 대한 미디어 보도는 다음과 같다. "일군[일꾼]들과 관리성원들의 인민에 대한 복무정신이 령[영 0]이 아니라 그 이하라고, 이것은 실무적인 문제이기 전에 사상관점에 대한 문제라고 엄하게 지적하시였다."[6]

여기엔 나라의 이런 폐해가 지도자나 체제의 책임이 아니고 무능한 관리의 책임임을 함축하는 진술만 들어 있는 것이 아니다. 이 말에는 무시무시한 협박도 들어 있다. '세속적인' 영역에서의 사소한 잘못이라도 임의로 이념적 태도의 결핍 탓으로 돌릴 수 있으며, 따라서 중대 범죄가 된다는 것을 알아볼 수 있다. 나 자신이 독재체제에서 겪은 경험으로 보면, 한편으로는 매우 분명하면서도 다른 한편으로는 모호한 위협의 시나리오들이 사람을 가장 심하게 불안하게 하고, 체제를 무섭도록 강력하게 만든다. 규칙이 있고, 단 한 번 위반해도 수색당하며, 자기가 주의깊게 관찰되고 있다는 것을 누구나 안다. 하지만 이런 규칙이 구체적으로 어떤 모습이며, 어떤 처벌을 받게 될지, 언제 자기에게 닥칠지는 불확실하다. 두려움과 모호함의 이런 혼합이야말로 많은 사람들이 서둘러 복종하고 자율규제를 하도록 만든다.

이념에 기반을 둔 체제에서는 삶의 어떤 영역도 이념의 영향에서 자유롭지 않다. 북조선에서는 온갖 형식의 예술이 선전에 종속된다.[7] 건국자 김일성의 아들이자 후계자이며 현재 지도자 김정은의 아버지인 김정일의 가장 초기의 활동으로 우리에게도 잘 알려진 것 하나는 영화와 관계된 활동이었다. 오늘날에도 그가 쓴 책에서 그런 내용을 독일어 번역본으로 읽을 수가 있다.[8] 예술을 위한 예술은 가치가 없다는 진술이 핵심이다. "사람들을 혁명으로 이끌고, 그로써 공산주의자로 키우는 것 — 그것이 혁명 작품의 중심내용이다."[9]

미디어와 예술 말고 북조선에서의 일상도 이념과 선전으로 점철되어 있다. 서양의 방문객에게 그것은 어디서나 볼 수 있는 기념비와 표어들에 확실히 드러나 있다. "영광을 드리자 우리 당에" "21세기의 태양 위대한 령도자[영도자] 김정은 동지" "위대한 김정은 동지를 수반으로 하는 당중앙위원회를 목숨으로 사수하자" "일심단결" "당의 지시에 따라 우리나라, 우리 고향을 더욱 아름답게 건설하자".

사방 어디에나 확성기가 매달려 있고, 거기서 선전이 울려나온다. 지하철에, 일터에, 심지어는 주택에도 확성기가 있다. 아침이면 확성기를 매단 자동차들이 도로를 달리면서 새로운 구호를 퍼뜨린다. 자동차 덮개 위에 여러 개의 확성기를 설치한 용달차들이 건설 현장에 서 있고, 확성기에서 건설 노동자들을 향해 격려, 공식적 기록의 낭독, 혁명적 노래들이 울려나온다. 여기서 슬로건은 "많은 것이 많은 도움이 된다"인 모양이다. 확성기 상자들은 최고 음량으로 높여져서 희망 없을 정도로 꽥

꽥거린다. 사회주의에서 선전이 섬세한 경우는 드물다.

사람들은 경험에 따라 적응과 무신경으로 반응한다. 이념적 격려는 일상의 일부가 되어 그 효과를 잃어버린다. 그 결과 꾸준히 선동을 더 강화하는데, 외부의 관찰자에게 이것은 그로테스크하고도 과장된 인상을 만들어낸다.

영원히 동일한 자극에 익숙해진 나머지 선전이 성과를 잃으면 신체적 억압이 '올바른 일'을 행하도록 사람들을 선동하는 과제를 떠맡는다. 여기서 인권문제에 이르는 원이 완성되는데, 국가사회주의 체제에서 인권의 침해는 거의 필연적인 일이다. 이런 상황에서 인권이 지속적으로 깊이 있게 개선되는 일은, 국가를 떠받치는 이념에서 사회가 분리되어야 비로소 나타날 수 있다. 비록 명목상으로는 아니고, 실질적으로만 그렇더라도 말이다. 중국이 그 예다[중국은 명목상으로는 여전히 사회주의 국가다].

사람들이 정말로 어떤 생각을 하는지는 방문객에게도 체제 자체에도 대부분 감추어져 있다. 북조선 사람들 — 일부는 나라를 떠나서 상대적으로 솔직하게 말할 수 있는 사람들까지 합쳐서 — 과의 수많은 대화에 근거해서 나는 북조선에서 이념은 여전히 대다수 주민에게 내면화되어 있고, 그들이 이념을 함께 떠받치고 있다고 주장하겠다. 이는 이념과 밀접하게 결합된 민족주의, 국가가 열렬히 유지하는바 전쟁 상황과 포위 상황이 지속된다는 마음가짐, 거의 깨뜨릴 수 없는 국가의 정보 독점 등에서 비롯한다.

물론 동독에서의 경험은 그런 평가를 조심스럽게 내려야 한다는 것을 가르쳐준다. 1989년 10월 7일만 해도 에리히 호네커와 옛날 그의 지배동지들이 서 있던 연단을 향해 손을 흔들며 지나가던 수많은 사람들은 마음속으로는 이미 오래전에 호네커와 그의 체제에 결별을 고한 상태였다. 겨우 며칠 뒤에 그들은 새로운 변화를 지지했다. 북조선에서 점점 커지는 중산층의 부와 특히 중국에서 이 나라로 흘러드는 정보들은 북조선에서도 단일 이념을 차츰 약화시키고 있다. 1995년 김정일의 '이념의 붕괴'에 대한 경고가 맞는다는 것이 입증될지도 모른다.

사회의 머리

북조선 이념의 중심에 지도자가 있다. 오직 지도자만이 북조선 맥락에서 보편적으로 '좋고' '올바른' 것이 무엇인지를 결정할 수 있기 때문에, 지도자 없이는 이념이 완전할 수가 없다. 그래서 흔히 '수령체제'라고 말한다. 사회는 사회정치적 '몸', 지도자는 그 '머리'로 여겨진다. 북조선에서 들을 수 있는 말에 따르면 머리 없이는 사회가 살아남을 수가 없단다.

세계적으로 보아 북조선은 독재자를 정점으로 하는 유일한 전체주의 체제는 아니었고, 지금도 아니다. 그런데도 북조선 지도자의 위상은 마오쩌둥이나 이오시프 스탈린의 그것과도 다르다. 일인에 의한 권력독점의 정도, 수령체제가 깨지지 않고 존속한 기간, 그 기간에 왕조에서처럼 전임자의 아들이 직접 승계를 두 번이나 거쳤다는 사실 등은 스스로 사회주의라 칭하는 나라로는 유일하다.

김일성은 북조선의 수령체제를 만들었다. 그 과정에서 그는 스탈린을 모범으로 삼았다. 2차대전 이후 북조선 사회의 변화가 소련의 모범을 따랐다는 것은 입증된 일이다. 하지만 스탈린은 1953년에 죽었다. 니키타 흐루쇼프Nikita Khrushchyov가 스탈린의 공포정치를 비판하면서 1950년대 중반에 소련에는 집단지도체제가 성립되었다. 늦어도 이 시점부터 김일성은 베이징과 모스크바의 지령에서 자신의 이념을 분리시켜 독자적 노선을 걷기 시작했다.

지도자의 역할과 그에 대한 절대적 충성의 요구는 북조선의 이념적 규범의 여러 자리에 적혀 있다. 거기서 이른바 '당의 유일적령도체계 확립의 10대 원칙'이 특히 중요한 위치를 차지한다.[10] 이 '10대 원칙'에는 다양한 변조를 통해 언제나 동일한 주제 하나가 반복되는데, 바로 지도자에 대한 절대적이고 완전한 충성심이다. 이 문서는 우리에게 알려진 조선로동당의 1967년도 마지막 대규모 숙청작업 뒤에 가결된 것으로, 북조선 사회에서 김일성이 논란의 여지없는 유일한 지도자로 승격했음을 알려준다. 2013년에 수정이 있었는데, 주로 김정일의 이름을 아버지 김일성 이름 옆에 추가하기 위해서였다.

수령체제의 부수 현상 하나는 지도자에 대한 과도한 숭배인데, 우리가 개인숭배라고 여기는 것이다. 이런 개인숭배는 1950년대 후반 밖으로는 형제애와 동맹을 과시하던 시기였음에도, 동독 외교관들이 내부 보고에서 비판했던 내용이다.

> 김일성[11] 동지 개인을 둘러싸고 대규모 개인숭배가 벌어지고 있다. 조선 민족의 모든 업적이 오로지 그의 덕으로만 돌려진다. 김일성은 온갖 부작용을 지닌 개인숭배를 중지하기 위해 아무 일도 하지 않는다. 최근에는 다른 의견을 가진 동지들에 대한 박해가 강화되었다. 그들은 시골로, 광산노동으로, 댐으로, 그리고 수용소로 보내진다. 이런 억압은 특히 유럽의 사회주의 국가에서 일하거나 공부한 학생들과 전문기술자들을 향하고 있다."[12]

개인숭배는 그와 밀접하게 연관된 선전과 더불어 서방의 방문객들에게 북조선의 현실에서 특히 혼란스럽게 여겨지는 요소의 하나다. 전국에 퍼져 있는 수백 개의 초대형 김일성 청동 조각상이 눈에 보이는 개인숭배의 표현인데, 최근에는 이미 수많은 김정일 동상들이 그 옆에 추가되었고 계속 추가되는 중이다. 초대형 모자이크 그림과 벽화들은 그보다 수가 더 많다. 대개 잿빛 콘크리트나 황토색 땅 색깔이 두드러지는 북조선 풍경에서 빛나고 즐거운 색으로 칠해져, 청결함과 질서와 행복의 밝은 섬들을 이룬다.

조각상과 모자이크들은 숭배 장소로 기능한다. 사람들은 휴일에 그곳을 방문해서 그 앞에서 사진을 찍는다. 신혼부부는 그곳에 꽃다발을 바친다. 스포츠 선수들은 자신들의 승리를 지도자에게 헌정한다. 이 나라 최고 대학교는 김일성의 이름을 달고 있다. 북조선 사람들은 모두 죽은 두 지도자의 초상화를 새긴 배지를 심장 위에 달고 있다.

김일성과 김정일의 초상화는 모든 주택에서도 법으로 엄격하게 정해진 존경의 장소를 차지한다. 북조선 문학에는 화재나 해상사고 등 재난 상황에서 자신의 목숨을 바쳐 이 초상화들을 구한 사람들의 이야기가 가득하다. 자주 초자연적인, 어쨌든 예외적인 지도자의 특성들에 대한 과도한 찬사가 수많은 언어로 번역되었다.[13] 학교 성적표의 맨 위에 나오는 다섯 과목은 다음과 같다. '위대한 수령 김일성 장군님의 혁명적 활동' '위대한 수령 김일성 장군님의 혁명사' '위대한 수령 김정일 장군님의 혁명적 활동' '위대한 수령 김정일 장군님의 혁명사' '항일의 여성영웅 김정숙 어머니의[14] 혁명사'.

외국인은 북조선 사람들 앞에서 우리에게는 이상하게 여겨지는 이런 현상들을 웃음거리로 삼지 않도록 조심해야 한다. 지도자숭배에 대한 비판은 북조선에서는 지도자와 이념에 대한 공격으로, 따라서 민족에 대한 범죄로 여겨진다. 1994년에 82세의 나이로 죽은 김일성은 북조선의 핵심 상징이다. 그의 아들 김정일이 2011년에 죽은 뒤로는 김정일을 김일성과 하나로 통합시키려는 노력이 계속되고 있다.

1990년대 중반까지 북조선의 개인숭배에서는 숭배받는 사람에게 초자연적인, 적어도 비범한 특성을 부여하는 것이 특징이었다. 이런 특성들은 그들의 권세를 정당화해주는 것인데, 처음 두 지도자인 김일성과 김정일의 경우 기적적인 치유 능력과 함께 그와 결합되어 나타난 특별한 자연현상(가을에 꽃이 핀 나무)과 우주적 현상까지 포괄한다. 김정일이 태어날 때는 유난히 밝은 별이 나타났고, 그가 죽은 다음에는 유교에서 매우 풍부한 의미가 있는 학들이 전국에서 공중으로 날아올랐다. 김정일의 생애에 바쳐진 책의 서문이 보여주는 것처럼, 상징성과 실질적인 믿음을 구분하기란 어렵다.

> 김정일[15] 동지는 조선민족의 정치적 삶의 보호자일 뿐만 아니라 신체적 삶의 구원자이기도 하다. 작업자들의 건강이 문제가 되면 그는 전혀 아낌없이 모든 것을 베풀어주고, 자신을 돌보지 않고 그들에게 측량할 수 없는 행복을 제공한다… 그의 사랑이 실로 크니, 병든 자를 다시 건강하게 하고, 거룩한 땅에 내리는 봄비처럼 새로운 생명을 일깨운다. 이런 모든 것이 세계의 다른 민족들 사이에 경탄을 불러일으키고, 그들은 우리를 부러워한다…

물론 정치적 삶이 육신의 삶보다 훨씬 더 중한 것이니 당연히 지도자의 폭넓은 배려를 받는다.

인민의 정치적 삶은 인민 각자의 가치를 규정하는 가장 고귀한 것이다. 육체적 삶이 제한적인 반면에 정치적 삶은 무한하고 영원하다. 그러므로 사람들에게 정치적 삶을 주고 그것을 보살피는 것보다 더 큰 배려가 있을 수 없다. 김정일 동지는 언제나 조선 인민을 생각한다. 부모에게서도 자연에서도 물려받을 길이 없는 정치적 삶을 그들에게 주고, 이 정치적 삶이 사회에서 실천과 투쟁을 통해 더욱 광채를 얻도록 배려한다. 이런 배려는 그가 결실 풍부한 혁명적 투쟁과 건설에서 모든 사람을 이끌고, 그들을 꾸준히 혁명으로 안내하고, 노동자계급의 모범에 맞도록 그들을 바꾸고, 유일하게 과학적인 주체 세계관으로 무장시켜서 주권을 지닌 사람으로 발전시키는 사랑으로 표현된다…[16]

1990년대 중반 이후로 이념언어에 일종의 적응 과정이 있었음을 받아들이지 않을 수 없다. 초자연적·신화적 시나리오와 이미지들이 이제 더욱 분명하게 상징적으로 바뀌었다. 그러나 이념체계에서 지도자들의 중심적 위치와 그들의 개인적 특성 및 업적들에 대한 과장된 찬양은 그대로 남았다. 총체적 충성의 요구 또한 조금도 줄어들지 않았다.

중부유럽 사람이라면 앞의 인용문에서 기독교의 영적 개념과의 분명한 유사성을 알아챌 것이다. 이런 맥락에서 김일성의 어머니 강반석과 외조부 강돈욱이 개신교 신자였다는 점은 주목할 만하다. 물론 북조선에서는 신이 아닌 지도자가 아버지고, 교회가 아니라 정당이 어머니다. 유교의 개념인 '충'과 '효'는 군주에 대한 충성과 부모에 대한 존경을 나타내는 말인데, 이념적으로 재치 있게 서로 결합되었다. 그래서 이따금 서양의 문헌에서도 김일성을 둘러싼 숭배가 밖으로는 민족주의 요소를, 안으로는 종교적 요소를 띠고 있다는 주장을 만나게 된다.[17]

지도자의 총체적 지배권을 정당화하기 위해 전통의 재수용과 함께 역사적 업적들도 도입된다. 북조선의 모든 어린이가 배우는 내용에서, 김일성은 일본의 지배에서 나라를 해방시켰고, 미국의 침공에 맞서 나라를 지켜냈으며, 인민을 보살피는 나라를 세웠다. 오늘날까지도, 심지어 남한으로 도망친 북조선 사람들조차 자주 김일성에 대해 부정적인 말을 거부한다.

말이나 그림으로 된 지도자 서술은 일련의 기준들을 알려준다. 이따금 엄격하기는 해도 항상 인민을 사랑하고 보살피는 아버지로서의 지도자를 보여주는 가부장적 모티프들이 지배적이다. 김일성은 자주 뛰어난 전략가이며 대담한 전사이자 장군으로 묘사된다. 비록 공식석상에 군복을 입고 나타나는 일이 드물기는 해도 — 그의 아들과 손자도 마찬가지 — 그렇다. 지도자의 동상들도 대부분 평복 차림이다.

지도자의 또 다른 자세는 뒷짐을 지고 배를 앞으로 내밀고서 건설 현장이나 공장에서 설명을 듣는, 또는 팔을 쭉 뻗어 지시를 내리는 감독관의 자세다. 꼭 필요한 수첩을 준비하고 경청하는 사람들은 그의 지시를 들으며 그 천재성에 경탄한다. 또는 현명한 이론가나 행정가의 모습을 한 지도자를 만날 수가 있는데, 그는 서재에 앉아 집중해서 보통 밤에도 나라를 위해 일하고 있다.

외국인과 함께 있는 지도자를 보여주는 그림들은 흥미롭다. 여기서 김일성은 극히 당당한 정치가로서 위엄이 가득한 얼굴로, 깊은 인상을 받았거나 감격한, 자기보다 훨씬 열등한 손님들을 맞이한다. 사진에서도 이처럼 우월하다는 인상을 주기 위해 노력한다. 남북의 경계선에 있는 판문점을 방문하는 사람이라면, 그곳 박물관에서 1950년대 초에 정전협정을 논의하는 모습을 담은 사진들을 정확하게 살펴볼 것을 권한다. 이 사진들은 매우 의도적으로 선택되었고, 몇 군데는 부분적으로 합성하는 사후 작업을 거쳤다. 이 사진들에서 미국 대표들은 손으로 머리를 감싸고 있거나(절망) 보좌관들에게서 충고를 얻으려고 고개를 돌리고 있는(속수무책) 모습인 데 반해, 북조선 대표들은 똑바로 앞을 바라보는 명료한 시선에 우월한 자세와 자신감에 가득 찬 모습으로 찍혀 있다.

김일성이 아이들이나 소박한 농부들과 함께 있는 사진들은, 외국인에게 거리를 둔 사진의 묘사와는 대조적이다. 여기서 그는 바닥에 앉아서 환하게 미소를 짓고 있으며, 인민과 분명히 하나다. 지도자의 겸손함도 언제나 거듭 강조된다. 예를 들면 자신의 초대형 조각상에 금칠을 포기하고, 대신 소박한 청동을 선택했다는 것에서 그런 것을 알 수 있다.

내가 특별히 인상적으로 본 그림 하나는 '지도자께서 우리를 찾아오신 밤'이라는 제목의 유화다.[18] 한 소녀가 싸리비를 들고 전통 농가인 단층 초가집 앞의 눈을 쓸고 있다. 하지만 그림의 주인공은 갈색 가죽으로 굽을 댄 기다란 흰색 장화 한 켤레다. 이 장화는 디딤돌 위에 발끝이 관찰자를 바라보도록 놓여 있고, 계단 한 칸 아래 굽이 낮은 신발들이 존경심에 차서 이 장화를 바라보도록 놓여 있다. 이런 '신발들의 점호', 그것들의 크기와 위치와 질서 등은 매우 뚜렷하게 지도자와 인민 사이에 존재하는 엄격한 서열을 상징한다.

자주 백마를 탄 자세나, 지도자와 주변 인사의 신체언어를 통해서도 우월함이 표현된다. 그림에서 지도자의 머리가 언제나 그림에 등장하는 다른 사람들의 머리 위로 두드러지게 솟아 있는 관점이 선택된다는 것도 눈에 띈다. 후계자와 아이들만 예외다. 서류에서 지도자들의 말을 인용한 문장이나 그들의 이름은 고딕 글자나 더 큰 활자로 언제나 두드러지게 표시된다. 책과 신문에서 지도자의 사진은 통상 특수한 틀에 둘러싸여 있는데, 이 종이는 접거나 일상의 목적으로(예컨대 포장 등) 함부로 쓰여서는 안 된다. 지도자들을 찬양하며 부르는 노래들도 있다. 김일성을 위한 노래로는 1946년에 쓰인 〈김일성 장군님의 노래〉 〈우리의 위대한 태양 김일성 장군님〉 〈김일성 주석님을 위한 노래〉 등이 있다.

건국자의 저작 전집과 그 아들의 전집은 모든 출판물에서 빠질 수 없는 인용의 출전으로 쓰인다. 김일성의 가르침이 수백 권의 책을 가득 채운다. 이 책들은 지혜의 정수로 여겨지고, 집중적으로 연구되며 암기되고 인용되고 재인용된다. 이 저작들은 그사이 북조선에서 생산된 태블릿 PC '삼지연'과 '아리랑'을 위한 안드로이드 앱으로도 나와 있다.

김일성의 지도 스타일, 그리고 그의 아들과 손자도 물려받은 지도 스타일을 '미세관리'라고 부를 수 있을 것이다. 지도자는 전국을 집중적으로 돌면서 극히 작은 질문들과 중요하지 않아 보이는 문제들에 대해서도 이른바 현장 지시(현지교시 또는 현지지도)를 한다. 비판적인 사람들은 이런 개인적 지도 스타일이 무엇보다도 자신을 대리하는 이들의 능력에 대한 불신과 결핍을 보여주는 것이라고 지적했다. 다른 저자들은 가부장제라고 하는가 하면, 이런 태도가 지도자가 어디에나 존재한다는 후광을 부여하고 이런 식으로 많은 사람들이 그를 직접 만날 수 있다는 점이 그의 위치를 강화해준다고 지적하기도 한다.[19] 그러니까 손으로 잡을 수 있는 신이라는 말이다.

김일성은 1912년 4월 15일에 태어났는데, '태양절'인 이날은 이 나라의 가장 큰 명절이다. 1990년대 말 이후로 북조선은 김일성의 생년을 1년으로 삼는 자체의 연호를 갖게 되었다. 그렇게 따지면 2014년은 '주체 103년'이다.

김일성의 이름을 딴 특별한 사육종 난은 1964년에 인도네시아에서 그에게 경탄한 사람이 개발했다. 보라색이 도는 붉은색 꽃은 그림으로 묘사되거나 공개적인 전시회에서 지도자를 위한 은유로 즐겁게 사용된다. 그의 아들 김정일은 빛나는 붉은 베고니아인 김정일화로 상징된다.

김일성이 건드리거나 보았던 물건들은 성聖유물이 되어서 작은 것은 유리 장 안에 소중하게 보존되었다. 붉은 바탕에 황금색 문자로 쓰인 표지는 중요한 사건이 있었음을 알려주고, 보통 인간들이 성스러운 장소나 대상을 사용하는 것은 금지된다. 예를 들면 평양 김일성대학교의 고층 건물에 있는 승강기 세 개 중 가운데 것은 사용이 금지되어 있다. 김일성이 길을 걷다가 잠깐 휴식을 취한 돌들에도 울타리가 쳐져 있다.

이런 존경은 지금까지는 대개 김일성과 관련되어 있다. 그의 아들 김정일에게 생전에 바쳐진 거룩한 장소와 대상들은 상대적으로 수가 적었다. 2011년에 김정일이 죽고 김정은이 권력을 승계한 이후로 변화가 시작되었다. 김정일 개인에 대한 존경도 늘었지만 김일성과 김정일을 하나로 합치려는 노력도 관찰된다.

김일성대학교에서 김정일이 학창 시절에 공부를 하던 책상은 하얗게 칠해졌다. 나라의 산맥에서 가장 아름다운 자리들에는 암벽에 1미터 깊이로 파낸 지도자들의 말과 격언들이 새겨져 있다.

특히 김일성 숭배에서는 흔히 전통적인 민족적 상징들이 쓰인다. 조선에서 수백 년 전부터 신성하게 여겨지던 백두산[20]도 이에 해당한다. 이는 조선-중국 국경선에 있는 2,700미터 높이의 화산으로, 한반도에서 가장 높은 산이다. 이 근처에서 김일성이 일본인에 맞선 빨치산투쟁을 했다고 하며, 1942년 2월 16일, 해방전쟁의 한가운데 소박한 환경에서 태어났다는 김정일의 공식 생가도 백두산 자락에 있다.

중국식 외교정책의 전통에 깊이 뿌리박은 조공과 유사한 개념도 이른바 국제친선관에서 찾아볼 수 있다. 이것은 평양에서 북쪽으로 대략 200킬로미터 떨어진 묘향산의 매혹적인 풍경 속에, 초록색 유약을 바른 기와지붕을 덮은 전통 조선 양식의 콘크리트 건물이다. 거대한 청동 문들 안에서는 김일성과 그의 아들에게 주어진 온갖 선물이 전시된다 — 동독에서 온 식탁용 소금통부터 중동에서 온 기관총과 스탈린이 선물한 자동차까지 말이다. 외국인과 북조선 사람들이 정기적으로 이곳을 방문한다. 전통한복을 입고 지시봉을 든 여성들이 지도자들에 대한 존경심의 표시로 전 세계에서 온 전시품들을 설명한다. 물론 사진 촬영은 금지되어 있다. 그 이유를 물었지만 지금까지는 단 한 번도 답을 듣지 못했다.

김일성의 60회 생일을 — 이는 12간지 동물의 연도들을 다섯 번씩 거쳐 완전한 순환을 마친 덕분에 '환갑'이라 불리는, 한 인간의 삶에서 특별한 의미를 갖는 연령 — 맞이하여, 정확히 이 시점에 맞추어 수도에 기념비들이 세워졌다. 전국에서 가장 큰 만수대언덕의 동상과 앞서 이미 언급한 개선문('승리해 귀환하는 문')도 이런 기념비들에 속한다. 주체사상탑은 대동강변에 세워진 170미터 높이의 탑인데, 밤이면 속에서 빛나는 붉은 횃불이 꼭대기에 장식된 이 탑은 1982년 김일성의 70회 생일을 맞이하여 세워졌다. 이 탑은 2만 5,550개의 화강암 돌덩이들로 지어졌고, 돌 하나하나는 그때까지 지도자가 살아온 70년 생애의 하루씩을 나타낸다. 김정일 또는 김정은을 기리기 위해서는 아직까지 이와 견줄 만한 기념비가 세워지지 않았지만, 만수대언덕의 김일성 동상 옆에는 2012년 4월에 같은 크기로 아들의 청동 조각상이 세워졌다.

김정일과 관련해서는 특히 자주 자기희생의 모티프가 나타난다. 2011년 12월에 '현지지도'를 가던 길에 기차에서 맞이한 그의 죽음은 그림과 텍스트, 박물관에서 그가 인민의 복지를 위해 지치지 않고 일한 결과라고 표현된다. 그의 '애국주의'는 구호에서 특히 두드러진다.

지도자들에 대한 숭배는 이념의 일부로서 중요한 기능을 갖는다. 그래서 이런 숭배는 지도자들의 요구에 따라 적응과 변경을 거친다. 특히 구호나 경구들은 정기적으로 손질된다. 2011년 김정일이 죽은 뒤에 "위대한 지도자 김일성 동지는 언제나 우리와 함께하신다"라는 구호에는 김정일의 이름이 더해졌다. 김일성이 쓰던 궁전에 마련된 그의 마지막 휴식처는 2012년 이후로 '태양궁전'이라 불리는데, 이곳이 확장되어 작고한 두 지도자의 방부 처리된 시신을 보존한다. 독자적인 시가전차 노선 하나가 사람들을 이 영묘로 데려다준다.

이곳 방문은 북조선 사람들에게 큰 명예로 여겨진다. 서양 방문객들은 내국인과 동일한 절차를 거친다. 공항 같은 보안검색을 통과하고 나서야, 위압감을 주는 전형적인 권력 건축물을 통과하는 길을 가게 된다. 무빙워크에 실려서 길고도 높은 복도들을 지나고, 중간정거장에 있는 일종의 공기발사대에서 거리의 먼지를 털어내고, 이어서 명예 근위대 앞을 지나 또 다른 문들과 복도들을 거쳐서야, 소리를 낮춘 음악과 희미한 불빛 아래서 마침내 가장 거룩한 것을 마주하게 된다. 지도자의 관 주위는 울타리가 쳐져 있는데, 이곳의 삼면에서(머리 쪽을 뺀) 절을 해야 한다. 그런 다음 망자가 받은 다양한 국내와 국제 표창들, 즉 메달, 감사장, 그리고 현지지도를 하는 동안 이용된 기차의 차량 등을 전시한 공간들을 통과하는 안내가 이어진다.

외국 방문객이 북조선 지도자들을 위한 다양한 형식의 숭배에 적절히 반응하기란 쉬운 일이 아니다. 관광객이든 국빈이든 사업가든 누구나 거의 예외 없이 적어도 만수대언덕의 조각상들 앞에서 또는 영묘에서 절할 기회가 생긴다. 안내인들에게 거부의사를 표하고 넘어갈 수 있지만, 동시에 최고의 모욕으로 간주되고, 이는 체류 기간 전체에 걸쳐 그리고 그 이후에도 지속적으로 작용하게 된다. 독재자에게 경의를 표하는 것인가? 아니면 민족의 상징에 존경심을 표하는 것인가? 나 자신은 이념과 이 나라가 갖는 자국 이미지를 감안해 지도자들이 맡은 역할에 대해 뒤의 답을 선택하고 있지만, 모든 방문객은 여기서 스스로 자신만의 선택을 해야 한다.

김정일과 왕조 방식 승계의 문제

기업 창립자나 건국자가 모두 그렇듯이 김일성도 말년에 자기가 죽은 다음 무슨 일이 벌어질 것인가 하는 질문에 봉착했다. 초인으로서 그는 현존을 초월한 존재이니, 이것은 이념을 위해서도 작지 않은 문제였다. 유일한 지도자를 대체할 수 있는가? 사회주의라 자처하는 체제에서 신뢰성과 이념적 안정성을 위험하게 하지 않고 자신의 아들을 후계자로 만드는 것이 가능한가?

집단지도체제로의 승계란 김일성에게는 아예 논외의 문제였다. 그의 체제가 지도자라는 핵심 구성요소 위에 구축된 것이기 때문이다. 그러니 새로운 지도자가 필요했다. 이 새로운 지도자는 김일성에게 계속 충성을 지켜야 하지만, 그러면서도 자신만의 역할을 가져야 했다. 복제할 수 없는 오리지널의 복제란 모순이다. 그래서 김정일은 자기 아버지의 유산에 대한 최고 해석자이며 보존자라는 이중 기능을 하며 후계자로 키워졌다.

김일성 부자의 관계를 서술하기 위해 나는 자주 태양과 달의 비유를 이용했다. 김일성에게 붙은 수많은 칭호 중에서 '민족의 태양'이라는 개념은 여러 면에서 문자 그대로 받아들일 수 있다. 한국어 음절 '일성日成'은 두 개의 한자로 이루어졌는데, 이는 '떠오르는 태양'이라는 뜻이다. 사회의 중심에 서 있는 지도자 개인을 태양으로 표상해볼 수 있다. 모든 것이 이 태양을 중심으로 돌고 있을 뿐만 아니라, 태양을 중심으로 도는 모든 천체들은 아무리 작고 별로 중요하지 않아도 태양의 빛을 받아서 빛나게 된다. 지도자가 없는 백성이란 태양이 없는 태양계와 같다.

김정일은 이 천체 구성에서 밝게 빛나는 달이다. 그가 태양의 빛을 반사하기 때문이다. 군주제의 승계와는 달리 김정일은 아버지의 사망 이후 영리하게도 자기가 태양이 되려는 시도를 한 적이 없다. 대신 태양인 김일성이 가능한 한 영원히 밝게 빛나도록, 그리고 김정일 본인을 특히 밝게 비추도록 애를 썼다.

하지만 김정일이 이 역할을 얻을지 처음부터 분명했던 것은 아니다. 그가 장남이었고, 유교 전통으로 볼 때 어쩔 수 없이 승계에서 서열 1위라고 주장할 수는 있었다. 하지만 그 자신이 셋째아들인 김정은을 후계자로 선택했다는 사실만 보아도 그런 관점은 꼭 맞지는 않는다.

오늘날에도 오랫동안 통치에 참여했던 김일성의 동생 김영주의 운명에 대해 물으면 침묵 아니면 회피하는 답변만 얻는다. 김영주는 김정일이 우선 비공식적으로 아버지에 의해 후계자로 선출된 직후인 1975년 4월에 정치적 공개석상에서 거의 사라졌고, 다시는 당에서 활동하지 않았다. 오늘날 그는 북조선 의회인 최고인민회의 상임위원회의 명예부위원장이라는 화려한 직함을 차지하고 있다. 2014년에 이 직위를 승인받았지만 그의 공적인 등장은 그것으로 끝이었다. 김정일의 이복동생 김평일은 1998년부터 폴란드 대사직을 맡고 있지만 일상의 정치에서는 이렇다 할 역할을 하지 않는다.

수십 년의 시간이 흐르는 동안 김정일은 최고 선지자이자 장남으로서 직위 계승의 정당성을 획득했다. 그는 영화 제작자로서 자신의 현지지도를 시작했고, 그것 말고도 이념의 편찬을 위해서, 그리고 당을 아버지 개인과 아버지의 가르침 위에 엄격하게 세우기 위해서 엄청난 공을 들였다. 머지않아 그는 인민과 엘리트에 의해 수령의 오른팔로 인정을 받았다. 1974년 2월부터는 공식적으로 '당중앙'으로 지칭되었고, 내부에서 후계자로 인식되었다. 결정적인 행보는 1980년에 그때까지는 마지막이던 6차 전당대회에서 아버지의 후계자로 공식 지명된 일이었다. 거역할 수 없는 최고지도자 김일성이 이런 결정을 공식 발표함으로써 전체 체제까지 의문스럽게 하지 않고서는 이 문제를 더는 논할 수 없게 되었다.

1994년까지 내정된 후계자로서 김정일은 그림과 미디어에서 현지지도나 그 비슷한 일을 할 때 거의 언제나 아버지와 함께 모습을 드러냈다. 이 시기에 나온 사진, 그림, 모자이크 등의 서술은 자주 각별히 만족하는, 통상 수동적으로 경청하는 아버지의 모습과 활동적인 아들이 존경심에 차서, 그러면서도 역동적으로 아버지에게 무언가를 설명하거나 보여주는 모습을 그리고 있다. 다른 모든 사람들은 두 지도자에게 경외심의 거리를 유지한다.

헌법이나 다른 어느 곳에도 이런 왕조 방식 승계에 대해 명시적으로 적혀 있지 않다는 것이 흥미롭다. 그런데도 체제의 관점에서 보면 지금도 다른 어떤 선택의 여지도 없어 보인다. 나도 집단지도체제가 장기적으로 정치적 안정을 확보할 수 있다는 관점이긴 하지만, 이념의 적응[변화] 없이는 살아 있는 지도자 시스템에서 벗어나는 것은 전혀 선택지가 아닌 듯하다. 그런 적응은 분명히 아직 적절한 기회가 아니거나, 또는 너무 위험하게 여겨진다. 여기서는 '살아 있는' 지도자를 말하는 것이다. '죽은' 지도자를 기반으로 수령체제를 유지하면서, 동시에 나라에 대한 실질적인 책임을 여럿이서 나누어 맡는 것도 생각해볼 수 있기 때문이다. 김일성의 사후인 1998년에 김일성을 당의 "영원한 지도자"로, 2012년에는 그의 아들을 당의 "영원한 총서기" 겸 국방위원회의 "영원한 위원장"으로 지명하면서 그에 대한 전제조건들은 이미 만들어졌다.

김일성이 1994년에 죽었을 때 김정일은 3년 동안 그 어떤 새로운 직책을 맡는 것도, 공식적인 자리에 등장하는 것도 포기했다. 사람들은 이렇게 긴 시간 부재의 이유에 대해 수많은 사변을 펼쳤다. 유교의 규범에 따른 3년상喪, 감추어진 내부의 권력투쟁, 1995~1997년의 기근에 대한 반응이라는 말 등이 있었다.

물론 김정일이 1997년 형식적인 권력승계 이후로 아버지의 자리를 자기가 대신하는 것을 얼마나 피했는지는 주목할 만한 일이었다. 김정일의 청동 조각상은 계속 없었고, 그의 이름을 딴 거리나 광장도 없었으며 지폐에도 그의 초상화는 나오지 않았다. 전통적으로 지도자가 발표하는 신년사도 다음 17년 동안은 전국지에 내는 사설로 대체되었다. 김정일의 서명은 없었어도 북조선 안과 밖에서 모두 이것이 그가 작성한 것이라고 여겼다. 김정일은 또한 국가주석직도 맡지 않았고, 국방위원회 위원장이라는 직함으로 통치했다. 김정일은 뭔가를 첨가해서 아버지의 강력한 이미지를 희석시키지 않으려고 아주 분명하게 노력했다.

김정일은 자신의 호칭을 "친애하는 지도자"에서 "위대한 령도자"로 바꾸기는 했지만 아버지의 호칭인 "위대한 수령님"을 넘겨받지는 않았다.[21] 여기서 독일어 번역으로는 한계에 부딪친다. '위대한 수령님'이란

'위대한 지도자'와 마찬가지로 Großer Führer이기 때문이다.

김정일은 아버지의 생전에 도입된 많은 전통들을 유지했다. 1942년 2월 16일인 김정일의 생일은 수십 년 전부터 이미 공식적인 국경절로 축하되었다. 1992년 김정일의 50회 생일을 축하하는 자리에 나는 다섯 명의 독일인 동창생과 나란히, 외국인 비율을 높이려는 목적으로 초대된 다른 수백 명의 손님들과 함께 참석했다. 거대한 홀에서 의식이 벌어졌다. 약간 지쳐 보이는 주인공은 자신의 명예로운 단상에서 끝없는 축하 인사와 공연을 받아들였는데, 그중에는 매우 충심에서 우러나긴 했어도 별 재능이 없는 아랍 지역 외교관의 찬사도 있었다. 나의 역할은 모든 참석자들에게 다행스럽게도 수동적인 단역에 머물렀다. 1992년 2월 16일 이 날에 나는 이 건물 앞에서 내 인생을 통틀어 메르체데스 벤츠 리무진 차량이 가장 많이 운집한 것을 보았다. 당과 군대와 국가의 고위급 인사들의 공무용 차량들에는 온갖 색깔, 모델과 연식의 벤츠가 있었다.

온갖 신호들이 연속성을 보이는데도 김정일은 이념적으로나 경제정책에서 중요한 자기만의 양상을 만들어냈다. 그는 생각할 수 있는 가장 불운한 운명의 별자리 아래서 임기를 시작했다. [독일 통일 이후] 1992년 초에 동구권, 특히 러시아와의 무역에서 갑작스러운 변화가 나타났고, 외국환 분야에서 북조선 경제에 나쁜 결과가 이어졌다. 무역 비중이 낮은 편이라, 변화 중이던 동유럽의 국가들처럼 힘들지는 않았지만, 그래도 특히 석유 수입이 문제였다. 그때까지는 값싸게 수입한 러시아산 원유로 화력발전소에서 전기를 생산하거나 정제해서 연료로 만들던 터였다. 원유는 또한 화학산업, 특히 비료 생산의 원료로도 쓰였다.

이어서 계속된 홍수와 가뭄이 닥치자 만성적으로 비효율적인 사회주의 계획경제는 충분한 식량조차 생산할 수 없게 되었다. 동시에 해마다 엄청난 자금이 국방비로 흘러들어갔다. 소련의 핵우산 보호를 잃은 시점이라 특히 주력하지 않을 수 없는 분야였다. 그 결과 위기가 닥쳤는데, 모순되는 여러 보고에도 불구하고 사망자 숫자가 엄청나서 기아 사태라 부르지 않을 수가 없다. 국가의 식량 분배 체계가 붕괴되었다. 사람들은 반쯤 불법적인 중국과의 국경 교류를 통해서, 그리고 가장 단순한 시장 경제 활동들을 통해서 자구책을 찾았다.

엄격한 국내 이동 금지마저 한동안 효력을 잃었다. 오늘날까지 북조선 사람들은 통행증이 있어야 자기 나라 안에서 이동할 수 있다. 도시들마다 입구에, 그리고 통행로에 검문소가 있고 타지 사람을 보면 즉시 관청에 신고해야 한다.

지도부는 충격을 받고 사람들의 활동을 그대로 두었다. 임의로 생겨난 새로운 구조 일부는 1998년의 헌법 개정 과정에서 인정되었다. 이른바 채소밭 같은 것인데, 그 허용 면적이 분명하게 커졌다.

2000년 6월에는 1994년으로 예정되었다가 당시 김일성의 갑작스러운 죽음으로 미뤄졌던 최초의 남북정상회담이 이루어졌다. 이 만남은 김정일에게 완전히 성공이었다. 나는 당시 남한의 서울에 머물고 있었는데, 엄격하게 반북反北이던 나라의 분위기가 얼마나 빨리 북조선에 유리하게 바뀌었는지 지금도 잘 기억하고 있다. 티브이 화면에는 예상했던 대로 말을 더듬는 서투른 김정일이 아니라 자신감에 넘치며 친절하게 미소 짓는 정치가가 나와서, 나이가 더 많은 남한의 김대중 대통령에게 깍듯한 예의를 보이면서 흠잡을 데 없는 한국어를 구사했던 것이다. 전에 남한의 관청들은 오랫동안 온갖 소문들을 퍼뜨렸는데, 그에 따르면 김정일이 자동차 사고로 부상을 입고 나서 말을 제대로 못한다고 했었다.

그다음에도 손님을 맞은 북조선의 주인이 몇 차례에 걸쳐 건배사를 하고 또한 유머와 어느 정도의 술 실력도 입증하자 더는 거칠 것이 없었다. 오늘날까지 남한에서는 국가보안법에 따라 김일성과 김정일의 저작을 소유하는 것과, 북측이 찬양하는 문서나 대상을 소유하는 것이 법적 제재를 받는다. 북조선의 인터넷 사이트들은 차단되어 있다. 그런데 갑자기 서울의 거리에서 며칠 동안 김정일의 초상화가 그려진 티셔츠를 입은 사람들이 등장했다. 그것은 주목할 만한 광경이었다.

김대중 대통령은 이 정상회담으로 노벨평화상을 받았다. 김정일 위원장은 상을 받지 못했지만, 남측에서 엄청난 돈이 북조선으로 넘어갔다고들 한다. 김대중 대통령의 정치적 적대자들은 그가 정상회담을 돈으로 샀다고 비난했다. 북조선이 용처를 명확하게 밝히지도 않았는데, 대략 미화 4억 달러가 현대그룹을 통해 북조선에 송금되었다고 한다. 김대중 대통령의 많은 지지자들은 그 뒤로 어째서 그가 이 송금을 공개적으로 투명하게 하지 않았는지 자문하곤 했다. 남한 사람들은 아마도 그것을 남북 사이의 접촉을 위한 작은 대가로 보았을 텐데 말이다. 매우 불필요하고 수상쩍은 이 사건으로 인해 뒷날 김대중 대통령과 '햇볕정책'이라 불린 그의 접촉 전략은 실제보다 더 큰 대가를 지불해야 했다.

최초의 남북정상회담의 가장 중요한 결실은 북조선의 도시 개성 근처에 남북 공동으로 공업단지를 건설한 일이었다. 정확하게 말하면 군사분계선에 맞닿은 곳으로 남한 수도인 서울에서 자동차로 겨우 한 시간 거리에 있다. 공식적으로 첫 삽을 뜬 직후인 2004년 10월에 나는 유럽연합 대표단과 함께 그곳에 갔는데, 여전히 믿을 수가 없었다. 김정일이 정말로 자신의 영토 안에 자본주의 영토의 건설을 허용했으니 말이다.

물론 그는 전에도 이미 개혁의 각오를 드러낸 적이 있었다. 2002년에 여러 가지 주목할 만한 조치들이 있었다. 그중에는 북조선 역사에서 처음으로 일본 총리와 만난 것도 들어간다. 여기서 김정일은 오랫동안 허위 선전이라고 부인하던 일본인 납치를 시인했을 뿐만 아니라 그에 대해 사과하고 다섯 명의 생존자를 즉시 일본으로 송환하는 것을 허용했다. 2002년 7월에는 진짜 개혁에 가장 가까이 다가간 경제적 변화들이 있었다. 2002년 가을에 북조선은 중국과의 서북쪽 국경선에 위치한 도시 신의주 근처에 경제특구를 개설하려고 했다.

이런 조치들은 그 어느 것도 원하던 성과를 내지 못했다. 일본과의 관계 정상화는 이루어지지 않았고, 일본의 보상금 지급도 희망하던 대로 수십조 원 대로는 들어오지 않았다. 신의주 경제특구는 중국 측이 내정된 감독관을 체포하면서 불과 며칠 만에 없던 일이 되고 말았다.

김정일의 개혁 시도들이 대부분 성과를 거두지 못한 데는 여러 이유가 있다. 시장경제의 작동 방식에 대한 이해 부족과, 전체 체제 변화와는 별개로 시장경제를 제한적으로 달성할 수 있으리라 전제했다는 것도 그런 이유에 속한다. 여러 면에서 김정일은 불리한 상황에 직면했다. 2001년 9월 11일의 재난과 바로 뒤이어 나온 '테러와의 전쟁'은 미리 예측할 수가 없는 일이었고, 이와 결부해 조지 W. 부시George W. Bush 대통령이 2002년 1월에 북조선을 "악의 축"으로 비난한 것도 그랬다. 개혁을 위해 포기할 수 없는 서방과의 경제 협력이 이로써 어려워졌다. 2002년 가을에 북조선 측이 일본인 납치를 시인한 것에 대한 일본 언론의 반응도 북조선 안팎의 많은 관찰자들이 기대했던 것과는 전혀 딴판이었다. 외교관계 정상화를 지지하고 광범위한 경제 협조를 응원하는 대신에, 모든 협조를 중단할 것과 사태의 완벽한 설명을 요구했는데, 이는 오늘날까지도 이루어지지 않았다.

늦어도 2003년 3월 미국의 이라크 침공 이후, 위험한 개혁을 향한 북조선의 각오는 바닥으로 떨어졌다. 개별적으로 내키지 않아 하는 변화의 시도들은 있었지만, 권력의 전면에 떠오른 국방정책상의 고려로 인해 거듭 미루어졌다. 선군정책의 영향력이 커졌고, 2006년과 2009년에 처음 두 번의 북조선 핵 실험이 있었다. 세 번째 핵 실험은 2013년 4월 김정은 치하에서 이루어졌다. 경제에서 보수적-사회주의 정책으로의 퇴행이 관찰되었는데, 그것은 계획경제와 국가경제의 강화를 지향한다.

2008년 김정일은 66세의 나이에 뇌졸중 발작을 겪었다. 그로써 예상보다 훨씬 일찍 승계 문제가 절박해졌다. 그때까지는 후계자 양성에 대한 그 어떤 믿을 만한 표지도 없었다.

김정일의 사후 집단지도체제에 대한 논의가 내부에 있었다고 한다면 이것은 성과 없이 끝났다. 몇 달 뒤에 김정일이 야위고 약간 비틀거리며 몇 년은 더 나이 든 모습으로 공식석상에 다시 나타났을 때, 가능한 한 서둘러서 후계 문제 해결책이 나와야 한다는 것만은 분명했다. 집단지도부를 구성하고 안정화시키려면 많은 시간과 아울러 건강하고 활력이 넘치는 지도자가 필요했다. 대신 재빨리 실현 가능한 변형된 왕조 방식 승계가 선택되었다. 이런 결정을 누가 내렸는지 정확하게 알려져 있지 않다는 것이 북조선 연구의 특수성이다. 당인가? 김씨 일가인가? 영향력 있는 소집단인가? 우리는 모른다.

김정은

우리가 아는 한 김정일은 합법적인 아들 셋을 두었다. 장남인 김정남은 현재 마카오에 살고 있는데[2017년

피살], 일본 디즈니랜드를 방문하려고 가짜 여권으로 입국하려다 적발당했고, 나중에는 서방 언론과 상세한 인터뷰를 함으로써 최고지도자 직위로 올라가는 것을 스스로 불가능하게 만들었다. 의도였든 아니면 서투름 탓이었든, 이로써 그는 그 어떤 직책이나 품위의 부담 없이, 또는 내부의 권력 다툼을 신경 쓰지 않은 채 자신의 특권적 출생에 따른 결실을 마음껏 누릴 수 있게 되었다.

둘째아들 김정철은 지도자다운 강력한 품성을 갖추지 못했다고 한다. 여러 해 동안 김씨 일가의 초밥 요리사 노릇을 했다고 주장하는 어떤 유명한 일본인 덕에 이런 정보가 알려졌다. 이 사람은 모자와 선글라스를 쓰고 후지모토 겐지라는 위장 이름으로 수많은 인터뷰에 등장했는데, 그의 이런 평가는 조심스럽게 받아들이는 편이 좋다. 하지만 이것은 정확할 수도 있다.

셋째인 막내아들이 김정은이다. 1983년 아니면 1984년에 태어난 것으로 보이지만, 언젠가 공식적으로 그의 출생년도가 1982년으로 바뀌었다. 그 비슷한 일이 이미 1941년에 태어난 김정일의 경우에도 있었다[김정일은 1941년생으로 알려졌다가 1942년생으로 수정되었다]. 어쩌면 지도자들의 출생년도를 집중시켜서 특정 연도들의 의미를 높이려 했을 수도 있고, 어쩌면 미적인 또는 심지어 실용적인 생각이었을 수도 있다. 많은 경비를 들여 경축하는 10주년 단위 탄생절이 해를 이어 나타난다면 나라 재정에 상당한 부담이 될 것이기 때문이다[1912년, 1942년, 1982년으로 출생년도를 맞추면, 1992년 2002년… 하는 식으로 10년 단위 탄생절 경축행사를 한 해에 몰아서 할 수 있다]. 사정이야 어찌 되었든 김일성의 출생년도인 1912년을 기점으로 김정일은 공식적으로 정확히 30년 뒤에 태어났고, 김정은은 그로부터 다시 40년 뒤에 태어났다[현재는 1984년생으로 알려져 있다]. 그의 생일은 1월 8일로 여겨진다. 아직은 공식 국경일이 아니지만, 2014년 1월에 데니스 로드먼Dennis Rodman을 통해 이 날짜가 절반쯤 공식적으로 인정되었다. 미국 농구스타 출신으로 괴짜인 로드먼이 어쩌면 김정은과 일종의 친구가 되었는지도 모르겠다. 그는 바로 이 날짜에 맞추어 평양으로 북조선 지도자를 방문했고, 특히 서방 미디어에서 상세한 설명을 덧붙여 독재자를 위한 생일축하 노래를 불러서 주목을 끌었다.[22] 사람들은 이것을 김정은 탄생일의 확인으로 여긴다.

2009년부터 탈북자들은 이미 '젊은 장군님'이라는 호칭과 〈발걸음〉이라는 노래를 통해 그를 찬양한다는 말을 전했다. 하지만 2010년 가을에야 비로소 김정은이 공식석상에 등장했다. 9월 말에 민간 복장의 그는 김정일의 누이인 고모 김경희와 함께 처음으로 장군으로 호명되었다. 며칠 뒤 로동당 역사에서 특이하게도 그제야 3차 대표자회의가 열렸다. 1945년과 1980년 사이에 총 여섯 번의 전당대회와 두 번의 대표자회의가 있었다. 다음 30년 동안 그런 대규모 사건은 한 차례도 없던 터였다.

김정은은 아버지의 직접 영도 아래 있던 당의 중앙군사위원회 부위원장으로 선출 또는 임명되었지만 정치국 직함은 없었다. 기대와는 달리 김정일은 자신이 가진 권좌의 어느 것도 내주지 않았다. 대리직들은 여러 심복들에게 분배되었다. 분명 시간을 두고서 김정은을 새 지도자로 세울 계획이었다. 당 기관지 보도에 그의 이름은 네 번째 서열로 올라 있었다. 김정일은 한 번도 분명하게 아들을 후계자로 정하지 않았다. 김정은이 자신의 (막내) 아들이라는 사실도 공식적으로는 한 번도 거론하지 않았다. 지도자의 친족관계는 거론되지도 공식적으로 확인되지도 않는다. 이는 금기시되는 주제로서, 상궤에서 많이 벗어난 지도자의 위치를 강화하기 위해서인 듯하다.

2011년 12월 19일 국영매체들이 김정일의 죽음을 알렸을 때도 공식 후계자는 없었다. 대표자회의 이후로 2010년부터 다시 강화된 로동당이 킹메이커 역할을 맡아서 김정은을 "주체혁명위업의 계승자, 우리 당과 국가, 군대의 영명한 령도자"로 선포했다.[23] 김정일과 막내아들이 함께 찍은 사진조차 없는 것 같다. 어떤 특별우표에는 두 사람이 친밀한 모습으로 나와 있지만, 바닥에는 사진에서 지운 둘러선 사람들의 그림자가 보인다. 오리지널 사진은 전에 국영매체들에 게재되었다. 이런 곤란한 해결책을 두고 우리는, 김정일이 중병에 걸리기는 했어도, 북조선 선전기구가 예상한 것보다 그의 죽음이 빨랐다고 평가할 수 있을 듯싶다. 아니면 아무도 감히 이런 경우에 대비하자고 나설 수가 없었는지도 모른다.

권력승계가 어떤 기반에서 이루어진 것인지는 비교적 일찌감치 분명해졌다. 처음부터, 그리고 극히 다양한 크고 작은 계기에 김정은은 인민의 물질적 생활상황에 대한 각별한 염려를 강조했다. 그는 분명 일상에서 느낄 수 있는 실질적인 개선을 통해 자신의 정당성을 얻으려고 했다. 어차피 다른 어떤 선택지도 없었을 것이다. 젊은 나이 탓에 자신이 세웠다는 허구의 업적을 내세울 수도 없고, 모든 권력의 원천인 김일성과 직접 만났다는 주장도 할 수가 없었기 때문이다.

그렇다고 이념이 전혀 없을 수는 없었다. 북조선에서는 조금도 망설임 없이 김정일의 사후死後 신격화가 시작되었고, 이런 신격화는 죽은 두 지도자의 융합으로 완성되었다. 이런 융합 또한 새로운 일이다. 2012년 1월부터 이미 두 지도자의 이중 조각상이 세워졌다. 또는 이미 존재하던 김일성 조각상 옆에 김정일 조각상이 추가되었다. 2012년부터 김정일의 생일은 '광명성절[밝게 빛나는 별의 날]'이라 불린다. 몹시 춥던 1942년 2월 그가 태어난 날의 맑은 밤하늘에, 거룩한 백두산 자락의 비밀스러운 오두막 위로 밝은 별이 떠올랐다고 한다. 그 밖에도 2012년 로켓에 실려 성공적으로 발사된 북조선의 인공위성이 이 별(광명성)의 이름을 달고 있다.

어디에나 등장하는 표어 "위대한 김일성 수령님은 영원히 우리와 함께하신다"에는 김정일의 이름이 첨가되었다. 앞서 이야기한 이미지를 그대로 이용하자면 다음과 같다. 아버지(달)에게서 나온 정통성은 너무 허약하고 할아버지(태양)는 너무 멀리 있기 때문에 둘이 하나로 합쳐져서 꼭 필요한 후광과 충분한 가까움을 김정은에게 부여한다고 말이다.

이런 맥락에서 통통한 체격인 김정은이 외모나 행동방식 면에서 할아버지 김일성을 얼마나 많이 지향하는가가 눈에 띈다. 헤어스타일, 김일성이 자주 입고 쓰던 목까지 덮이는 검은 양복과 밀짚모자 등이 그렇다. 김일성처럼 김정은은 사람들과 신체 접촉을 하는 편이다. 개인 경호에는 분명히 악몽이겠지만 북조선 사람들에게 그는 민중에 친근하다는 인상을 준다. '잡을 수 있는 지도자'가 나타난 것이다. 그가 명절과 다른 계기에 직접 민중을 향해 말하고, 또한 아버지 치하에서는 통상 신문의 신년 사설로 대체되던 신년사를 다시 연설로 바꾼 것 등은 김일성을 기억나게 한다.

김정은은 그렇지만 매우 일찌감치 자기만의 악센트를 가미했다. 2011년 12월에 권력을 잡고 몇 달 지나지 않은 2012년 4월 11일에 4차 대표자회의가 개최되었다. 여기서 김정일은 1998년에 헌법 개정을 통해 '영원한 위원장'으로 선포된 김일성의 모범을 따라 '조선로동당의 영원한 총서기'로 지명되었다. 본질적으로 수령원칙과 '주체' 내지 '선군'

의 결합을 뜻하는 핵심이념은 '김일성-김정일주의'로 이름이 바뀌었고, 김정은에게는 '조선로동당 제1서기'라는 새로 만든 직함이 주어졌다.

며칠 뒤에 이어진 연례 의회에서 김정일은 사후에 '국방위원회의 영원한 위원장'으로 선포되었다. 김정은은 새로 만들어진 직함인 국방위원회 '제1위원장'이 되었는데, 그것은 헌법 100조에 따라 그를 조선 민주주의인민공화국의 '최고영도자'로 만들었다. 이로써 그는 당과 군대에서 권력을 차지했다. 행정부의 일은 공식적으로 내각총리에게 위임되는데, 이는 남한에서도 총리가 최고지도자의 지시사항을 집행하는 사람이듯이, 정책에서 본질적이고 독자적 역할을 하는 것은 아니다. 물론 총리와 내각을 완전히 무시해서는 안 된다. 만일 기술관료적 경제실용주의자라는 게 있다면, 바로 여기서 찾아볼 수 있을 것이다.

2012년 4월 13일 김일성 탄생 100주년 이틀 뒤에 인공위성을 실은 3단계 로켓이 발사되었다. 이로써 새로운 지도자도 대륙간 탄도미사일과 핵탄두를 포함하는 이 나라의 방어프로그램을 현 상태로 유지하려 한다는 것을, 또는 포기할 생각이 없음을 분명히 했다.

공식적으로 예고한 출발은 실패로 돌아갔다. 과거에는 그와 같은 실패를 부인했었지만 이번에는 즉시 실패를 인정했다. 나는 마침 그 시점에 평양에 있었고, 국가 미디어를 통해 그리고 나의 안내인들에게서도 그 소식을 들었다. 낙관론자라면 이런 과정을 새로운 지도자 치하에서 공개성 및 실용주의의 표지라고 해석할 것이다. 어쨌든 이것은 통상 자신들의 업적을 장밋빛으로 서술하곤 하는 독재체제에서는 특이한 태도였다.

이것이 유일하게 특이한 사건은 아니었다. 김정일이 죽고 겨우 넉 달 만인 4월 중순에 20미터 높이의 김정일 동상이 김일성 숭배의 핵심장소인 평양의 만수대언덕 위에서 제막되었다. 새로운 동상에 자리를 만들어주기 위해서 건국자의 동상이 옆으로 밀어내졌다. 그 이상으로, 건국자 동상이 완전히 새롭게 손질되었다. 전에는 진지하던 김일성의 얼굴은 더 늙은 모습에 미소를 띠고 안경을 썼다. 마오쩌둥식 의상이 사라지고 넥타이를 갖춘 양복 차림이 되었다. 아마도 김일성 조각상의 나이가 부자관계에는 잘 맞지 않았던 모양이다. 두 지도자 얼굴에 나타난 미소가 이미 이룬 성취와 미래에 대한 낙관론을 표현한 것이 아닐까 생각해 볼 수 있다.

서양 관찰자의 눈에는 고작 재미 요소일 뿐이지만, 북조선 이념을 배경으로 이런 변화는 어떻게 해석될 수 있을까? 김정일 동상을 덧붙인 것은 앞서 언급한 대로 자기와 가깝지만 상대적으로 힘이 약한 아버지와, 자기와는 거리가 멀지만 강력한 할아버지를 합치려는 새로운 지도자의 시도로 돌릴 수 있다. 하지만 김일성은 그 동상을 쉽사리 조작할 수 있는 아무개가 아니라 신처럼 숭배되는 해방자, 건국자, 나라의 보호자다. 그는 모든 권력의 원천이고 그의 조각상은 최고의 상징이며, 그의 생년은 연호의 기원이다. 만수대언덕에 있는 그의 조각상은 40년 동안이나 그곳에 있었다. 그것은 마치 브라질 예수상이 리우데자네이루와 브라질 사람들에게 알려진 만큼이나 잘 알려진 것이다. 종교 또는 잘 정립된 상징들과의 비교를 지나치게 밀고 나갈 생각이 아니라도, 대중의 의식 속에 그토록 깊이 뿌리박힌 강력한 상징을 바꾸는 것은 상당히 위험한 일로 보인다. 우리는 북조선 사람들이 그에 대해 어떻게 생각하는지 모른다. 지도자들과 그들에 대한 묘사의 미학은 원칙적으로 논의되지 않거니와, 하물며 외국인과는 더욱 논하지 않으니 말이다.

어쨌든 2012년 가을에 두 조각상은 새로이 제막되었다. 분명히 적지 않은 비용을 들였을 수정 작업의 결과는 김정일이 서양식으로 재단된 외투 대신에 파카를 입고 등장한 것뿐이었다. 그런 걸 미리 생각할 수는 없었을까? 오른손이 하는 일을 왼손이 모를까? 새로운 지도자가 벌써 전능하고 변덕스러운 성향의 독재자로 행동하는 걸까? 등의 질문을 해 보게 된다. 우리에게는 한 번 더 온갖 추측과 사변들만 남는다.

상대적으로 빠르게 권력 지위를 공식화하고 — 김정일은 3년이나 기다린 데 반해 — 이념과 체제의 상징성을 적절하게 변화시킨 것 말고도, 김정은은 정책의 틀에서도 새로운 주안점을 내세웠다. 우선은 그것을 '빵과 놀이'라고 서술할 수 있다. 그 예들은 무수히 많다. 수도의 유원지들이 수리되거나 새로 세워졌고, 돌고래조련장이 지어졌으며, 우리 사회에도 널리 퍼져 있는, 긴 미끄럼틀이 있는 물놀이장도 생겨나고, 군용승마학교도 공공 승마공원으로 바뀌었다. 이때까지 나온 이런 오락 공세의 정점은 나라의 동쪽 원산 근처의 [마식령] 스키장이다. 2013년 말부터 이곳에 관광객 기반시설과 함께 알파인 기준에 따른 다양한 난이도의 활강 출발점들을 설치했다. 특이한 점은 이로부터 곧바로 노동생산성 향상이라는, 전형적으로 사회주의적인 새로운 캠페인이 나왔다는 점이다. '마식령 속도'는 강철공장이나 댐 같은 통상의 생산 프로젝트와는 다르다. 스키장은 아마도 스포츠 후원과 관광산업 확대 같은 새로운 전략적 강조점들과 어울릴 것 같다. 이런 것이 사회주의 영웅주의라는 지배적인 이념적 표상들과 어떻게 어울릴지 두고 볼 일이다.

2012년 여름에 김정은은 갑자기 서양식으로 우아한 옷차림을 한 아름다운 여성을 대동하고 나타나서 국내와 해외를 깜짝 놀라게 만들었다. 몇 가지 수수께끼 놀이 끝에 이 여성이 그의 아내인 '리설주 동무'라는 것이 밝혀졌다. 이후 그녀는 김정은의 공식적인 등장에 거의 언제나 함께했는데, 몇 주 동안 갑자기 사라졌다가 분명히 임신의 표지를 보이며 다시 등장했다. 2012년에서 2013년으로 해가 바뀔 무렵에 딸이 태어났다. 지금까지 북조선에서 지도자들의 사생활을 거의 금기시되는 주제로 다루어왔던 것에 비추면, 이런 공개적 태도는 정말 특이하지 않을 수 없다.

하지만 특이한 사건은 그것으로 끝이 아니었다. 2012년 여름에 지도자와 그 아내가 몇몇 디즈니 캐릭터들과 함께 등장한, 미디어에 중계된 퍼포먼스의 의미를 두고 외국에서 여러 추측이 나돌았다. 이것은 미국을 향한 감추어진 신호인가? 아니면 그냥 고약한 취향의 표현에 지나지 않는가? 북조선은 그런 공연을 할 권리[저작권]를 취득했나? 상당히 중요한 이런 질문들은 처음에는 답변되지 않았지만, 북조선을 바라보는 우리 눈에는 그렇게 기대에 어긋나는 사건들이 존재한다는 것이 중요하다. 우리가 그 배경을 제대로 이해하지 못하므로 나는 그 의미를 지나치게 강조하지는 않겠다.

그로 인한 또 하나 마지막 궁금증은 김정은의 직접 지도 아래 새로 결성된 모란봉악단이다. 이 악단은 2012년에 처음으로 공개석상에 모습을 드러냈다. 특히 유머러스한 기질의 관찰자들은 그것을 남한 케이팝 걸그룹에 대한 북조선의 답변으로 보려고 한다. 어쨌든 통상 북조선에 알려진 구식 예술단들의 현대적인 변이 형태인 것만은 확실하다. 수도의 가장 인기 있는 공원 이름을 딴 모란봉악단은 매력적인 젊은 여성 단원들로 구성되었는데, 그들은 매우 짧은 서양식 스커트나 원피스 차림을 하고 제각각 악기들을 — 성악부터 전자바이올린과 전자기타에 이르기까지 — 완벽하게 다룬다. 노래들은 매우 정치적이며 대개는 지도자들과 그들의 업적을 찬양하고, 지도자들과 고향과 군대에 대한 사랑을 노래한다.

김정은은 분명 내용적으로는 경직되어 있지만 형식상으로는 변형이 가능한 오락산업을 통해, 매우 단순하고 따라서 특히 젊은이들에게 효과적인 공감 수단('성 상품화')을 다시 붙잡으려고 한다. 여성 단원들의 짧은 의상과 외설스러운 동작은, 흔히 보수적인 도덕성이라는 북조선의 이미지와는 눈에 띄는 대조를 이룬다. 평양행 비행기에서 이미 모니터에 나타나는 그녀들의 영상이 행복을 주고, 놀랄 만큼 상업적인 주체탑의 지층에서도 그런 그녀들의 DVD가 팔리고 있다. 어느 날 저녁 나는 국영 티브이에서 방영되는 모란봉악단의 지방 도시 공연을 볼 수 있었다. 이 악단은 길게 늘어선 환호하는 사람들에게 거의 국가원수 방문을 연상시킬 정도의 환대를 받았다.

엔터테인먼트와 함께 김정은이 과격한 결단을 내리는 '단호한' 정치 영역도 물론 있다. 인사정책, 적어도 외국인으로서는 국영매체의 보도로만 추적할 수 있는 일부 인사정책은 그런 영역이다. 가장 유명한 예는 리영호의 과격한 출세와 똑같이 빠른 하강이다. 이 사람은 2010년 9월에 차수[원수 다음가는 계급, 우리 군의 4성장군인 대장 계급보다 한 단계 높다]로 승진했다가 이어서 정치국 간부의 일원이자 강력한 당 중앙군사위원회의 부위원장이 되었다. 오랜 기간 사람들은 그가 김정은 바로 뒤의 이인자이며, 미래에 가장 중요한 의미를 가진 사람이라고 수군거렸다. 2012년 7월에 67세의 이 사내는 돌연 '병으로 인해' 모든 직책에서 물러났다. 진짜 배경에 대해서는 우선은 오로지 추측만 할 수 있을 뿐이다.

이인자로 간주된다는 것이 그토록 존경받은 사람에게 행운을 가져오지는 못한 것 같다. 2013년 12월에는 북조선 역사에서 지금까지 가장 많은 주목을 받은 추락이 나타났다. 장성택은 김정일의 누이의 남편이니 김정은의 고모부인데, 국영 티브이와 〈로동신문〉 1면에서 그의 다양한 범죄를 특이할 정도로 상세히 다룬 보도가 나왔다. 12월 8일에 당 정치국의 확대회의가 열렸고, 여기서 상임위원들과 당과 군대의 정선된 지도부 인사들이 참석한 가운데 그가 종파적 행동을 했다는 죄목으로 고발당했다. 특히 당 지도부의 통일된 의견을 거역하고 표리부동하며, 죽은 지도자와 현재의 지도자에 대한 존경심이 결핍되었다고 했다. 장성택은 당내에 파벌을 만들었으며, 범죄적 인자들을 중앙위원회 분과들로 보내서 자기 심복들의 입지를 강화했다는 것이다. 또한 형사소추기관과 경찰에 대한 당의 지배력을 약화시키고, 계급투쟁과 민주주의 독재[24]를 포기했다고 한다.

특별히 중한 이런 이념적 고발들 말고도 그의 경제적 범죄들도 비난을 받았다. 그는 주민의 생활수준 향상을 위한 노력을 서서히 파괴하고, 원래 경제를 담당한 내각을 무시하고 원료를 싼값에 외국으로 빼돌려 이익을 취하고 국내 생산에 해를 끼쳤다고 한다.

북조선의 논리에 따르면 그런 태도는 도덕적 타락에서 온다. 실제로 고발 목록에는 자본주의 생활방식에 오염된 것, 부정부패, 여러 여성들과의 관계 등도 올라 있다. 장성택은 호화 레스토랑의 뒷방에서 식사하고, 마약을 하고, 건강 때문에 외국에 체류하는 동안 많은 돈을 카지노에서 낭비했다고 한다.[25]

그는 이런 범죄들로 인해 사형을 언도받고 처형되었다. 곧이어 이런 일들을 종결짓고 김정은을 유일중심으로 삼아 통합을 지키자는 인민과 당을 향한 호소가 나왔다. 고발에서 한 집단 전체와 그들을 후원하는 요소들이 거론되었기 때문에, 세부사항이 서방 언론에 거의 알려지지 않은 일련의 숙청 물결이 있었으리라고 확신한다.

장성택 사태는 많은 질문을 던진다. 이를테면 누가 그에 대한 고발을 종합한 것일까? 이것은 내부의 권력투쟁일까? 이 나라의 지도부는 어떤 식으로 행동할까? 겁을 먹고 더 큰 충성심으로 반응할까, 아니면 다음번 희생자가 누가 될지 아무도 분명히 알 수 없으니 모반을 꾀할까? 2014년 6월을 기점으로 장성택의 공개처형은 김정은을 더욱 강하게 만든 것으로 보인다. 하지만 장기적인 효과를 확신할 수는 없다. 어쨌든 그로써 김정은은 북조선에서 처음으로 지도자에게 맞선다는 선택지를 많은 사람의 눈앞에 보여준 것이니 말이다. 대부분의 북조선 사람들에게 그것은 이제껏 상상도 할 수 없는 일이었다. 그리고 그런 범죄적인 요소가 수십 년 동안이나 지도부의 중심에 머물러 있었다는 사실도 최고지도자의 장기적 안목과 우월함에 이롭지는 않다.

경제적 범죄가 이렇듯 분명하게 언급되었다는 사실도, 제대로 발전하지 않은 경제를 놓고 책임자를 문책한 것일 수 있겠다는 추측을 하게 해주었다.[26]

리영호와 장성택의 출세와 몰락은 김정은이 인사정책에서 재빨리 폭넓은 결정을 내릴 수 있는 위치에 있다는 것을 보여주었다. 이런 결정들과 또 다른 완고하지만 결정적인 행동들을 합쳐본다면, 새로운 지도자가 젊은 나이와 짧은 시간으로 불충분한 준비 기간에도 불구하고 2014년 중반에 이미 광범위하게 권력을 장악했다고 여겨도 될 것 같다. 그가 절대로 혼자서 통치할 수는 없다고 해도 어쨌든 꼭두각시 김정은이라는 주장은 유지되기 힘들다.

그리고 특히 장성택의 예는 우리가 북조선 수뇌부에서 벌어지는 내부의 상황에 대해 얼마나 아는 것이 적은지를 분명히 보여준다. 이른바 고위 정보통들을 인용하면서 여러 해 전부터, 그리고 김정일이 죽은 뒤로는 더욱 강력하게, 고모부 장성택이 실권을 장악한 채 김정은을 아무 의지도 없는 꼭두각시로 부려먹는 막후 실력자라고 서술했었다. 이는 분명히 잘못된 평가였다. 또 다른 잘못된 평가들이 더 있으리라고 볼 수 있다.

그사이 김정은을 둘러싼 개인숭배가 시작된 것도 관찰된다. 물론 그의 조각상도 없고, 그의 이름을 딴 거리도 없으며, 북조선 사람들의 주택에 걸린 할아버지와 아버지의 초상화 옆에 그의 초상화가 더해지지도 않았다. 공공건물과 미디어에서 그의 사진을 볼 수는 있지만 아직은 초대형 단독 초상화 형태는 아니다.

하지만 그를 찬양하는 표어들은 전국 어디서나 볼 수 있으며, 그 수도 늘고 있다. 많은 학교들에는 통상적인 제명에서 김정일의 이름 대신 그의 이름이 나온다. "김정은 아버지, 고맙습니다." 그리고 매년 대형 볼거리인 아리랑 축전에서도 그를 찬양한다. 새로운 지도자의 공식적 과거는 아직 어둠에 싸여 있다. 서구 미디어에 널리 퍼진 스위스 베른 기숙학교 시절에 대해서도, 그리고 어린 시절 이야기의 다른 변형에 대해서도 아직은 북조선의 국영매체에 등장하지 않았다. 하지만 그간의 모든 경험을 종합해볼 때 너무 멀지 않은 장래에 나타날 것이다.

내가 아는 한 김정은의 이름을 단 꽃도 아직은 없다. 그러나 2012년 4월에 새 지도자는 평양의 화훼연구소에서 재배한, 분명하게 김일성화를 연상시키는 난에 '만복화('만복'은 '온갖 행운'과 '배부름'을 뜻한다)'라는 이름을 붙였다. 앞으로 언젠가 이것이 김정은화가 되리라는 것을 배제할 수는 없다.

주체

—

2010년판 헌법 3조에 따르면 '주체'는 조선민주주의인민공화국 정치체제의 이념적 기반이다. 이 개념은 자주 김일성주의 또는 2012년 이후 김일성-김정일주의라는 말과 동의어로 쓰인다.[27]

'주인'과 '몸'이라는 뜻의 두 한자로 이루어진 '주체主體(자기 몸의 주인)'는 자주 'subject'로도 번역된다. 이는 수동적인 '객체object'와는 달리 적극적인 역할을 함축한다. 인간은 자기 운명을 자기 손에 쥐고 적극적으로 그것을 만들어나가야 하느냐? 아니면 자기의 삶을 수동적으로 견뎌야 하느냐? 이 오래된 질문이 여기서 핵심이다.

주체의 의미에 대해서는 12개 정도의 언어로 나온 수많은 출판물이 있다. 여기서는 그중 이 이념을 제창한 사람의 말을 인용해보자.

> 혁명과 건설의 주인은 인민대중이며[28] 혁명과 건설을 추동하는 힘도 인민대중에게 있다. 다른 말로 하자면 주체사상은 모든 사람이 자기 운명의 주인이며, 모두가 자기 운명을 결정할 힘도 갖고 있다는 뜻이다. 주체사상은 인간이 만물의 주인이며, 인간이 모든 것을 결정한다는 철학적 기반 위에 서 있다.[29]

이 문장들의 의미는 이것이 나온 역사적 맥락에 주목해야만 비로소 드러난다. 북조선의 역사서에 보면 김일성은 1955년 12월 28일 당의 선전요원들 앞에서 행한 연설에서 처음으로 '주체'라는 말을 썼다.[30] 그가 항일 빨치산투쟁을 하던 시기에 이미 이런 기본사상을 발전시켰다는 지적도 자주 보인다.

물론 북조선에서는 이념의 탄생 시점을 앞당기려고 많은 노력을 한 것으로 보인다. 브라이언 마이어스Brian Myers는[31] 공식적인 북조선 출판물들과 미디어를 살펴본 결과, 1955년에 이런 최초의 언급이 나오고 긴 시간 동안 이 개념이 거의 쓰이지 않았다고 지적한다. 1960년대 초 이후에 비로소 주체이념이 확산되고, 1960년대 중반 이후에야 점차 집중적으로 북조선의 주도 이념으로 선전되었다.

생성 시기를 언제로 받아들이느냐에 따라 주체사상의 원래 의미와 목적이 바뀐다. 1955년에 북조선은 아직 확고히 소련의 편에 있었고, 당은 격렬한 내부 다툼을 겪는 중이었다. 이런 배경에서 보면 주체사상은 원래 내부정책으로서 의미를 지닌 것이었고, 충분히 민족주의적이지 않은 인물과 그룹들을 낙인찍는 것이 목표였다.

마이어스의 주장을 좇아 주체사상의 원래 생성 시기를 1960년대로 본다면, 이 이념의 본래 의미는 매우 강력하게 외부정책의 성격을 띠게 된다. 1950년대 말부터 동구권의 특징은 앞서 서술한 모스크바와 베이징 사이의 경쟁이라고 할 수 있다. 평화로운 공존과 집단지도체제에 대한 소련 측의 고려는 김일성에게 의혹을 불러일으켰다. 1962년 쿠바위기에서 미국과 소련이 위험한 권력게임을 벌이다가 새로운 핵전쟁 위기가 나타났을 때, 소련의 국가원수 흐루쇼프는 아주 결연한 모습을 보인 미국의 케네디John F. Kennedy 대통령에게 결국 굴복했다. 따라서 한반도에서 비슷한 대치상황이 일어날 경우 평양은 모스크바의 후원을 기대할 수가 없게 되었다. 특히 소련이 한국전쟁에도 이미 개입하지 않았으니 더욱 그랬다.

이런 일은 북조선이 훨씬 더 중국 쪽으로 기울도록 만들었을 것이다. 다만 거대한 이웃 중국은 대약진운동의 파국 이후로, 그리고 문화대혁명 도중이라 위험한 방식으로 과격화하는 중이었다. 김일성은 여기서도 평화를 믿을 수 없었고, 따라서 원하든 원하지 않든 자신만의 제3의 길을 찾아야만 했다.

이 길은 몇 가지 전제조건을 충족해야 했다. 자기만의 길이라는 게 너무 분명하게 드러나서는 안 되었다. 당시 냉전이라는 양극으로 나뉜 상황에서 이름만이라도 두 진영 중 어느 한 편에 속하는 것이 생존에 중요했다. 특히 북조선처럼 이 양대 진영의 접점에 있는 나라는 더욱 그랬다. '사회주의'라는 꼬리표는 내부의 이념적 결합을 위해서나 '형제국가'인 동구권과의 합작을 위해서나 필수적이었고 절대로 포기할 수 없었다.

나아가 새로운 이념은 가능한 한 유연해서, 지도자가 너무 상세하게 규정된 도그마에 제한받지 않고 자기가 옳다고 여기는 일을 할 가능성을 남겨두어야 했다. 이 이념은 지도자의 존재와는 적어도 양립이 가능해야 하고, 이상적으로는 지도자의 존재를 꼭 필요한 것으로 만들어주어야 했다. 한국의 경우에는 민족주의를 위한 여지를 두는 것도 언제나 중요한 일이었고, 지금도 그렇다.

주체사상은 단순하면서도 효과적인 방식으로 이 모든 소망을 충족시킨다. 마오쩌둥의 사상과 마찬가지로, 작성된 이념은 나라들과 시대들이 서로 차이가 난다는 명백한 사실을 지적한다. 여기서 눈앞의 과제를 실현하는 길도 달라질 수 있다는 논리가 나온다. 어떤 사람이 특정한 지점의 왼쪽에 서 있고 또 한 사람은 오른쪽에 서 있다면, 두 사람은 동일한 지점에 도달하기 위해 서로 다른 방향으로 가야만 하니까 말이다.

이런 생각을 사회주의와 조선으로 옮겨보면, 서로 다른 상황들 탓에 조선에서 사회주의의 실천은 소련이나 중국에서와는 필히 다른 모습을 할 수밖에 없다는 논리적으로 들리는 결론에 도달한다. 그렇다면 사회주의 이념이라는 근본원칙을 북조선의 구체적 상황에 창의적으로 적용하는 것이 성공의 열쇠다. 그 밖에도 1990년 무렵 동구권 나라들에서 사회주의가 실패한 이유에 대해 북조선에서는, 마르크스와 레닌 이론을 자기 나라와 시대의 특수한 조건에 적응시키지 못한 무능함 탓이라는 설명을 끌어낼 수가 있게 된다.

이런 '올바르고 창의적인 적응'이란 다시 오로지 수령만이 이해하고 성취할 수 있는 과제다. 북조선의 이념적 출발점은 예를 들어 동독의 사회주의와는 달리, 주민들이 체제의 틀 안에서 스스로의 책임으로 결정을 내릴 수 있도록 체제의 근본적인 기능방식을 설명하려고 하지 않는다. 그보다 이념은, 지도자의 말이 곧 논박할 수도 배경을 물을 수도 없는 권위가 되고, 그가 내린 지시들을 배후에 대한 검토 없이 선전할 수 있도록 만들어졌다. 어쩌다 모순이 드러나도 그것은 모순이 아니라 지도자의 사상과 지혜를 이해하지 못한 개인의 무능함을 드러낸다. 지도자의 길은 보통의 시민들로서는 헤아릴 수가 없다. 그렇지 않다면 무엇하러 지도자가 필요하단 말인가.

이로써 주체사상은 김일성에게 북조선 정책 결정에서 자유로운 손길을 내주었을 뿐만 아니라, 앞서 언급한 포기할 수 없는 핵심역할을 확보해주었다.

이념의 법제화는 긴 시간을 두고 이루어졌다. 1970년대 초에는 주체의 '철학적 원칙'을 알렸다. 즉 인간은 모든 것의 주인으로 모든 것을 결정한다는 것이다. 처음에는 하찮게 보이지만, 자세히 들여다보면 이것은 마르크스에 대한 정면 공격이다. 마르크스는 19세기의 시류에 따라 인간사회와 그 발전의 '자연법칙'을 찾아냈다고 선언했기 때문이다. 그러니까 이런 법칙은 객관적이고, 개인에 의해 영향을 받지 않으며, 우리가 물건을 놓치면 위나 옆으로가 아니라 바닥으로 떨어지는 것만큼이나 자연법칙이다. 누가 이 물건을 떨어뜨리는지, 그 물건이 아래로 떨어지지 않기를 얼마나 열망하는지는 아무 상관이 없다. 마르크스는 이로써 — 프리드리히 엥겔스Friedrich Engels의 진술에 따르면 — 물구나무 서 있던 헤겔Georg Wilhelm Friedrich Hegel에 맞서 도로 두 발로 선 것이다.[32] 김일성은 그런 마르크스를 다시 밀쳐냈다.

대부분의 사회주의 이론들의 권력요구는 사회의 발전 법칙이 불변한다는 마르크스의 논리 위에 서 있(었)다. 이들은 공산주의(그리고 과도기의 사회주의)의 승리는 과학적 근거 위에 서 있고 피할 수 없으며, 인류 발전에서 일종의 뉴턴의 사과[필연적 물리법칙]라는 것을 출발점으로 삼았다. 또한 공산주의가 발전의 최고 단계라고 보았다. 내용적으로는 완전히 다른 것을 지향하는 프랜시스 후쿠야마Francis Fukuyama의 '역사의 종말'이라는 명제와 유사한 점들을 알아볼 수 있다. 에리히 호네커는 강제 퇴진 겨우 몇 주 전에 아우구스트 베벨August Bebel의 말을 수용해서, 사회주의 발전의 불가피함에 대한 자기 방식의 민속적인 이해를 표현했다. "황소도 나귀도 사회주의가 가는 길을 막지 못한다."[33]

주체사상에 따르면 인간은 '모든 것의 주인'이므로 인간이 사회의 법칙성에 종속된다는 것이 부정된다. 따라서 마르크스주의의 핵심이 거부된다. 인간이 원하기만 하면 모든 것이 가능하다. 사회주의가 '가는 길'이란 없다. 인간이 사회주의에 끌려가는 것이 아니고, 사회주의를 추동하는 것이 인간이기 때문이다. 여기서 나타날 수 있는 개인주의적·자유주의적인 결론의 도출은 곧바로 유교적 서열조화를 연상시키는 주장, 곧 개인은 집단 안에서만 자신을 실현할 수 있으며, 집단은 다시 지도자를 필요로 한다는 주장을 통해 억압되었다.

김정일이 아버지의 70회 탄생일을 맞이하여 1982년에 내놓은 저술 《주체사상에 대하여》로 체계화 국면은 끝났다고 여겨진다.[34] 이어지는 발전은 오늘날에도 계속되어 특히 (뒤에서 설명할) 선군사상으로 녹아든다. 주체사상에 대한 김일성과 김정일의 저술들과 그 해석들은 수백 권에 이른다. 이것들이 합쳐져서 오늘날 북조선에서 '김일성-김정일주의'라 부르는 사상이 된다.

몇 가지 기본사상과 개념들은 언제나 되풀이된다. '자력갱생'도 그에 속하는 말인데, 자신의 힘으로 다시 태어난다는 뜻으로 영어로는 'self reliance'로 번역된다. 독자성이라는 주도 원칙은 네 개의 개념으로 구체화된다. 사상적으로는 '주체', 정치적으로는 '자주', 경제적으로는 '자립', 군사적으로는 '자위' 등이다.

이 주제에 대한 북조선의 다양한 출판물들을 읽어보면 주체의 구체적 내용이 빈곤하다는 점이 눈에 띈다. 자립경제 사상은 주체의 본질적인 구성 성분인데, 특히 실제에 적용할 때는 가능한 한 많이 자신의 힘으로 해낸다는 목표를 지닌다. 하지만 북조선 바깥에서도 이런 원칙을 찾아볼 수 있다. 예컨대 발전경제학에서 수입대체정책 같은 것이 그렇다. 따라서 주체를 흥미롭게 만들고 사회주의 이념이라는 맥락에서 특별하게 만드는 것은 무엇보다도 마르크스-레닌주의 도그마에서 벗어났다는 것과, 거기서 나오는 양면성과 유연성이다.

그것 말고 북조선의 민족주의가 직접 전면에 나선다는 것도 주목할 만하다. 존 조겐슨John Jorganson은 심지어 주체사상을 "한 나라에 한정된 종족적 민족주의"[35]라고 분류했다. 대부분의 다른 사회주의 국가들은 적어도 말뿐이라도 〈공산당선언Manifest der Kommunistichen Partei〉의 마지막 명제를 따르려고 했다. 곧 "모든 나라의 프롤레타리아여, 연합하라!" 이 표어는 그사이 당 기관지인 〈로동신문〉 1면에서 사라졌다. 실제로 마르크스의 계급사상은 민족주의와 모순된다. 노동자계급은 국경을 넘어, 역시 글로벌 계급인 시민계급과 싸워야 하기 때문이다. 어쨌든 세계혁명을 꿈꾸던 때는 그런 뜻이었다. 북조선에서는 "우리 민족 최우선" "우리나라 최고" "우리식 사회주의" 같은 표현들을 보고 깜짝 놀라게 된다. 하지만 "우리 종족 먼저" 같은 표현도 이따금 쓰인다.

오늘날 주체사상은 무슨 뜻인가? 주체사상은 한때는 사회주의 초강대국인 모스크바와 베이징으로부터 북조선의 이념적 독립선언이었다. 오늘날에는 더 이상 그런 역할을 하지는 않는다. 1991년에는 전국적으로 흔히 "우리식 사회주의"라는 표어가 적힌 현수막을 보았는데 요즘은 대개 사라졌다.

오늘날에는 무엇보다도 질식시킬 듯 우세한 경제 파트너 중국과의 관계를 규정하는 민족주의가 지배한다. 그동안 자주 나타난, 주체사상을 완전한 독립을 향한 열망과 동일시할 수 있을 거라는 식의 유추는 이런 극단적인 형태로는 물론 잘못이다. 주체사상이란 그냥 외국과의 접촉에서 자신의 독립을 위험하게 만들지 않도록, 그리고 자기 행동의 선택지를 제한하지 않도록 조심해야 한다는 정도의 의미다. 이것은 "자신의 땅에 두 발을 확고히 딛고, 눈은 먼 곳을 향하라"는 매우 인기 있는 모토를 통해 잘 드러난다.[36]

주체사상은 수령원칙을 위한 가장 중요한 근거의 하나이고, 김일성과 그의 말을 인용하는 모든 사람들에게는 정당성의 원천이다. 이런 기능에서 주체사상은 오늘날에도 효력이 있고 강력하다. 북조선 사회주의는 주체사상의 유연성 덕분에 적어도 이론적으로는 경제와 정치 영역에서 개혁을 위한 여지를 둔다.

하지만 아마도 주체사상의 가장 중요한 기능은, 수많은 북조선 사람들 눈에 분리할 수 없어 보이는 사회주의, 지도자, 민족주의의 결합일 것이다. 여기서 민족이 가장 우선한다. "계급과 계층 위에 민족이 있고 사상과 리념[이념] 위에 조국이 있다."[37] 이런 이념에 근거한 체제에 대한 반대는, 미사여구와 서류더미 속에 경직되어버린 늙은 관료주의에 맞서 싸우는 것과는 비할 바 없이 어렵다. 북조선은 민족주의 전략으로 심지어 남한에서도 어느 정도의 성공을 거두고 있다. 남한 지도부로서는 아연실색할 노릇이지만 말이다.

군사우선, 선군사상

'군대 우선', 또는 영어의 'military first'라는 번역은 사회의 군대화가 이념의 핵심이라고 잘못 추측하게 만든다. 이는 물론 일부는 맞는 추측이다. 사회의 군대화는 적어도 한국전쟁 이후로는 이미 줄곧 있어왔기 때문이다.

선군이라는 개념을 맨 처음으로 언급한 시점은 1990년대 말이다. 이것이 이념으로(선군사상) 올라선 것은 2003년 1월의 일이고, 이 개념이 2009년 헌법에 받아들여졌을 때는 북조선 군사화가 더 이상 높아질 수 없을 정도에 이르러 있었다. 숫자로 보면 북조선 군대는 이미 오래전에 대략 2,500만 인구에 대해 자연적인 한계치에 도달했다. 북조선의 일상은 온갖 종류의 제복들이 지배한다. 젊은 남자들의 '자발적인' 군복무 기간은 흔히 10년이나 된다. 여성들도 군대 또는 준準군사적인 단위부대에서 근무한다. 기업, 학교, 행정기관 등은 정기적으로 군사 훈련을 개최한다. 초중고 학생들은 학교별 제복을 입는다. 또한 그들은 걷지 않고 행진

한다. 아침이면 학교로, 오후에는 노동 투입이나 집단체조 같은 방과후 활동을 향해 행진해서 간다. 그림, 책, 노래 등은 병사의 영웅적 행동을 찬미하고, 나라의 적에 맞서 싸우라고 격려한다. 경제는 국방에 봉사한다. 군대는 심지어 자체 기업을 경영하는데, 이들은 통상적인 국가의 계획경제에 속하지 않는다. 온 나라가 일종의 항구적인 전시 상태에 산다. 미국의 학자이자 저술가인 셀리그 해리슨Selig Harrison은 이것을 "포위되었다는 심리상태siege mentality"라고 불렀는데, 올바른 지적이다.[38]

선군사상이 점차 중요해지면서 실질적인 군비 지출이 몇 퍼센트 정도 더 높아졌을 것이다. 또한 수십 년 전부터 진행된 핵무기와 3단계 미사일 개발의 속도도 그 정도로 높아졌을 것이다. 하지만 그런 것만으로는 어째서 새로운 이념을 발명해야 했는지 설명하기에 충분하지가 않다. 이런 단계적 상승을 정당화하는 데 사용할 도구는 충분하고도 남음이 있었을 테니 말이다.

어째서 김정일은 선군사상으로 대단한 성공작을 낸 탁월한 이론가라고 찬양되는가? 여기서도 발생사가 힌트를 준다. 이 개념을 최초로 언급한 것은 오늘날 '고난의 행군'이라 불리는 1995~1997년의 기아 사태 시기다. 고난의 행군이란 공식 항일 빨치산운동의 역사에서 중국의 '대장정'을 연상시키는 사건을 가리키는 말이기도 하다. 이는 김일성 군대가 1938년 12월부터 1939년 3월까지 백두산 서쪽 조선국경선 북쪽에서 했던 힘든 싸움을 가리킨다.

그러니까 '선군'이라는 개념으로 지도부는 항일 전통을 암시하면서 동시에 1990년대 결핍의 시기에 역사적-애국주의의 동기를 불어넣으려 했다고 주장할 수 있을 것 같다. 실제로 북조선에서는 연속되는 자연재해와 미국의 경제제재가 기아 사태의 원인으로 제시되었고, 지금도 그렇다. 그러니까 그들은 자기들을 굶겨 죽이려 하는 서방에 맞서 결핍으로 가득한 일종의 저항전쟁 상태에 있으니, 이는 군대에 우선권을 주어야 할 사태라는 것이다. 물론 이미 1950년대 말에 동독 외교관들은, 북조선 지도부가 항일전쟁을 암시하면서 사람들에게 가혹한 생활조건을 강제하고 무조건적 헌신을 요구하려는 경향이 있다고 비판했었다. 그러니까 민족 위기의 순간에 반식민지 투쟁을 연상케 하는 기본적인 이념은 실제론 그리 새로운 것이 아니었다.

이 개념이 북조선의 신년 사설에 나타난 시점이 흥미롭다. 이는 2003년 1월이었다. 당시 미국의 이라크 공격은 마지막 준비 단계에 있었다. 2003년 3월 19일에 '충격과 공포shock and awe'라고 불린 대량 공습을 시작하기 직전 단계였다. 불과 1년 전인 2002년 1월 29일 북조선에 수상쩍은 명예가 할당되었으니, 미국 대통령 조지 W. 부시가 대국민 연설에서 북조선을 이라크, 이란과 더불어 '악의 축'의 한 부분이라고 불렀던 것이다. 공격 준비 상황은 이것이 분명 단순한 말 이상임을 보여주었다. 북조선은 미국에게 위협을 받는다고 느끼고 따라서 국방의 우선순위를 더 높이려 했다고 말할 수 있다. 하지만 여기서도 그런 위협이 비록 철저히 현실적·실질적이고 심지어 더욱 높아졌다고는 해도, 절대로 새로운 것이 아니라는 문제점을 본다. 어쨌든 북조선의 주장에 따르면 1950년에 이미 미국의 기습 공격이[한국전쟁 시작] 있었다니까 하는 말이다.

그렇다면 선군이란 실제로 무엇인가? 강조점을 '군'에 두지 않고 '선'에 둔다면 하나의 답을 찾게 된다. 북조선에서 일종의 공식적 통지문이며 가장 많이 읽히는 당 기관지 〈로동신문〉에 나온 김정일 인용문이 더 자세한 것을 알려준다.

우리 당이 선군정치를 펴면서 로동[노동]계급이 아니라 인민군대를 혁명의 주력군으로 내세운 것은 혁명의 주력군 문제, 혁명과 건설에서 혁명군대의 역할 문제에 대한 새로운 견해, 새로운 관점에서 출발한 것입니다.[39]

마르크스-레닌주의의 관점에서 계급논리를 배경으로 보면, 이 문장은 아예 의미가 없다. 마르크스-레닌주의에 따르면 당이 혁명의 주요 세력이 되어야 한다. 당이 노동자계급을 대표하며, 군대는 그 어떤 독자적인 정치적 역할 없이, 지배자인 노동자계급을 대변하는 당의 통제를 받는 국가의 도구이기 때문이다. 주체사상을 통해 물질이 의식意識에 우선한다는 생각을 완전히 벗어버린 다음, 선군사상의 도입으로 북조선은 마르크스-레닌주의에서 벗어나는 두 번째 발걸음을 내디뎠다.

이것은 실은 새로운 이념적 핵심개념을 정당화하는 일보이며, 또한 북조선에서 선군사상을 주체사상의 발전이라고 표현하는 이유도 설명해준다. 선군사상은 커피찌꺼기로 치는 점 따위가 아니다. 2012년에는 심지어 평양 중심부의 김일성광장에서 레닌과 마르크스의 초상화가 치워지기까지 했다.[40] 2003년 3월에 이미 당 기관지는 명백하게 1848년의 〈공산당선언〉과 관련하여 다음과 같이 선포했다.

혁명의 주력군 문제는 어느 시대, 어느 사회에서나 고정불변한 것으로 될 수 없으며 계급관계에 기초해서만 해결할 문제도 아니다. 사회의 어느 계급, 계층 또는 어느 사회적 집단이 혁명의 주력군으로 되는가 하는 것은 그가 혁명과 건설에서 차지하는 지위와 역할에 의하여 규정된다.[41]

새로운 이념의 창조가 계속해서 — 아마도 최종적으로 — 예전에 소련과 그 위성국가들이 선전하고 실천한 마르크스-레닌주의에서 떨어져나가려는 목적을 지녔다는 것이 상당히 분명해 보인다. 하지만 이 모든 것은 무엇을 위해서인가? 이런 이념적 핑계들은 결국은 비용도 많이 들고 위험성이 없지도 않다. 베이징과 모스크바로부터의 이념적 독립은 이미 수십 년 전에 주체사상을 통해 확보된 바 있다. 자국의 경제 성장과 그로 인해 생겨난 문제들로 바쁜 이웃나라 중국은 추상적인 영역에서 북조선의 이념이 무성하게 자라나도 어차피 별 관심이 없었다.

그러므로 선군사상의 목적을 국내에서 찾아야 할 것이다. 이에 대해서는 여러 이론들이 있다. 그중 하나는 군대가 이런 방식으로 당과의 권력 다툼에서 우위를 차지하려 한다는 것이다. 이것을 완전히 배제할 수는 없지만 그럴싸하지는 않다. 모든 장교가 당원이니, 의심스러운 경우에는 당의 힘을 빼앗지 않고 그냥 당을 접수할 수 있기 때문이다.

당에는 비판적인 기류가 있었기 때문에 김정일이 자신의 권력을 다지기 위해 군대를 필요로 했다는 주장도 있다. 하지만 역사를 보면 그런 경우에는 가능하면 군대의 후원을 받아 당내에서 이념적 숙청을 행하는 방향을 취한다. 당을 군으로 대체했다는 징후는 거의 없다. 독재자가 군대에 정치적 주도권을 마련해준다면 그것은 매우 경솔한 짓일 것이다. 독재자는 빈번히 군대의 쿠데타로 권력을 잃었기 때문이다.

중국의 모범에 따른 점진적인 현대화 의도를 생각한다면, 선군사상의 원래 의미에 대해 훨씬 설득력 있는 답변이 나타난다. 덩샤오핑鄧小平은 기본이념상 공산당의 권력 독점을 그대로 유지한 채로 시장경제를 도입했다. 중국인들은 이를 '사회주의 시장경제'라고 부른다.

하지만 이 모델은 적어도 하나의 결정적인 약점을 갖는다. 단순하게 말하자면 물질적인 번영에 대한 전망은 더욱 힘든 노동, 혁신과 위험 감수 등으로 나아가도록 자극할 것이다. 하지만 이 과정에서 개인들이 실제로 부유해진다면 — 그리고 그들은 정말로 부자가 되어야 하는데, 그래야만 이런 동기부여 체계가 실질적으로 기능을 할 테니까 — 그들은 생산수단의 소유자도 될 것이다. 이런 부유함이 새 자동차를 사는 것을 넘어 자신의 기업을 설립하거나 민간회사의 주식을 다량 매수하는 정도에까지 이른다면 말이다. 국가의 호소에 따라 새로운 조건 아래서 기꺼이 경제 활동에 매진한 노동자계급의 일원들은 성공하면 부르주아계급이 되고, 따라서 국가의 적이 된다.

선군사상은 이런 딜레마를 고르디우스의 매듭을 끊는 방식으로 천재적으로 해결한다. 노동자계급에 속한다는 것은 입증되어야 할 것도 옹호되어야 할 것도 아니다. 그런 것은 이제 더는 타당하지 않다. 대신 인민은 혁명의 주체세력인 군대에 속함으로써 체제에 대한 충성심을 과시한다.

하지만 누가 군대에 속하는가? 노동자계급이란 가입하는 게 아니다. 이 계급에 속하느냐는 개인의 경제적 상황과 연결되어 있고 어느 정도는 자동적이며 논란의 여지가 없다. 군대는 사정이 다르다. 누군가가 군대에 속하느냐는 순수하게 정치적 결정이다. 그러니까 현역병이 되는 것만 선택이 아니라 예비병에 속하는 것도 완전히 선택이다. 직원들과 납품업자들이 군대를 위해 활동하는 업체는 어떤가? 또는 이윤을 내서 군대에 재정 지원을 하는 업체는 어떤가? 군대 소속원의 가족은 사정이 어떤가? 이렇게 새로 선별된 자들에 속하게 되면 거의 자발적으로, 또는 말하자면 유연하고도 창의적으로 정치적 지도부에 의해 통제될 수 있다. 북조선에서 이미 시작된 점진적인 경제적 현대화가 언젠가 기업가 계층을 만들어낸다 해도, 새로운 현실과 낡은 이념 사이의 갈등은 생겨나지 않을 것이다.

김정은의 통치 아래서 선군사상은 상대적으로 조용하다. 하지만 그렇다고 평화를 더 지향한다거나 군대보다 당을 더 선호한다는 의미를 함축하는 것은 아니다. 그냥 시장경제 개혁의 이념적 정당성이 현재 지도부의 가장 중요한 관심사가 아니라는 뜻일 수도 있다.

3

정치체제

권력의 세 기둥

북조선의 이념은 이 나라 정치체제의 형식적 구조에 반영되어 있다. 즉 당, 국가, 군대로 삼분되어 있다. 이 단위들은 다양한 방식으로 서로 엮여 있어서 따로 분리해서 관찰할 수는 없다. 엘리트 요소인 당이 연결고리이고, 모든 것 위에는 지도자가 있다.

이는 모순처럼 들리지만 특별한 의미에서 논리적이다. 북조선 정치제체의 한 요소가 중요해질수록 우리는 그에 대해 더 확실히 알 수 없게 되고, 그럴수록 소문과 추측에 의지하게 된다. 의회와 행정부로 구성된 국가가 가장 많이 알려져 있지만 여기에도 여전히 질문들이 남는다. 지도자 자신에 대해, 그리고 당과 군대의 과정 및 내부 구조들에 대해서는 알려진 바가 별로 없다. 이 장에서는 비록 빈틈이 있더라도 현재까지 알려진 지식을 말하겠다.

우선 헌법으로 시작하자. 헌법은 여러 형식으로 출판되었는데, 2013년 9월 나는 평양에서 2010년판 헌법의 인쇄본을 취득할 수 있었다. 북조선의 공식 인터넷 사이트에는 현재의 헌법이 한국어로 나와 있다. 독일어와 영어 번역판은 2010년도 판본으로서 현재는 이미 낡았다[계속 바뀌고 있어서다]. 남한의 통일부 사이트나 북조선법령센터 등 인터넷 사이트도 1948년, 1972년, 1992년, 1998년, 2009년, 2010년판 헌법을 제공한다.[1]

하지만 헌법은 여전히 북조선의 가장 투명한 법 중 하나다. 그에 반해 조선로동당 정관은 일종의 비밀문서로 여겨진다. 낡은 판본들만, 그것도 발췌로 공개되어 있다. 군대에 관해서는 상황이 더욱 불투명하다. 여기서 나는 비공식적인 정보나 망명자들의 보고에 기대지 않을 수 없다. 이런 출전들에 의구심이 따르게 마련이지만 말이다.

헌법

기본법[헌법]은 무엇보다도 모든 것이 마땅히 어때야 하는가에 대한 정보를 제공한다. 다만 권력자들은 모든 점에서 반드시 그것을 지향하지는 않는다. 이는 많은 국가에 타당하며 특히 독재국가에 타당하다. 이런 관점 아래서 북조선 헌법을 관찰해야 한다. 독일의 경험에서 나온 중요한 양상 하나를 염두에 두는 것이 좋다. 현재 헌법의 실현 여부와는 별도로, 나중에 법적으로 과거 청산을 하려면 이 헌법이 — 어쩌면 유일하게 — 타당한 기반이 될 수 있다는 사실이다. 오늘날 어쩌면 공허한 구절처럼 들리는 조항도 정치적 상황이 변하면 고발의 근거가 될 수 있다.

조선민주주의인민공화국 최초의 헌법은 당시 명백하게 소련의 모범을 따른 것인데, 1948년 9월 국가 건설 시기에 의회의 승인을 받았다. 이 헌법은 1972년에 이른바 '사회주의헌법'으로 대체되었는데, 그 뒤로 여러 차례 수정을 거쳐서 2013년 4월에 마지막으로 개정되었다[2016년과 2019년 다시 개정].

2013년 헌법의 전문前文은 조선민주주의인민공화국을 "김일성과 김정일의 사상을 구현한 주체-사회주의 국가"로 규정한다.[2] 김일성은 1998년부터 영원한 주석으로, 김정일은 2012년부터 영원한 국방위원회 위원장으로 확정되어 있다. 북조선은 이 두 인물, 그리고 그들의 사상과 행동에 대한 관계로 스스로를 규정한다. 헌법 전문은 다음과 같은 말로 끝난다.

> 조선민주주의인민공화국과 조선인민은 조선로동당의 령도 밑에 위대한 수령 김일성동지를 공화국의 영원한 주석으로, 위대한 령도자 김정일동지를 공화국의 영원한 국방위원회 위원장으로 높이 모시며 김일성동지와 김정일동지의 사상과 업적을 옹호고수하고 계승발전시켜 주체혁명위업을 끝까지 완성하여나갈 것이다. 조선민주주의인민공화국 사회주의헌법은 위대한 수령 김일성동지와 위대한 령도자 김정일동지의 주체적인 국가건설사상과 국가건설업적을 법화한 김일성-김정일헌법이다.

또한 북조선은 헌법에서 스스로를 '사상적 강대국' '군사국가' '핵보유국'이라고 칭한다. 특히 마지막 표현은 북조선의 핵보유국 지위 인정을 거부하는 미국의 저항에 부딪치고 있다. 2013년의 헌법에 규정함으로써 김정은은 미국의 이런 거부를 얼마나 하찮게 여기는지, 또한 이 나라가 핵 프로그램을 단순히 말에 설득당해 그만두거나 헐값에 팔아넘길 것이라는 희망이 얼마나 허망한지를 분명히 했다.

헌법은 2013년 가을 현재 전문과 총 172개 조항을 포함하는데, 이는 다시 7개 장으로 나뉘어 있다. 여기서 선별된 몇 개 조항을 다루어보자.

제1장은 정치에 대한 19개 조항을 포함한다. 1조는 조선민주주의인민공화국이 전체 조선인민을 대표한다는 주장을 담고 있다. 하지만 9조에는 사회주의의 승리는 오로지 북쪽에서만 성취하려는 것이라고 한다. 이는 북조선의 실질적 정책의 모순을 반영한다. 한편으로는 한반도의 분단을 받아들여 남한을 자주국가로 인정하기가 힘든 것이다. 두 나라는 1991년 12월 17일부터 유엔 회원국이지만 외교관계는 맺지 않았다. 그런데도 다른 한편 실용적 상호 교류의 각오는 되어 있다. 이것은 특히 2000년과 2007년의 남북정상회담으로, 그리고 다각적인 남북경제협력으로 드러난다. 개성공업단지와 현재는 얼어붙은 금강산 관광사업이 여기 속한다. 북조선의 통일 구상은 연방제라는 지붕 아래 두 체제의 공존을 지향하는데, 좋은 의도로 바라보면 남한을 인정하는 방향으로의 긍정적인 신호로 해석할 수 있을 것 같다.

3조에는 주체사상과 선군사상이 주도적 사상으로 확정되어 있다. 5조는 레닌 사상에서 발전된 민주주의 중앙집권제를 국가기관들의 기능원칙으로 만든다. 이 국가기관들은 6조에 따르면 직접·비밀선거로 선출된다. 원칙적으로 각각의 층위에서 매우 명료하게 상부와 하부조직을 둔 서열에 따른 권력기관의 조직과, 따라서 중앙집권제 개념이 나타난다. 동시에 적어도 명목상으로는 아래서부터 위로 간부들을 뽑는 선거가 실시되고, 지도부는 아래를 향해 설명의 의무를 지고 있어 파면도 가능하다. 어쨌든 이론적으로는 그렇다. 덕분에 이런 중앙집권제에 '민주주의'라는 말을 붙인 것인데, 여기서 민주주의란 다수가 소수를 지배하는 것으로, 따라서 노동자계급의 독재로 정의된다.

8조에 인권의 보호가 규정되어 있다. 비록 "국가는… 인권을 존중하고 보호한다"는 표현은 빠져도 될 것 같기는 하지만 그렇다. 이에 대한 법령 또는 지시문 형태의 구체화는 나로서는 아는 바가 없다. 북조선이 정기적으로 인권침해로 비난받는 것을 생각하면 헌법의 이 장은 물론 주목할 만한 것이다.

평양에서는 인권에 대한 서방의 고발이 갖는 영향을 잘 알고 있다. 특히 그것이 그들의 소망인 더 집중적인 국제 경제교류 참여를 방해하기 때문이다. 그래서 지도부는 분명히 적어도 겉으로만이라도 개선을 보여줄 각오가 되어 있다. 몇 년 전에 마약과 위조화폐 생산 문제에서도 비슷한 일이 있었다. 오늘날 이 두 가지는 이 나라에 대한 보도에서 거의 언급되지 않는다.

2013년 여름에 의심의 여지없이 북조선에 우호적인 태도를 지닌 미국의 '북조선 인권위원회'는, 수용소로 확인된 6개 시설 중 두 곳이 문을 닫았으며, 수용자 숫자도 20만 명에서 조사 당시 8만~12만 명으로 감소했음이 분명하다고 보고했다. 잘못된 인상을 갖지 않도록 말하자면, 잔인한 학대에 노출된 정치범은 단 한 명이라도 이미 너무 많다.[3] 또한 수용자 숫자가 감소하는 원인에 대해서도 망상을 품어서는 안 된다. 관찰자가 전혀 접근할 수 없는 영역의 일이지만, 그래도 수용소에 새로 수감되는 숫자는 분명 줄었으며, 소문에 따르면 일가친척 체포의 원칙도 더는 엄격하게 적용되지 않는다.

인권문제에 대해 북조선의 전형적인 태도가 있다는 말도 해야만 한다. 인권에 대한 서방의 정의를 의문시하면서 북조선 측은 미국에 노숙자가 많다는 점을 비난한다. 또한 멕시코 국경선의 전기 철조망과 이라크에서 수천 명의 사망자가 나왔다는 점을 들어 미국이 세계에서 가장 큰 인권위반국가라고 주장한다. 2008년 유엔 인권보고서에 대한 국영 매체의 반응 하나는 다음과 같다. "인권에 대해 말한다면 세계 최악의 인권 유린국인 미국이 우선적으로 문제시되어야 한다."[4]

노동계급의 영도적 역할은 헌법 10조에 들어 있고, 조선로동당의 영도는 11조에 확정되어 있다. 다른 사회주의 국가들에서 '프롤레타리아 독재'라는 표현으로 알려진 원칙은, 12조에서 "인민민주주의 독재"라고 표현된다.

원래 중국에서 유래한 대중노선은 모든 것을 대중의 눈으로 보고, 대중의 말을 듣고 그들에게서 배우라는 요구를 담고 있다. 요즘 쓰는 말로는 '상향식bottom-up'이라고 말할 수 있을 것 같다. '청산리'정신은 이런 사상이 구체적으로 구현된 형태다. 청산리란 수도 평양 남쪽의 협동농장을 갖춘 시범마을이다. 1960년대에 김일성은 이곳의 현지지도에서, 지역 차원에서 생산 결정을 내리고 농부들도 그 과정에 참여하라고 지시했다. 오늘날 거대한 청동 기념비가 이 사건을 기념하고 있다.

청산리마을은 관광프로그램에 들어 있다. 나는 여러 번이나 이곳에 갔었고, 무엇보다도 이 장소가 거의 꾸밈이 없다는 것에 놀랐다. 핵심 선전 장소라는 의미를 놓고 보면, 그리고 서방 관광객이 이곳으로 온다는 사실을 감안하면, 나로서는 진창길이나 겉부분 단장이 떨어져나간, 칠이 오래된 작은 집들을 보리라고는 예상하지 못했으니 말이다. 우리가 버스를 타고 마을 가운데 언덕을 가로지르는 터널을 — 아마도 방공호 역할을 하는 — 통과해서 달리는데 아이들이 버스 뒤에서 소리를 지르며 따라 달렸다. 터널 저편에는 위장망이 덮인 네쌍둥이 대공포가 하늘을 향하고 있었다. 길 가장자리에서 당황한, 하지만 친절한 농부가 삼줄로 목을 묶은 염소 한 마리를 자랑스럽게 보여주었다. 어느 봄날 마을로 들어가는 길에 나는, 한 여성이 교차로에서 이미 오래전에 지나간 자동차에서 떨어진 옥수수 알을 하나하나 주워 손에 가득 쥐고 있는 것을 보았다. 북조선에는 물론 청산리보다 더 가난한 마을도 있지만, 더 부유하고 매력적인 마을도 분명히 있다. 보통은 유난히 좋은 인상을 주려는 노력으로 유명한 이 나라가 하필 여기서 쇼를 하지 않는 이유를 나로서는 알 수가 없다. 이것은 북조선을 둘러싼 수많은 미스터리의 하나다.

예전에 헌법 13조에서 나란히 언급되던 '천리마'운동은 1998년에 삭제되었다. 이것은 1958년에 시작된 북조선판 '대약진운동'인데, 엄청난 노동을 투입하여 경제 발전을 앞당기자는 캠페인이었다. 천리마운동 기념비는 아직 평양 중심부에 그대로 있다. 천리마란 중국 신화에 나오는 전설적인 존재로, 날개 덕분에 하루 1,000리, 그러니까 약 400킬로미터를 달릴 수 있다는 말이다. 이 말은 빠른 속도의 상징이다. 많은 북조선 생산품들, 이를테면 이 시기에 나온 트랙터는 '천리마'라는 이름을 달고 있다.

헌법의 2장은 20개 조항으로 경제를 다룬다. 사회주의적 생산관계와 자립이 경제질서의 두 가지 근본원칙이다. 소유에는 세 가지 형식이 있다. 국가소유, 사회협동단체소유, 개인소유. 20조에 따르면 생산수단은 국가와 사회협동단체의 손에 들어 있다. 사회협동단체소유로는 무엇보다도 농업 분야가 해당된다. 24조에 상술된 상속권을 포함한 개인소유 보호는 생산적 자본과는 무관하다. 물론 텃밭관리 등 "부업활동"의 생산품과 또 다른 "합법적 활동들"은 개인소유로서 명시적으로 보호를 받는다. 이로써 국가에 의해 인정된 개인 농업의 소출과 시장에서 상업활동의 수입은 헌법의 보호를 받게 된다.

모든 천연자원, 철도, 항공운수, 체신기관, 통신시설, 그리고 자세히 정의를 내릴 수 없는 "가장 중요한" 공장, 항만과 은행 등은 국가만이 소유할 수 있다.

25조는 세금이 없다는 것과, 국가가 모든 인민에게 꼭 필요한 조건들, 곧 식품, 옷, 주택 등을 마련해줄 의무가 있음을 언급한다. 특히 세금에 대해서는, 없다는 주장에도 불구하고 기업체 소유주인 국가가 기업체 이윤을 획득하는 방식으로 자연스럽게 돈이 흘러들어간다는 점을 언급할 수 있다. 외국 기업체와 합작한 회사들은 분명히 세금을 낸다. 2013년에 도입된 개별적으로 임금을 정하는 국내 기업의 가능성이라는 맥락에서, 경우에 따라 세금이라는 이름을 붙이지 않은 채 기존 국내 세법을 변경하는 것도 가능하다.

32조에 따르면 효율성 유인책에서 국가는 물질적 수단과 이념도덕적 수단을 결합시키는 원칙을 확고히 유지한다. 우리는 이것을 각자의 관점에 따라 반이나 채워진 잔, 또는 반밖에 남지 않은 잔으로 평가할 수 있다. 어쨌든 사람들이 정치적 자극만으로는 꼭 필요한 만큼 반응하지 않는다는 것을 이해했음이 분명하다. 헌법에 따르면 장부를 통제하면서 무엇보다도 "원가, 가격, 수익성" 등을 고려한다니, 낙관론자라면 실용주의라고 인정할 것이다. 34조는 조선민주주의인민공화국의 인민경제는 계획경제라는 점을 분명히 한다. 그에 반해 37조는 외국 파트너와 합작회사의 설립 및 경제특구에서의 투자를 장려한다. 헌법에는 한편으로 사회주의 원칙을 고수하려는 노력과, 다른 한편으로 시장경제 메커니즘을 도입하려는 노력으로 인한 현재 경제정책의 모순이 반영되어 있다.

헌법의 제3장은 39조부터 57조까지의 조항으로 문화를 다룬다. 이를 위해 총 19개 조항이 주어진다는 것은 주목할 만하며, 정치적인 이유에서 문화활동이 나라의 지배자들에게 높은 위상을 차지한다는 것을 보여준다. 42조에서는 전래되는 사회를 해체하고 사회주의적 생활양식을 도입할 것을 분명히 요구한다. 2012년 새 지도자 김정은 치하에서 변경된 45조는 유치원 의무교육을 포함하여 의무교육 기간을 12년으로 정하고 있는데, 이는 전보다 1년 연장된 것이다. 늘어난 학교교육 기간은 실용적인 지식, 주로 기술과 IT 분야 지식의 습득을 위한 것이다. 이전까지 정치교육이 우선시되었던 점을 감안하면 이는 주목할 만한 실용적 걸음을 내딛은 것이다.

47조에 따르면 북조선에서 교육은 무료이며, 보건체계(56조와 72조) 역시 무료다. 49조는 학령 전의 모든 어린이가 탁아소와 유치원에 다니는 것을 의무로 규정한다. 환경보호는 57조에 명시되어 있는데, 이는 단순히 말에 그치는 선언이 아니라 냉정한 계산의 결과다. 예를 들어 스모그로 고통 받는 중국 관광객에게 북조선의 맑고 깨끗한 공기를 광고할 수 있다. 그것 말고도 새로운 경작지를 얻으려고 또는 땔나무를 마련하려고 산비탈의 나무를 베어내면, 여름 동안 강수가 집중되는 탓에 원래도 큰 홍수 위험이 더욱 커진다는 사실도 이해한 것이다. 또한 풍력이나 태양에너지 등 대체에너지는 석유 수입 의존을 줄이는 효과도 제공한다. 그 밖에 대체에너지를 전국적으로 분산해 생산하는 것은 군사전략적인 관점에서도 상당히 흥미롭다. 이 나라를 여행하노라면 어디서나 창문턱과 발코니에 수많은 태양광패널들이 붙어 있는 것이 눈에 띈다. 분명 모범 역할을 하는 어떤 마을에서는 집집마다 풍력발전기를 갖춰 작은 풍력발전기들이 숲을 이룬 것을 본 적도 있다. 수도 평양에서도 점점 많은 수의 가로등에서 태양전지들이 보인다. 룡강온탕원 바로 옆의 온천 지역에서는 미국의 노틸러스연구소가 1998년에 지은 15킬로와트 풍력발전용 터빈을 아직도 볼 수 있다.[5]

제4장은 겨우 4개 조항(58~61조)에서 일반적 형식으로 국방을 다룬다. 군대가 북조선에서 차지하는 명백한 중요성을 생각할 때 이는 눈에

띄는 일이다. 그러니까 분명 헌법은 이 분야에서 핵심적인 법의 역할을 하는 것이 아니다. 군대는 특별 영역이니, 당과 마찬가지로 특별 규정을 따른다.

제5장에 속하는 25개 조항(62~86조)은 북조선 공민의 권리와 의무를 서술한다. 예를 들어 "하나는 전체를 위하여, 전체는 하나를 위하여" 같은 집단주의 원칙이 여기 들어 있다(63조). 그러면서도 민주주의적 권리와 자유, 행복한 물질적-문화적 생활도 보장한다. 17세 이상의 공민은 선거권을[선거할 권리와 선출될 권리] 갖는다. 언론, 출판, 집회, 시위와 결사의 자유는 헌법 67조에서 보장한다. 68조는 종교의 자유를 보장하는데, 외세를 끌어들이거나 국가사회질서를 어지럽히는 데 사용될 수 없다는 다소 혼란스러운 제한을 두고 있다. 70조에 따르면 노동의 권리가 있다. 83조는 노동의 의무도 규정한다. 이른바 사회주의 원칙에 근거하여 보상을(능력에 따른 노동, 업적에 따른 지불) 받는다.

75조에는 여행의 자유와 거주지 선택의 자유가 보장되어 있다. 헌법에 쓰인 말과 현실이 모순된다는 것이 여기서 입증된다. 북조선 사람들은 자기 나라를 허가 없이 임의로 여행하지 못하며 거주지를 스스로 결정하지 못한다. 외국 여행은 말할 것도 없다.

헌법에서 국방의 의무는 확인되지 않는다. 대신 86조에는 오직 일반론으로만 국방의 의무가 언급되는데, 구체적인 규정을 위해 타당한 법이 따로 있다는 것이 암시된다. 따라서 실질적인 군복무 기간에 대해서도 분명한 것을 알기가 어렵다. 서방 출판물에서는 흔히 10년이 거론된다. 2012년과 2013년 북조선에서 여러 사람들과 대화를 나누었는데, 제각기 따로, 국방의 의무가 자발적인 것이며 최대 3년이라고 설명해주었다. 그러니까 이 분야에서도 개혁이 있었을지 모른다. 남성들의 결혼 연령이 보통 20대 후반이라는 사실은 실질적으로 오랜 기간 국방 의무를 수행해야 함을 암시한다. 여성들은 정규군대에 복무하지 않지만 오직 여성들로만 구성된 특수 단위부대들이 있다. 나아가 여성들은 전국 어디서나 교육기관과 일터에서 이루어지는 준군사훈련을 받는다. 이런 여성 소조들은 일상에서, 통일된 제복에 분명 각자의 구두를 신은 — 이따금 심지어 굽이 높은 구두까지 — 모습에서, 그리고 겨울에는 각자의 장갑을 낀 모습으로 알아볼 수 있다. 장갑은 통일된 올리브색 제복에 다채로운 색감을 더해준다.

최고인민회의

—

북조선은 공식적으로 민주주의 국가이니 의회도 있다. 최고인민회의라는 이름을 달고 있는 의회는 헌법 87조에 따르면 국가의 최고기관이다.

5년 임기인데, "불가피한 사정"이 있을 경우 연장될 수도 있다(90조). 의회의 회의는 1년에 1~2회 열린다.

최고인민회의 상임위원회는 헌법 88조에 따르면 의회의 휴회 중에도 최고 권력기관이다. 상임위원회 위원장은 다른 나라 대사들의 신임장을 받으며, 117조에 따르면 국가를 대표한다. 그러니까 상임위원회 위원장은 명목상 국가원수에 해당하는 직책인데, 독일의 연방대통령에 견줄 수 있다. 1998년 이후로 김영남(1928년생)이 위원장이다[2019년에 최룡해로 교체되었다]. 그는 전에 김일성 치하에서 1983년부터 외무상이었으니, 북조선에서 가장 오래 정상급 직위에 머물러 있는 정치가 중 한 명이라 할 수 있다. 다른 고위직들의 오르내림이 매우 심한 것을 고려하면 그의 오래 버티는 능력에 존경심을 품지 않을 수 없다.

최고인민회의의 권한은 헌법 92조에 밝혀져 있다. 헌법의 수정과 각종 법의 수정 및 보완도 최고인민회의의 권한이다. 또한 이 의회는 국내정책과 외교정책의 기본원칙을 정한다. 의회의 연례 예산보고서는 북조선 국가경제에 대한 몇 안 되는 직접적인 공식 정보다. 최고인민회의는 매체에 공개되는 일부 국가예산과, 지난 몇 년 동안에는 구체적 자료가 외부로 나온 적이 없는 경제계획에 대해서도 토의하고 승인한다.

의회는 그 밖에도 일련의 인사권을 갖는다. 거기에는 특히 국가의 최고지도자인 공화국 제1국방위원장을 선출 또는 소환하는 권한이 포함된다. 물론 제1위원장의 추천을 받아, 국방위원회의 부위원장과 위원들을 선출 또는 소환하는 권한도 의회 소관이다. 내각총리와 부총리도 의회에서 결정된다. 최고검찰소 소장과 최고재판소 소장도 마찬가지다.

최고인민회의의 임시회의는 상임위원회의 발의로, 또는 대의원 전원의 3분의 1 이상의 요청에 따라 소집된다. 법령은 단순히 과반 이상이면 발령되거나 변경될 수 있다. 헌법수정을 위해서는 3분의 2 이상의 찬성이 필요하다. 의회의 본래 작업은 각각의 위원회에서 이루어지는데, 외부인으로서는 그 활동을 전혀 볼 수가 없다.

도(직할시)·시(구역)·군에는 일종의 지방의회 역할을 하는 지방인민회의가 있다.[6] 의장의 임기는 4년이다. 지방인민회의가 열리지 않는 기간에는 집행기관의 일부인 도군 인민위원회가 대행한다.

지금까지 최고인민회의의 대의원을 뽑는 마지막 선거는 2014년 3월 9일에 시행되었다[이후 2019년 3월 10일에 제14회 최고인민회의 대의원 선거가 있었다]. 모든 선거구가 김정은을 후보로 지명했고, 그는 한 선거구를 선택해 그곳에서 역시 100퍼센트 찬성표를 얻었다.[7] 북조선에서는 선거 때마다 최고지도자가 다른 선거구에서 출마하는 것이 보통이다.

최고지도자는 전국을 책임지고 있고, 따라서 특정한 지역에 속하지 않음을 보여주는 일이다.

투표 참여가 지도부에 대한 충성심을 입증하는 것으로 이해된다는 사실을 생각하면 기대할 수 있는 일이지만, 전국적인 투표율은 매우 높다. 99.97퍼센트의 유권자가 투표를 했으며 모두가 대의원들에 찬성표를 던졌다. 686명의 대의원은 국영매체에 공표되는데, 물론 오로지 한국어로만 나온다.

북조선에서 선거가 서양의 민주주의 국가들에서와는 전혀 다른 기능을 한다는 점을 분명히 볼 수 있다. 국영매체는 일본 친북매체의 다음과 같은 말을 인용했다. "자본주의 나라들에서의 선거는 권력과 재부를 가진 자들의 치렬한 각축전, 금전경쟁이다, 그러나 사회주의 조국에서의 선거는 인민의 대표들을 선출하는 행복의 대명사로 되고 있다. 이런 선거는 자본주의가 도저히 흉내 낼 수도 없다."[8] 다른 인용은 다음 구절을 담고 있다. "우리의 투표는 우리 공화국 정권에 대한 고마움의 표시"이며, "공화국 공민으로서의 자각이 깊이 새겨지게 된다".[9]

북조선에서 대의원직이 지속성이 없다는 점이 흥미롭다. 통상 대의원의 절반 정도는 다시 후보 명단에 오르지 않는다. 대의원 선거 결과에 대해 국영매체가 특별히 너그럽게 자료를 내놓는 덕분에, 우리는 군인이나 노동자계급이 의회에서 지배적인 계급이 아니라는 사실도 안다. 이들은 겨우 17퍼센트 또는 13퍼센트를 차지할 뿐이다. 2014년에 당선된 대표들은 약 11퍼센트의 농부들 말고는 43퍼센트가 관료계층 출신이었다.[10]

이는 다른 사회주의 국가들과 마찬가지로 북조선에서도 거대한 관료주의가 작동한다는 사실에 대한 특이할 정도로 분명한 고백이다. 동독에서는 적어도 형식적으로라도 '노동자계급의 주도적 역할'을 다양한 속임수를 동원해 입증하려고 애를 썼다면 — 예컨대 박사학위를 받은 나의 아버지가 젊은 시절 금속공 도제 과정을 마쳤다는 이유로, 여러 문서에서 나의 사회적 출신성분이 계속 '노동자계급'으로 표시되었으니까 — 북조선에서는 그런 터무니없는 장난질은 이미 오래전에 그만두었다.

2013년에 선출된 최고인민회의 대의원의 16.3퍼센트만이 여성이었다. 이는 1946년부터 시행되어온 양성평등 입법과 노동 과정에 여성이 매우 활동적으로 참여하고 있다는 점을 고려할 때, 정말로 적은 수치다. 여기서 헛소리 주장과 현실의 괴리가 다시 드러난다. 대의원의 94퍼센트가 대학 교육을 마쳤다. 40세에서 59세 사이가 3분의 2를 차지한다.

탈북자들과의 대화 또는 북조선에서의 대화를 통해 알게 된 바에 따르면, 북조선 사람들은 대체로 대의원을 직접 알지 못했다. 선거에서 누구를 뽑았는지는 알지만 미국에서처럼 대의원과의 친분은 없었다. 이것은 그리 특이한 일이 아니다. 명단을 보고 선출하는 경우 서방 국가에서도 친분 관계가 약한 것을 관찰할 수 있다. 대의원들의 충성심은 자기를 후보로 올려준 당의 위원회를 향한 것이지 유권자를 향한 것이 아니기 때문이다.

북조선에서도 이는 비슷하다. 최고인민회의 대의원 선거는 어차피 지역마다 단일 후보이기 때문에 요식행위에 지나지 않는다. 그래서 선거를 일종의 인구조사로 간주하는 학자들도 있다.[11] 따라서 의원들은 자신들을 그토록 확실한 후보로 선택해준 사람들에게 의무감을 느낀다. 이런 점에서 당이 최종 선택권을 가지며, 이는 군 출신 후보들에게도 마찬가지다.

그렇다면 흥미진진한 질문은, 어떻게 하면 당의 신뢰를 얻을 수 있는

가이다. 그것은 다른 곳에서와 동일하다. 우선 야망과 배경을 가져야 하고, 좋은 인맥을 갖추고 높은 충성심을 보여야 한다. 서방의 민주주의 국가에서는 선거와 유효표 획득에 관심이 집중되지만, 북조선에서 경쟁은 무대 뒤에서 상사들의 호의와 신뢰를 얻으려는 관료적 경쟁의 형태로 나타난다. 그렇다고 이런 경쟁이 덜 어렵고 덜 치열하다는 뜻은 아니다. 다만 국외자들이 쉽사리 알아볼 수 없는 것뿐이다.

이런 배경을 놓고, 국제 미디어들이 흔히 생각하듯이 북조선 의회를 '자동거수기'로만 여기지 않도록 조심해야 한다. 실제로 지도자는 당의 후원과 군대의 보호를 받아 이 나라에서 가장 중요한 결정들을 내린다. 하지만 최고인민회의가 제 의지도 얼굴도 없는 꼭두각시들의 모임만은 아니다. 그보다는 수백 명의 야심에 찬, 그리고 성공한 교조적인 당 간부 집단이라고 보아야 한다. 그들 각자는 가혹한 내부경쟁에서 수많은 경쟁자들을 이기고 올라온 사람들이다. 그들은 체제의 게임규칙을 아주 정확히 알고 있고, 덕분에 여기까지 도달했다. 체제가 견고하게 남아 있는 한, 그들은 머리를 조아리고 자신들에게 내려진 명령을 정확하게 수행할 것이다. 그 대가로 그들은 더 나은 주택, 더 나은 배급, 사회적 특권 등의 사회적·물질적 혜택을 누린다.

국가적 중요성을 가진 결정에 대해 대의원에게는 수동성이 기대된다. 대의원들은 유연성이 존재하는 지방행정 등의 문제에서 능동적으로 활동한다. 한국은 상대적으로 작은 영토에도 불구하고 지역들 사이의 경쟁이 치열한 것으로 알려져 있다. 북쪽도 예외가 아니다. 남한에서는 주로 서남부 호남지역과 동남부 영남지역 간 대립이 정치적 사건들을 결정한다. 그에 반해 북조선에서는 서부 평안남북도와 동부의 함경남북도 사이에 경쟁이 있다. 모든 지방은 수도인 평양을 부러워한다는 점에서 동일하다. 대부분의 물자가 평양으로 흘러들어가고, 또한 권력의 최고 핵심부에 접근이 가능한 곳이니 그렇다.

최고지도부와 아무런 문제도 일으키지 않으면서 동시에 자기에게 직책을 맡긴 사람들의 신뢰에 합당한 행동을 하는 것이 최고인민회의 대의원들의 최우선 선택이다. 그러기에는 지방의 이익을 대변하는 것이 가장 좋은 방법이다. 예를 들어 지도자가 새로운 스키리조트가 필요하다는 결정을 내렸다. 대의원들은 이런 결정의 배경을 탐문하지 않고 그 결정을 열렬히 지지한다. 하지만 어떤 의원은 극히 겸손한 태도로 자신의 지역구가 그 계획을 위해 특별히 좋은 지역이라고 제안할 수가 있다. 다른 매력적인 계획들, 예컨대 경제특구 같은 것들도 마찬가지다.

동독의 마지막 몇 달을 돌이켜보면, 체제의 안정성이 더 이상 지속되지 않을 때 이런 의회의 활동과 의미가 어떻게 바뀔 수 있는지를 알 수 있다. 동독의 최고인민회의는 오랜 기간 북조선의 최고인민회의와 비슷한 평판을 얻고 있었다. 하지만 1989년 10월부터 독일사회주의통일당이 허약함의 징후를 드러내자마자, 많은 수의 대의원들이 이 기회를 이용해 전에는 짐작도 못 하던 활동력과 비판능력을 보이면서 1990년 3월 선거 때까지 최고인민회의를 동독 개혁의 가장 중요한 기관으로 만들었다. 북조선에서도 그와 비슷한 상황이 되면 비슷한 시나리오가 전개될 것이라 상상해볼 수 있다.

동독에서 선거가 차츰, 체제에 불만을 표현하려는 시민들의 수단으로 변해갔던 것을 잊어서는 안 될 것이다. 북조선에서 그렇듯 동독도 여러 후보 중에서 한 명을 선출하는 방식이 아니었지만, 여전히 투표용지를 무효로 만드는 방법이 남아 있었다. 이런 무효표 경향이 너무 강해지자 정부는 너무나 명백하게 지방선거 결과를 조작했고, 이에 대한 반발이 라이프치히 최초의 월요시위와 다른 비슷한 시위들에서 핵심 역할을 했다. 북조선에서 이런 종류의 시민불복종은 아직 밖으로 알려진 바가 없다. 투표 결과가 아주 뻔하다고 믿는다 해도, 사람들에게 의견을 묻는 것은 여전히 위험할 수 있다.

북조선의 정당들

북조선에 대해서는 언제나 거의 한 정당 — 조선로동당 — 의 뉴스만 들리지만, 이 나라는 대부분의 사회주의 국가들처럼 다수정당체제를 갖추고 있다.

그에 대한 이념적 근거는 사회주의가 과도기 성격을 갖는다는 점이다. 궁극 목표인 공산주의와는 달리 아직은 옛 사회의 요소들도 내부에 남아 있으니, 이들에게도 여지를 마련해주어야 한다. 동시에 헌법에 뿌리를 둔 공산당만의 주도 역할을 보장하기 위해 정당들은 같은 상부조직에 소속되어 있기에 저마다 투표에 나서지는 못한다. 이런 상부조직은 흔히 각국에 특수한 이념적 색채를 지녔다. 동독에서는 반파시즘, 북조선에서는 통일이 그것이다.

북조선의 '조국통일민주주의전선'은, 정당과 대중단체의 상위기구인 동독의 '국민전선'의 북조선판이다. 1946년 7월 22일에 설립된 조국통일민주주의전선[1946년 2월 15일 조직된 '남조선민주주의민족전선'과 1946년 7월 22일에 조직된 '북조선민주주의민족전선'이 1949년 6월 25일 평양에서 통합해 현재의 '조국통일민주주의전선'으로 개편되었다]은 북조선에서 모든 정당들 위에 있는 지배기구이다.

현재의 구체적인 의석수 배분 자료는 내게 없다. 다만 2009년에 선출된 12차 최고인민회의에 대한 자료를 찾아낼 수 있었다. 2009년 선출된 최고인민회의에서 601명이 조선로동당의 대의원이었다. 1945년 11월 3일에 창당된 조선사회민주당은 대략 2만 5,000명의 당원이 있고, 대개 이른바 소시민계층이다. 이 정당은 2009년 의회에서 총 51개의 의석을 차지했다.

나머지 21명은 천도교청우당 소속이다. 이 정당은 1946년 2월 8일에 창당되었고, 당원이 약 1만 5,000명인데 주로 농민들이다. 이 정당의 역사는 19세기 후반 외국인과 그 영향에 맞선 싸움까지 소급된다. 이른바 동학운동은 1894~1895년에 봉기해 청일전쟁을 촉발했다. 천도교청우당은 이런 종교적 토대에 근거하고 있으니 사회주의 국가에서는 극히 예외적인 일이거니와, 북조선을 단순한 흑백논리로 파악하기가 얼마나 어려운지를 다시 한번 보여준다. 북조선 매체들은 거듭 김일성과 김정일의 '인민위천人民爲天(인민이 곧 하늘)'이라는 말을 인용하는데, 이는 동학운동의 표어인 '인내천人乃天(사람이 곧 하늘)'을 아주 많이 연상시키는 말이다.[12]

북조선의 다른 정치단체들을 거론하자면 조선직업총동맹, 김일성-김정일주의청년동맹, 조선농업근로자동맹, 조선민주여성동맹 등이 있다. 북조선의 특이한 점 하나는 남성이나 여성 누구든 — 다른 사회주의 국가들과는 달리 — 앞서 나열한 정당들 중 한 정당의 당원 또는 한 단체의 회원만 될 수 있다는 것이다.

북조선의 정당과 대중단체에 대해서는 앞서 의회에 대해서 쓴 것이 여기서도 타당하다. 이들은 체제가 견고하고 조선로동당이 권력을 장악하고 있는 이 순간에는 별 중요성이 없다. 하지만 정치상황이 변하면 사정이 얼마나 바뀔 수 있는지는 동독의 예가 어느 정도 암시해준다. 당시 독일기독교민주당(CDU) 서부와 이전 동독의 연합정당이던 CDU 동부 사이에서 통일협상이 벌어졌고, 바로 이 CDU가 동독 출신인 오늘날의 여성 총리를 배출했다.

행정부

북조선에서 국가를 권력의 한 기둥이라고 말한다면 여기서 국가란 행정부를 가리킨다. 헌법에 따르면 행정부는 의회의 통제 아래 있으나, 실제로는 지도자와 정당의 도구다. 국방위원회 제1위원장이 그 정상에 있는데, 헌법 100조에 따라 제1위원장은 조선민주주의인민공화국의 최고영도자이고 102조에 따라 병력의 최고사령관이기도 하다. 2012년에 '위원장'을 '제1위원장'으로 고치면서 김정은이 이 역할을 맡고 있다. 그의 임기는 최고인민회의의 임기와 같고, 재선이 가능하다.

헌법 103조에 따르면 국방위원회 제1위원장은 국가의 사업을 주도하고, 국방위원회 활동을 직접 지도하며, 국방 부문의 중요 간부를 임명 또는 해임하고, 외국과의 조약을 비준 또는 폐기하고, 특별사면권을 행사하며, 비상사태·전시 상태·동원령 등을 선포할 수 있다. 형식적으로 그는 의회에 해명할 의무가 있지만, 거듭 강요되는 지도자에 대한 절대적 충성심을 고려할 때 이는 문자 그대로 받아들일 수 없다.

106조에 따르면 국방위원회는 조선민주주의인민공화국의 최고 정부기관이다. 이 위원회는 제1위원장, 부위원장, 정확하게 제시되지 않은 수의 위원들로 구성된다. 109조에는 국방위원회의 여러 임무들이 확정되어 있다. 그중에는 국방위원회 제1위원장의 명령이 실행되는 것을 감독할 임무가 있다. 이를 위해 다른 국가기관의 결정이 제1위원장의 지시에 어긋나는 경우 그 결정을 폐지할 수도 있다. 소장 이상의 군사칭호는 국방위원회에서 수여된다. 국방위원회 위원들은 연례 최고인민회의 회기 중에 임명되거나 해임되고, 그에 대해 국영매체들이 보도한다. 전반적으로 국방위원회가 현재 이 나라의 최고 엘리트 지도층을 대변한다고 추정할 수 있다.

내각에 대해서는 헌법 123~136조에 규정되어 있다. 이는 최고 국가-행정집행기관이다. 이는 총리, 현재로서는 부총리 네 명,[13] 여러 위원회 위원장들, 상[장관급] 28명과 그 밖의 여러 성원들로 구성된다. 이들의 임기는 국방위원회와 같다. 내각의 임무는(125조) 다른 나라의 그것과 같다. 해외 무역을 포함하는 국가경제의 다양한 부문과 국가예산을 책임진다.

북조선 바깥세상에서는 기술관료주의 및 개혁을 지향하는 실용주의자들이 아마도 내각에 있을 것이라 추정한다. 아주 조심스럽게 다루어야 할 소문들이 이곳에서 나오곤 한다. 어찌 되었든, 당에도 내각과 유사한 구조가 있어서 행정부의 집행에 강력하고도 직접적인 영향을 미친다는 사실도 알아두어야 한다. 그러므로 내각은 개혁안을 포함하여 경제정책의 조치를 결정하는 곳은 분명 아니다. 그런데도 개혁의 발상이 여기서 나타난 것일 수 있고, 어쨌든 결정이 내려질 경우 실행을 담당하는 곳이다.

이런 맥락에서 내각의 수반인 총리에게 특별한 역할이 맡겨진다. 형식적으로 고위층의 전략적 계획에 결정적인 영향을 미칠 수는 없지만 이런 계획을 실행해야 하는, 따라서 아마도 영향을 미치려고 애쓰는 최고경영자 같은 사람이라고 생각할 수 있다.

2013년에 박봉주가 총리직을 맡았을 때 어쩌면 경제개혁이 나타날 것이라는 낙관론이 커졌었다. 그가 예전에 광범위한 변혁이 예고되던 시기인 2002년 7월에도 이미 이 직위를 맡은 적이 있었기 때문이다. 하지만 이런 희망은 지금까지 실현되지 않았다.

내각의 구조는 불규칙한 간격을 두고 변화해왔다. 내각은 성[농업성, 상업성, 보건성, 외무성 등 31성이 있다]들과 다른 기구들로 구성되는데, 그 중에는 국가과학원과 국립 조선중앙은행 등이 있다. 국가계획위원회는 중앙의 경제계획을 수립하고(여러 해 전부터 공표하지 않음) 그 실행을 담당한다. 그것이 현재 구체적으로 어떤 의미인지 우리는 모른다. 이에 대해서는 그 무엇도 언론에 드러나지 않기 때문이다.

국가의 감시는 인민보안성 책임인데, 이는 동독의 비밀경찰 슈타지에 해당하는 기관이라고 볼 수 있다. 인민보안성은 내무부에 해당하면서 동시에 최고 경찰기관이다. 수도 평양의 증축과 개축이 매우 높은 우선순위를 차지한다는 것은 따로 이것을 전담하는 부서가 존재한다는 사실에서 알 수 있다. 2012년에는 국가자원개발성이 신설되었다. 2013년에는 원자력산업성과 우주개발성도 등장했다.

책임자 한 명과 대략 20~50가구로 구성되는 '인민반(주민그룹)'은 북조선 행정구조의 특수성을 보여준다.[14] 책임자는 자기가 관할하는 인민반원들의 복지를 직접 책임진다. 대신에 광범위한 권한을 부여받는데, 한밤중에 예고 없이 집을 방문해 체제에 위협적인 것들, 예컨대 멋대로 조립한 라디오나 남한의 DVD 등속을 수색할 수 있다. 인민반은 또 다른 기능들을 갖는다. 한 반 안에 낯선 사람이 나타나면 즉시 신고하기 때문에 이것은 안팎으로 거의 빈틈없는 감시망을 보장해주는 장치이기도 하다. 나아가 이런 조직은 노동 투입 또는 그 비슷한 활동들의 실천을 쉽게 해준다. 이것은 물론 북조선의 발명이 아니다. 조선시대(1392~1910)

에 이미 '오가작통五家作統'이라는 게 있었는데, 이는 15세기 중국의 모범에 따라 도입된 것으로 정치적 통제와 세금 징수에 쓰였다.

북조선의 일상에서는 인민반이 끊임없이 활동하는 것을 보게 된다. 주로 주말이나 하루 일과가 끝난 다음에 모든 성별 및 연령의 시민들이 함께 작업하는 것을 보면, 인민반임을 알 수 있다.

1992년 초 몹시 추운 겨울날에 나는 한참을 걸어서 대동강 저편의 외교관 클럽에 가려고 다리를 건너고 있었다. 마침 김정일의 생일이 며칠 남지 않은 때였다. 주로 여성들로 구성된 인민반이 분주하게, 맨손에 물과 걸레만 들고서 밝은 색으로 칠해진 거리 난간의 쇠막대들을 닦고 있었다. 몇 시간이 지나 돌아올 때 보니 바닥에는 청소한 물이 꽝꽝 얼어붙어 있었다.

또 한 번은 나의 기숙사 창문에서 배추를 나누는 과정을 구경할 수가 있었다. 인민반 덕분에 모든 것이 아주 질서정연하게 진행되었다. 화물차가 도착하자 배추를 내리고는 곧바로 작은 무더기로 분류해 각 가정에 분배해주었다. 다음 날 여성들은 겨울 동안 비타민C를 공급해주는, 한국인의 밥상에서 빠질 수 없는 김치를 만드는 '김장'을 했다.[15]

정부가 도시 미화에 각별한 신경을 쓰는 최근에는, 인민반이 보도에서 또는 자기들의 집 앞 작은 뜰에서 일하는 것을 매우 자주 볼 수 있다.

조선로동당

조선로동당, 또는 그냥 당은 북조선에서 가장 중요한 권력기관이다. 당은 군을 포함하여 모든 조직에 스며들어 있고, 또한 모든 조직을 통제한다. 이념의 수호자로서 당의 역할은 앞서 이미 다루었다. 여기서는 우리에게 주어진 정보로 가능한 범위에서 당의 조직구조를 다루고자 한다.

이것은 전체적으로 사회주의 국가들의 일반적인 당 구조를 따른 것으로 소련을 모범으로 한다. 가장 말단의 조직단위는 통상 생산단위·행정단위·군대단위와 연관된 당세포, 또는 당서기의 지휘를 받는 기층조직이다. 기층조직들은 각기 도 또는 군 단위의 상부조직에 합류한다. 여기에는 당의 지역행정부가 있다. 의회에 견줄 수 있는 최고기구는 이론적으로 5년마다 열리는 당대회인데, 여기서 투표로 선출된 의원들이 각각의 지역조직을 대표한다. 소문에 따르면 2010년의 대표자회에서 5년 규정이 당의 규약에서 사라졌단다. 지금까지(2014년 중반) 마지막인 6차 당대회는 1980년에 열렸다.

당대회는 중앙위원회를 선출하고, 이 중앙위원회가 당대회 휴회 기간에 당의 지휘를 맡고 전원회의를 연다. 물론 1993년에서 2010년 사이에 전원회의는 한 번도 열리지 않았다. 중앙위원회 전원회의가 휴회한 사이에는 정치국이 당을 이끈다. 정치국은 일종의 간부단 또는 중앙위원회의 상임위원회이다. 정치국도 다시 정치국의 간부회인 정치국 상무위원회를 둔다.

중앙위원회 비서국에는 전문부서들이 있다. 이들은 행정부에 대한 당내의 해당부서들로서, 따라서 (중앙위원회의 비서들을 일종의 장관[상]으로 하는) 제2의 내각으로 볼 수 있다. 조선로동당 안의 부서들에 대해서는 여러 진술이 있는데, 이 부서들은 대략 25개에 이른다. 북조선에서 로동당 정관 원문이 기밀문서로 취급되므로, 그리고 그 구조가 분명히 자주 바뀌므로 이에 대해 정확하게 기술하기란 어렵다. 하지만 역시 비밀스러운 이름을 달고 있는 특별기구들은 언급할 만하다. 로동당 '35호실'(해외비밀업무), '38호실'(외환조달업무), '39호실'(외환할당업무) 등이 이

에 속한다.[16]

비서국 말고도 당에는 군사위원회, 검열위원회, 통제위원회 등이 있다.

조선로동당은 조선민주주의인민공화국에서 의심의 여지없이 가장 강력하고 가장 중요한 정치집단이다. 1980년 6차 당대회에서 3,220명의 대표자가 약 300만 명의 당원을 대표했는데, 이는 전체 주민의 12.2퍼센트에 해당한다. 당대회는 전에도 이미 항상 5년 간격을 두고 정기적으로 열리지는 않았다(1946, 1948, 1956, 1961, 1970년). 그럼에도 1980년 이후 길게 이어지는 휴회 기간은 특이하다. 북조선에서 이에 대해 질문했다가, 특별한 일이 일어나거나 특별한 결정을 내려야 할 경우에만 당대회가 열린다는 설명을 들었다. 소련과 동구권의 붕괴도, 1994년 김일성의 죽음도, 1995~1997년의 기근도 그 범주에 들어가지 못했던 게 분명하다.

2010년 9월 말에 이른바 로동당 대표자회가 열렸다. 1958년과 1966년에 이어 세 번째 회의였고, 44년간의 휴회 이후 처음이었다. 이것을 당대회와 구분하기는 어렵다. 전혀 다른 대표자 선발 방식이 있는 것은 분명하다. 임무는 비슷해 보인다. 2010년 대표자회의 목표는, 오랫동안 미뤄왔지만 빠르게 악화되는 김정일의 건강 상태에 비추어 분명 더는 미룰 수 없는 후계 문제를 논의하려는 것이었다.

대표자회의 소집은 권력기구로서의 당을 형식적으로 상당히 강화해 주었다. 오랫동안 공석이던 대표자들이 다시 채워지고, 최고기관의 정규 기능이 복구되었다고는 못 해도 상당히 개선되었다. 대표자들은 중앙위원 124명과, 중앙위원 후보자 105명을 선출했다. 중앙위원회에서 17명이 정치국 위원에 임명되었으며, 또 다른 15명은 정치국 후보위원으로 임명되었다. 김정일의 친척 셋이 당내 고위직을 얻었다. 그의 아들 김정은은 중앙군사위원회 부위원장으로, 그리고 여동생 김경희는 정치국 위원으로, 이제는 처형된 매제 장성택은[17] 정치국 후보위원으로 임명되었다.

지난 44년 동안의 휴회를 생각하면 비상하게 빠르게, 2012년 4월에 다시 대표자회가 소집되었다. 2011년 12월에 이미 실질적으로 이루어진 김정은의 권력승계를 당 차원에서 형식적으로 뒷받침하는 것이 목적이었다. 김정일은 앞서 기록한 대로 '영원한 총비서'로 선포되고, 핵심정치사상[주체사상, 이어서 김일성주의]은 김일성-김정일주의로 이름이 바뀌었다. 당 제1비서 자리가 신설되고 김정은이 여기 지명되었으며, 그는 또한 중앙군사위원회의 위원장 겸 정치국 간부[상무위원]로 승진했다.

군부와 핵무기 프로그램

전문가들 사이에서 군부는 북조선의 정치체제를 둘러싸고 가장 논란의 여지가 많은 분야다. 최고지도자는 공식 등장할 때 군인들에 둘러싸이고, 그 자신이 고위 장성 직위를 차지하며, 선군사상은 안팎으로 선전되고, 북조선은 특히 핵 프로그램 개발 등 군사활동을 통해 우리 미디어에 등장하곤 한다. 김일성광장에서 군사행진을 할 때 대규모 매스게임을 펼치는 군중은 서방에서 결정적인 북조선의 이미지고, 심지어 티브이 광고에도 들어갔다.[18] 이 나라는 고위 장교들로 이루어진 군부가 통치하는 군사독재체제인가?

군부가 독자적인 정치 세력이라는 주장은 타당하지 않다고 앞서 이미 밝혔다. 군부는 지도자와 당의 손에 장악된 기구다. 북조선은 군대를 이용해 통치되는 곳이지 군대에 의해 통치되는 곳은 아니다. 북조선에서 당이 중요하냐, 군대가 중요하냐 하는 질문을 하면 보통은 '일심단결'이라는 모토에 따라 군대와 당이 하나로 간주된다는 답을 듣는다. 그런 질문이 무의미하다는 정도의 뜻이다. 세 명의 최고지도자는 모두 공개석상에 군복을 입고 등장하는 일이 거의 없었고, 지금도 없다.

군부가 독립하거나 경쟁자들에 의해 이용될 위험성은 물론 존재한다. 장성택은 자기 주변에 감히 충복들을 두고 이들을 군대 방식으로 무장시켰다는 이유로 2013년 12월에 처형되었다. 심지어 그의 사병들과 정규군대 사이에 총격전이 벌어졌다는 말까지 돌았다.[19] 하지만 그런 말이 맞는다면, 이 사건을 보고 최고지도자가 군대가 물리적 권한과 정치적 권한을 결합시키도록 허용하기보다는, 오히려 군대를 통제하려고 더욱 노력하리라고 예상해야 할 것이다. 2014년 4월에 김정은이 방문한 군대 지휘관들의 불충분한 성과를 공개적으로 비판한 것은 이런 방향을 가리킨다. 특히 비군사 분야에 병사들을 투입했다고 비판했다는 점이 더욱 그렇다. 이전까지 수십 년간 도로, 제방, 기념비, 심지어 스키장 건설에 군대를 일종의 무상 노동부대로 투입해온 것을 그는 전혀 감안하지 않은 것이다. 최고지도자의 입장에서는 군부가 결국 국가 안의 국가가 될 수도 있는, 하나의 경제세력이 되는 것을 막는 것이 중요하다.[20]

북조선은 주민 수 대비 과도한 규모의 군대를 가진 데다가 정규 군대와 준군사적 군대 사이의 경계가 분명하지가 않다. 연간 국가예산의 약 16퍼센트가 군대를 위해 지출되는데, 서방에서는 실제 지출이 그보다 훨씬 더 클 것으로 추측한다.

북조선의 전투 병력에 대해 미국의 문헌 일부는 일부 매우 차이가 나는 수치들을 제시한다. 2012년 의회에 제출한 미국 국방부 보고서에는 탱크 4,100대, 지상병력 96만 명, 폭격기 730대, 잠수함 70기, 다양한 미사일체제 등이 들어 있다.[21]

북조선 군부는 미사일 프로그램과 결합된 핵개발 프로그램으로 서방 언론의 헤드라인과 여러 안전대책회의의 의제로 자주 등장한다. 서방에서는 그로 인한 위협을 비판할 뿐만 아니라, 또한 그런 개발 프로그램에 들어가는 막대한 자원을 곤궁에 시달리는 주민의 생계를 위해 투입하고, 경제 발전 후원에 쓰는 것이 낫다고 비판하기도 한다. 북조선 지도부는 이런 비판에 대해 경제가 아무리 좋아도, 군사적 약점 및 공격받을 가능성이라는 대가를 치르고 얻는 것이라면 아무 소용도 없다고 응대하면서, 국가방위를 명백하게 우선으로 삼는다. 북조선 사람들과 대화를 하면서 이런 논리가 주민들 사이에 널리 공유되고 있다는 인상을 받았다. 2013년 3월부터 북조선에서는 경제와 핵무기 개발을 나란히 진행하는 새로운 정책을 선전한다.

앞서 이미 언급한 인권유린 말고도 북조선의 핵개발 프로그램은 국제적 경제제재가 계속되는 가장 중요한 이유이다. 이것은 북조선이 국제사회에 합류할 가능성을 가로막는다.

핵개발의 기원은 아주 옛날로 거슬러 올라간다. 김일성은 한국전쟁(1950~1953) 시기에 이미 이 두려운 무기를 소유하고 싶다는 소망을 가졌다고 한다. 당시 미국은 핵무기 투입을 고려했었다. 그에 앞서 1945년 8월에 그토록 초강대국으로 보이던 일본 식민주의 세력의 갑작스러운 투항을 불러온 것은 규모가 작은 편인 두 발의 핵폭탄이었다. 이것이 깊은 인상을 남겼다.

1960년대부터 북조선은 소련과 협력해 핵반응 연구에 활발하게 참여했다. 핵물리학자 아버지를 둔 나는 1970년대에 모스크바 근처의 작은 도시 두브나에서 여러 해를 살았고, 아버지의 진술을 토대로 이 핵반응 연구센터에 북조선 학자들도 있었다는 사실을 확인할 수 있었다.

어느 날 아버지는 저녁식사를 하면서 북조선 학자들과 그 가족에 대한 일화를 들려주었다. 그들은 두브나에 흔하던 아파트에 나뉘어 살았고, 우리와 마찬가지로 이웃에는 독일, 폴란드, 헝가리, 베트남과 그 밖의 많은 국적의 사람들이 있었다. 이 이웃들은 조선인 집에서 흘러나오는 참을 수 없는 냄새에 정기적으로 불평을 하곤 했다. 조선인 집에서 담근 김치가 발효되는 과정에서 모든 것을 뚫고 나오는 집요하고 강력한 배추-마늘 향이 났던 것이다. 나처럼 김치를 다른 식품과 함께 냉장고에 두는 실수를 해본 사람은 이 냄새가 얼마나 강력한지 안다. 두브나의 북조선 사람들은 김치를 포기하려 하지 않았고, 이웃들은 그 냄새를 참으려 하지 않았다. 결국 조선인 가족들을 모두 아파트의 한 블록에 모여 살도록 해서 해결책을 찾았다. 오늘날의 관점에서 나는 그것이 북조선대사와 또 조선인들을 감시하던 안전부 관리들에게는 상당히 편리했을 것이라고 추측한다. 어쩌면 그들이 일부러 그런 일을 꾸몄는지도 모른다.

물론 북조선 핵무기 프로그램에 대한 나의 내부자 지식은 이것으로 끝이다. 2011년 여름에 나는 기차를 타고 모스크바에서 두브나로 여행했는데, 그 도시가 지난 33년 동안 거의 변하지 않은 것을 보았다. 문화관 앞 게시판에는 아직도 핵반응연구센터에 공동 참여한 18개 국가의 깃발이 걸려 있었다. 독일 국기는 없었지만 북조선 깃발은 엄연히 그곳에 있었다.

북조선의 영변 핵시설은 1993년에 처음으로 서방 언론의 시야에 등장했다. 당시 클린턴Bill Clinton 행정부는 이 시설을 겨냥한 폭격 직전까지

갔지만, 1994년 10월 미국의 전직 대통령 지미 카터Jimmy Carter의 개입 덕으로 총괄협정을 맺을 수 있었다. 여러 해 뒤에 나는 지미 카터와 이야기를 나눌 수 있었는데, 그는 당시 일어날 뻔했던 전쟁을 막은 자신의 외교 활동에 대해 당연한 자부심을 지니고 있었다.

1994년 북미제네바협정은 원유 공급을 대가로, 또는 한반도에너지개발기구Korean peninsula Energy Development Organization(KEDO)가 경수형원자로 2기를 건설해주는 대가로, 북조선이 낡은 핵발전소를 폐기하고 무기로 바꿀 수 있는 물질의 수집을 중단한다는 것이 핵심이었다.[22] 나는 2002년 뉴욕에서 KEDO 대표이던 찰스 커트먼Charles Kartman에게서 이 시설에 대해 많은 것을 들었다. 커트먼과 마찬가지로 예전에 국제원자력기구International Atomic Energy Agency(IAEA)의 수장이던 한스 블릭스Hans Blix, 그리고 스탠퍼드 대학교의 전문가로서 북조선 원자로를 여러 번이나 방문한 적이 있는 지크프리트 헤커Siegfried Hecker도 KEDO의 종말과 이와 연결된 핵무기 프로그램 제한이 끝난 것을 몹시 안타깝게 여겼다.

오늘날 미국과 북조선은 서로 상대방이 협정을 깨뜨렸다고 비난한다. 실은 경수로가 건설된 적이 없다는 것, 2002년 가을에 북조선이 미국 대표에게 앞으로 계속 핵무기 개발 프로그램을 진행하겠다고 확언했다는 것이 팩트다. 북조선은 지금까지 세 번의 핵 실험(2006, 2009, 2013년)을 위협전략이라는 뜻에서 방어 조치라고 간주한다. 미국은 이것이 여러 국제 규정을 깨뜨렸고 유엔 안보리 결정을 위반한 것이라고 본다. 네 번째 핵 실험을 예상할 수 있고, 그 뒤로도 계속될 것이다[2017년까지 총 6차례 핵 실험을 진행했다].

이 문제의 해결책에 대해 질문하려 한다면, 북조선 지도부의 관점에서 핵무기 프로그램이 다양한 기능을 갖는다는 점을 간과해서는 안 된다. 핵무기 프로그램은 단순히 미국의 공격에 맞선 안전보장만이 아니다. 북조선이 남한보다 우세한 극소수 분야의 하나이기도 하다. 나아가 이것은 별로 요구가 많지 않은 북조선 주민에게 지도부가 내놓는 성과이기도 하다.

특히 북조선이 핵무기 프로그램과 연관해서 국제적으로 과도한 주목을 받는다는 아이러니한 사정도 치명적이다. 이런 주목은 외교적·경제적 이익이라고 억지 해석될 수가 있는데, 북조선 지도부에게 이런 주목이 중요하다는 사실을 생각해본다면, 그들이 무엇 하러 그것의 원인을 포기하겠는가?

이런 배경을 놓고 보면, 그리고 2013년 헌법에 핵보유국 지위를 보란 듯이 명시한 만큼, 이 문제의 빠른 해결을 기대할 수는 없다. 국제 공동체가 핵으로 무장한 북조선과 타협의 길을 찾아낼 수 있을지, 또는 핵무기 프로그램이 그 어떤 진지한 협조도 가로막는 지속적인 방해로 남게 될지는 앞으로 드러나게 될 것이다. 또한 핵무기를 통해 안전을 보장받는다는 느낌이, 평양의 지도부가 이념적으로 위험한 개혁을 감행하도록 부추길지, 아니면 이런 기만적인 안전에 근거해 지도부가 느끼는 개혁 압박을 없애버릴지도 더 기다려봐야 한다.

2013년 3월 말에 김정은은 당의 중앙위원회 전원회의에서, 핵보유국이라는 지위와 경제 발전은 자신에게는 떼어낼 수 없이 결합된 것이라고 명시적으로 선언했다. '병진竝進'이라는 개념으로 알려진 이 정책은 김일성이 1962년에 다른 맥락에서 사용한 표현인데, 이 말의 뜻은 '두 가지 일을 동시에 추진'한다는 것이다. 나는 김정은의 이런 표현을 선군정책의 종말로 해석했다. 경제 발전이 군사적 목적과 대등한 위치가 되었으니 말이다.[23] 이런 의도가 얼마나 현실적인 것이냐를 놓고는 의견이

갈린다. 결국 북조선이 생산성 향상을 위한 엄청난 노력을 동시에 감행하지 않고도 경제적으로 꼭 필요한 자원을 얻을 수 있겠느냐는 질문이 나온다. 장기적으로 이것은 오직 시장경제로의 개혁과 대외무역 개방을 통해서만 성취할 수 있는 일이다.

이 지점에서 한 번 더 세 개의 기둥인 국가, 당, 군부 사이의 권력관계 문제로 돌아가자. 핵무기 프로그램이 군부를 강화시켰느냐 아니면 약화시켰느냐는 전혀 분명하지가 않다. 핵무기의 투입은 의심의 여지없이 오로지 정치적인 결단이고, 이런 결단은 분명 나라의 최고 지도층에서만 나온다. 군부가 전통적인 무기체제를 위한 더 많은 경비를 요구해도 핵무기 때문에 거부된다는 것도 생각해볼 수 있는 일이다. 병역의무가 불확실한 상황에서, 적어도 실질적으로 군대를 축소할 수 있다는 점은 이런 방향의 주장과 잘 어울리는 것 같다. 군부의 권력정책이라는 관점에서 보면, 성공적인 핵무기 구축이 피루스의 승리를[막대한 희생을 치른 승리] 뜻하는 것일 수도 있다.

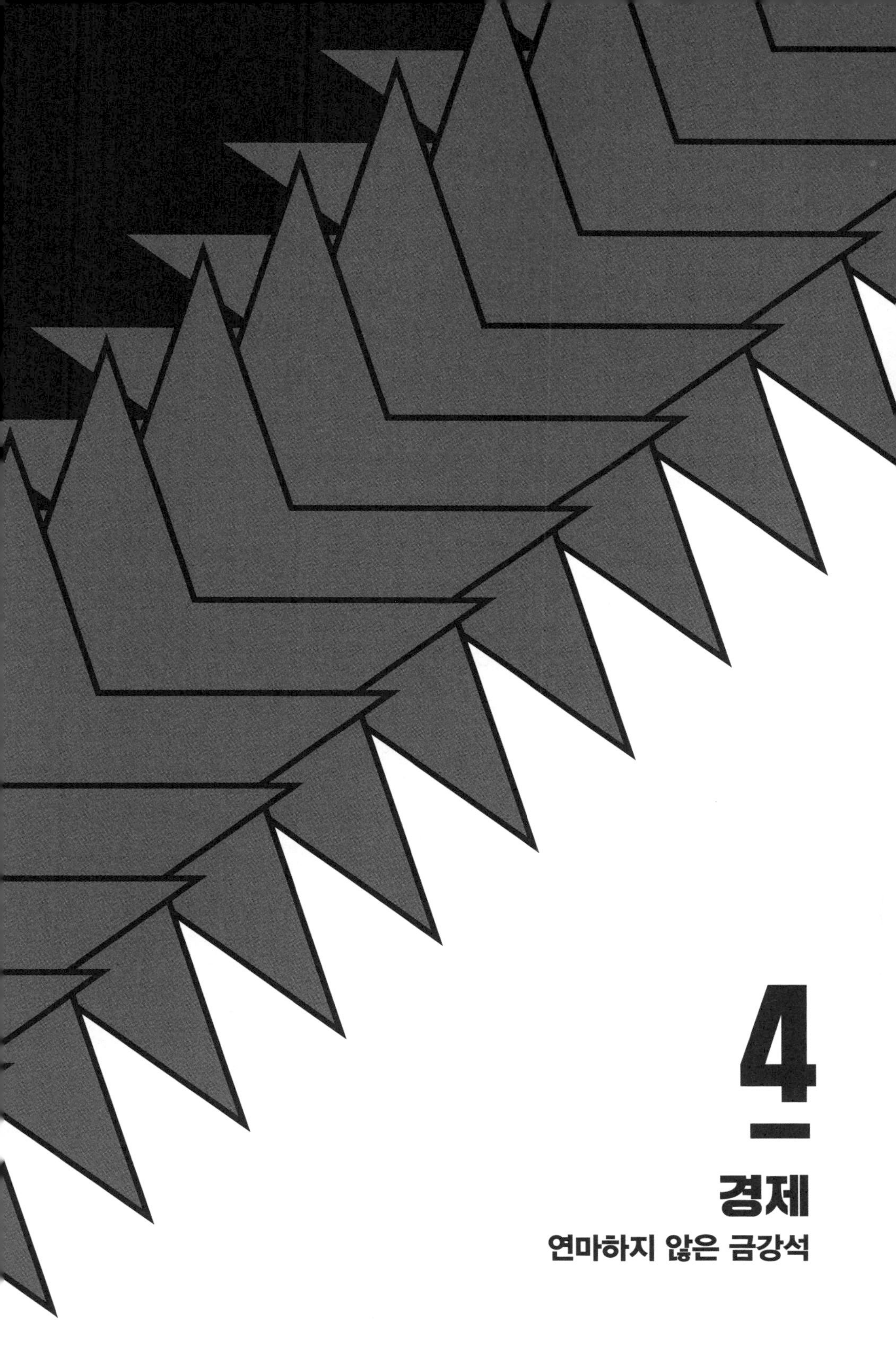

4

경제

연마하지 않은 금강석

북조선 경제는 오랫동안 전형적인 사회주의 방식이었다. 동구권이 붕괴한 뒤로 20년 이상이 지났건만 우리는 아직도 구체적으로 그게 무슨 뜻인지 거의 알지 못한다. 판매에 대한 관심이 전혀 없는 경제체제라는 것이 많은 사람에게는 그냥 생각할 수도 없는 일이다. 사고팔기가 모든 국민경제의 핵심을 이루는 것 아닌가? 구체적인 두 가지 예를 통해 이 문제를 분명히 하는 편이 좋을 것 같다.

사회주의 체제에서 사고팔기

먼저 1980년대 초의 동독으로 눈길을 돌려보자. 나는 열다섯 살 무렵이었다. 어머니는 치료차 휴양하러 가셨고, 일요일 낮이었다. 아버지는 음식을 만들 생각이 전혀 없는데 우리는 배가 고파서 근처의 식당으로 갔다. 라이프치히 그뤼나우의 '린덴호프'라는 음식점이었다. 우리가 들어간 지 30분이나 지나고 나서야 볼멘

종업원이 메뉴판을 가져왔다. 우리는 즉시 음료를 주문했지만 별 소용이 없었다. 더 이상 아무 일도 일어나지 않았다. 다시 한 시간이나 더 무료하게 앉아 있다가 우리는 화가 잔뜩 나서, 하지만 체념하기도 한 채로 주린 배를 움켜쥐고 식당을 도로 나섰다. 지금도 나는 우리가 대체 무엇하러 그렇게 오래 참고 기다렸는지가 이해되지 않는다. 하지만 말하자면 이런 극단적인 예는 — 동독의 식당에서도 아주 빠르고 훌륭한 서비스를 받을 수도 있었으니까 — 당시 손님인 우리가 아무런 실질적인 권한도 없었음을 잘 보여준다. 당시 별 가치가 없는 우리 돈을 원하는 사람이 거의 없었던 것이다. 가격은 국가가 정했고, 매우 낮은 상태로 머물렀다.

하지만 북조선에서 나는 가능할 것 같지 않은 가격인상을 경험했다. 1991년 10월에 한 학기 동안 평양에서 공부하려고 집을 떠날 때 허용된 20킬로그램 짐에 무엇을 가져가고 무엇을 빼도 될지 몹시 신중하게 생각했다. 동독 시민으로서 배운 바가 있었기에 커피, 배터리 등을 짐에 넣었다. 다만 커피잔은 집에 놓아두었다. 특별히 아름다운 잔을 원하는 게 아니라면 아무리 경제가 궁핍해도 그런 것쯤이야 찾아낼 수 있을 테지. 도착한 바로 다음 날 '제1백화점'으로 갔다. 오래 걸리지 않아 2층에서 꽃무늬가 매우 많은 커피잔들이 산더미처럼 쌓인 것을 발견했다. 내가 아는 한국어를 모두 모아서 내 눈앞 1미터도 떨어지지 않은 곳에 있는 그 작은 예술품을 요구하자 여성 판매원 동무는 불확실한 미소를 지었다. 대답은 금방 나왔는데 놀랍게도, "없습니다"였다. 내 말을 못 알아들었나보다 생각하고 얼른 표현을 바꾸고 확실하게 하려고 몸짓손짓까지 동원했지만, 선량한 여성이 힘들게 유지하던 자기통제의 겉모습이 무너지더니 그녀의 얼굴에 있던 미소가 분명 경악의 표정으로 바뀌고 말았다. 그녀는 말없이 달려가버렸고, 나는 수많은 의문부호를 머리에 담은 채 커피잔은 사지 못하고 기숙사로 돌아왔다.

무슨 일이 있었던가? 그녀는 아마도 내게 잔을 팔고 싶었겠지만, 그럴 수가 없었다. 벌써 여러 해 전에 위대한 김일성 수령께서 수많은 현지지도를 하던 도중에 울적한 표정으로 이렇게 말한 적이 있었던 것이다. 아름다운 조국의 판매대들이 전혀 아름답지 못하게 텅텅 비어 있는 것을 보니 마음이 아프다고 말이다. 짐작하건대 그는 "더 많이 생산하라"고 말하려고 했을 것이다. 하지만 언제나 그렇듯이 그의 주변을 빽빽이 둘러싸고 메모지와 펜을 들고서 후세를 위해 그의 말씀을 한마디도 빠짐없이 받아 적던 간부진은 그것을 전혀 다르게 이해했다. 수령께서는 판매대가 꽉 차 있기를 원하신다고 말이다. 전형적인 관료주의다. 지시한 뜻은 중요하지 않고 그것을 실행하는 것만이 중요했다. 또한 불가능한 소망이라도 가능한 한 문자 그대로 일어나야 했다. 틸 오일렌슈피겔 또는 실다의 바보들이 큰 기쁨을 맛보았을 법한 일이었다[틸 오일렌슈피겔은 독일 통속문학 속의 익살꾼, 실다의 바보들은 독일 동화 속 스스로 똑똑하다고 생각하는 멍청이].

그 순간부터 국립 판매시설의 판매대들은 그야말로 꽉꽉 채워졌고, 이후로 항상 그랬다. 수령도, 외국인 방문객도 도대체 팔 게 있는지 없는지는 알지 못했다. 유감스럽게도 북조선 사람들도 몰랐다. 어쨌든 빠른 눈길로 판매대를 둘러보아서는 알지 못했다. 그야 언제나 가득 채워져 있었으니까. 실제로 물건들이 공급될 경우에는 꾸러미째로 바닥에 놓인 채로, 아니면 서둘러 판매대에 쌓였다가 곧바로 팔려나갔다. 누군가 무언가를 사야 비로소 실제로 그런 게 있다는 걸 알게 된다. 동독에서는 이른바 그물[장바구니] 살펴보기라는 게 있었다. 주의 깊은 소비자는,

사람들이 안전을 위해 언제나 들고 다니던 튼튼한 나일론그물에 노획물을 담아 당당하게 집으로 운반하는 것을 보고, 예를 들면 오렌지가 있다는 사실을 알아챘던 것이다. 그러면 그 경이로운 사건이 일어난 장소에 대한 짤막한 질문을 한 다음 서둘러 달려가서 줄을 섰다. 긴 줄이 있으면 일단 본능적으로 줄부터 섰다는 것도 사실이다. 그런 다음에야 앞 사람에게 뭐가 있느냐고 물었다.

그 뒤로 북조선에서 많은 것들이 변했다. 일부는 엄청난 규모로 바뀌었다. 우리의 주변 세계와 비교하면 전혀 대단할 것도 주목할 것도 없어 보이는 이런 변화의 실제 규모를 이해하려면, 사회주의 경제의 특성을 잠깐 짚고 넘어가야 한다. 이것은 수십 년 넘는 기간 조선민주주의인민공화국의 현실이었고, 북조선 사람들에게는 오늘날 자기들의 처지를 평가하는 비교의 척도이기도 하다.

경제체제와 그 약점들

북조선의 경제는 다수의 심각한 모순들로 특징지을 수 있다. 매우 현대적이고 값비싼 핵무기와 미사일 프로그램이 주민들의 기본식량 공급에 등장하는 엄청난 문제들과 마주 서 있고, 그런 탓에 지속적인 영양실조와 심지어 기아 상태까지도 나타난다. 세계에서 가장 강력하고 역동적인 시장들 사이에 위치했다는 지리적 이점, 풍부한 지하자원, 전체적으로 잘 교육받고 규율을 준수하는 광범위한 주민 등이 성장과 경제적 성과를 향한 실질적인 기회를 제공하는데도 그렇다. 이 나라는 경제적 과정에서 국가사회주의에 전형적인 관료주의화와 싸우고 있다. 과격한 경제민족주의, 생산 능력의 불충분한 가동, 낡은 시설, 에너지 결핍, 부족한 외환 수입 등과 맞붙어 싸운다. 극단적으로 민족주의적인 외교정책과, 국제 규범에 적응하기를 끈질기게 거부하는 일의 정치적 대가로 경제제재를 받고 있다. 그들은 이런 국제적 규범을 속이 뻔한 서방의 핑계라고 여긴다.

이따금 북조선이 많은 점에서 '달라' 보일지도 모르지만 실은 전혀 특별한 경우가 아니다. 북조선 경제체제의 많은 특징들은 체제에 속박되어 있다. 설사 매우 지역적인 방식으로 표출되는 것이라도 그렇다. 우리가 가진 현재의 경제학 도구들로 이해할 수 없는 것은 거의 없다.

북조선 경제는 거의 완벽하게 국가의 손에 들어 있고, 생산에서의 사유재산이 없다. 20년 전부터는 세분화된 경제 계획들이 더는 발표되지 않지만, 자원의 분배는 광범위하게 중앙의 계획 관료 기구를 거쳐서 이루어진다. 낮은 생산성, 혁신의 부족, 지속적인 결핍은 피할 수 없는 결과다. 경제는 정치적 목적을 달성하기 위한 것이다. 여기서 수익성은 고작해야 부차적인 역할을 한다. 시장 진입과 시장 탈퇴는 엄격하게 규제된다. 야심을 가진 기업가가 회사를 세울 수도 없고, 이미 파산한 국가기업이 문을 닫을 수도 없다. 국가는 그렇게 해서 안정과 일자리를 확보하고, 대신 빈곤을 얻는다. 비효율성이 지속적 상태가 된다.

양적 지표(얼마나 많은가)가 질적 지표(얼마나 좋은가)보다 훨씬 중요하다. 그 결과 자주 나타나는 국민경제의 특징 한 가지는 예컨대 옷차림의 통일이다. 옷차림의 통일이 언제나 이념적인 이유만을 갖는 것은 아니다. 계획관료주의는 어떤 크기의 바지가 얼마나 많이 필요한지를 잘 이해하지만, 색깔, 소재, 디자인 등 개인적 차이에 대한 요구는 이해하지 못한다. 그래서 불과 몇 년 전까지만 해도 평양이라는 도시 풍경에 갑자기 엄청난 숫자로 동일한 옷가지, 예를 들면 흰색 양모 숄 따위가 등장하는 것이 매우 흔한 일이었다. 여기에는 사회주의 계획경제의 극단적인 변이 형태도 반영되는데, 곧 배급제다. 옷과 티브이 같은 사치품은 자주 지도자의 생일에 배급되었다. 오늘날에는 이 점에서 혼합된 체계가 등장했다. 여전히 배급이 존재하지만, 공급 가능성은 분명히 다양해졌다. 적어도 수도만큼은 이제 어느 정도 '다채로운' 모습이다.

사회주의 경제의 문제는 가격이 조절 작용을 하지 못한다는 것이다. 이것은 북조선에서도 오랫동안 관찰되었다. 사회주의 체제에서 가격은 정치적으로 결정된다. 그것은 최상의 경우 실제 비용과 가치에 대한 평가를 반영하고, 가장 나쁠 경우에는 완전히 멋대로 또는 정치적 고려에 따라 결정된다. 식품이나 집세 등 기본적인 것들은 강력한 국가보조를 받지만, 이른바 사치품은 자주 엄청난 가격 상승을 겪는다. 그에 대한 반응은 한편으로는 예상한 그대로다. 보조를 받는 물건들의 소비가 늘어난다. 동독의 국가 계획 기구는 분명 정기적으로 절망하지 않을 수 없었을 것이다. 각지의 빵집들이 베를린으로 판매 수량을 신고했는데, 모든 동독 주민들이 실로 엄청난 양의 빵을 먹었다는 사실이 드러나곤 했다. 많은 농부들이 정해진 사료에 비해 값이 훨씬 싼 신선한 빵을 사서 돼지들에게 먹인다는 것을 짐작도 할 수 없었거나, 알아도 어찌할 수가 없었던 것이다. 며칠 지난 빵 반 덩이가 그냥 음식물쓰레기가 되는 경우도 많았다. 그런 낭비에 맞서 국가가 온갖 캠페인을 벌였건만 소용이 없었다. 나는 당시 빵값을 두 배로 올린다 해도 그 누구도 반대하지 않았을 거라고 주장하고 싶다. 하지만 정치국에 앉아 계신 늙은 관료들에게는 자신들의 개인적인 역사적 경험에 비추어볼 때 그런 일은 절대적 금기였다.

다른 한편 인위적으로 가격을 인상해도 동독 같은 사회주의 체제 사람들은 예상대로 반응하지 않았다. 수요가 줄어들지 않고 그토록 무시

무시한 비용을 그냥 지불했다. 많은 경우 어차피 쓸모도 없는 돈이 너무 많이 통장에 쌓였기 때문이다. 나중에는 그냥 특정한 생산품에 '접근'하기 위해서도 돈을 냈다. 특정 영역에서 돈은 아예 부수적인 문제였다. 동독에서 자동차를 마련하려면 수십 년이나 대기 명단에 올라가 있는 일이 흔했다는 이야기는 여러 권의 책을 쓸 수 있을 정도다.

북조선은 동독이 아니고, 자동차 구입이나 국가보조가 붙은 기본식량의 낭비는 북조선의 문제가 아니다. 어쨌든 아직까지는 아니다. 하지만 국가보조를 받는 가격과 상대적으로 자유로운 시장가격이라는 현재의 이중체제에서도, 공급이 너무 적거나 국가의 경제정책에 대한 신뢰가 부족하면 엄청난 가격 불안정, 불안, 축재, 투자 등으로 연결되곤 한다. 이래서는 제대로 된 경제 계획을 시작하는 것조차 거의 불가능하다.

대부분 국가가 경영하는 기업체에 일그러진 가격 시스템이 미치는 파급 효과는 치명적이다. 국영기업은 파산에 대한 두려움이 없기 때문에 자원을 효율적으로 이용하려는 충동이 미미할 수밖에 없다. 그들은 질 나쁜 상품을 너무 적게 생산할 뿐 아니라, 너무 비싸게, 또한 혁신 없이 생산한다. 이런 일은 어차피 이른바 '예산 제한이 유연한' 모든 대규모 관료기구, 국가와 가까운 기업체, 거대한 기업연합 등에서 관찰된다. 물론 사회주의 체제에는 그런 기관들이 특별히 많다.

나는 라이프치히의 '10월 7일'이라는 이름의 공작기계 기업연합에서 그곳이 돌아가는 방식에 대해 매우 많은 것을 배웠다. 10년제 공업전문학교 학생이던 나는 7학년부터 '생산적 노동'이라는 과목에서 보통은 교과서에서만 배우던 노동자계급과 직접 접촉할 수 있었다. 덕분에 많은 것을 배웠는데, 특히 내가 말과 행동에서 노동자계급 대표 역할을 했기 때문이다. 어쨌든 수많았던 연장근무 시간에 한 번은 나의 동료들이 아몬드과자 같은 손 세척제 냄새가 가득한 휴게실에서, 지난달 고철 수집 계획에서 목표를 달성하지 못했다는 이야기를 했다. 그러자 사람들은 즉시 방금 나온 강철판을 절단기로 잘게 잘라서 이미 모은 고철더미 위에 추가로 쌓아올렸다. 목표 달성, 문제 해결! 높은 가격이 걱정이라고? 전혀. 고작해야 체제에 꿀밤 한 대를 먹였다는 자부심 정도였다.

기업체 말고 노동력도 사회주의적 동기부여 방식의 영향에서 벗어날 수는 없었다. 실업의 위협도 봉급을 깎일 일도 없으니, 또는 깎여봤자 돈의 기능이 제한되어 있어서 그리 심각한 결과를 가져올 수도 없으니, 사회주의 국민경제에서 노동생산성은 시장경제 조건과 비교해서 훨씬 떨어진다.

금요일 저녁에 라이프치히 청소년 클럽인 '빅터 야라'에서 나와 함께 근무하던 동료의 이야기를 듣고, 내가 느낀 당혹감과 분노가 혼합된 감정을 지금도 생생히 기억한다. 우리가 할 일은 술 취해서 난동부리는 손님을 정중하게, 하지만 확실하게 밖으로 안내하는 일이었다. 그러니까 우리는 술을 마셔서는 안 되었고 이야기를 나눌 시간은 아주 많았다. 나는 아비투어[고등학교 졸업시험 겸 대학 입학 자격시험]를 코앞에 두고 있었고, 그는 구멍 뚫기, 선반 작업, 밀링으로 깎기, 연마 등의 '전문직 노동자' 과정을 방금 마친 상태였다. 그는 지나가는 말로 다음 주부터 다시 야간 근무라고 말했다. 내가 안됐다고 하자, 그는 얄궂게 반응했다. 야간 근무가 최고란다! 이번에는 내가 눈을 동그랗게 떴다. 밤 열 시 무렵 작업장에 나타나서 미완성 제품 두어 개를 완성하고는 누워서 잠을 잔다. 여섯시 직전 자명종이 울리면 다시 두어 개를 더 완성하고는 충분히 쉬어 싱싱한 모습으로 자유로운 하루를 시작한다는 것이었다. 야간 근무 수당 덕분에 그의 봉급이 나의 아버지(박사학위를 마친 핵물리학자)의 봉급보다 더 많다는 사실이, 우리 경제체제의 지속 능력에 대한 나의 소박한 믿음을 심각하게 앗아가버렸다.

이 또한 대표성 없는 주관적인 이야기에 지나지 않는다. 동독과 다른 사회주의 국가들에도 내면의 확신에서 부지런히 책임감을 갖고 일하는 사람들이 많이 있었다. 예를 들면 내 아버지 같은 사람. 그렇다고 해도 전체 결과가 원래의 가능성보다 훨씬 못했다는 사실을 바꾸지는 못한다. 마치 열 사람이 보트에 타고 있는데 네 명만 힘껏 노를 젓고 나머지 여섯 명은 그냥 젓는 척만 하는 것과 같다. 북조선에서는 오랫동안 이런 체제 문제를, 예를 들어 앞에서 언급한 천리마운동 같은 정치적·이념적 캠페인으로 해결하려고 노력했지만 성과는 그저 그렇다. 분명히 입증되는 초기의 성과에도 불구하고 그런 시도들은 한계가 있다. 나는 분명 매우 풍부하게 존재하는 북조선판 부조리국가 이야기들이 언젠가 우리 앞에 나타나리라고 이미 고대하고 있다.

계획경제에는 시장이 존재하지 않기 때문에 국가사회주의 체제에는 노동시장이라는 게 없다. 상품 생산에 나타나는 것 같은 계획의 논리가 인력자원에도 적용된다. 관청은 어느 정도 믿을 만한 데이터를 수집하고, 대부분은 여러 해나 앞서서 특정한 직업군의 수요를 계산한다. 그에 맞추어 국가의 교육 기관에서 교육이 이루어진다. 이로써 노동 인력 사이에 강한 경쟁도 없고, 예상하지 못한 발전에 대비할 필요도 없다. 물론 고용주 입장에서는 더 좋은 노동력을 얻으려는 일종의 관료주의 방식 경쟁이 있게 마련이다. 그 결과 경제적으로 그리고/또는 정치적으로 취약한 분야들은 지속적으로 정원 부족에 시달리고, 최적화된 자질을 갖추지 못한 인력으로 채워진다.

이런 환경에서도 물론 트렌드 변화는 있게 마련이다. 그래서 북조선에서는 오랫동안 정당 또는 군대에서의 경력이 특별히 바람직한 것으로 여겨졌지만, 지난 몇 해 동안에는 경제 분야에서의 지위, 특히 외국과 협조하는 영역에서의 지위들이 매력적이게 되었다. 소문에 따르면 2013년 초부터 북조선 기업체에서도 직원들의 봉급을 자체 결정할 수 있게 되었다고 한다. 이것은 노동시장으로 향하는 혁명적인 돌파이긴 하지만 아직 결과를 예측할 수는 없다. 게다가 무엇보다도 오직 소문일 뿐이니, 이에 대해서는 개혁을 다루는 장에서 더욱 자세히 논하기로 한다.

실질적으로 기능하는 시장과 현실적인 가격이 없으니, 보편적인 교환수단, 가치보존수단, 계산수단이라는 기본 기능을 가진 화폐가 없다는 점이 국가사회주의 체제의 특징이라는 사실이 별로 놀랍지 않다. 북조선이 1980년대에 일시적으로 대부분의 물건에 대해 배급제를 실시함으로써 돈을 뒷전으로 밀어내기는 했지만 그래도 물론 돈은 있다. 다만 그 기능은 과거나 지금이나 매우 제한적이다. 2009년의 화폐개혁은, 국가가 하룻밤 사이에 새로운 돈을 도입하고 이로써 화폐로 된 대부분의 재산을 멋대로 몰수할 수 있다는 사실을 대부분의 사람들에게 한 번 더 분명히 보여준 일이었다.[1]

1991~1992년 겨울 나의 유학 시절에 북조선에는 세 종류 화폐가 나란히 존재했다. 다채로운 색상의 내국인을 위한 원화, 중국, 베트남, 쿠바 등 사회주의 국가 출신 외국인을 위한 붉은색 원화, 그리고 나와 같은 자본주의 국가 출신 외국인을 위한 청록색 원화 등이었다. 덕분에 나는 독일 마르크나 미국 달러를 내고 바꾼 나의 원화로 지하철을 탈 수도 없고, 거리에서 아이스크림을 사 먹을 수도 없었다. 그런 것은 내국인 화폐로 내야 했기 때문이다. 나는 내국인의 돈을 갖지 못했고, 가져서도 안 되었다. 마찬가지로 모란봉공원의 아이스크림 판매원도 나의 자본주의

원화로 무얼 어떻게 해볼 수가 없었다. 마지막에는 어떤 친절한 행인이 내게 아이스크림을 선물해주었고, 지하철 입구에서는 감시인이 불만스러운 눈짓이긴 했지만 돈을 내지 않고 통과하게 해주어 이 문제가 해결되었다.

1990년대 초에 존재하던 이런 화폐 혼돈 덕분에 시민불복종 운동의 흥미로운 가능성이 생겨났다는 사실을 약간의 자부심을 느끼며 보고할 수 있다. 당시 가격은 일률적으로 원화로 제시되었다. 분명히 서양인에게 불리한 환율로 차별이 행해졌다. 나는 완전히 합법적이지 않은 방식이지만 중국인 동창생에게 미 달러화를 주고 붉은색 사회주의 외국인 원화를 받아서, 그 돈을 가지고 독일 마르크화로 따져보면 나의 청록색 원화로 가능한 것보다도 분명하게 더 싼 가격으로 베이징행 기차표를 샀다. 이 돈을 소유할 권리를 수상하게 여기는 질문들에 대해서는, 1995년까지 유효한 동독 여권을 내보일 수 있었다. 미심쩍어 하는 눈길에도 불구하고, 독일 통일 소식은 당시 분명 아직 널리 퍼져 있지 않았다. 평양의 대학교에서 우리에게 한국어를 가르치던 선생님이 중국행 기차표를 샀다는 — 그냥 오로지 우리가 한번 가보고 싶다는 이유만으로 — 말을 듣고 당황하던 표정이 지금도 기억난다. 1991년 그에게는 국가의 지시 없이 외국 여행을 한다는 것은 분명 생각할 수도 없는 일이었다.

제대로 기능하는 화폐의 결핍은 사회주의 경제들의 해외 무역에서 심각한 문제를 일으키며, 부분적으로 극적인 결과를 불러온다. 국가는 이론적으로는 부족한 국내 생산품을 수입을 통해 보충하려고 시도할 수가 있다. 이를 위해서는 외환이 필요한데, 외환이란 게 다시 부족하다. 국내 화폐는 외환과 교환할 수 없고, 해외 무역은 진짜로 피어나지 못했기 때문이다. 동독에서는 그 결과가 무엇보다도 고통스럽고 기묘했다.

내 친구 하나는 성년식에서 받은 지 얼마 안 된 600마르크짜리 — 동독에서 한 달 월급에 해당하는 — 디지털 손목시계 '룰라'가 서독의 친척이 가져온 카탈로그에 '앙커'라는 브랜드 이름으로 나와 있는 것을 발견했는데, 그것은 독일 마르크로 겨우 몇 마르크밖에 나가지 않았다. 호네커의 굴욕적인 외환갈증에는 한계가 없는 듯했다. 덕분에 거의 모든 것을 서방에 팔았다. 심지어 정치범들까지 팔아넘겼다.[2]

또한 못마땅해도 자국 생산품을 '올바른' 돈을 갖지 않은 상대방, 즉 사회주의 형제국가들에게 넘겨야 했다. 이렇게 해서 동구권에서는 이른바 '바터무역' 즉 물물교환이 이루어졌다. 경제상호원조회의(코메콘)는 일종의 어음교환소였는데, 여기서 인위적으로 통일된 '송금용 루블화'의 도움으로 엄청난 노력을 해서 대규모 순환 교역이 이루어졌다.[3] 각국의 통상장관은 세계시장에서 팔 수 없는 제품을 사회주의 파트너에게 넘기고, 자신은 너무 무가치한 고물을 받지 않기 위해 있는 힘을 다했다.

북조선은 형제국가들이 불리한 계약, 또는 아예 일방적인 지불을 하지 않을 수 없게 만드는 데 선수였다. 평양 주재 동독대사관 상무관의 탄식 섞인 보고들이 서류철들을 가득 채우고 있다.[4] 국제적 연대를 들먹이고 허영심과 경쟁심을 교묘하게 이용해서 김일성은 이런 작은 통상전쟁에서 언제나 승리를 거두곤 했다. 흥미로운 것은 동구권이 붕괴한 뒤에도 옛날 동맹국이나 새로운 적들을 상대로 이런 게임을 어느 정도 계속하고 있다는 점이다.[5]

북조선은 근본적으로 가능한 범위에서 수입에 중점을 두는 일을 피했다. 주체사상과 연관된 이런 수입 후순위 정책이야말로 이 나라가 그토록 빈곤한 이유들 중 하나지만, 또한 엄청난 고통을 겪는 가운데서도 동구권의 붕괴를 견디고 살아남은 이유의 하나이기도 하다.

몇 년 전부터 비로소 북조선에서 변화를 관찰할 수 있다. 이런 변화의 추동력은 무엇보다도 1995~1997년의 기근이었다. 지도부는 북조선 체제가 그와 같은 위기를 한 번 더 견디고 살아남을 수는 없으리라는 것을 분명히 깨달았다. 그래서 그들은 우리가 낙관적으로 '개혁'이라 부를 만한 변화를 결심했다. 그사이 평양의 지도부는 정치적 포로들을 팔지는 않아도 매력적인 조선의 경관을 서방 관광객들에게 팔고, 항구 시설과 지하자원을 투자자들에게, 그리고 수만 명 단위의 노동력을 남한, 중국, 러시아 기업에 팔고 있다.

경제 성장

한 나라의 경제에 대한 대부분의 분석은 국민총생산gross national product(GNP)과 그 발전에 대한 데이터로 시작한다. 그런 전반적인 숫자에 논란의 여지가 없는 것은 아니지만, 그래도 각각의 국민경제의 성과에 대한 대략적인 표상을 전해주고, 이 나라가 위기인지, 정체 상황인지, 활성화 국면에 있는지를 보여준다.

북조선의 경우 대규모 경제지표들의 신빙성이 의심스럽긴 해도, 그것은 방법론적으로는 차라리 작은 문제에 해당한다. 그보다는 자료 부족, 또는 서로 심하게 모순되는 평가 수치들이 더 문제다. 예를 들면 남한의 반半국영 공식 자료들은 2011년 북조선의 국민총생산이 0.8퍼센트, 2012년에는 1.2퍼센트 성장해서 미화 300억 달러에 이르렀다는 것에서 출발한다. 그렇다면 대략 2,450만 인구의 1인당 소득이 미화로 약 1,220달러가 된다.[6] 이에 비해 남한의 현대경제연구원은[7] 북조선의 국민총생산 성장률을 2011년에 4.7퍼센트로 평가하고, 연간 소득을 1인당 720달러로 본다.

그렇다면 평양에서는 이것을 어떻게 파악할까? 공식적으로는 전혀 파악하지 않는다. 북조선은 경제 성장 통계를 발표하지 않기 때문이다. 그러니까 적어도 암시라도 얻으려면 다시 약간의 창의력이 요구된다. 북조선 경제가 극소수의 예외를 빼고는 국영이라는 점을 우리가 알고 있으니, 성장에 대한 질문에서 국가재정이 좋은 단서를 제공할 수 있다. 국가재정 수치를 신뢰할 수가 없다는 점, 군부 손에 들어가 있는 경제 분야[8]의 데이터를 얻을 수가 없다는 점 등은 잠깐 잊어버리자.

이런 우회로는 결정적인 이점이 있다. 북조선 미디어들은 해마다 국가재정의 수입과 지출의 성장을 발표하기 때문이다. 여기서도 물론 완벽함을 기대하면 헛일이다. 2002년 7월의 개혁 이후의 수치를 공식적인 인플레이션 비율의 기준치로 삼도록 하자. 북조선은 2003년에 국내화폐로 국가재정의 절대수치를 발표하기를 중단해버렸다. 오로지 퍼센트만 제시되었다 — 제일 좋은 경우에 말이다. 많은 개별 부서에는 그냥 '높은 성장'이라는 말만 나타났고, 해마다 동일한 부서에서 보고가 나오는 것도 아니다.

북조선에 관심이 있는 경제학자에게는 엄청난 좌절감-내성耐性이 요구된다. 하지만 많은 노력과 약간의 행운으로 그것을 상쇄할 수 있다. 그래서 내 경우를 예로 들면, 공식적인 국가재정 데이터가 철저히 주목할 만한 가치가 있다는 생각이 떠올랐다. 사회주의 선전이 내놓는 이른바 완벽한 선거 결과라든가 계획경제가 꾸준히 초과 달성된다는 발표를 보면서 계속 성장하기만 할 거라는 기대를 하지 않듯이, 우리는 상당한 변동을 볼 수 있으며, 심지어 〈그림 1〉에서는 개혁 국면인 2002~2005년이나, 권력 이양 기간인 2011~2012년의 경우처럼 경제정책의 개별적 국면들을 입증할 수도 있다.

〈그림 1〉 공식 국가재정 데이터를 기반으로 본 경제 성장률(단위: 퍼센트)

---- 목표 수입 ········ 계획된 수입 —— 계획된 지출

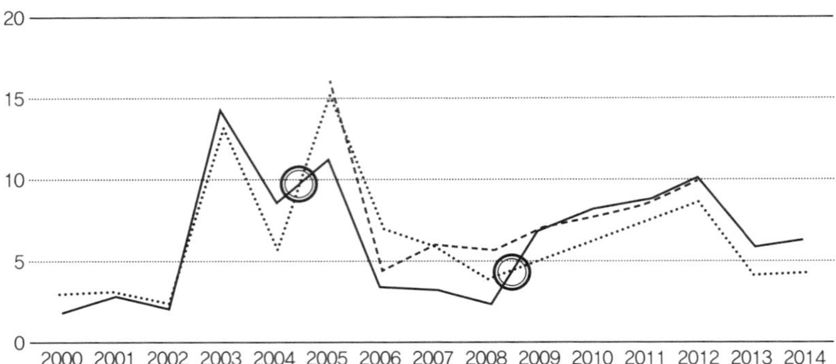

출처: 조선중앙통신(KCNA), www.kcna.co.jp, 자가 자료 취합

표에서 읽을 수 있는 수치들이 남한에서 나온 분명히 더 낮은 수치들과 명목상으로는 일치하지 않지만, 그런데도 놀라운 상관관계가 드러난다는 점이 고무적이다. 2005~2012년의 기간에 상관계수 r=0.66이라는 것은, 북조선의 공식적인 재정 수치와 남한에서 나온 경제 성장 평가 수치가 대략 나란히 움직였다는 의미다.

이런 커피찌꺼기를 보고 점치는 것 같은 일을 — 유감스럽게도 그 이상은 아닌 것이니 — 계속하려 한다면, 2004년 이전, 그리고 2009년 이후로는 계획된 지출이 계획된 수입보다 더 빨리 늘었다는 것을 볼 수 있다. 그렇다면 북조선은 적자를 보고 있는 것일까? 이 적자를 어떻게 해결할까? 새로운 부채를 지는 걸까? 그야말로 특이한 일이다. 이 나라는 국제 금융 시장에서 신용 융자를 받을 수 없으니 말이다. 여기서도 일방적인 외환 송금이 한 역할을 하는 걸까? 예를 들어 중국으로부터?

2013년과 2014년에 지출 수치가 뚝 떨어지는 것을 볼 수 있다. 그러니까 주어진 상황에서 이것은 현실적인 성장률이다. 이것을 김정은 또는 그가 선택한 책임자, 즉 2013년 4월 1일자로 취임한 총리 박봉주의 영향 덕이라고 본다면, 우리는 새 지도부의 현실감과 실용성을 낙관적으로 바라보아도 될 것이다.

지하자원

북조선은 영토가 대략 12만 3,000평방킬로미터에 대략 2,500만 인구를 가진 중간규모 국가이다. 남한과는 달리 북조선은 특별히 유리한 지하자원을 갖고 있다. 오늘날 북조선 영토에서는 금을 비롯해 철광석, 구리, 니켈, 흑연, 무연탄, 갈탄, 은, 아연, 납, 창연, 텅스텐, 몰리브덴, 고령토, 형석, 중석, 운석, 수은, 망간, 석면, 마그네사이트 등이 발견된다.

미국과 남한에서 나온 평가에 따르면 북조선에는 112개 광산이 있는데, 그중 78개가 금속 채광(철 19, 금 19, 구리 8)을 위한 것이고, 14개가 비금속 광산, 20개가 석탄 광산이다. 2007년부터 2011년까지 북조선의 주요 광물 연간 생산량은 다음과 같이 평가되었다(대략의 수치). 금 2톤, 은 20톤, 구리 1만 2,000톤, 철광석 5,200톤, 납 1만 3,000톤, 아연 7만 톤, 마그네사이트 1,200톤, 석탄 2만 4,000~4만 1,000톤. 이로써 북조선 석탄 생산량은 세계적으로 보아 루마니아와 몽골의 중간인 21위를 자랑한다.[9] 지난 여러 해 동안 본질적인 생산량 증가는 오로지 석탄만 확인된다.[10]

호주의 어떤 자료에 따르면, 북조선은 텅스텐(예를 들면 전구의 필라멘트에 쓰이는), 몰리브덴(합금의 중요 성분), 납, 중석, 형석 매장량이 세계

10대 국가에 속한다고 한다.[11] 같은 자료에서 북조선 지하자원의 총 가치는 미화 2조 달러로 평가된다. 그에 비해 남한의 북한자원연구소는 2012년 8월에 북조선 지하자원의 가치를 미화 9.7조 달러로 평가했다.[12] 이런 차이가 벌써 낮은 접근성과 요동치는 가격으로 인해 대략적인 평가만 존재한다는 것을 보여준다. 그럼에도 엄청난 잠재력은 충분히 드러난다.

2013년 12월에 SRE미네랄스 회사는 조선천연자원무역회사와 평양 북부 대략 200킬로미터 떨어진 곳에 있는 청주 지역 희토류에 대한 대규모 협정을 체결했다고 발표했다. 경輕희토류와 중重희토류 매장량 추정치는 대략 2억 1600만 톤에 이르는데, 지금까지 전 세계에 알려진 총 희토류 규모 1억 6000만 톤을 뛰어넘는다.[13]

물론 모든 것이 대부분 아직은 그야말로 지붕 위의 비둘기다. 북조선은 이런 지하자원을 캐거나 접근하기 힘든 매장지에서 밖으로 운반할 능력이 없다. 최근에 주로 중국의 협조로 이 문제의 해결이 시작되었다. 1997년에서 2010년 8월 사이에 광산 지역의 41퍼센트에 138개의 중국-북조선 합작회사들이 자리를 잡았다. 이 수치는 계속 늘어나는 중이다. 2011년에 이미 대략 200개의 중국 기업이 북조선에서 활동하고 있었다.[14]

물론 이해할 수 있는 일이지만 남한에서는 중국의 이런 활동에 대한 열광이 별로 없다. 이런 방식으로 북조선의 체제 유지에 중요한 자금이 공급된다는 것만이 문제가 아니다. 오늘날 중국이 채굴한 원료는 남북통일 이후에도 더는 공동의 재산으로 흘러들어올 수 없다는 사실을 그들은 알고 있다.

농업

특히 북조선의 힘든 식량 조달 사정을 놓고 보면 풍족한 부존자원의 의미가 더욱 분명해진다. 어째서 이런 지하자원을 수출해서 얻는 수입을 식량 수입에 쓰지 않는가?

분명 북조선 정부는 더 중요한 것들이 있다는 결정을 내렸다. 주로 국가방어와 민족 독립을 지키는 것이 그것이다. 인권단체들은 평양의 지도부가 이런 선택을 함으로써 일부러 자국민을 굶주리게 하고, 그로써 인간에 대한 책임을 다하지 않는다고 비난한다. 특히 평양 바깥에 사는 다수 주민의 식량 상황과 날카로운 대조를 이루는 엘리트층의 특권적 생활방식에 대한 비판도 확고하다.[15]

게다가 식량 수입은 특히 돈이 많이 드는 문제도 아니다. 적어도 그토록 자원이 풍부한 나라에는 말이다. 유엔 세계식량계획World Food Programme은 북조선이 약 34만 톤의 쌀 또는 전분이 들어 있는 식량 형태의 쌀 대체품을 수입해야 한다고 추정한다.[16] 가장 형편이 나쁜 경우 50만 톤을 수입해야 한다고 치자. 세계시장에서 톤당 가격이 미화 500달러가량이니, 총액 2.5억 달러에 운송, 보관, 분배 비용이 추가될 것이다. 이 정도면 북조선이 감당할 수 있는 금액이다. 원료를 대규모로 수출해 외환을 벌어들이는 판에 사람들이 굶주림에 시달린다면 이를 정치적 결정이라고 추측하는 것이 당연한 일이다.

새로운 지도자 김정은이 권력승계 직후에 인민의 생활수준 향상이 자신의 주요 관심사라고 천명했을 때 이는 그냥 한 말은 아니었을 것이다.[17] 실현 가능성에 대한 온갖 의심에도 불구하고 2013년 초에 핵 프로그램과 경제 발전의 병행이라는 새로운 정책을 천명한 것도, 오랜 세월 국가방어를 최우선으로 삼은 이후 우선순위 변화의 시도라고 볼 수 있다.[18]

북조선에서 당국이나 공무원들은 식량 부족 문제에 대해서는 내국인과 외국인에게 상대적으로 솔직한 편이다. 고난의 시기나 1990년대의 굶주림 이야기를 해도 된다. 오늘날에도 공식 통지문이나 개인적 대화에서 공급 상황이 상당히 빡빡하다고 말하는 것이 허용된다. 국제 경제 제재 말고도 무엇보다도 자연재해가 이런 불운의 뿌리로 제시되고, 물론 농업에 매우 불리한 북쪽의 조건들도 이유로 제시된다.

이에 대해서는 상대적으로 확인된 사실들을 살펴볼 수 있다. 특히 한반도 북부 기후조건이 농업에 이상적이지는 않다. 간단히 말하면 연간 기온의 차이가 크고, 강수량도 연간 매우 불균형하다. 두 개 기후대가 한반도에서 만난다. 동일한 해발고도에 남북으로 겨우 600킬로미터 거리인데도 남북의 1월 평균 기온의 차이가 10도에 이른다. 극단적이지 않은 지점들을 비교해보아도 다음과 같다. 2009년에 남한 수도 서울의 연간 평균 기온은 섭씨 12.9도로, 겨우 350킬로미터 떨어진 서북쪽 중국과의 국경도시 신의주보다 3도 정도가 높다.[19] 1981년부터 2010년까지 북조선의 평균 기온은 남한보다 평균 4도 정도가 더 낮았다.[20] 이러니 한반도 분할 이전부터 이미 남쪽이 이 나라의 곡창지대였다는 것은 공연한 일이 아니다.

연간 강수량의 대부분이(1981~2010년, 60퍼센트) 7월과 8월 우기에 내리고, 자주 강력한 폭풍을 동반한다. 특히 강수량이 많은 해에는 평균 수치를 90퍼센트나 넘어서고, 특히 가문 해에는 평균 수치보다 57퍼센트나 못 미쳤다. 독일 지리학자 헤르만 라우텐자흐Hermann Lautensach는 충분한 현장 조사를 한 다음, 1945년, 즉 북조선 건국 이전에도 가뭄과 홍수, 그와 더불어 엄청난 토양침식과 토사로 뒤덮이는 일을 피할 수가 없었다는 사실을 확인했다.[21] 북조선 정치가들이 문제를 더욱 심각하게 만들기는 했지만, 자연재해의 책임을 오로지 그들 탓으로만 돌린다면, 이런 조건도 고려해야 한다.

북조선에서 식량 생산은 대부분 협동조합에서 이루어진다. 높은 생산성을 자랑하는 개인 경작지인 이른바 '부엌밭'은 명시적으로 헌법에 뿌리를 둔다. 이런 경작지는 그것을 운영하는 가계에는 중요한 역할을 하지만, 전체 면적이 크지 않기에 경제 전체로는 부수적인 역할만 한다. 북조선에는 약 170만 가구의 농민이 있다. 이들 모두 제각기 약 100제곱미터의 부엌밭을 갖고 있는데, 그보다 규모가 더 작은 도시밭까지 합치면 실질적으로 사적으로 이용되는 토지는 대략 2만 5,000헥타르[1헥타르는 1만 제곱미터]에 이른다.[22] 특히 평지인 서해안에서 개간과 농지정리는 이념 이외의 국가정책으로, 소출을 높이려는 노력이다. 2004년 이후, 그리고 마지막으로는 2012년 여름에 언뜻 사적인 것으로 보이는, 소규모 협동조합 시설들이 거듭 보고되었다. 이런 조치들의 상당수는 금방 철회되었다.

산악 지형인 관계로 북조선 영토의 17퍼센트 정도만이 농사가 가능하다. 남한이 내놓은 수치에 따르면, 2010년에 농업용 토지는 200만 헥타르 정도였다.[23] 유엔 식량농업기구Food and Agriculture Organization(FAO)에 따르면 2013년에 개별 작물 재배 면적은 벼농사 54만 7,000헥타르, 옥수수 52만 7,000헥타르, 감자 2만 9,000헥타르, 밀, 보리, 콩과 기타 농사 7만 헥타르였다.[24]

지난 몇 해 동안 북조선에서 농업 생산성이 약간 성장한 것으로 관찰된다. 2013년의 생산량은 쌀이 대략 290만 톤, 옥수수 200만 톤, 감자 29만 6,000톤, 콩 16만 3,000톤, 다른 곡물이 6만 6,000톤이었다. 여기에다가 조기 수확하는 밀, 보리, 봄 감자 등을 더할 수 있다.

북조선의 농업은 수확이 좋은 해에도 가혹하게 불충분한 공급과의 경계선에 멈추어 있다. 그러므로 위기 취약성이 매우 크다. 2013~2014년의 실질적인 수확량을 평가한 다음 FAO는 총생산량 600만 톤이라는 결론에 도달했는데, 이를 쌀로 환산하면 503만 톤이 된다. 동시에 FAO는 총필요량을 대략 540만 톤으로 보았으니, 37만 톤이 부족하다. 여기다가 이송과 보관 과정에서의 손실, 이듬해 파종용 씨앗의 비축 등을 고려해야 한다. 가을철에 이 나라를 두루 여행하다보면 곧 거리와 광장에서 크고 작은 누런 평면들을 보게 되는데, 가까이 다가가보면 말리려고 펼쳐놓은 옥수수 알갱이라는 것을 알 수 있다. 하지만 비도 자주 내리고, 이따금 자동차들이 옥수수 위로 지나간다.

북조선 지도부도 식량 문제 해결이 긴급하다는 것을 알고 있다. 정기적으로 공식적인 설명에서 농업이 "경제 건설의 주공전선[주력전선]"이라고 표현되며, 옛날 김일성의 명언 "쌀이 곧 사회주의다"는 예나 지금이나 대단한 인기가 있다.[25]

그런 만큼 농업을 위해 쓰이는 비용이 높다. 남한의 보고에 따르면, 2008년에 모든 북조선 주민의 거의 37퍼센트, 850만 명 이상이 농업에 종사했다. 비교를 위해 말하자면 남한의 농업 인구는 겨우 6.6퍼센트이다.[26] 덧붙여 봄철 모내기와 가을철 수확을 위해 도시 주민을 정기적으로 동원하고, 학교와 관공서는 여러 주 동안이나 귀신이라도 나올 듯 조용해진다. 심지어 독일대사관도 이따금, 물론 주로 상징적으로 여기 참여했다.[27] 1960년대에 선전된 '4대 현대화'(기계화, 전기화, 관개, 화학)는 어떤 난관들이 있는지를 보여준다. 수작업 비율은 여전히 매우 높다. 기계들이 있기는 하지만, 자주 부품이나 연료 결핍으로 인해 수레 끄는 짐승이나 사람의 힘에 기대기 때문이다. 2004년에는 북조선에 있던 당시 약 6만 4,000대의 트랙터 중에서 57퍼센트만이 가동 가능했는데, 2013년에는 다시 73퍼센트가 되었다.[28]

벼를 재배하는 논에는 관개가 매우 중요하다. 이는 대개 다시 에너지를 요하는 펌프의 가동에 달려 있다. 북조선은 새로운 소형 발전소를 건설하고, 최근 완공된 백마-철산 수로 같은 자연적 중력에 기초한 새로운 관개시설을 통해 이 문제를 해결하려고 한다. 이것은 시간을 요하는 일인 데다가, 기껏해야 문제를 완화시키는 정도다. 결국은 연료와 전기의 결핍이 다시 낮은 식량 생산으로 연결된다.

농업의 또 다른 핵심 수단인 화학비료는 전기와 석유 수입에 의존한다. 비료 사용은 1989년 이후로 3분의 2 정도가 줄었다. 1990년대의 식량 부족으로 이어진 생산량 감소의 핵심 원인도 여기 있다.[29] FAO에 따르면 2013년 비료 생산량은 필요량의 겨우 10퍼센트에 불과하고, 헥타르당 소출은 1980년대 수치의 겨우 50퍼센트에 지나지 않는다.[30]

국내 생산시설이 충분한 비료를 생산할 수 없기 때문에, 대개는 구호품 형태로 나오는 외부 조달에 매우 많이 의존하게 된다. 북조선 농업성에 따르면 2010년에는 2004년에 비해 곱절인 거의 50만 톤의 비료를 사용했다. 그중 2만 4,000톤이 인도적 지원으로 들어왔고, 약 27만 5,000톤은 수입되었다. 국내 생산은 약 20만 톤이었다. 이는 주목할 만한 일이다. 2004년만 해도 5만 6,000톤에 지나지 않았기 때문이다.[31]

모든 정보들을 종합해보면, 북조선의 농업은 부정적 요인들이 결합된 결과 힘들다고 말할 수 있다. 얼마 되지 않는 농경지와 불리한 기후조건, 비효율적인 동기부여 체계와 조직 체계, 필요한 자원(전기, 기계 부품, 비료 등)의 결핍, 그리고 외부의 공급에 의존한다는 점이 더해진다. 에너지 위기, 원유 가격 인상, 산업 분야 경기후퇴 등이 어려움을 증폭시킨다. 이미 존재하는 토지는 집중적으로 농업에 이용되므로 토지의 피로 현상, 침식, 집중호우 시의 대규모 손상 등도 덧붙여진다.

북조선은 이용 가능한 토지를 늘리기 위해 수십 년 전부터 서해안의 습지를 개간해서 자구책을 마련하려고 노력하고 있다. 화학비료는 드물고 비싸니 자연적인 비료를 이용하라고 국가는 권고한다. 현대적인 종자들을 도입해서 생산량을 늘리려 시도하고, 벼농사에 적합하지 않은 토지에 감자 등 다른 작물을 심어 최적화한다. 국가의 장려로 특히 까다롭지 않은 가축인 염소를 키워 단백질과 지방질 부족을 해결하려 하고, 최근에는 휴한지를 대규모 가축떼를 위한 목초지로 변경하라는 권고도 나왔다. 그 한 예는 항구도시 원산의 서남쪽 80킬로미터에 있는 2만 헥타르 정도의 서포 들판이다.[32]

휴한지를 목초지로 바꾸는 일도 식량 문제를 개선하려는 최근의 시도들에 해당한다. 김정은은 곡식을 먹이로 삼는 가축의 사육을 강력히 제한하라고 지시했다고 한다. 지금까지 동물성 단백질과 지방질의 핵심 공급원이던 돼지와 가금류 대신 풀을 먹는 동물, 주로 소, 염소, 토끼 등으로 바꾸라는 것이다. 다른 나라들의 경험은 이런 과격한 개입이 파국을 불러올 수 있음을 알려준다. 1950년대 말 치명적인 오판의 고전적 예를 들자면, 중국의 대약진운동 시기에 나온 '더 촘촘히 파종하고 더 깊이 파기'와, 동독에서 있었던 이른바 소떼를 위한 '열린 축사'의 도입이 있었다.

전문가들은 이상적인 조건에서라면 빠듯하기는 해도 농업 생산물의 자급자족이 가능하다고 본다.[33] 그러나 자급자족이 실제로 실현될 수 있느냐는 차치하더라도, 그것이 정말로 가장 좋은 해결책인가 물어보아야 한다. 북조선 경제의 강점과 약점을 눈앞에 놓고 보면, 다른 산업국가의 모범에 따라 부족한 자원 투입을 차츰 농업에서 산업 생산 쪽으로 이전하고, 무엇보다 기본식량을 수입하는 것이 장기적으로 더 유리해 보인다. 이것이 현실에서 전략적으로 매우 위험하고, 세계경제를 주도하는 미국과의 지속적인 관계 개선을 전제로 한다는 것은 두말할 필요도 없다. 그런데 수입을 위한 외환을 벌고 농부들에게 일자리를 제공할 국내 산업의 가능성은 어느 정도인가?

산업

미리 말하자면 비용으로 보아 북조선에 상대적으로 유리한 분야는 가공업 분야다. 이를 위해서는 각 영역별 깊이 있는 분석도 필요하지 않다. 역사적·구조적·사회적 관찰은 이를 분명하게 보여준다.

조선의 산업화는 1910년대 후반부터 1945년까지 이어진 일본 식민 통치하에서 주로 이루어졌다. 일본은 처음에 한국을 자국의 개발도상 산업 생산품의 판매 시장으로 이용한 다음, 1920년대 말부터는 아시아 대륙에서 일본의 팽창을 위한 군사적·경제적 거점으로 여기게 되었다. 이것은 현대적인 수송 및 통신 설비 건설 말고도 특히 중공업과 화학공업, 에너지 생산 분야 투자로 연결되었다. 가장 중요한 시설들이 반도의 북쪽에 세워졌기에, 이것은 분단될 때 남한에 매우 불리하게 작용했다.

이런 시설들은 한국전쟁 때 거의 완전히 파괴되었지만, 1953년 이후로 상대적으로 빨리 재건이 이루어졌다. 구조와 노하우는 이미 있었고, 동구권과의 정치적 동맹은 필요한 자본을 가져다주었으며, 독재체제는 빠듯한 자원을 전략적 산업에 집중 투입하는 것을 보장해주었다. 이 나라의 넉넉한 지하자원 매장지들은 철강 생산과 그에 따른 중기계 건설을 가능하게 해주었다. 소련에서 들어오는 값싼 석유로 화학산업의 토대도 마련되었다. 전력은 수력발전소와 석탄에서 나왔다.

문자교육운동과 나중에는 국가의 교육체계가 훌륭한 교육을 받은 노동력을 생산했는데, 독재 치하에서 이들은 기율이 잡히고 잘 조직화되었다. 나아가 몇몇 대학교와 동구권 나라들로의 해외 유학이 엔지니어, 학자, 의사 등 기술지성을 생겨나게 해주었다. 국내 원료인 무연탄과 석회암으로 만든 인공섬유 비날론의 생산은 이런 노력의 결실로 여겨진다. 엄격하게 보자면 이것은 1939년에 이미 개발되었지만, 1961년부터 함흥의 공장에서 대량생산이 시작되었다. 국제적으로 격렬한 비판을 받는 핵무기와 대륙간 탄도미사일, 위성, 최근에는 드론 등의 개발도 북조선 공학자들의 우수한 능력을 증언한다.

남한이 제시한 경제구조 수치를 보면, 북조선이 산업국가라는 사실이 분명해진다. 국민총생산에서 농업, 어업, 광업 등을 기반으로 한 1차산업의 비율은 위기의 1990년대에 늘었다가 2010년에는 다시 21퍼센트 아래로 줄어들었다. 3차산업인 서비스산업은 꾸준히 40퍼센트 이상을 유지하고, 2000년 이후로 가공업의 몫은 지속적으로 성장해서 25퍼센트에서 36퍼센트로 올라섰다. 동구권과의 협조가 아직 긴밀하던 1990년에 2차산업 분야는 거의 43퍼센트였다.[34] 여기서 1990년 이후로 북조선 경제에 일어난, 상당한 단절과 변혁을 볼 수 있다. 1990년의 구조를 일종의 이상적인 상태로 해석하고, 현재 이루어지는 발전을 그것과 비교하는 것은 아마도 잘못일 것이다. 나로서는 오히려 1990년 이후로 북조선이 세계경제 시장의 현실을 고려하는, 이따금 몹시 고통스러운 변화의 국면에 있다고 말하고 싶다. 한때 동유럽 경제들이 그랬던 것처럼 북조선도 국가사회주의 체제에서 시장경제지향 체제로의 변화 과정에 들어 있는데, 다만 여기서는 구조 변화의 속도가 더 느리고, 성취된 발전이 분명히 더 적은 것뿐이라고 말이다.

북조선에는 일제강점기에 이미 다양하게 발전된 중요한 산업지대 아홉 군데가 있다. 그중 네 곳이 동해안에 위치한다. 북쪽에 청진을 중심으로 금속공업 지역과 현대적인 항구가 있고, 바로 이어지는 남쪽에 철강산업 중심지인 김책시가 있으며, 함흥은 화학산업 중심지, 그리고 전통적인 항구도시 원산에는 정유공장과 기계제작 사업장들이 있다. 서남쪽에는 개성을 포함하는 해주 지역이 있는데, 여기에는 주로 화학산업이 자리를 잡았다. 그 북쪽으로 서해안에 수도 평양을 둘러싸고 수많은 금속, 직물공업, 기계제작, 전기, 식량가공 기업체들이 있다. 그보다 약간 북쪽에는 석탄 생산의 중심지인 안주가 있다. 중국 국경선 가까이 있는 강계는 주로 기계제작과 목재가공을 한다. 서북쪽 끝의 국경도시 신의주는 중국과의 교역 중심지이고, 또한 경공업과 직물공업의 입지로 알려져 있다.[35]

그러니까 북조선에 산업이라는 게 있다. 상대적으로 오랜 전통을 갖고 있으며, 다른 분야에 비해 상당한 무게를 지녔고, 전국적으로 다양한 소재지에 분포하고 있다. 원료와 잘 교육받은, 기율을 준수하는 노동력이 있다. 그런데도 우리는 거듭 북조선 경제가 어렵다는 말을 듣는다. 대체 어디에 문제가 있는가?

정확하게 따지면 세 가지 문제다. 우선 별로 놀라운 일도 아니지만, 국가사회주의 중앙계획경제라는 체제에 내재한 비효율성을 꼽을 수 있다. 두 번째는 밤의 인공위성 사진에 가장 인상적으로 드러나는 것인데, 북조선은 불을 훤히 밝힌 이웃나라들에 비해 거의 완전히 캄캄하다. 전력이 부족한 것이다. 이것은 또한 생산시설이 능력의 한계보다 훨씬 아래서 작동하는 결과를 만들어낸다. 무엇보다도 북조선에서 지배적인 중공업과 화학공업을 위해서 전기의 공급 부족은 심각한 결함이다. 정부를 믿든지 말든지, 이런 배경을 놓고 보면 평화적 목적을 위해서도 핵 프로그램을 계속한다는 주장이 아주 틀린 것만도 아니다. 특히 이 나라에 우라늄 매장지가 있으니 말이다. 1994년 핵문제 갈등 해결을 위해 미국과의 제네바협정이 체결되었는데, 이 협정에서 국제컨소시엄 KEDO가 2006년까지 북조선에 두 대의 경수형원자로 시설을 해주기로 약속했지만 이는 실현된 적이 없다. 핵발전소가 시급하게 필요하다. 1990년대 초에 원래는 큰 진보라고 생각되던 석유발전소가 중대한 오류라는 것이 밝혀졌기 때문이다. 동구권이 붕괴한 다음 소련의 우방 국가들은 러시아의 파트너가 되었고, 그들의 석유는 이제 세계시장 가격으로, 그것도 북조선이 지불할 수 없는 또는 지불할 의사가 없는 경화로만 구할 수 있게 되었다. 대신 서방에서 원조품으로 들어오는 석유를 이용하자, 난방용 보일러들이 망가졌다. 이 석유는 훨씬 더 높은 온도로 연소되면서 시설들을 파괴했다. 그동안 희천의 거대한 수력발전소와 많은 소형 발전소들을 건설해서 상당한 개선을 하기는 했지만, 여전히 에너지 문제는 만족스러운 해결과는 거리가 멀다.

북조선 산업의 세 번째 문제는 고립이다. 정치와 이념 우선주의에 밀려 경제적 결정이 거기 종속된 결과, 북조선 산업은 대부분이 궁여지책으로 선택된 것이다. 여기에 국제 경제제재가 더해졌다.

국제 제재

―

제재는 논란의 여지가 가장 많은 외

교적 수단에 속한다. 학문적 연구들은 그 효력을 강하게 의심하는데도,[36] 제재는 놀랄 만큼 인기가 있고 또한 널리 퍼져 있다. 여론에 단호한 조치로 서술되면서도, 군사행동과는 달리 제재를 가하는 쪽의 희생을 전혀 요하지 않는다는 것이 그 이유의 하나일 것이다. 민주주의 국가들에서 상대국에 대한 개입은 재빨리 인기를 잃어버리는데, 경제제재의 경우에는 상대방의 희생이 광범위하게 무시되곤 한다.

북조선은 건국 이후로, 늦어도 한국전쟁 이후로는 줄곧 제재를 받았다.[37] 이런 제재는 사회주의 진영의 후원을 통해, 적어도 냉전이 존속하는 한에는 보전을 받았다. 따라서 1990년대 초 이후로 북조선 경제에 대한 제재의 압력이 분명히 높아졌다는 것을 알 수 있다.

북조선에 대한 다양한 제재는 외교 영역과 북조선 국민들의 여행을 향한 것이기도 하지만 무엇보다도 경제를 표적으로 한다. 무역 제한, 특히 특정한 생산품의 유입 제한, 그리고 금융 거래 제한이 핵심이다.

북조선에 대한 가장 중요한 제재들은 미국이 일방적으로 또는 유엔이 다면적으로 선포했다. 유엔 제재들은 냉전의 종결 이후에야 비로소 관철되었다. 전에는 중화인민공화국과 소련 등 북조선 동맹국들이 유엔 안보리에서 징벌 조치에 거부권을 행사했기 때문이다. 중국은 지금까지도 어느 정도 이 역할을 하고 있지만 물론 보호의 손길을 거두어들이라는 점차 커지는 국제적 압력에 노출되고 있다. 중국에서도 북조선의 정책, 특히 핵문제에 대한 불만이 점차 커지는 중이다.

미국은 외교정책의 틀에서 제재라는 수단을 북조선에만 국한시키지는 않았다. 2차대전 이후부터 1990년까지 발령된 104개의 유엔 제재 중 3분의 2를 미국이 추진했다.[38] 9·11 테러공격 이후 급변한 분위기에서 미국 기업들도, 미국 이외 기업들도 북조선과 사업상 얽혔다가 심각한 결과를 불러들일까 두려워하지 않을 수 없었다. 기업체들이 미국 시장에서도 동시에 활동하거나 몰수 가능한 재산이 미국에 있는 경우에는 특히 그랬다. 복잡한 법적 상황은 특히, 설사 제재에 속하지 않는 것이라도 미국 관공서의 조준경에 잡혀 의심을 사지 않으려고 북조선과의 사업을 아예 포기하도록 유도한다. 이렇듯 서둘러 복종하고 자기검열을 한 결과, 서양의 사업가들이 합법적인 활동을 위해 북조선에서 파트너를 찾을 경우에도 흔히 실망스러운 경험을 하게 되었다. 매우 분명한 사례로는 펠릭스 압트Felix Abt의 이야기가 있다. 그는 값싼 복제약으로 이 나라의 심각한 의학적 상황을 개선하려던 스위스 기업가였다.[39]

북조선의 인권상황과 무기 생산 때문에 제재 조치들이 내려졌다. 핵무기와 미사일을 소유하고, 해당 기술을 다른 나라에 이전하는 것이 핵심 문제였다. 북조선이 2006년 이후로 세 번의 핵무기 실험을 했고, 2012년 12월에는 성공적으로 위성 발사를 마쳤다는 점을 곰곰이 생각해본다면 제재의 효과를 의심해야 한다. 제재는 약간 지체시키는 효과는 있었을지언정 새로운 무기 체계를 계속 발전시키는 것을 근본적으로 막지 못했다.

구체적인 제재 조치의 선택에서 일부 기묘한 결정을 관찰할 수 있다. 워싱턴에서는 김정일이 공로를 세운 정권 후원자들에게 값비싼 프랑스산 코냑을 선물한다는 소문이 끈질기게 나돌았다. 그러다 2006년에 최초의 핵 실험이 있은 다음 유엔 안보리의 1718번 결의로 바로 이 품목과 그 밖의 다른 사치품을 북조선에 수출하는 것을 금지했다. 이를 통해 엘리트층의 충성심을 깎아내리고, 정권교체를 더욱 가능하게 만들 거라는 희망에서였다. 그야말로 지나치게 자신의 시각으로 남을 판단한 일이었다. 기묘한 조치들의 목록은 계속된다. 2013년 스위스 연방내각은

스위스 기업체가 북조선에 새로 개장한 스키리조트에 리프트 시설을 수출하는 것을 금지했다.[40]

공평하기 위해 대부분의 제재들이 법적으로 비난의 여지가 없다는 것을 인정해야 한다. 제재는 온갖 경고에도 불구하고, 거듭된 협상 시도에도 불구하고, 인권위반과 대량살상무기 개발에 대한 국제적 의혹을 진지하게 여기기를 거부한 정권을 향해 강제력을 행사하는 수단이다. 이것을 그리 쉽사리 받아들여서는 안 되지만, 제재 말고 다른 어떤 가능성이 있는가? 지정학적 위치를 고려하면 포괄적인 군사 개입은 고사하고 제한된 개입조차 너무나 위험하다. 1950년 한반도에서 미국 군대가 전진했을 때 반격해온 중국이 여전히 이웃에 있다. 남한의 수도 서울의 인구가 1200만 명이고, 서울 주변의 인구가 다시 그 정도인데, 서울은 비무장지대에서 겨우 60킬로미터밖에 떨어져 있지 않으니, 국경선을 따라 늘어선 수많은 전통적인 북조선 대포들의 인질인 셈이다.

그에 반해 북조선은 자기들이야말로 희생자라고 여긴다. 초강대국 적들에 맞설 방어 무기가 필요하며, 리비아 사태 등은 그런 방어 체계가 없을 경우 작은 나라가 어떤 일을 당할 수 있는지를 보여준다고 주장한다.[41] 동시에 서방의 이중잣대도 비난한다. 일부 나라들에는 핵무기와 대륙간 탄도미사일의 소유를 허용하고, 다른 나라들에는 금지하는 이중성 말이다. 미국은 수백 번의 실험을 거쳐 필요한 데이터를 모두 모았으니 핵 금지령을 내리기가 쉬울 것이다. 그에 따라 평양의 지도부는 북조선 핵 프로그램 종결을 위한 기본 전제조건으로, 자세히 규정되지 않은 한반도 전 지역의 핵무기 해제를 제시한다.

갈등의 해결은 현재 불가능한 것은 아니라도 바로 눈앞에 보이지는 않는다. 그것은 아마도 북조선 현 정권의 존재 정당성을 인정한다는 뜻이 될 터인데, 이는 남한, 미국, 그리고 유럽의 많은 정치 세력에게도 받아들이기 어려운 일이다.

제재에 대한 나의 입장은 그것이 중세시대 포위처럼, 흔히 엉뚱한 사람을 괴롭힌다는 사실에 기반한다.[42] 유엔의 연구 하나는 권위적 정권에 대한 제재에서 겨우 2퍼센트만이 성과 가능성을 드러냈다는 사실을 보여주었다.[43] 반면 개인이 자기 나라에 내려진 제재의 희생자가 될 가능성은, 많은 것을 이용할 수 있는 권력에 반비례한다. 다르게 말하자면, 제재 조치는 가난한 사람들과 약자들을 제일 먼저 괴롭히고, 맨 마지막으로 권력자를 괴롭힌다는 것이다. 제재 조치를 내리는 세력들이 예를 들어 자기들의 조치가 기아 상태를 야기한다는 점을 고려한다면, 물론 그런 상태가 무너지는 정권에 맞선 민중봉기를 불러올 수도 있겠지만, 나의 관점으로는 이것은 너무 비싼 대가다. 우리는 여기서 분명히 까다로운 도덕적 딜레마를 앞에 두고 있다.

북조선에 대한 제재에 찬성하는 사람들은 그 실행 과정에서 두 가지 중요 문제에 봉착한다. 첫째 장기적인 조치의 경우 그것을 우회할 방법들이 나타날 것을 예측할 수 있다. 프랑스산 코냑은 제3국을 통해, 예컨대 중국을 통해서 수입할 수 있다. 둘째로 제재는 마치 중앙은행 금리 인하와 같은 제한에 노출된다. 즉 언젠가는 행동의 여지가 소진된다. 그러니까 북조선을 향한 제재의 위협은 시간이 흐르면서 그 효력을 잃어버리는 것이다.

지난 기간 가장 구경거리가 된 제재 하나는 미국 재무부가 '애국법Patriot Act' 311조를 근거로, 마카오에 본부를 둔 작은 은행에 내린 제재였다.[44] 방코델타아시아Banco Delta Asia(BDA)는 북조선의 돈세탁에 연루되었다는 비난을 받았다. 2005년 9월 말에 이에 대한 조사의 예고만으로 예금 인출 소동이 벌어졌다. 은행의 사업 파트너들이 모조리 전반적인 의혹에 노출되었고, 그러자 많은 고객들이 예금을 인출했던 것이다. 이 은행에 들어 있던 북조선 자산은 즉시 동결되었다. 상대적으로 크지 않은 미화 2500만 달러였지만, 그 상징적 효과는 엄청났다. 이 사건은 거의 모든 국제 금융 기관들이 북조선과의 거래를 중단하도록 만들었고, 덕분에 북조선은 거대한 현금다발을 트렁크로 들고 다니면서 해외 무역을 해야만 했다.

불행히도 그보다 겨우 며칠 전 베이징에서 한반도 비핵화를 목적으로 열린 4차 6자회담에서 거대한 돌파구가 마련되었었다. 2005년 '9·19 공동성명'에서 북조선은 모든 핵무기를 포기하고, 핵확산금지조약에 복귀하여 다시 국제원자력기구의 감독을 받기로 선언한 터였다.[45] 미국은 관련성이 전혀 없다고 강조했지만, 평양은 BDA에 대한 제재를 약속위반으로 해석하고, 자기들 쪽에서 9·19성명의 중지를 통고했다. 1년 뒤 이 나라는 최초의 핵폭탄 실험을 했다.

해외 무역

농업과 산업에 대해 앞서 서술한 사실들을 보면 북조선의 경제적 문제들이 장기적으로는 오로지 수출지향적인 성장과 기술·자본·원료·식량의 수입을 통해서만 해결될 수 있다는 것이 분명해진다. 남한은 1960년대에 이미 박정희 장군이 이끄는 개발독재 기간에 이것을 해냈다. 수입대체와 수출장려를 동시에 진행하면서 빠듯한 자산을 경제의 전략적 분야에 집중 투자했고, 이 모든 것은 국가의 의지 아래 놓인 재무부에 의해 보증되었다.[46]

주로 경제를 타깃으로 한 광범위한 제재들에도 불구하고 북조선은 다른 나라들과 물물교환을 했고, 그것도 상당한 규모로 행했다. 물론 거래가 매우 일방적으로 이루어지고 자주 불확실하며, 원래의 가능성에는 훨씬 못 미치는 것이기는 해도 그렇다.

북조선의 원화는(국제적 약자로 KPW) 국제적으로 받아들여지지 않기 때문에 무역에서 발생하는 외환소득은, 수입輸入을 위한 유일한 원천은 아니라도 상당히 중요한 원천이다. 북조선이 위조화폐를 만들고, 마약거래를 하며, 핵 기술과 미사일 기술을 팔고 있다는 서방 국가들의 비난은, 외환의 경제적 이익을 겨냥한 압력이 경우에 따라서는 합법적 영역의 활동에서 벗어나 불법적 영역으로 옮겨가게 할 수 있음을 보여준다. 물론 대략 2010년 이후로는 이런 활동들에 대한 보고가 분명히 감소했으니, 각각의 관점에 따라 비난이 옳지 않았다고도, 아니면 앞서 말한 불법적 활동이 줄었다고도 생각할 수가 있다.[47]

북조선 경제에서 다른 대부분의 영역에 비해 해외 무역의 특별한 점은, 자료 상황이 상대적으로 좋다는 것이다. 이른바 '역의 통계reverse statistics' 덕분인데, 이는 여러 교역 상대방들에게서 필요한 자료들을 산출하는 것을 가리킨다. 완벽함에 대한 의혹이 남아 있고, 기술적인 인자들을 근거로 한 수정이 필요하지만, 그래도 상당히 확실하게 이용 가능한 믿을 만한 자료들을 얻을 수 있다. 가장 좋은 출전은 남한의 무역투자진흥공사Korea Trade-Investment Promotion Agency(KOTRA)이다.

〈그림 2〉를 보자. 의도적으로 동구권에 대한 의존을 낮췄는데도 1990년 무렵 북조선의 해외 무역은 심각한 손실을 입었다. 전에는 정치적인 이유에서 북조선에 유리하게 유지되던 협정들이 해지되거나, 아니면 북조선의 상품들은 필수품만 팔리고 반대로 공급은 세계시장 가격에 근거해서만 이루어지는 식으로 바뀌었다. 그에 따라 북조선의 해외 무

역 총액은 1990년의 미화 약 42억 달러에서 1991년에 25억 달러 남짓으로 곤두박질쳤다. 1998년에는 미화 14억 달러로 바닥을 찍었다.[48]

북조선의 해외 무역 총액은(남한과의 교역 없이도) 그 이후로 꾸준히 상승해서 2013년에는 미화로 70억 달러 이상에 이르렀다. 2013년에 거의 60퍼센트 비중을 차지하며 압도적으로 가장 중요한 수출 물품은 광물, 그중에서도 석탄과 철광석, 직물(17퍼센트)이었다. 광물, 특히 석유가 약 21퍼센트로 역시 가장 중요한 수입품이고, 기계와 자동차(16퍼센트), 직물(14퍼센트)이 그 뒤를 따른다. 중국이 다른 어느 나라보다도 훨씬 압도적으로, 2012년 총액의 88퍼센트 이상에 이르는 가장 중요한 교역 상

〈그림 2〉 1990~2013년 북조선의 해외 무역(단위: 미화 100만 달러)

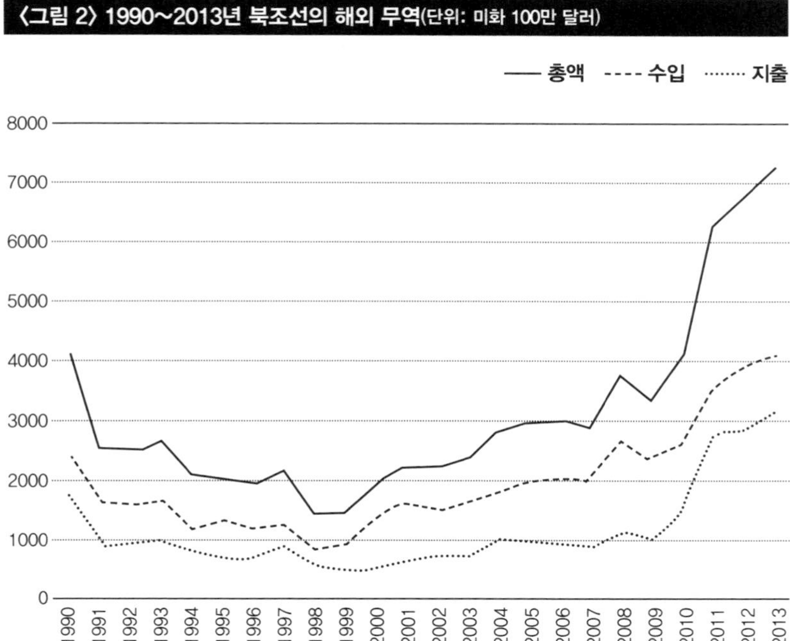

출처: 대한무역투자진흥공사(Kotra)[49]

대국이다. 양측의 무역은 미화 60억 달러에 이르렀다.[50] 예를 들어 우리 미디어들이, 북조선이 개성 경제특구에서 나오는 외환에 절박하게 의존한다고 주장한다면, 이 숫자를 눈앞에 떠올려야 한다. 개성 특구의 관리를 담당한 남한 정부 관리의 비공식적 정보에 따르면, 북조선은 연간 겨우 1200만 달러의 소득을 올렸다고 한다. 대략 5만 3,000명의 여성 노동자들에게 지불한 월급 144달러를 계산해도 총소득액은 1억 달러에 못 미친다. 이는 상당한 돈이지만, 여전히 중국과의 교역의 60분의 1 수준에 지나지 않는다.

시간이 흐르면서 해외 무역 발전에 따른 몇 가지 사항이 눈길을 끈다. 물물교환에서 외환거래로 바뀌고 정치적 호의가 없어지자, 주요 교역 상대국이던 소련이 1990년대 초에 통계의 정점에서 사라졌다. 2001년에는 대부분 친북 성향인 한국 교포가 가장 많이 살던 일본이 북조선의 가장 중요한 교역국이었으나, 2002년 가을부터 쌍방 교역 총액이 갑자기 제로 수준으로 떨어졌다. 그 이유는 오래 찾을 필요도 없다. 2002년 김정일과 고이즈미 준이치로小泉純一郎가 처음으로 북일정상회담을 한 다음, 일본 여론이 1970년대에 북조선으로 납치된 일본인 문제를 거듭 파헤치자 기대하던 관계 정상화는커녕 거의 완전한 관계 단절로 이어진 것이다. 대신 중국과의 교역은 절대적으로 그리고 상대적으로 꾸준히 상승했고, 이미 보았듯이 평양에서 불안하게 바라볼 정도의 수준에 도달했다.

이런 역동성은 두 가지를 보여준다. 북조선은 정치적 요구에 따라 꼭 필요하다고 생각될 경우, 경제적 이익을 희생할 각오가 되어 있다. 그리고 한쪽 동맹국과의 협조를 강화해서 다른 동맹국과의 상호 관계에 나타난 손실을 메울 수가 있다. 이것은 북조선과의 교류에 등장하는 핵심 딜레마를 보여준다. 동맹국 각각의 이해관계 차이에 근거해서, 그리고 그 결과인 북조선에 대한 공동정책의 부재에 근거해서, 평양은 제한조치들을 거듭 좌절시킬 수가 있었다.

2014년 중반에 러시아와의 통상 관계에 분명한 개선이 나타났다. 2014년 4월 말 러시아 부수상의 북조선 방문은 1985년 이후로 최고위직의 방문이었다.[51] 그보다 며칠 전에 러시아 의회는 수십 년 전부터 남아 있던 북조선 국가 채무의 90퍼센트, 미화로 약 100억 달러를 탕감하기로 의결했다.[52] 2012~2013년에 양국 무역은 37퍼센트 상승했다. 이 모든 일이 러시아의 지역 경쟁자인 중국이 북조선의 핵정책을 놓고 압력을 높이려는 시점에 일어난 것은 분명 우연이 아니다. 북조선이 여기저기서 중국과의 관계를 희생시키면서 러시아에 접근하는 것은 이 책의 훨씬 뒤에 나오는 '아리랑' 축전에도 반영되었다. 이 축전은 2013년에 근본적인 변혁을 겪었다. '냉전 2.0'에서 러시아와 중국이 어디까지 다시 연합해 미국에 맞설지는 아직 불확실하다. 북조선은 의심의 여지없이 그런 상황에서 이익을 취할 것이다. 그렇게 되면 북조선은 이 진영의 일부가 될 것이고, 동맹국들은 1차 냉전 시기에도 이미 그랬듯이 북조선의 협조를 얻으려고 서로 경쟁할 것이기 때문이다.

한반도 역내 무역은 정치적 상황의 희생양이다. 특히 북조선의 핵 프로그램을 놓고 벌어진 갈등에 희생되었다. 이 무역은 주로 북쪽 방향으로 식량과 비료라는 구호품 제공과, 경제특구 개성에서 남쪽 회사들이 값싼 북조선 노동력으로 생산한 경공업 생산품의 재수입으로 이루어진다. 남북 사이의 물물교환을 두고 진짜 교역이라고 말할 수는 없다. 2012년 교역 총액이 대략 미화 20억 달러였다. 여기서 미화 2억 달러 정도로 북조선 쪽에 약간 유리한 액수는, 북측이 받은 임금으로 설명된다.[53] 다른 말로 하자면 남한은 원료와 반가공품을 북조선에서 활동하는 남한 회사들에게 공급하는데, 이것은 서울의 관점에서는 순전히 통계상 수출로 잡힌다. 북조선에서는 이 물품을 북조선의 노동력을 투입해 최종상품으로 가공해서 다시 남한에 되돌려 보내는데, 이것은 통계상 남한이 북조선에서 수입한 물품으로 나타난다. 이렇게 오가는 과정에서 발생한 가격의 차이는 주로 임금비용으로서 북조선에 남는 돈이다. 남한은 실질적으로는 스스로와 거래한 셈이다.

사회주의 '형제국가들'과의 거래가 자본주의적인 '적대국들'과의 무역으로 바뀐 이후로는 교역국들 사이에 가능한 한 균형을 이룬 무역 성과를 기대하게 된다. 하지만 1990년에서 2012년 사이 북조선의 해외무역을 결산해보면 해마다 3억~15억 달러의 적자가 나타났다. 누적하면 23년 동안 상당한 액수인 180억 달러가량이 된다. 무역수지 적자는 한 나라가 수출하는 것보다 수입이 더 많다는 뜻이고, 그러니까 소득보다 지출이 많다는 말이다. 그 결과는 채무 또는 반대 방향으로의 송금인데, 대체 어디서 이런 자금이 나타난단 말인가? 북조선은 아주 오래전부터 국제 금융 기관에서 신용 융자를 할 처지가 아니다. 자국 통화는 태환이 되지 않으니 지폐 인쇄로 문제를 해결할 수는 없다.

뻔한 설명은 동구권이 붕괴했음에도 북조선이 상당한 액수의, 정치적 동기가 있는 일방적 외환 송금을 받고 있다는 것이다. 미국 의회조사국Congressional Research Service의 보고서 하나는, 제재와 비난을 놓고 보면 깜짝 놀랄 일이지만, 1995~2011년 미국에서만 인도적 원조와 저개발국 원조 형태로 13억 달러가 북조선에 송금되었음을 확인해준다.[54] 북조선이 대차대조표의 적자를 해소하도록 돕는 막대한 송금의 또 다른 원천은 남한과 중국인데, 이는 유리한 조건에 제공되며 장기간에 걸친, 정치적 동기를 지닌 차관의 형태로 이루어진다.

수많은 예들 중 한 예는, 평양이 돈을 마련하는 데 있어 얼마나 창의적인지를 보여준다. 북조선은 유엔 기후변화협약Framework Convention on Climate Change(UNFCCC)에 동참하고 있다. 여기서 북조선은 특히 친환경에너지 영역에서 생산 능력의 구축에 관심을 보인다. 그 중심에는 청정개발체제Clean Development Mechanism(CDM)가 있는데, 이는 교토의정서에서 제시한 온실가스 감축 도구의 하나다. 현재 북조선은 CDM의 틀에서 입증된 프로젝트 여섯 개를 추진하고 있으며, 이 수가 앞으로 점점 더 늘어나리라고 예상할 수 있다. 이것은 더 큰 규모의 온실가스 배출권을 얻을 수 있도록 해주는데, 이를 취득한 나라는 이익을 남기고 되팔 수가 있다. 현재 북조선이 확보한 20만 톤 온실가스 배출권은 연간 대략 100만 달러의 가치를 지닌다.[55]

북조선이 외환을 벌어들일 관습적이지 않은 방식이 상당수 있다. 캄보디아 시엠립의 그랜드 파노라마 박물관 건설도 여기 속한다. 북조선은 반대급부로 10년 동안 입장권 수입을 받기로 하고, 만수대창작사가 건축 책임을 맡았다고 한다. 이는 북조선에서 약 4,000명의 직원을 두고 주로 지도자를 찬양하는 기념물들, 즉 조각상, 모자이크, 그림 등을 창작하는 유명한 예술창작사이다. 이런 숙련기술은 다른 곳에서도 호평을 받는다. 아프리카 국가들에서도 미화 약 1억 5000만 달러짜리 주문이 있었고, 그중에는 짐바브웨의 독재자 로버트 무가베Robert Mugabe가 주문한 조각상들도 있다.[56]

지난 기간 김정일 치하에서 시작된 해외 무역 장려 노력이 강화된 것도 관찰된다. 국가는 전통적으로 해외 무역의 통제를 가장 중요하게 여겼다. 국가가 해외 무역을 독점함으로써 이런 통제가 확보되는데, 이로써 개별 기업체들이 직접적·독립적으로 상업관계를 맺는 것이 배제된다. 최근에 경제특구를 만드는 방식으로 이런 독점권이 느슨해졌다. 가장 성공적인 경우가 남한과의 국경선에 위치한 개성이다. 최근 동북부의 라선 특구에서 중국 및 러시아와의 교역을, 그리고 서북부의 신의주에서 중국과의 교역을 확대하려는 노력도 이루어지고 있다. 라선 특구가 눈에 띄게 높이 평가되는 것과 연관해서 2010년 1월 초에 국립 개발은행 건설 계획이 알려졌다. 이 은행의 임무는 개발 계획들에 대한 재정지원과 국제 금융 기관 및 신용은행들과의 협력이 될 것이라고 한다.

하지만 결국 이런 모든 노력도 체제의 근본적인 특성들이 그대로 머물러 있는 한에는 제한적으로만 성공할 것이다. 특히 사유재산, 경쟁, 현실적 가격 등이 없는 한에는 그렇다. 북조선은 개혁의 각오가 되어 있고, 또 그럴 능력도 있는가? 다음 장에서 이에 대한 답을 찾아보기로 하자.

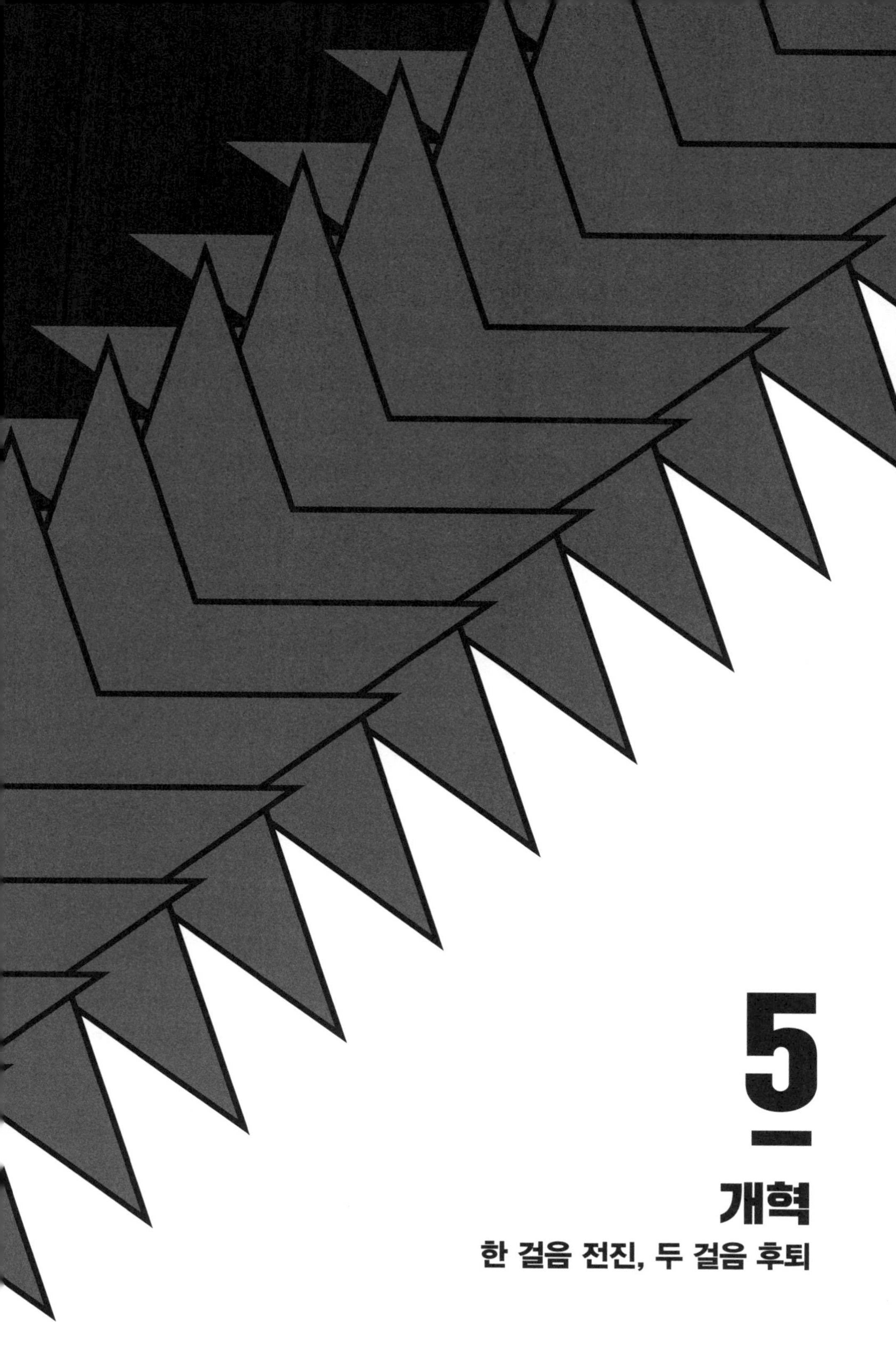

5

개혁

한 걸음 전진, 두 걸음 후퇴

사람들의 형편은 대체로 좋지 않다. 경제는 잠재력을 이용하지 않고, 동구권은 과거 역사가 되었으며, 거대한 이웃나라 중국조차 시장경제로 가는 직선 도로에 있다. 이것만 해도 평양의 지도부에 개혁의 필연성을 분명히 보여주기에 충분할 것이다. 어째서 신호음이 들리지 않는가? 아니면 그에 반응하려면 좀 더 오래 기다려야 하나? 정확하게 무엇이 문제인가? 이어지는 장들에서 북조선의 경제특구들과 김정은 치하에서 새로운 개발 경향을 다루기에 앞서 먼저 사회주의 동구권의 붕괴 이전과 특히 이후의 경제정책 발전을 살펴보고, 북조선에서는 시간이 멈추어 있다는, 아직도 놀랄 정도로 널리 퍼져 있는 선입견을 깨뜨리고자 한다.

개혁 대 작은 개혁들

모든 개선이 개혁은 아니다. 개혁의 몸짓을 하고 또 개혁처럼 보여도 그렇다. 우선 사회주의 체제에서 개혁을 어떻게 생각해야 할지, 그 정의는 야노스 코르나이Janos Kornai의 논문을 따르기로 한다.[1] 그에 따르면 개혁이란, 그것이 근본적이고 가능한 한 포괄적으로 일어나야만, 그러니까 초절임처럼[개혁의 내용이 사회 속에 완전히 녹아들게] 될 경우에만 이런 이름을 얻는다. 우선 개혁이란 광범위한 전복을 뜻하는 혁명이 아니다. 개혁은 진화다. 현존 체제에서 실질적인 변화의 문제이지, 체제의 종식이 아니다. 물론 평화롭고 점진적으로 이루어진다면 보통 개혁의 최종 결과는 현존 체제의 종식이 될 것이다.

근본적이기 위해서, 국가사회주의 경제체제의 개혁은 사유재산권 문제를 새롭게 명백히 해야 한다. 생산수단에서 사유재산을 인정하고, 그로써 경쟁을 장려하며, 동기부여 체계를 바꾸어야 한다. 물론 국가사회주의 체제와 자본주의 체제가 가장 원칙적으로 차이가 나는 것이 이 분야다. 설사 엄격하게 규정된 권위적인 자본주의 체제라도 그렇다. 사기업의 설립, 경영, 양도가 허용되어야 하고, 물품과 서비스를 위한 자유로운 시장이 있어야 하며, 생산과 다른 결정들이 분산되어 개별 경제주체들이 결정을 내릴 수 있어야 한다. 짧게 말하자면 생산의 국가소유 및 중앙계획경제가 사라지거나, 적어도 주도적인 역할에서는 물러나야 한다. 이런 요구의 기반은 재산과 경쟁을 통한 책임이 결국은 더 큰 효율성으로 이끌 것이니, 따라서 현재의 수단들로 더 많이 생산할 수 있고, 자산을 최소한도로 투입해서 생산 목표를 — 예를 들어 식량의 완전한 공급 — 달성할 수 있다는 사실을 받아들이는 것이다.

포괄적이 되기 위해서, 개혁은 한 분야 또는 정해진 기간에 국한되어서는 안 된다. 재산권 해방과 중앙지도 방식의 해지는 국민경제 대부분의 영역에서 이루어져야 한다. 그러니까 휴대전화 시장만 자유화하고 나머지 모든 영역은 계속 국가의 통제를 받는다면, 또는 이런 자유가 오로지 지방에서만 주어진다면, 또는 오로지 여름철에만 효력을 발하는 규칙이라면, 이는 충분치 못하다.

진짜 개혁의 과정에서 이념과 일당독재가 반드시 물러나야 하느냐는 질문은 매우 집중적으로 논의된 주제다. 원칙적으로 답변은 '그렇다'이다. 당의 권력도구인 국가에서 경제 통제권을 빼앗는다면, 결국은 당 스스로도 힘을 잃을 것이기 때문이다. 하지만 중국의 사례는 개혁의 정치적 측면이 경제적 측면보다 뒤처질 수도 있음을 보여준다. 또한 중국 공산당에 눈길을 돌려봐도 다음과 같이 주장할 수 있을 것 같다. 집단지도체제가 언젠가 공식적인 다당제 확립으로 바뀌기 전에 먼저, 당내에서의 경향과 계파라는 방식으로 복수複數 형태가 나타날 수도 있다고 말이다.

물론 결함이 있는 사회주의 체제의 기능 방식은 다당제가 확립된 이후 상대적으로 빨리 엄청난 문제들을 만들어내고, 그로써 지도부를 반동[여기서는 옛날 사회주의 방식]으로 몰아갈 것이다. 나는 이를 원래의 개혁과 구분하기 위해 비공식적으로 '작은 개혁'이라 부르겠다[개혁과 후퇴를 되풀이하는 과정]. 코르나이는 더 정확한 개념인 '완벽화 조치'라는 개념을 쓰는데, 이것도 의미는 같다. 코르나이에 따르면 완벽화 조치에는 세 가지 행동 영역이 있다.

행정기구의 재조직, 그러니까 새로운 부서의 설립이나 기존 부서들의 통합 같은 것이[첫 번째 영역] 이런 작은 개혁에 속한다. 예를 들어 2014년 6월 18일에 북조선 미디어들은 그때까지 존재하던 무역성을 합작투자위원회 및 국가경제개발위원회와 통합해 새로운 내각기구인 '대외경제성'으로 바꾼다는 소식을 전했다. 해외 무역의 자유화를 망설이면서도 동시에 이 분야를 강화하려고 하는 것이다.[2]

두 번째 영역은 경제의 재조직화, 곧 기업들과 직계 하청업체들을 통합하는 것이다. 이것은 보통, 중요한 몫을 하는 하청업체들을 가능한 한 많이 합병한 거대 기업연합(콤비나트)의 생성으로 귀결된다.

마지막으로 이런 구조적 적응과 더불어 완벽화 조치의 세 번째 영역은 과정의 최적화에 몰두한다. 여기서는 정보 처리, 계획목표의 적응, 성과금 등 물질적 동기부여 체계를 도입하거나 이념적 홍보를 집중적으로 이용하는 등의 방식으로 계획과 통제를 개선하는 것이 중요하다.

이런 겉으로 드러나는 변화들은 고작 단기적 효과밖에 갖지 않는다. 효율성 문제의 실질적인 해결을 위해서는 진짜 개혁 외에 다른 대안이 없다는 사실을 깨닫는 것이, 지도부를 비롯해 사회주의 국가의 많은 사람들에게는 극히 어려운 일로 보인다. 이 점은 철저히 나의 경험으로부터 자기비판의 방식으로 말하는 것이다. 다만 나 혼자만 그런 것은 아니다. 1989년 10월 평화혁명이 일어나기 전에 오랫동안 동독의 수많은 사람들이 이 나라의 근본적인 개선에 대해 많은 생각을 했지만, 아무런 대안 없이 체제를 해체한다는 생각은 하지 못했다. 체제 자체가 나쁜 것이 아니고, 다만 불충분한 실현이 문제라는 의견을 자주 들을 수 있었다.

오늘날 나는 전혀 다른 의견이다. 즉 체제 자체가 문제다. 이를 이해하고 그에 따라 올바르게 반응하기란, 강력한 이념적 요소들을 놓고 보면 — 사회주의 체제는 대개 자신의 우월성에 대해 역사적으로 뒷받침된 믿음과 결부되어 있으니 — 사회주의 국가의 지도부와 주민들에게 절대로 쉬운 일이 아니다. 하지만 코르나이가 말하는 개혁은 바로 이런 통찰을 전제로 한다.

이런 개혁의 기준을 생각한다면, 북조선에 이미 개혁이 있었는가 하는 질문에 대해 분명히 아니라고 답변할 수 있다. 나는 김정은을 중심으로 현재 지도부가 자기들의 야심만만한 경제·정치적 목표를 달성하려면, 재산권 상황과 조정 장치의 근본적인 개혁을 거치지 않는 길은 없다는 사실을 이해했는지 의문스럽다.

이 자리에서 개혁을 각오한 정권이 엄청난 정치적 위험에 노출된다는 사실을 인정하지 않으면 안 된다. 이것은 이른바 변혁 이후의 경기후퇴 때문만은 아니다. 다시 말해 개혁이 기대하는 더 나은 결과가 나오기까지 한동안 시간을 필요로 하며, 그때까지는 옛날 구조가 무너진 탓에 일단 생산의 후퇴를 예측해야 한다는 사정 때문만은 아니다. 소련이 겪은 것 같은 역사적 경험들도 개혁에 대한 열광을 만들어내기에 적합하지 않다. 소련 말기에 개혁의 주창자이던 미하일 고르바초프Mikhail Gorbachev는 '변혁(페레스트로이카)'을 향한 프로그램이 시작되고 몇 해 지나지 않아 실각했다. 중국에서도 개혁이 10년 정도 지난 1989년 6월에 정부는 천안문광장에서 간신히 혁명을 막아냈다.

북조선의 경우 반대 세력이자 경쟁자인 남한의 존재와, 또한 강대국 미국에게 감시의 눈길을 받고 있다는 상황까지 덧붙여진다. 이런 상황에서 평양이 실수하지 않으려 애쓰면서 정권의 생사를 모험에 걸기보다는, 의심스러울 경우 차라리 아무 일도 하지 않는 쪽을 선택한다는 것도 이해가 된다. 절실하게 필요한 개혁을 이렇듯 미루는 동안 고통을 당하는 쪽은 물론 사람들이다. 그럼에도 북조선에도 매우 주목할 만한 변화들이 일어나고 있는데, 서방에서는 자주 그것을 거의 못 알아채거나 아니면 인정하지 않는다. 이것은 치명적인 일이다. 핵문제나 인권상황 같은 중요한 문제들에 대한 평화로운 해결의 실마리가 여기 들어 있기 때문이다.

북조선 경제에서 사회주의 완벽화 조치들

국가사회주의 체제는 최선의 의도에도 불구하고 통상 비효율성과 결핍으로 인해 고통을 겪는다. 코르나이에 따르면 혁명 직후 겨우 몇 년 지속되는 사회주의의 '영웅적 국면'이 지나면 곧바로 이 문제들이 분명해진다. 동독에서는 늦어도 1953년 6월 17일의 민중봉기와 더불어 영웅적 국면이 끝났다.[3]

북조선에서는 무엇보다 한국전쟁이 일어난 탓에 그와 같은 분명한 쉼표는 없었다. 한국전쟁은 이 나라를 예외상태로 몰아넣었고, 이는 지도부에 의해 오늘날까지도 지속되는 중이다. 직접 억압을 통해, 하지만 주로 포위당했다는 마음 상태를 만들어내서 불만스러운 노동 상황과 생활 상태를 견딜 각오를 높이고, 저항 성향을 줄였다. 마오쩌둥은 사회주의의 영웅적 국면이 제한적인 기간만 지속된다는 문제를 놓고 특이한 방식의 해결책을 생각해냈다. 요제프 슘페터Joseph Schumpeter를[4] 연상시키는 논리로 그는 현존질서를 지속적·창의적으로 파괴해서 중화인민공화국에서 혁명을 지속적인 것으로 만들려고 했다. 그러니까 평균 이상의 희생정신을 보이는 사회주의의 영웅적 국면을 자기 나라에서 끝내지 않으려 했던 것이다. 그런데도 오늘날 우리는 문화혁명이 어떻게 끝났는지 안다. 혼란과 파괴, 고통과 후퇴로 끝났다.[5]

북조선은 1945년에 일련의 광범위한 변화들을 시작했고, 한국전쟁 후로는 무엇보다도 사회주의 진영의 엄청난 원조의 덕을 입었다. 그런 까닭에 지도부는 원조가 줄어든 1960년대 초에야 대규모 수정에 착수하게 되었다. 1958년 노동속도를 높이려는 '천리마'운동이 지난 다음, 이미 언급한 1960년 봄의 '청산리'방법과 1961년 가을의 '대안'의 사업체계가 그런 것이다. 이 두 가지는 과정의 최적화 시도였다. 주로 사업장 내부의 소통과, 국가 부처와 기업체 사이의 소통을 최적화하려는 것이었다. 경험을 가진 농부와 노동자들이 기업체의 지도부에 편입되었다. 위원회들이 결성되고 당은 조정되었다.

이런 국가 캠페인들은 전형적으로 일련의 약점들로 몸살을 겪는다. 국가 캠페인들은 흔히 복잡한 활동보다는 단순한 수작업에서 더 잘 기능하고, 따라서 경제의 발전 수준을 높인다는 점에서는 어차피 제한적인 효력마저 더욱 줄어든다는 점도 이런 약점의 하나다. 기회비용도 잊어서는 안 된다. 건설 현장이나 가을걷이에 동원된 사람은 자신의 일터에는 나가지 못한다. 투입 장소가 원래 사는 곳이 아니라면 이동과 숙박비용도 더해진다.

적응 효과도 작업 향상 캠페인에 나타나는 전형적인 문제의 하나다. 극히 창의적인 방식의 캠페인이라도 자주 등장하다보면 적응 효과가 나타나게 마련이다. '샛별보기 운동'도 그런 한 예이다. 이것은 더 일찍 일어나서 지도자의 책들을 공부하고, 이어서 작업을 시작하자는 운동이었다. 북조선에서는 자주 100일 또는 200일 동안 지속되는 속도전들이 쉼 없이 연달아 벌어지곤 한다. 그러니까 단거리 경주들을 연속으로 이어붙여 마라톤을 요구하는 것과 같다. 대부분의 북조선 사람들은, 비슷한 체제의 사람들이 그렇듯이, 이런 게임을 잽싸게 꿰뚫어보고는, 일부러 힘을 비축해두는 식으로 반응한다. 그들은 별다른 일을 하지 않으면서 엄청나게 바쁜 척하는 기술에서 대단한 능력을 발전시켰다. 모두가 같은 배에 앉아 있으니, 서로 너무 큰 문제를 만들어내지 말자는 암묵적 약속 같은 것이 있다.[6]

이는 동독에서의 나의 경험과도 잘 들어맞는다. 생산기업체들에서 이런저런 직업을 가진 나의 동료들은 지나치게 열성적인 신참을, 그러니까 평균 이상의 작업 성과로 규범을 깨면서 남들의 기준까지 끌어올리는 신참을 어떻게 생각하는지 아주 빠르고도 오해의 여지없이 보여주었다. 지도부는 이런 내부의 교육조치들에 대해 상대적으로 대책이 없다. 부하들의 진짜 작업 능력을 짐작만 하는데, 아주 틀린 것만도 아니지만 그들이 일부러 성과를 적게 낸다고 추정하고 따라서 언제나 불신을 품는다. 시장경제에서는 임금 인상의 신호를 보내거나 파면으로 위협하는 데 반해, 사회주의 체제에서는 주로 선전과 이념적 동기부여가 이용된다. 자국 돈의 구매력이 약한 탓에 성과금은 별 효력이 없다.

상황이 더 다급해지면 자주 여러 전략을 섞어서 사용하기도 한다. 1960년대에 북조선이 베이징과 모스크바로부터 이념과 정치적 동기에서 해방을 추구하느라 야심만만한 경제적 목표를 달성하기가 점점 더 힘들어졌던 때가 그런 경우다. 1974년 2월에 김일성이 제시한 다섯 전선(건설전선, 산업전선, 농업전선, 운송전선, 어업전선) 목표는, 이념적 자극과 외국의 위협이라는 주문呪文을 결합한 분명한 예다. 그것은 의미로 보면 동독의 표어이던 "나의 노동현장은 평화를 위한 나의 전투현장"과 대충 들어맞는다. 시민으로서 일상의 활동이 더욱 상위 과제의 맥락에 편입되면서 그 가치가 높아지고, 그 결과 더욱 열성적인 노동이 나타날 것이라는 게 지도부의 바람이다. 또한 같은 논리에서 성과가 적으면 더욱 가혹한 처벌을 받을 수 있다. 단순히 겉으로 드러난 게으름만이 문제가 아니고, 조국방어를 위한 헌신이 부족한 것이기 때문이다.

북조선 지도부는 현재까지도 거듭 과정의 최적화를 위한 캠페인을 벌인다. '라남의 횃불'에 뒤이어, 2012년 김일성 탄생 100주년을 계기로 벌어진 수도 증축 캠페인 '평양의 속도'와 거대한 수력발전소 건설을 위한 '희천의 속도'가 나타났다. 이념적 업적이라는 동기부여에서 모형은 서로 비슷비슷하다. 사람들의 눈앞에 빛나는 모범을 내세우고 그것을 모방하도록 독려한다. 개인이 그런 모범이 될 수도 있다. 소련에서 광부 알렉세이 스타하노프Aleksey Stakhanov가, 동독에서 역시 광부인 아돌프 헤네케Adolf Hennecke가 어디서나 인기가 좋지만은 않던 국가선전에서 규범 초과달성의 아이콘이었다.[7]

그 밖에도 사회주의 캠페인은 사회 전체에 파급력을 갖는, 무엇보다도 자기를 잊은 영웅주의로 서술하기에 적합한 거대 프로젝트 위주로 나타난다. 김정은 치하에서 우리는 낡은 이념과 새로운 우선순위 정책들의 결합을 보게 되는데, 사람들의 생활수준 개선과 세속적인 오락도 이런 우선순위 정책에 들어간다. 그래서 북조선에서는 2013년 여름에 엄청난 미디어의 보도와 함께 스키리조트(!)를 건설하기 위한 '마식령 속도'가 시작되었다. 이는 특이한 일이다. 북조선에서 만난 그 누구도 그런 말을 하지는 않았지만, 나로서는 미디어에 상세히 소개된, 군복을 입고 자연의 가혹함에 맞서 끈질기고도 단호히 투쟁하는 건설일꾼들의 모습이, 예상대로라면 극소수의 북조선 사람만이 접근하게 될 여가 시설의 건설과 조화를 이룬다고 상상하기가 어렵다. 그에 비해 전당대회나 지도자 생일을 포함한 국경일 등의 큰 행사 준비를 위한 캠페인, 또는 도로나 댐 건설, 철강 생산의 향상, 빠른 가을걷이 등의 캠페인은 이념적인 모습과 분명히 더 잘 어울린다.

마이크로전자공학과 컴퓨터수치제어 공작기계computerized numerically controlled machine tool, 곧 CNC 공작기계가 경제적 방향 전환을 가져올 수 있다는 생각은 그 옛날 동독의 망상을 연상시킨다. 1980년대에 이와 비슷한 호네커의 캠페인에 뒤이어 동독의 종말이 나타났음에도, 2009년 이후 북조선에서도 CNC 공작기계들이 선전되고 있다.[8] 역시 실패로 돌아간 몇십 년 전 '기적의 무기'라는 동독의 개념을 연상시키는 일이다. 이런 희망은 사방에서 죽어가는 중이다.

다양한 완벽화 시도 몇 가지를 나열했지만 이것이 전부는 아니다. 북조선 지도부가 분명한 지역적 색채를 가미하긴 했어도, 사회주의 국가들에 전형적인 방식으로 행동했다는 것만은 알아볼 수 있다. 이념적 동기부여를 끝내는 것도, 중앙의 조정을 끝내는 것도 지금까지 진지하게 고려되지 않았다. 앞서 거론한 캠페인 중 그 어느 것도 개혁의 조짐조차 보이지 않는다. 물론 1990년대에 세계의 사회주의 체제가 붕괴하고, 건국자 김일성이 죽고, 1995~1997년 기근이라는 재앙이 지나간 뒤로는 전혀 다른, 분명 더욱 근본적인 조치들도 관찰되긴 한다.

시장경제 실험들

1980년대 초에 이미 북조선 지도부는 거대 이웃나라에서 덩샤오핑이 1978년에 시작한 변화에 반응하기 시작했다. 이런 맥락에서 당시 김일성의 후계자로 지명된 김정일이 1983년에 중국을 방문한 것은 특히 주목할 만한 일이다. 1년 뒤 북조선 최초의 합영법[합작경영법]이 나타났다.[9] 분명한 증거가 없는 사변뿐이지만, 이 두 사건 사이의 연관성은 분명하다. 이 합영법은 짐작하건대 주로 일본에 살던 친북 성향의 교포들, 곧 재일본조선인총연합회(조총련) 계열 기업가들과의 협조를 촉진하기 위한 것이었다.[10] 1984년 합영법 같은 북조선의 경제개방 초기의 시도들은 전반적으로 조총련을 겨냥했다. 성과는 제한적이었지만, 여기서 새로운 길을 가겠다는 각오가 어느 정도 드러난다.

이런 초기 실험의 시대에 나온 또 다른 흥미로운 조치는 이른바 '8월 3일 인민소비품'이다. 오늘날에도 지속되는 이런 생산품은 1984년 8월 3일 김정일의 현지지도에 근거한다. 산업체 기업의 작업팀들은 통상적인 생산에서 남는 자재들로, 구두부터 부엌용품에 이르기까지 북조선 소비자들을 위한 물품을 생산하라는 독려를 받았다. 2013년 8월 20일에 열린 연간 전시회에는 2만 5,000종 이상의 생산품들이 전시되었다. 국영매체들은 김정은의 말을 인용해 아무도 원하지 않는 저질 소비품을 생산하는 것은 소용이 없는 짓이라고 지적했다.[11] 이것은 1980년대 동독에서, 모든 기업체에 각자의 핵심 사업과는 별도로 소비품을 생산할 의무가 주어졌던 일을 기억나게 만든다. 사업체 지도부의 절망과 아울러 자주 기묘한 결과가 나왔었다. 예컨대 나는 아직도 동독 최대의 공작기계업체가 만든 코르크마개 따개를 가지고 있다.

북조선에서 기업체 관리자들은 여전히 중앙의 지시를 이행해야 하지만, 그 실행에서 더 많은 결정권을 얻은 새로운 장부체계 역시 1984년에 도입되었다.[12]

이런 조치들은 김정일이 분명히 국가경제의 현대화에 대해 진지하게 숙고했고, 이전까지의 경제모델에서 전향해 투자물품 대비 소비물품의 생산을 장려하려고 했음을 입증한다. 당시 이미 주민들에게서 나온 압력을 느끼고 그에 대해 긍정적으로 반응할 각오였던 게 분명하다. 몇 년 뒤 동구권이 붕괴하자 북조선에서는 이것이 과연 올바른 길일까 하는 상당한 의구심이 나타났다. 믿을 만한 대화를 통해 내가 알게 된 바에 따르면, 언제나 속으로 부러워하던 사회주의 유럽의 파국이 주민들의 소비 욕구를 점점 더 많이 고려했기 때문인지, 아니면 소비 욕구를 고려했는데도 불구하고 나타난 것인지를 놓고 북조선에서 집중적인 내부 논의가 있었다.

합영법으로 시작된, 온갖 안전장치를 대동한 자본주의 맛보기 시도는 1991년에 김일성이 직접 허가한, 하지만 아마도 김정일이 주도했을 북조선 최초의 라선경제특구 설립에서 계속되었는데, 이에 대해서는 다음 장에서 더욱 상세히 다루기로 한다.

1994년 김일성이 죽고, 그 아들 김정일이 권력을 물려받아 단독 통치자가 되었다. 바로 뒤이어 북조선은 1995년부터 1997년까지 가혹한 기아 사태를 겪는다. 정권이 이 위기를 견디고 살아남았다는 것은 이 체제의 주목할 만한 업적이지만, 그렇다 해도 이런 일이 또 일어나게 할 수는 없었다. 더욱 높아진 개혁 압력과, 이른바 친북 성향 때문에 사형언도까지 받았던 김대중이 1998년에 남한의 대통령으로 취임한 이후 나타난 남북 긴장완화 덕분에, 평양의 새 지도부는 더욱 용기를 가지고 위험을 각오할 수 있게 되었다.

북조선은 1998년에 현대 기업의 자회사인 현대아산과 최초의 남북 관광산업 협약을 맺었고, 같은 해에 김정일 치하 새로운 지도부에 맞춰 헌법도 개정되었다. 2년 뒤인 2000년 6월에는 김대중 대통령과 김정일 위원장이 북조선에서 최초의 남북정상회담을 했다. 두 정상은 상당한 정도의 경제 협력 계획을 논의했고, 그중에는 남한 국경선에 위치한 개성에 건설할 경제특구도 들어 있었다.

곧이어 처음에는 비밀리에, 일본과의 양자대화도 깊이 있게 진행되었다. 외교관계를 정상화하고 일본이 배상금을 지불토록 하기 위한 것이었다. 2002년 9월 17일 고이즈미 준이치로 총리가 일본 역사상 처음으로 북조선으로 와서 김정일 위원장을 만났다.[13] 그 결과 일본국제협력은행을 통해 북조선의 민간 경제활동을 재정적으로 지원한다는 예고가 나왔다. 하지만 곧이어 일본 여론은 북조선이 납치한 일본인 문제를 폭로했고, 또한 북조선의 핵무기 프로그램에 대한 논란이 다시 불붙으면서 배상금 지불은 이루어지지 않았다.

2002년 10월 15일에 제임스 켈리James Kelly 미국 국무부 차관보는 북조선 측이 10월 초에 넉넉히 쌓인 우라늄을 토대로 핵무기 프로그램을 진행할 수 있다는 고백을 자기에게 했다고 밝혔다.[14] 북조선 측 설명의 원문에 대해, 그리고 이런 고발의 진실성에 대해서도 상이한 진술들이 있다. 어쨌든 이 날짜로 서방세계는 북조선과의 협력을 중단했고, 핵시설의 '완전하고 검증가능하며 돌이킬 수 없는 폐기'를 뜻하는 CVID[15] 이후에야 재개를 고려하기로 했다.

나는 지금도 저 2002년 10월 15일을 잘 기억한다. 이날 아침 브뤼셀에서 최수현 외무성 부상이 이끄는 북조선 대표단과 함께 아침식사 중이었기 때문이다. 전날 유럽연합과 북조선의 협조에 대해 비공식적인 신중한 논의가 있었다. 여기서 북조선은 해외 무역을 위한 기준통화로 미국 달러화 말고 유로화를 쓰겠다고 통보했고, 이것은 2003년 1월 1일부터 실제로 이루어졌다. 북조선이 내놓은 내 눈에 매혹적인 제안은, 교역의 대가로 자국 미사일을 유럽의 아리아드네 미사일에 실어서 발사할 가능성을 얻는다면, 미사일 프로그램을 중단하겠다는 것이었다. 유럽인들이 별달리 환호했던 기억은 없지만, 이 제안은 주목할 만한 것이었다. 어쨌든 북조선은 그보다 한 달 전 일본과의 공동성명에서 미사일 실험 중지를 연장한 상태였다.

이는 얼마 전부터 이미 협조하고 있다는 신호였다. 유럽연합은 2001년 5월에 조선민주주의인민공화국과의 외교관계를 시작했다. 독일은 그보다 두 달 전인 2001년 3월에 이미, 동독 말기부터 스웨덴 깃발 아래 최소한의 인원만 남겼던 독일대사관을 다시 가동한 참이었다. 그 이후로 평양의 옛날 동독대사관에는 세 개의 서방 대표부가 한 집에 들어 있다. 독일, 영국, 스웨덴 대표부이다.

제임스 켈리의 논란 많은 폭로 이후로, 북조선-유럽 협력 관계는 물론 단번에 끝장났다. 2002년 10월 24일에 유럽연합은 KEDO 협정의 틀 안에서 계획된, 북조선에 총 2,000만 유로 상당의 중유를 공급하기로 했던 것을 중단했다. 11월 19일에 유럽연합 의회는 핵문제가 해결되기까지는 오로지 인도적 도움만을 줄 수 있고, 다른 어떤 개발 협력 사업도 가능하지 않다는 결정을 통과시켰다. 바로 뒤이어 일련의 제재들이 통과되었다.[16]

2002년 7월의 경제정책 조치들이 — 이에 대해서는 뒤에 설명할 텐데 — 방금 설명한 것처럼 당시 극히 긍정적인 맥락에 있었다는 사실이 내게는 중요하다. 이로써 나는 북조선 지도부가 기아 사태 이후에 생겨난 '길거리 압력'에만 반응한 것이라는 주장을 반박하려 한다. 아랍의 봄을 경험한 나라들과 같은 의미에서의 '압력'이라는 게 북조선에 없었다는 점은 그만두고라도, 기아 사태의 가장 고약한 국면이 지나고 5년 뒤에 나온 이런 조치들을, 위기에 대한 지도부의 임기응변이라고 부를 수는 없다. 국가가 식량 공급에 실패함에 따라 주민들의 당혹감이 늘어난 것은, 당시 이미 존재하던 경제·정치적 숙고들을 더욱 강화하는 일종의 촉매제로 작용했지, 절대로 지도부의 과격한 사고전환으로 연결되지는 않았다. 이런 전환은 적어도 부분적으로는 이미 그전에 나타나 있었다.

2002년 7월의 거의-개혁 [7·1경제관리개선조치]

2002년 7월에 무슨 일이 있었나? 전체적으로 보아 당시 공식적으로 탈脫중앙의, 분산된 물질적 동기부여가 시작되었다. 정통 사회주의 위치로 되돌아가려는 다양한 시도에도 불구하고, 이것은 지난 수십 년 동안 계속된, 주로 이념적인 중앙집중 동기부여 체제의 뚜렷한 약화를 보여준다. 분명 오랜 준비 기간을 거친 것들로서, 국가가 정리하고 예고한 조치들이었다는 것이 중요하다. 따라서 이것은 경제를 새로운 토대 위에 세우려는, 적어도 새로운 토대를 향한 길을 마련하겠다는 목표를 지닌 시도였다.

여러 변화들이 동시에 이루어졌다.[17] 핵심 요소는 가장 중요한 물건들과 서비스의 가격 조정이었다. 모든 가격이 올랐지만, 각기 다른 정도로 상승했다는 점이 주목할 만하다. 그러니까 두 가지를 위한 노력이었다. 당국이 통제하는 가격을 시장가격에 맞추면서, 동시에 개별 물품들의 가치평가에서 불균형을 없앴다. 예컨대 쌀 1킬로그램의 가격은 550인자가 오른 데 반해 옥수수 1킬로그램은 50인자만 올랐다. 그러니까 옥수수는 쌀에 비하면 10분의 1가량만 오른 것이다.

북조선 사람들이 새로운 가격을 지불할 수 있도록 임금도 올랐다. 수행된 노동의 어려움과는 별도로, 적어도 두 등급으로 나뉘어 올랐다. 임금 상승은 18인자와 54인자 사이였다.

특히 주목할 만한 조치는 미국 달러화에 대한 북조선 원화의 가치가 68인자, 곧 6,800퍼센트나 떨어진 것이었다. 이것은 2002년 7월에 북조선 지도부를 지배한 실용주의를 보여준다. 온갖 상징성을 무시하고, 적국 통화 대비 자국 통화의 가치를 떨어뜨렸으니 말이다.

여기 덧붙여서 국가가 농부들에게서 쌀을 사들일 때의 가격을 뚜렷하게 정상화했다. 2002년 7월 이전에 국가가 사들일 때는 킬로그램당 0.8원을 지불하고, 팔 때는 0.08원을 받았다. 그러니까 킬로그램당 0.72원의 손실(또는 보조금)이 발생했다. 새로운 규칙에 따르면 사들일 때는 킬로그램당 40원인데, 이는 팔 때의 44원보다 약간 낮은 가격으로, 전체적인 가격 조정과 아울러 보조금 철폐까지 뜻하는 일이었다. 이것은 이번 조치가 어느 방향으로 갈지를 분명히 보여주는 신호였다. 계획경제의 일그러진 가격 구조에서 벗어나, 장·단기적으로 경제 과정의 중앙 조정을 적어도 일부라도 없애고 현실적인 가격을 지향한 것이다.

이로부터 경제에는 어떤 신호효과가 기대되었는가? 의심의 여지없이 소비자들 대부분의 이론적 구매력이 떨어졌다. 식품 가격이 임금보다 더 많이 올랐기 때문이다. 물론 옛날 더 낮은 가격이 배급제의 일부였다는 사실을 고려해야 한다. 옛날에는 가격이 낮았지만 쌀을 자기가 원하는 만큼 살 수 없고, 국가가 지정한 분량만 살 수 있었다. 주택가에 이를 위한 특별한 가게들이 있었다. 여기에는 작은 책자가 있었는데, 깔끔한 글씨로 각 가정에 할당된 분량이 기록되었다. 한 달 치 배급량에 도달하면 더 이상은 살 수가 없었다. 이런 배급소들은 큰 거리에는 거의 없고, 주로 주택가의 한가운데 들어가 있었다. 그래서 외국인들은 슈퍼마켓이나 식품 가게를 오래 찾아보아도 찾을 수가 없었다. 그런 게 없었으니까. 학생 시절에 나는 기숙사에서 식품을 공급받거나 외환을 받는 가게에서 살 수 있었다. 외교관들은 운전사나 청소 인력에게 부탁하면, 세부사항에 대한 자세한 설명 없이 그들이 원하는 생산품을 들고 나타나곤 했다.

새로운 가격은 어차피 양이 제한되어 있던 쌀, 옥수수, 기타 식품의 가격을 올렸을 뿐이고, 처음에 언뜻 생각되는 것처럼 구매력에 그리 심각한 영향을 미치지는 않았다. 결핍 경제에서는 항시 그렇지만, 과거에도 북조선에서 소비자가 겪는 핵심 문제는 개인적 지불 능력보다는 주로 상품과 서비스에 대한 접근 자체였다.

물론 또 다른 일이 일어났다. 다른 모든 물건들의 가격을 쌀값으로 환산하면 원화의 구매력이 떨어졌지만, 쌀의 구매력은 올라갔다. 이는 쌀 재배 농민들에게는 소출을 높이기 위해 시간, 돈, 에너지를 투자할 만큼 매력적인 일이었다. 국가가 이런 물질적 유인책을 이용하려 한다는 것은, 선전과 억압이 그 한계에 도달했다는 사실을 보여준다. 이 깨달음이 지도부까지 들어갔던 것이다. 이로써 투자자들이 이익을 볼 기회도 만들어졌다는 사실은 나중에야 드러났다. 하지만 이 문제는 새로운 것이 아니었다. 18세기에 조선의 왕에게 제출한 개혁 제안들에 이미 드러나 있는데, 즉 국가가 추수기에 쌀을 싼값에 사들였다가 이듬해 봄 춘궁기에 되팔아 시장가격을 안정시키자는 것이었으니 말이다.[18]

또 다른 놀랍도록 실용적이고 용감한 조치는, 그때까지 나란히 존재하던 세 종류의 화폐를 없앤 일이었다. 정규 화폐 말고 두 가지 형태의 이른바 '외화와 바꾼 돈'이라는 게 있었다. 이것은 사회주의 외국의 시민과 자본주의 외국의 시민을 위한 돈이었다. 2002년에 이 두 가지 특별 화폐는 대안 없이 사라졌다.

그사이에 실질적으로는 두 종류의 국내 화폐 및 두 가지 병행하는 가격 체계가 도로 존재하게 되었다. 공식환율(1유로=130원)과 비공식환율(1유로=9,000원)은 서로 상당한 차이가 있으며, 국내 화폐는 외국인의 손에 직접 들어오는 일이 없다. 하지만 짧은 시간에 북조선이 자국 화폐로 심지어 국제적으로 자유롭게 통상을 할 수도 있는 기반이 마련되었다.

당시 평양에서 사태가 얼마나 멀리 나아갔는지를 이해하려면, 잠깐 중국을 관찰하는 것이 도움이 된다. 중국에도 '외환교환권'이라 불리던 외국인을 위한 특별 화폐가 있었다. 덩샤오핑이 1978년에 개혁을 시작하고 16년이 지난 1994년에야 비로소 이것이 사라졌다. 북조선에서는 이 조치를 계획된 개혁의 시작 지점에 곧바로 행했는데, 이것은 개혁 시도의 진지함과 아울러 북조선 경제정책자들의 학습 능력을 보여주는 부분이다.

2002년 8월에 새로운 환율로 환산된 새로운 가격을 세계시장 가격과 비교해보았을 때 나는 거의 믿을 수가 없었다. 북조선은 그때까지 세계의 나머지 부분으로부터 완전히 고립되어 이념적으로 규정된 계획경제가 멋대로 만들어낸, 수요도 공급도 가격 상관성도 반영하지 않던 가격을 진짜로 국제 수준에 적응시켰던 것이다.

반쯤 공식적인 설명들이 쌓였다. 그에 따르면 기업들은 개별적으로 수익성을 추구해야 하고, 수익성이 마이너스로 떨어지면 문을 닫을 수도 있다. 이것을 직접 확인할 수는 없었다. 하지만 어느 경우든 시장 퇴출 가능성은 '개혁'이라는 딱지를 달 만한 일이라고 보아야 한다. 경쟁이라는 개념도 점점 더 많이 현실로 되었다. 예전처럼 중앙계획의 틀에서 일종의 독점으로 생산하는 대신, 기업체들은 서로 경쟁한다. 우리는 이런 경쟁이 구체적으로 어떤 모습으로 보였는지, 그리고 그게 충분히 멀리 나아갔는지는 잘 모른다. 상대적으로 확실한 것은, 적어도 이에 대한 내부 논의가 있었으며, 새로운 규칙들이 예고되었다는 사실이다.[19]

나아가 북조선에서 경제정책을 담당한 핵심 기구인 계획부서가 1990년대 중반부터는 분명 공식적으로 없어졌다는 게 사실이다. 그 배경은 물론 개혁사상보다는 해당 부서가 쓸모없다는 깨달음이었다. 어차피 소련 유형의 계획경제는 특별한 성과도 없었다. 1960년대 초에 주체사상을 선포해 두 핵심 동맹국에서 독립을 선언하기 전까지는 모스크바와 베이징의 도움으로 계획경제 목표를 상대적으로 힘들이지 않고 달성했다. 그러나 1961~1967년 최초의 '7개년 계획'은 3년을 연장해야 했다. 형제국가들의 원조가 없어진 탓에 야심만만한 기도가 실패로 돌아갔기 때문이다. 하필 이 시기에 오랫동안 훨씬 더 가난하던 남한에서 박정희 장군의 개발독재가 시작되었기 때문에 이는 특히 불쾌한 일이었다. 박정희는 2013년에 취임한 박근혜 대통령의 아버지다. 이어서 1971~1976년의 '6개년 계획'도 2년 연장되었고, 1978~1984년의 2차 '7개년 계획'도 마찬가지였다. 1987~1993년 3차 '7개년 계획' 이후로는 상세한 경제계획의 발표를 그만두었다. 그렇다고 경제계획 자체가 없어진 것은 아니었다. 다만 전통적인 사회주의 체제에 널리 퍼져 있었던 것처럼 공개적인 발표와 자기과시의 대상이 아니게 되었을 뿐이다.[20]

이런 변화들의 총합을 앞에 두고 튀어나온 유일하게 의미 있는 설명은 숨이 멎을 정도로 놀라운 것이었다. 북조선이 경제의 화폐가치화와 개방의 문턱에 섰다는 것이다. 남한 관광객들이 들어왔고, 2000년 남북정상회담이 열렸으며, 일본과의 협상도 끝내기 직전이었고, 중앙의 계획경제에 대해서는 거의 말이 없었다. 게다가 환율은 더 현실적으로 되었고 내부 물가는 세계시장에 맞춰졌다. 동시에 이런 경제정책의 조치들을 엄호하기 위해 전례 없는 규모의 이념적 캠페인이 전개되었다.

2001년 초에 이미 김정일에 대한 소식이 당 기관지 〈로동신문〉의 사설로 전달되지 않고, 그가 직접 국민에게 말하는 매우 특이한 경우가 있었다. "위대한 수령 김정일 동지의 말씀에서 발췌"라는 제목 아래 페이지 절반을 차지한 기사는 다음과 같은 말로 시작된다.

> 지금은 1960년대와 다름으로[다르므로] 지난날의 낡은 일본새로 일하여서는 안 됩니다. 21세기에 들어서는 새 시대의 요구에 맞게 무슨 일이나 손색이 없게 하여야 합니다.

조금 더 아래쪽에 이런 말도 나온다.

> 지난 세기에 마련한 터전에서 그 모양대로 살아나갈 것이 아니라 새로운 시대의 요구에 맞게 그 면모를 끊임없이 일신시켜나가야 합니다.[21]

북조선 지도부가 예나 지금이나 꺼리는 '개혁'이라는 말에는 그 이상 가까이 다가가지 않았다. 김정일이 명백하게 1960년대에 대비시켜 스스로 '새 시대'에 대응하는 본보기로 나서는 것을 보라. 이는 아버지의 업적에 대한 비판을 함축하는 것으로 해석할 수도 있기 때문에 매우 특이한 일이다. 북조선 인사와 대화를 해보니, 김정일의 말은 경제계획, 금융제도, 노동시장의 소련식 사회주의 모델에 대한 비판이라고 해석해야 한다는 것이 분명해졌다. 특히 해외 무역은 자본주의의 역학과 원칙에 맞추어 이루어져야 한다는 것이다.[22] "지난 시대의 낡은 관점에서 벗어나자" 등의 표현들이 한동안 〈로동신문〉에 정기적으로 등장했다. 변화는 점점 더 눈에 보이게 되었다. 거대한 국영 케이블공장 한 곳을 방문했을 때 나는 작업팀 하나가 홍콩 협력사의 주문을 받아 컴퓨터, 티브이, 비디오플레이어, 자동차 등을 위한 다양한 케이블을 생산하는 것을 보았다. 방직공장 한 곳에서는 여성 재봉사들이 '메이드 인 이탈리아' 상표가 붙은 양복을 생산하는 것을 보았다. 대동강 양조장의 전시실에서는 다양한 종류의 하이네켄 맥주를 살 수 있었다. 이익을 위해 눈을 질끈 감아버린 것이다.

이런 모든 변화에서 거듭 지속성이 강조된다는 사실도 잊지 않고 언급해야겠다. 위로부터 나온 변화들이 주민들 사이에 꾸준히 기대감 상승을 만들어내는 데다, 결국은 걷잡을 수 없게 되어버린 소련과 동구권의 예들을 보면서 북조선 지도부가 충격을 받은 게 분명했다. 주문처럼 거듭 읊조리는 지도부의 신조는, 북조선의 변화들이 계획에 따른 사회주의 발전의 계속이라는 말이었다. 시장은 자본주의가 생겨나기 전에도 있었던 것이니, 시장이 곧 자본주의 사회의 표지는 아니라는 죽은 김일성의 말이 그대로 인용되었다. 사회주의의 과도기적 성격이 강조되고, 이것으로 사회주의 이전 과거에서 나온 일부 요소들을 이용하기 위한 근거가 마련되었다. 시장은 둘로 나뉘어 서술되었다. 한편으로는 주도적인 사회주의적 시장과, 다른 한편으로는 재래 농민시장이었다. 어느 경우든 대개 더 자세히 규정되지 않은 사회주의 원칙이 유지되어야 한다는 것이다.[23]

앞으로 어떻게 될지에 대해서는 침묵했다. 나는 이 기간에 북조선에서 이른바 능력배양사업을 위한 여러 행사에 참가했다. 주로 유럽연합 또는 예컨대 독일 정치연구소 같은 반半국영 연구소들, 스위스에 있는 개발 보조 시설 등이 조직한 여러 훈련 과정이 핵심이었다. 이런 훈련 과정에서 서방 전문가들은 경제 정책 등 일반적인 주제에 대해 설명하다가 나중에는 주로 해외 무역 금융, 마케팅, 부기 같은 특수한 영역들로 주제를 넓혀갔다.

2005년에 평양의 인민문화궁전에서 나는 100명가량의 북조선 간부들 앞에서 인플레이션에 맞선 투쟁에 대한 강연을 했다. 하지만 그들은 우리 외국인들을 완전히 신뢰하지 않았다. 휴식 시간은 조선인들과 분리해서 별도로 진행되었다. 하지만 이런 분리 규정에 쉽사리 넘어가지 않는 예전 체코 재무부 차관의 주도로 우리는 규정을 성공적으로 무시했다. 약간 당황한 다음 곧바로 흥미로운 대화들이 오갔다. 그사이에 두 가지 사실이 내게 분명해졌다. 북조선 전문가들은 서양의 경제 개념들에 대해 탁월한 지식을 가졌으나, 동시에 그런 개념들이 오로지 매우 특수한 맥락에서만 기능한다는 것에 대한 통찰이 거의 전무했다. 19세기 말 (실패한) 개혁의 출발점의 — "동양의 길, 서양의 기술東道西器"[24] — 정신으로 그들은, 우리에게서 시장경제의 근본적인 기능에 대한 설명보다는 주로 구체적인 행동 지침을 원했다. 하지만 그것은 어쩌면 오직 공식적인 노선이었을지도 모른다. 어쨌든 행사의 마지막에 어떤 북조선 사람이 자기에게 서양의 경제학 교과서들을 보내달라고 청했다. 내가 물어보자 그는 그 책들이 분명히 자기에게 올 거라고 확인해주었다. 당시 나는 남한에서 객원교수로 있었기에 그에게 그 책들의 한국어 판본을 보내주겠다고 제안했다. 그는 그것을 거절했다. 경제학을 공부하는 자기 딸이 — 그 책들은 딸을 위한 것이었으니 — 영어 공부를 해야 한다는 것이었다.

그 얼마 뒤에 제네바에서 북조선 관리자들을 위한 교육 기간에 나는 개방의 정점을 경험했다. 내가 정확하게 기억하고 있다면, 당시 교육은 스위스 개발 보조 단체들이 자금을 대고, 유엔 본부에서 겨우 몇백 미터 떨어진 제네바 호숫가에서 이런 종류 훈련의 전문가들이 참가한 가운데 이루어졌다. 이는 여러 주 동안 지속된 프로그램으로, 인솔자의 안내로 기업체들을 방문해 구체적인 사업 개념들을 공부하기도 했다. 나는 만 하루 교육을 담당했는데, 1960년대와 1970년대 남한의 경제 발전 과정을 극히 조심스럽지만 직접적으로 설명했다. 당시 남한에는 강한 국가와 군사독재가 존재했지만, 원칙적으로 민간경제 분야를 조성해서 그때까지의 저개발 상태를 극복하고 경제적 성공의 모델이 되었다. 지금까지도 나의 주장은, 이것이 북조선에도 경제적으로 의미 있고 정치적으로 시도할 수 있는 개발 개념이 될 수 있다는 것이다.

놀랍게도 단 한 명도 분노에 찬 입장을 표명하지 않고 방을 떠나지도 않았다. 오히려 세미나가 끝난 다음 참가자들이 모여 단체사진까지 찍었는데, 교육 주최자들의 설명으로는 그때까지 그런 일은 단 한 번도 없었다고 했다. 비록 쉬는 시간에 참가자들은 자유롭게 인터넷 서핑을 하려고 자기들을 위해 마련된 컴퓨터를 찾아 사라져버렸지만 말이다.

그러니까 얼마 전까지만 해도 불가능하다고 생각했을 법한 많은 일들이 가능했다. 개방 분위기는 금방 지나가버렸다. 그럼에도 2002년 7월의 조치는 오늘날까지도 지속되는 시장의 강화로 이어졌고, 또한 농민들에게 이롭게 작용했으며, 적어도 이론적으로는 세계경제를 향한 개방의 토대를 마련했다. 처음에 그것이 허사로 돌아간 것은, 일부는 구조적인, 일부는 시장의 역동성에 대한 충분한 이해 부족으로 인한 금방 드러난 중요한 문제들 탓이었다. 7월의 조치를 만들어낸 수뇌부가 중국의 예를 보고 방향을 잡았을 것이라는 추측이 쉽사리 떠오른다. 어쨌든 중국은 국경을 맞댄 이웃이고 양국 간 수많은 접촉이 이루어지며 최고지도부가 정기적으로 시찰하러 가는 곳이니 말이다. 또한 중국은 경제개혁이 정치체제의 즉각적인 전복으로 이어지지 않은 드문 예의 하나이니 말이다.

물론 둘이 같은 것을 행한다 해도 같은 것이 아니라는 자명한 진리가 여기서도 통한다. 중국은 1978년에, 2002년의 북조선과는 전혀 다른 세계정치 상황에서 개혁을 시작했다. 당시에는 적대적인 두 진영이 냉전 중이었다. 미국이 이끄는 서방세계는 모스크바를 압박하려고 중국의 개혁을 후원하는 일에 관심이 컸다. 소련은 1979년 말 이후로 지속된 아프가니스탄의 무자헤딘에 맞선 전쟁으로 그렇지 않아도 어려움에 처해 있었다. 2002년에는 이런 고려가 전혀 작동하지 않았다. 오히려 1년 전인 2001년 9월 뉴욕과 워싱턴에 테러공격이 있었고, 부시 행정부는 모든 힘과 애국심을 다해서 테러에 대한 십자군전쟁을 위해 무장한 터였다.

그러니까 여기서 후원은커녕 그 반대가 예상되었다. 내가 가진 정보가 정확하다면, 일본 정부는 북조선에 접근해 미국 몰래 2002년 9월의 정상회담을 준비했다고 상당히 가혹한 질책을 받았다. 자발적으로 개혁하는 악당국가란, [미국의 선포처럼] 자국민과 망설이는 동맹국에게 동원령을 내려 전쟁까지 해야 할 상대라는 이미지와는 잘 들어맞지 않는다. 미국이 북조선의 개혁을 의도적으로 방해했다고까지 주장하고 싶지는 않다.[25] 어쨌든 워싱턴은 단호히 도와주지 않았다.

이렇게 불리한 글로벌 정치 상황 말고도, 북조선이 중국의 길을 걸어간 것을 거대한 실수로 만드는 또 다른 구조적 차이점들이 있었다. 우선 나라의 크기를 거론할 수 있다. 중국은 외부와의 굳건한 결속 없이도 성공적인 경제를 가능케 해줄, 어마어마한 잠재력의 국내 시장을 갖추었다. 이 시장은 매우 찬양받은 중앙국가[중화中華]에 문호를 개방한 수많은 서방 기업들에게 번번이 가 닿을 수 없는 신기루로 판명 나곤 했던 것이 기억난다. 하지만 처음에 그들의 낮은 구매력에도 불구하고, 10억의 잠재 소비자란 투자자들이 거부하기에는 너무나 유혹적이었다. 그에 반해 북조선은 인구가 겨우 2500만이다.

나아가 중국은 실용적 마인드를 갖춘, 경제적으로 엄청나게 유능한 교포의 도움을 받을 수 있다는 특권을 가졌다. 대만이야 협조를 유보한다 치자. 홍콩, 마카오, 싱가포르, 동남아의 다양한 상업적 단체들은 한번뿐인 이 사업을 주목했다. 나중에는 중국계 미국인들까지도 여기 동참했다.

북조선의 경우 남한이 이런 역할을 맡을 수도 있을 것이다. 2000년 정상회담은 이 방향으로의 분명한 걸음을 내디뎠다. 물론 김대중 대통령은 자국의 지독한 보수파와 싸워야 했다. 그들은 한국전쟁의 수백만 희생자와 그 뒤로 수십 년 동안 지속되어 지금도 계속되는 대립을 잊으려 하지 않았다. 남한에서 북측과의 협조는 언제나 먼저 정치적 문제이고, 반대편도 마찬가지다.

고작해야 오사카 일대에 모여 사는 일본의 친북 한국인들이 아마도 북조선 경제개혁에 기술, 자본, 구매력 등의 원천이 되어줄 수 있었을 것이다. 하지만 납북된 일본인 문제를 해결하려는 실패한 시도는 이 문마저 닫아버렸다. 2002년 가을 이전까지 북조선의 원산항과 일본 사이를 정기적으로 오가던 페리선 만경봉호는 이젠 여러 해 전부터 닻을 내리고 홀로 녹슬어가고 있다. 중국 관광객을 위한 유람선으로 만경봉호를 이용하려는 시도도 지금까지는 거의 성과가 없다. 돈이나 다른 생산품, 그리고 북조선에서 그 품질 덕에 아주 인기가 좋던 중고 일제 자전거도 이제는 동해를 넘어갈 길이 없다.[26]

경제적인 관점에서 중국의 모델을 넘겨받는 데 가장 큰 장애는 북조선의 경제구조이다. 앞서 이미 설명했듯이 2002년 7월의 가격개혁은 농산품 생산자들에 유리한 반면, 산업에 종사하는 도시민들에게는 부담이었다. 이는 1978년 중국에서도 다르지 않았다. 국가는 실질적으로 농산품의 가격 자유화를 공지했고, 무엇을 재배할지에 대해서도 농민의 자유로운 결정을 허용해주었다.[27] 중국에서 농민은 인구의 다수(71퍼센트)였지만, 2002년 북조선에서는 분명한 소수(33퍼센트)였다. 여기서 국가에 주어지는 문제는 분명하다. 국가는 불리한 집단을 후원하기 위해 자원을 실질적으로 다시 분배해야 한다. 그러기 위해 필요한 돈은 이익을 본 집단, 곧 농민들에게서 세수稅收로 들어와야 한다. 상대적으로 농민이 많고 도시민이 적다면 계산이 나올 것이다. 하지만 북조선에서는 이익을 얻는 집단이 소수 그룹이다. 도시민이라는 다수 주민을 국가가 후원하려면 국가가 가진 것보다 많은 보조금이 꼭 필요했다. 예상할 수 있듯이 인플레이션이 하늘까지 치솟았다.

그에 대한 최초의 지표는 갑자기 수많은 0이 붙은 신권 화폐가 유통된 일이었다. 그때까지 일상에서 얻는 최고 액면가 지폐는 50년 동안이나 50원짜리였다. 사회주의 국가들에 전형적인 일이지만 국가가 가격을 인위적으로 낮게 안정시켜왔었다. 인플레이션이라고? 그런 건 타락한 자본주의 경제에나 있는 일이지.

하지만 2002년에 5,000원까지의 지폐들이 등장했다. 이것은 앞에서 설명한 물가와 임금의 전반적인 가격 상승만으로는 설명되지 않는 강력한 물가 상승을 드러냈다. 2002년부터 2004년까지 쌀 등 몇 가지 기본 품목의 시장가격에 대해 이용 가능한 진술들이 유감스럽게도 부족한 상태에서 내가 계산해보니, 7월조치 이후 처음 2년 동안 북조선의 인플레율이 경악스럽게도 연간 200퍼센트에 달했을 것이라는 결과가 나왔다.[28]

이런 가격 상승의 바탕에 깔린 메커니즘은 분명하다. 농부와 도매상인들은 자기들의 생산품을 어느 정도까지 자유롭게 팔 수 있었는데, 여전히 공급 부족에 시달리는 주민들의 현저한 수요 과잉이 가격을 높이 끌어올렸다. 정확하게 따지자면 오랜 세월 감춰지고 억눌려온 인플레이션이 갑작스럽게 아무런 방해도 받지 않고 훤히 드러난 일이었다. 중국에서 상대적으로 낮은 28퍼센트라는 인플레율에 뒤이어 1989년 6월 천안문사태가 일어났다는 것을 생각한다면, 평양의 지도부가 얼마나 놀랐을지 상상할 수 있다.[29]

지체하면 위험하다는 것이 분명했다. 저축은, 그런 게 있었다면, 햇빛 속의 얼음처럼 녹아버렸다. 동시에 극히 짧은 시간 만에 큰돈을 모아 그것으로 권력까지 쌓은 부당이득자들도 생겨났다. 광범위한 평등에 기초한 북조선의 암묵적 사회계약이 흔들렸다.

지도부는 절망적으로 해결책을 찾아보았다. 내가 북조선 사람들과 대화할 때면 언제나, 세계의 다른 국가들은 인플레이션을 어떻게 통제하는가 하는 질문이 거듭 등장했다. 서양의 온갖 해결책들은 계속적인 변화 또는 진짜 개혁을 전제로 삼는 일에서 실패했다. 게다가 한편 평양의 지도부는 2003년 초 시작된 미국의 이라크 침공 때문에도 진짜 개혁에 대한 각오가 더욱 줄었다. 개혁이 외국 개입을 불러들이는 허약화로 이어질지도 모른다는 두려움이 너무 컸다.

수요나 통화량을 응집시키는 방식으로 가격에 원하는 영향을 주는 것을 놓고 북조선 경제전문가들과 이야기를 해보았지만, 그런 건 현실성 없는 탁상공론일 뿐이었다. 조정 도구들이 없거나 자리 잡지 못했기 때문이다. 어차피 소용도 없었을 것이다. 기본식량에 대한 수요를 끝없이 줄일 수는 없고, 수많은 금융 거래가 이미 외국돈으로 이루어지고 있었기 때문이다. 인플레이션의 주요 원인은 상대적으로 안정된 수요에 비해 공급이 너무 적은 것이었다. 단기적으로는 수입만이 도움이 되었을 테지만, 그 돈을 지불할 외환 또는 국가의 각오가 없었다.

공급이 늘어난 곳에서는 가격이 떨어졌다. 소규모 국경선 거래가 이루어지던 중국 국경선 근처의 시장들이 그런 예였다. 한 번은 중국에서 북-중 국경선으로 갔었는데, 대부분 국경선이 얼마나 안전하지 않은지 깜짝 놀랐다. 양측에 정찰대가 있었지만, 북조선처럼 외부를 향해 차단된 국가의 국경선을 상상할 때 떠오르는 울타리, 감시탑, 죽음의 구역 따위는 없었다. 중국 측에서는 투먼 시 한복판의, 사람이 많이 다녀서 생긴 길이 북-중 국경선인 두만강으로 곧장 연결되어 있었다. 국경선 저편에도 역시 같은 것이 보였다. 훤한 대낮에 북조선 군인들이 지켜보는 가운데, 머리에 커다란 봇짐을 얹은 사내 하나가 강으로 들어서서 너무나 태평스럽게 중국으로 건너오는 것도 보았다. 국경의 다리에는 바닥의 노란 선이 국경선을 표시하고 있었는데, 북조선 측의 조명등은 망가져 있고, 중국 측에는 깔끔하고 완벽한 조명등이 보였다. 북조선 상인들은 매일 비자도 없이 이 다리를 건너 중국으로 와서 울타리가 쳐진 구역에서 중국 측 상인들과 사업을 할 수 있었다. 모든 것이 합법적이고 전혀 복잡하지 않았다.

물론 양측의 비공식적인 거래가 수요 과잉을 재빨리 지속적으로 없앨 만큼 넉넉하지는 않았다. 그에 덧붙여 내부 교통 사정이 매우 제한된 탓으로, 과거나 지금이나 그런 효과가 전국으로 퍼져나갈 수는 없다. 그 때문에 보통 북조선 남부의 가격이 북부보다 더 높다. 이런 사정은, 유엔 세계식량계획에 따르면 평양 남쪽의 곡창지대 사람들에 대한 공급이 수많은 다른 지역보다 더 나쁘다는 부조리한 상황에 기여했다.[30] 국가가 이 사람들에게서 수확량의 대부분을 가져갔고, 대안적 공급 가능성은 없었다.

이 문제를 해결하려는 일부 기묘한 시도들도 있었다. 그래서 2003년 초에 한국전쟁 이후 처음으로 국가채권이 발행되었다. 이른바 인민생활

공채가 그것인데, 과잉 유동성을 없애려는 것이었다.[31] 이 채권은 확정된 이자가 없고, 로또복권의 원칙에 따라 기능했다. 아마도 온건한 압력이나 애국심에서 이것을 사들였겠지만, 채권의 실질가치가 인플레이션으로 인해 급격하게 줄어들기 때문에 구매자에게는 경제적으로 그냥 없어지는 돈이었다.

2003년 초에 '농민시장'은 공식적으로 '시장'으로 이름이 바뀌었다. 그것은 단순한 상징적 조치를 훨씬 넘어섰다. 1950년대 이후로 북조선에서는 1로 끝나는 날짜, 그러니까 매달 1일, 11일, 21일에만 농민들이 국가에 양도하지 않은 생산품을 시장에서 판매할 수가 있던 터였다. 국가시설인 통제된 지역에 임시 판매대들이 세워졌다. 2003년 이후로는 여기서 공산품도 거래되고, 시장이 서는 빈도도 훨씬 높아졌다.

내부의 보고들을 믿어도 된다면 시장은 매일 열린다. 남자들은 자신들이 받는 임금의 훨씬 낮은 구매력과 부족한 노동수단에도 불구하고 계속 일터를 지킨다. 사회생활 참여와 배급, 아이들의 유치원, 집, 그 밖의 다른 많은 것에 접근하는 일이 여기 달려 있기 때문이다. 하지만 여자들은 재빨리 새로운 가능성을 이용했다. 그들은 국가의 일자리를 떠나 장사를 통해, 또는 떡과 같은 간단한 생산품을 만들어서 가족 수입의 상당 부분을, 많은 경우 월등히 중요한 부분을 담당한다.

이번 단락에서 서술한, 북조선 경제체제의 근본적 개혁의 시작이 되었을 수도 있었을 이 모든 작은 출발들은, 1998년 이후로 여러 해 동안 변화들을 준비하고 2002년 7월에 마침내 이것을 시작했던 동일한 지도부에 의해서 곧바로 중단되었다. 무슨 일이 있었던 것일까?

위험한 변화들

북조선 지도부는 1990년대 초까지는 다른 어떤 사회주의 국가와도 달리 사람들의 생활에서 돈을 거의 완전히 없앴다. 국가가 물품들을 나누어 주었다. 국가만이 음식, 의복, 주거, 자녀 교육, 사회적 특권, 권력, 건강, 무엇이든 사람들이 소망하는 것을 이루어줄 위치에 있었다. 이 모든 것으로의 접근은 오로지 정치적 자본의 문제였으니, 곧 당이나 군대 같은 조직의 일원이거나, 혁명가 가문이라는 배경과 인맥, 그리고 물론 평생 동안 매일 국가의 요구를 달성하는 일에 충성심과 열의를 입증하는 일이었다.

이 모든 것은 2002년 7월조치를 통해 의문스럽게 되었다. 이런 결과는 예상할 수 있었지만 피할 수는 없었다. 사회는 변했고, 이 변화는 불가피한 데다 전례 없는 시작 상황으로 인해 극히 과격했다.

몇 가지 예들이 이를 보여준다. 1991년 10월에 평양에서 커피잔을 사려다 실패한 이야기를 기억하시는가? 잔들이 산더미처럼 쌓인 피라미드 앞에 서 있었지만 그들은 내게 아예 팔려고 들지 않았다. 개혁이 시작되고 3년이 지나, 즉 이어서 계속 설명하게 될 정통 사회주의로의 복귀가 시도되던 2005년 10월에 상황은 완전히 바뀌어 있었다. 평양의 많은 상점에는 손으로 쓴 간판들이 내걸려 손님들을 가게로 들어오라고 유혹하고 물건을 사라고 자극하고 있었다. 이런 권유들은 한국어로 되어 있었으니, 누구든 생각할 수 있다시피, 외환을 가져오는 외국인을 위한 것이 아니라 내국인을 상대로 한 것이었다. 플래카드 세 개가 특히 내 기억에 남아 있다.

한 플래카드에는 “기억할 만한 기념일을 기해 많은 물품을 10퍼센트

할인 가격에 공급"한다고 되어 있었다. "기억할 만한 기념일"은 국정 공휴일이나 크리스마스, 추수감사절이 아니라 당 창설 60주년 기념일이었다! 판매와 돈벌이에 대한 새로운 관심이 정치적으로 올바른 것처럼 보이기 위해 낡은 이념의 허울과 결합한 것이다. 하지만 이 겉모습 뒤에서 이루어진 변화를 상상해보시라. 여성 판매원들은, 북조선에서는 판매원이 정말로 대부분 여성인데, 진열대를 그럴듯하게 꾸며놓기만 하고 고객을 쫓아내려는 짓은 하지 않았다. 그들은 가능한 한 많은 매출을 올리려 하고 있었다. 그러니 분명 보급 문제는 벌써 해결한 것이다. 선반이 비어 있다고? 그런 건 더는 문제가 아니었다. 이제는 돈궤가 비지 않게 하는 게 중요했다.

또 다른 플래카드는 행인들에게 다음과 같이 권고했다. "들어와서 커피나 시원한 맥주 한잔하시고, 장기 한판 두시지요." 카페인가보다 하고 추측하겠지만, 이것은 의류상점에 걸린 간판이었다. 직물로 얻을 수 있는 매상으로 만족하지 못하고, 활동적·생산적으로 새로운 사업 아이디어를 찾으려 했던 것이다. 이런 건 다른 모든 곳에서는 아마 평범해 보이겠지만, 북조선에서는 완전 혁명적인 일이다.

판매란 구매자도 있어야만 기능한다는 점을 잊지 말자. 그러니까 그 사이 많은 구매자가 생겼고 그래서 다른 팻말에서는 "우리나라 최초의 현금카드"가 선전되고 있었다. 처음에는 겨우 몇몇 가게에서만 쓸 수 있었지만 돈을 소유한 집단이 생겨나기 시작한 것만은 아주 분명했다. 이 새로운 중산층은 수십 년 전부터 제한된 구역에 살면서 일상에서 주민들과 물질적 걱정을 공유하지 않던, 상대적으로 소수인 최상류층에 속하는 게 아니었다. 그보다는 이들은 예전에 광범위하게 동일하던 다수 주민들 한가운데 살고, 같은 계층 출신이면서, 빠른 속도로 부를 쌓고는 벼락부자 특유의 자부심으로 자기들의 새로운 부를 내보이는 사람들이었다.

이런 새로운 상황에서 새로운 행동방식이 생겨난 것은 놀랍지 않다. 2005년에 나는 개성 길거리에서 관광객을 기다리는 상인에게서 수채화 몇 장을 사려고 했다. 여러 장을 살 생각이었기에 대량거래 할인을 해 볼 속셈이었다. 그림 한 장이 3유로였는데, 나는 넉 장을 사겠다고 말하고 가격을 물었다. "12유로"라는 답변이었고, 나는 "10유로"라는 제안으로 반격을 가했다. 나의 부족한 계산 능력에 의아해하는 것을 알아채고서 상인에게 우리에게 통상적인 관행을 설명했다. 얼마 뒤에 그는 어깨를 으쓱하면서 동의하고는 내게 줄 그림을 포장하러 갔다. 나는 10유로를 지불하고 관광을 계속했다. 저녁에 호텔에서 내가 산 그림 넉 점을 구경하려다가 겨우 석 점뿐임을 알았다. 가벼운 실망감은 재빨리, 상인이 자기 이익을 위해 외국인을 속인다는 작지 않은 위험을 감수했다는 놀라움으로 바뀌었다. 욕심이 두려움을 이긴 것이다. 이런 정상화의 양상이 분명히 북조선에 정착했다.

예전에는 자녀의 앞날을 걱정하는 부모, 자신의 장래 진로를 생각하는 사람, 생애 반려자를 구하는 남녀의 사색에서 언제나 그리고 어디서나 국가가 중심이었다. 당원이 되기를 열망했다. 그것을 위해 사람들은 여러 해를 군대에서 보내고 주간 모임에서 열성적으로 열렬히 비판과 자기비판에 동참했다. 혁명가 집안 출신이거나 혁명가 집안과 혼인하면, 이는 특권층에 편입되는 입장권이었다. 옛 지주나 남한에서 온 탈영병 집안 출신이면 부정적으로 작용했고, 특별한 열성을 통해 겨우 그 일부만을 지울 수 있었다. '성분'이라는 이름의 카스트제도가 오랜 시간 북조선의 삶에서 유용한 선택지를 결정했다.[32]

북조선 사회가 화폐가치화하면서 이것이 변했다. 국가는 여전히 강하지만 이제는 대안들이 생겼다. 누구나 그 수단만 갖고 있다면, 정치·사회 계급과 무관하게 점점 더 많은 상품과 서비스를 구입할 수가 있게 되었다. 관리의 호감도 살 수 있으니, 이들도 갑자기 돈에 관심이 생겼기 때문이다. 전에는 돈으로 매수해도 거의 이익이 남지 않았다. 돈을 받아봐야 대체 무엇을 한단 말인가? 그 대신에 크고 작은 선물들이 주인을 옮겨 다녔지만, 상대적으로 힘들기에 그런 행동은 제한되었다. 동독에서는 신청서 처리 속도를 높이려면, 또는 귀한 자동차 부품을 구하려면 커피 한 꾸러미는 거의 필수였다. 열망하는 상품에의 접근을 관료들이 통제하는 곳에서는 언제 어디서나 크고 작은 부정부패가 있게 마련이고, 북조선도 그랬다. 하지만 새로운 경제의 게임 규칙과 더불어 그것은 규모와 범위가 커져서 체제를 위협하는 문제로 되었다.

2002년 7월조치는 국가와 그 기구들의 권력을 크게 뒤흔든 다양한 영향을 남겼다. 전에는 광범위하게 동일하던 사회 내부에서 점점 더 커지는 눈에 띄는 차이들을 만들고, 사람들에게 새로운 길을 열어주고, 새로운 유혹으로 데려갔다. 북조선의 마약 문제에 대한 점점 늘어나는 보고들은, 맞는지는 확인하지 못했지만, 이런 전체 그림과 잘 어울린다.[33] 그에 반해 눈으로 분명히 볼 수 있는 것은 점점 더 커지는 안전의식이다. 중국처럼 옛날에는 동등하고 잘 감시되던 북조선에도, 고층 아파트의 1층과 2층 발코니에는 격자창살 안전망이 붙어 있다. 재산 범죄가 상당히 늘었으니, 훔칠 게 늘었다는 건 훔칠 게 있다는 뜻이다. 수입의 차이가 커지면서 이익을 향한 희망이 위험을 넘어서고 있다.

신新정통 사회주의로의 복귀

비유하자면 밭을 갈고 거름을 주고 씨앗을 신중히 고르고, 망설이고 다투다가 결국 씨를 뿌렸다. 7월조치라는 작은 식물은 인위적인 빛, 물, 양분을 중단하기에는 아직도 너무나 허약했다. 진짜 개혁으로 발전할 수는 없었다.

누구 하나 기꺼이 고백하지는 않지만 이런 실패작을 만들어낸 아버지들은 여럿이다. 앞에서 설명한 포괄적인 이념적·행정적 사전 작업을 보면서, 그리고 북조선의 상황으로는 놀랄 정도로 광범위한 많은 변화들을 보면서 나는 그것이 정말로 너무 일찍 끝나버린 개혁 실험이었다고 확신한다.

개혁 계획이 너무 빨리 실패로 돌아간 책임이 단 한 가지 이유에만 있었던 것은 아니다. 중국의 예를 좇아 주로 농업을 배려했던 것, 그러면서 의미심장한 구조 차이를 간과한 것은, 북조선 지도부에 거시경제 맥락에 대한 이해가 부족했다는 분명한 사실만큼이나 중요한 역할을 했다. 처음에 계획된 대로 일본에서 수십억 달러의 후원금이 들어오지 않은 것도 중대한 타격이었다.

서방, 특히 미국에서는 처음부터 그야말로 엄청난 회의가 지배적이었다. 나는 당시 뉴욕의 컬럼비아대학교에서 일하는 중이었고 상당히 자주 워싱턴을 드나들었다. 거기서 무엇보다도 대부분의 정치가, 관리, 싱크탱크 연구원들이 북조선이 단독으로 개혁을 할 거라는 가능성을 단 1초도 고려하지 않는 것을 경험했다. 유일한 희망은 국무부였지만, 내가 보기에 국무부는 죽도록 보수적인 재무부와 중앙정보국Central Intelligence Agency(CIA)의 영향에 맞서 거의 아무것도 관철시킬 수 없었다.

이런 것은 자기실현적 예언이라고 불러 마땅하다. 오늘날에도 나는 서방세계가 북조선이 개혁의 길로 가는 것을 후원할 드문 기회를 놓쳤다고 생각한다. 2001년 9월 11일 이후의 격앙된 분위기에서 실용적인 생각을 품고, 우리 미디어에서 우스꽝스러운 인물로, 때로는 슈퍼 악당으로 서술하는 독재자에게 협조의 손길을 내밀기란 미국과 그 동맹국의 많은 정치인들에게는 정말로 힘들었을 것이다. 정권교체 없는 북조선의 변화는 서방에서는 받아들일 수 없는 일로 보였다.

놓친 기회는 세상의 끝이 아니다. 북조선은 이제 과거의 부담을 덜 짊어진 새로운 지도자가 통치하고 있다. 나로서는 머지않은 장래에 또 다른 개혁 시도가 있을 것이라고 여길 만한 이유가 있다. 다가오는 기회를 더욱 영리하게 이용하려면 과거에서 배우는 것, 무엇보다도 2002년 개혁이 실패한 원인들에서 그리고 그 바탕에 놓인 동기와 전개 양상에서 배우는 것이 필요하다.

'정치'경제학이라는 개념이 우연히 존재하는 것은 아니다. 개혁의 실행에서 나타난 온갖 기술적인 오류에도 불구하고, 결국은 외교적 이유와 내부정치적 이유들이 개혁을 정지시켰다.

외교 영역은 이미 여러 번이나 언급했다. 2003년 3월 20일에 미국이 강력한 첨단기술 공습으로 바그다드를 파괴하자, 평양의 지도부에도 경종이 울렸다. 냉전이라는 양극 체제의 압력에서 벗어난 미국은, 세계 여론 대부분의 저항에 맞서 자신들의 이익을 관철시키기로 결심한 것이 분명했다. 북조선의 군사전략가들은 자국이 다음 타깃으로 목록에 올라 있을 가능성을 진지하게 검토해야만 했다. 이런 배경에서 경제 개혁은 두 번째 자리로 밀려난다. 새롭지 않게, 전략적 방향은 안정과 방어의 각오를 알렸다. 이제는 더욱 강화된 열성으로 핵무기와 미사일 프로그램이 재가동되었다. 이 나라는 선군정책이라는 이름으로 최고 경계태세로 들어갔다. 국가는 온갖 힘을 다해 방금 느슨해졌던 절대적 통제를 되찾으려고 애썼다.

내부정치적으로도 정부의 관점에서 보아 불안한 신호들이 있었다. 나는 2002년에 7월조치에 대해 듣고는 곧바로 충격을 받았는데, 이는 공연한 일이 아니었다. 북조선, 동유럽에 실제로 존재한 사회주의, 통일독일에서 겪은 나 자신의 경험에 비추어 그 결과가 짐작되었기 때문이다. 집단주의를 희생하면서 개인주의가 더 많이 뻗어나갔다. 경제적 이득을 통해 더 부유해진 처지가 자의식을 갖게 만들고, 국가에 대한 맹목적 충성심을 줄였다. 체제의 충성스러운 후원자들은 자기보다 덜 열성적인 이웃들의 부가 커지는 것을 보면서 자기가 올바른 길을 걸어온 것일까 자문했다. 사회에서 점점 커지는 차이로 인해 옛날의 평등은 사라지고, 이런 과정의 패배자들을 좌절로 몰아갔다. 1990년대 중반의 기아 사태가 되풀이된다면 무슨 일이 벌어질지, 이루 상상할 수도 없었다. 1990년대 당시에는 대부분의 사람들이 상당히 당혹했지만 주민의 일부가 이런 파국을 분명 더 잘 헤쳐나가리라고 생각할 수가 있었다. 그러나 차이들은 점점 커졌고, 그때까지 평형을 이루고 있던 공공질서가 서서히 무너지는 것에 대해 경종을 울리는 신고들이 나라의 각지에서 수도까지 도달하자, 지도부는 신경이 예민해졌다.

북조선 같은 체제는 참나무처럼 단단해 보인다. 감시 기구가 어디에나 있고, 집집마다 지도자의 사진들이 걸려 있고, 사람들은 행진하면서 체제에 대한 충성심과 희생정신을 알리는 구호를 외친다.

하지만 이런 겉모습의 도움으로 진짜 사회의 상태를 알 수 있다고 믿는 사람이라면, 1989년 10월 7일의 비디오를 보라. 동독 건국 40주년에 환호하는 민중이 백발의 지도자들 옆으로 분열행진해서 지나갔다. 이틀 뒤에 라이프치히에서 10만 명의 시민들이 항의에 나섰는데, 거기서는 이전의 환호에 참가했던, 충성스러워 보였던 사람들이 국가에 맞서고 있고, 국가는 바로 직후에 무너졌다. 참나무는 밑동이 비어 있는데도 튼튼해 보일 수가 있다. 강한 바람이, 관점에 따라 제때 또는 엉뚱한 시점에 불어오면 거대한 나무는 쓰러지고 만다.

정상적인 상황에서는 속이 비게 만드는 이런 전개 양상을 뒤집을 수 없다. 북조선 사람들도 선악을 알게 하는 사과의 맛을 보았다. 그들은 돈의 가치와 부정적 측면을 이미 익혔다. 중국과의 공식적·비공식적 접촉 덕분에 그들은 바깥세상에 대해 점점 더 많이 듣고 보고 읽고 있다. 휴대전화는 상호 소통을 개선한다. 자신과 가족을 위해 소박한 부를 얻을 새로운 가능성을 이용한 사람들이 아주 많다. 많은 이들은 이미 그렇게 한 사람들을 바라보고 그들과 똑같이 하고 싶어 한다. 전쟁이나 또 다른 트라우마 사건이 사회를 근본부터 재조직하지 않는다면, 국가는 새로운 트렌드와 행동방식을 제한하고, 느리게 만들고, 힘들게 할 수는 있지만 완전히 제거할 수는 없다.

하지만 그들은 2005년부터 바로 그것을 시도하고 있다. 이 나라를 방문한 사람은 1년 전만 해도 개방적으로 서방의 경험에 관심을 보이던 사람들이 갑자기 폐쇄적이고 거부적인 태도를 보이는 것을 보고 그 사실을 알 수 있다. 국영매체에서 대략 2000년부터 뚜렷하게 사회주의, 주체 같은 개념들의 사용이 줄었다가, 다시금 더 자주 등장했다. 개혁 국면에서는 미디어에서 주로 세속적인 호칭인 "위대한 지도자"가 쓰이다가 이제는 주로 이념적인 호칭인 (당)"총서기"가 쓰이게 되었다. 과거의 표어들이 다시 널리 유통되었다. "항일 빨치산처럼 일하고 배우고 삽시다"

〈그림 3〉 2001~2005년 개혁을 지향하던 시기를 반영하는 국영매체들에 나타난 김정일의 호칭 사용횟수

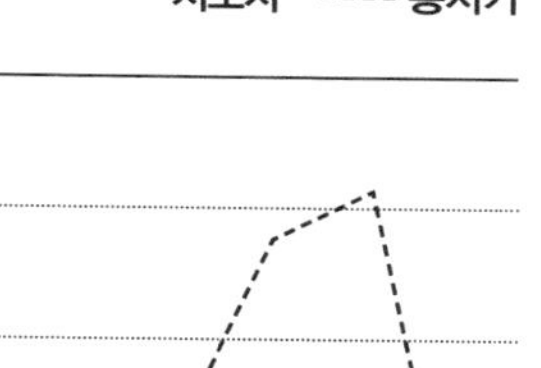

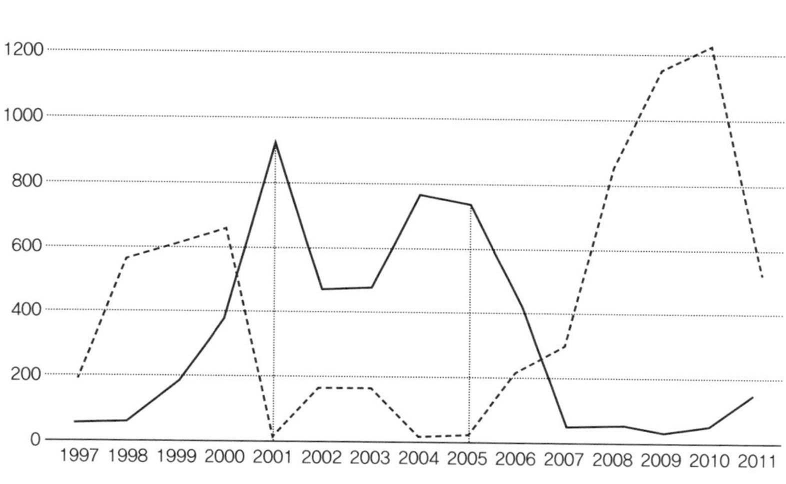

출처: 조선중앙통신(KCNA). 발상, 중요도 판정, 평가 등은 저자.[34]

"단단한 통합" "집단주의" "자립경제" "정신적 강인함" 같은 표어들이 되살아났다.

1990년대 중반부터 북조선에서는 의학, 개발원조, 교육, 그 밖의 분야에서 총 130여 개의 외국 비정부기구들이 활동했다.[35] 일부 기구들은 자신들의 기준에 맞지 않는 노동조건 때문에 상대적으로 일찌감치 이 나라를 떠났다. 남은 비정부기구들은 직접 쫓겨나지는 않았지만, 2004년 말부터는 이곳에 주둔하는 문제를 심사숙고하라는 온건한 압력을 받았다. 현지에서 그들의 활동은 힘들어졌고, 법적인 지위도 바뀌었다. 공식적으로 1995~1997년의 기아 사태 이후 인도적 협조의 국면이 이제는 지나갔고, 2005년 이후로 협조를 새로운 토대에 세우지 않을 수 없다는 이유를 댔다. 하지만 실은 점점 더 많은 정보들이 나라 안으로 흘러들어오고 또 흘러나가는 것을 국가가 염려했다. 많은 비정부기구들이 머지않아 북조선을 떠났다. 엄청난 방해에도 불구하고 새로운 조건에 적응하고 오늘날까지도 북조선 현실에 대한 가치 있는 통찰을 전해주는 주목할 만한 예외적 기구들 중에는 유엔 세계식량계획이 있다.

도처에서 개혁 시도 이전의 시기로 돌아가려는 국가의 노력이 관찰되었다. 악화되는 김정일의 건강 상태도 퇴행의 경향을 더욱 부채질했다고 짐작해볼 수 있다. 2008년 여름에 짐작하건대 지도자의 뇌졸중 발작으로 불안은 최고조에 달했던 듯하다. 체제는 더 안전하다고 생각되는 과거의 계획으로 돌아감으로써 이런 상황에 대응하려고 했다. 이것이 어째서 희망 없는 시도인지는 이미 앞서 논의했다. 화폐가치화를 통해 생겨난 북조선의 사회 변화를 되돌릴 길은 없었다. 다만 변화가 지체되었다.

2008년 겨울에 일부 회복된, 몇 살이나 더 나이 들어 보이고 분명히 야윈 김정일은 1958년 천리마운동의 부활을 예고했다. 반세기 전에 아버지가 이 속도전을 시작한 같은 장소에서, 역사의 선구자인 아버지를 직접 인용하며 아들은 "혁명적 대고조"를 촉구했다.[36] 여러 해나 거의 잊혔던 속도전이 다시 시작되었다. 당 기관지에서 이념적인 동기가 중요하고 계속 강행해야 한다는 말을 읽을 수 있었다. "자본주의라는 달콤한 독극물"에 희생되지 말라는 경고가 되풀이되었다. 2008년 10월에 국영 조선중앙통신(KCNA)은 다음과 같이 보도했다.

> 회의에서는 경제사업에 대한 국가의 중앙집권적, 통일적 지도를 백방으로 강화하는 문제가 토의되었다. 집단주의의 위력에 의거하여 경제과업

들을 혁명적으로 수행해나가는 데 대한 문제가 회의에서 중요하게 지적되었다.[37]

새로운 이념적 캠페인들이 시작되었고, 국가주도 경제 건설을 위한 '충격조'가 만들어지고, 경제민족주의가 선전되었다. 외교정책에서 불신이 지배하면서 미국에는 다시 더욱 자주, 더욱 공격적인 말로 원수라는 낙인이 찍혔다. 2008년 초 남한에 보수적인 새 정부가 들어서면서 수많은 남북 공동 프로젝트도 동결되었다. 2008년 여름에 북조선 금강산을 여행하던 남한의 여성 관광객이 엄격하게 감시되던 국경선의 허용되지 않은 지역에서 산책하다가 초병의 부름에 잘못 대응하고 총을 맞아 사망했다. 그러자 남한은 북조선 여행을 중단시켰다.[38] 동시에 북조선 매체들에서 남한 대통령에 대한 욕설이 1998년 김대중 대통령 취임 이전 수준으로 돌아갔다. 10년 동안의 남북 협력의 시기가 끝났다. 언론에 등장하는 군사적 개념들의 수가 급격히 늘었다. 내가 측정한 바로는 2002년부터 2008년 사이에 그 수가 두 배가량 늘었다.[39]

2001년에만 해도 김정일은 새로운 시대를 맞이하여 간부들은 1960년대처럼 행동해서는 안 된다고 촉구했다. 겨우 8년 만에 조선중앙통신은 그의 말을 인용해 "기업소의 일군들이 50년대, 60년대의 일군들의 투쟁기풍으로 대오의 앞장에서 대중을 힘있게 이끌어야 한다고 말씀하시였다"라고 보도했다.[40]

또한 2004년부터 시장의 기능에도 강력하게 개입했다. 시장에서 일하는 여성의 최저 연령을 높이고 여러 단계를 거쳐야 다음 단계로 올라설 수 있게 고쳐서 젊은 여성들이 국가 일자리로 돌아가게 했다. 2004년에는 사진 촬영은 금지되었어도 나는 평양의 시장을 방문할 수 있었다. 현재 외국인들에게 시장 출입은 엄격하게 금지된다. 그사이 내가 옛날에 '커피잔 사건'을 경험한 제1백화점에도 들어가지 못하게 되었다.

경제정책에서 전형적인 사회주의 중점화 정책으로의 복귀가 눈에 띄고, 경공업 대신 중공업과 화학공업이 장려되었다. 해외 무역은 지시에 따라 투자물품의 수입에 집중되었다. 김정일의 발언을 인용해 소비품 수입은 잘못된 전략이라고 비판받았다.

2006년과 2009년 두 번에 걸친 북조선의 핵무기 실험은 어떤 의미에서 새로운 정통보수로의 방향 전환이라는 맥락에 들어 있다고 볼 수 있다. 그 표지는 제한과 대결이다. 평양의 지도부는 국내정치에서 달갑지 않은 개혁 시도 후유증을 막기 위해 외부 위협이라는 시나리오를 만들어내려고 했다.

역사의 바퀴를 다시 조금 되돌리려는 시도에서 그들은 상당히 멀리 나갔다. 2009년 11월에 지도부는 깊이 생각하지도 않은 채, 절망적으로 작용하게 될 '밤과 안개 작전'을 펼쳐서 기존 화폐를 100 대 1 비율의 새로운 국내 화폐로 바꾸는 일을 단행했다. 가격이나 소득, 저축 등이 모두 같은 인자로 바뀌었기 때문에 이번 조치는 그 자체로 국민경제에 어떤 영향을 미치지는 않았다. 이를 통해 생겨난 새 지폐의 생산, 운송, 분배 등을 위한 적지 않은 화폐개혁 비용을 빼고는 말이다. 물론 모든 돈을 바꿀 수는 없고, 1인당 일정 금액까지만 교환이 되었다. 소문에 따르면 이 나라에 항의시위가 있었다고 하며, 바로 뒤이어 교환 가능한 돈이 대략 45만 원으로 늘었다고 한다. 그것은 당시 미화 100달러의 암시장 가격에 해당하는 액수였다.

물론 2002년 7월조치 이후 몇 해 동안 현금 또는 은행권 형태로 누적된 재산의 상당 부분을 없애려는 의도였다. 주민들에게 미친 직접적인 영향에 대해서는 개별적인 일화 방식 보고들만 알려졌다. 거액의 돈을 벌어놓고 외환으로 바꾸지 않은 사람들의 타격이 특히 컸다. 그런 엄청난 금액의 돈이 어디서 났는지 출처를 밝히지 않으려고 많은 사람들은 돈을 태우거나 강물에 던졌다.[41]

이번 작전의 주요 타깃은 부유하고 권력도 강해서 국가의 통제를 심각하게 위협할 수도 있는 개인들이었다. 하지만 이 상인계층의 권력을 빼기 위해 단순히 경찰이나 첩보기관을 투입하지 않고 화폐개혁이라는 수단을 썼다는 사실에서 이미 지도부가 새로운 생각에 얼마나 많이 사로잡혀 있었던가가 드러난다. 서방의 여론에서 지배적인, 전권을 지닌 억압국가라는 이미지에는 첩보기관이 오히려 더 잘 들어맞았을 것이다.

하지만 언제나 그렇듯이 새로운 케이크 한 조각을 얻으려는 희망에서 빚을 낸, 또는 오래 저축한, 상대적으로 가난한 수많은 사람들도 타격을 입었다. 많은 사람들이 정말 애를 써서 딸의 결혼 자금 또는 아들의 교육비를 위해 돈을 아꼈는데, 이제 그 돈이 종잇조각이 되고 말았다. 탈북자들의 말을 믿는다면 실망감은 엄청났다. 그 실망감은 그야말로 많은 곳에서 터져 나왔다. 지역 관청들은 깜짝 놀란 반응을 보였다. 그들 스스로 사람들의 근심을 너무나 잘 이해할 수가 있었다. 수도에서의 보고들은 경각심을 일깨웠다.

심지어 민중의 분노를 잠재우기 위해 고위급 농민을 제물로 삼았다는 말도 돌았다. 현재 정보 상황에서 북조선 고위급 인사들의 운명에 대한 소문은 조심스럽게 다루어야 한다. 죽었다고 소문난 사람들이 갑자기 생생히 살아서 나타나는 일이 너무 많다. 2014년 5월에 인기 있는 여가수도 그랬듯이 말이다.[42] 하지만 당시 77세로 조선로동당의 계획재정부장이던 박남기가 화면에서 사라진 것은 사실이었다. 그가 총살당했다는 소문이었다. 박남기는 2002년에 당시 햇볕정책의 틀에서 남한의 예를 공부하러 서울에 왔던 18명 북조선 대표단의 한 명이었다. 대표단에는 2013년 초에 총리로 지명된 박봉주와 김정은의 고모부인 장성택도 있었는데, 장성택은 2013년 12월에 북조선에서는 드물게 공개적인 청산작업 끝에 목숨을 잃었다.

박남기에 대해서는 무언가가 잘못되었다는 사실을 감추려고 하지도 않았다. 나는 2010년 가을에, 수십 년 전 동독의 도움으로 재건된 함흥 근처에 있는 흥남의 화학공장을 방문했다. 이 나라 최대 규모 화학공장의 문서보관실을 둘러보는 것으로 — 문서보관실은 필수 코스 — 관람이 시작되었다. 구경하라고 내놓은 초대형으로 확대된 신문기사에서 최고지도자들의 화학공장 방문 소식들을 볼 수 있었다. 이런 기사 일부에 이상한 공란들이 있었다. 아주 꼼꼼하지도 않은 솜씨로 이름이 지워진 자리들이었다. 사라진 사람들의 직함과 그 이름 뒤에 나오는 '동지'는 깔끔하게 남아 있었고, 발행 날짜도 마찬가지였다. 1956년에 발행된, 그런 식으로 정화된 기사에는 별로 놀라지 않았다. 당시 사회주의 진영에서는 스탈린에게서 넘겨받은 이런 언론 정화가 널리 유행했기 때문이다. 하지만 2005년도 당 기관지 〈로동신문〉의 기사에서 3음절 이름 하나가 없는 것을 보았을 때는 그보다 더 놀랐다. 호주의 한 도서관에서 친절한 동료의 도움으로 이 신문의 인쇄본 사본을 찾아낼 수 있었다. 사라진 이름은 박남기였다. 이런 검열은 보통 매우 철저했다. 온라인판 기사를 찾아보면 거기서도 박의 이름이 지워져 있다.

누구 담당 혹은 책임이었든, 화폐개혁의 결과 하나는 그렇지 않아도 낮던 국내통화에 대한 신뢰가 완전히 곤두박질쳤다는 사실이다. 전에 그럴 처지에 있으면서도 충분히 영리하지 못했던 사람들은 이제 쌀, 금,

외환 등 현물가치로 도망쳤다. 바로 이어서 널리 가치 없다고 여겨지던 새로운 화폐로 따진 물가가 재빨리 다시 오르면서, 극히 짧은 시간 안에 지워진 0 두 개의 자리를 모조리 메웠다. 국가는 이에 맞서 경제적으로는 이해할 수 있지만 정치적으로는 완전히 잘못된 반응을 했다. 2010년 1월부터 외환으로 거래하는 일이 모두 금지되었다. 정부가 통제하는 국내화폐의 질곡 아래 경제를 다시 묶어두기 위해 이렇게 새는 구멍을 틀어막으려 했던 것이다.

오늘날 북조선에서 돈, 가격, 임금 등에 대해 질문하면 몹시 헷갈리는 가장 모순된 답변들을 얻게 된다. 중간급 관리의 월급이 1만 원이라는 말을 믿기는 어렵다. 평양 지하철의 가판대에서 살 수 있는 라이터 가격이 3,000원임을 생각하면 그렇다. 중국에서 라이터는 40센트 정도 가격이고, 이를 근거로 따져보면 미국 달러화의 시장환율은 1달러 대 7,500원 정도가 되는데, 이는 우리가 가진 지식에 어느 정도 들어맞는다. 하지만 수도에 사는 공무원의 한 달 월급이 미화 1달러 남짓이라고? 이건 북조선에도 들어맞지 않는다. 그래서 이런 답변들을 놓고 외국인에게 타당한 가격인 1달러 대 100원으로 계산해보았다. 그러면 월급은 미화 약 100달러 정도가 되는데, 이것이 현실성 높게 들린다. 그러니까 요즘 내국인들에게는 실질적으로 두 개의 화폐체계가 있다는 말이 된다. 하나는 주민들이 옛날 배급제의 모범에 따라 국가에서 받는 돈으로, 특수한 가게에 할당된 물품들을 살 때 쓰는 화폐체계고, 다른 하나는 외환에 근거해서 시장의 법칙대로 이루어지는 거래에 쓰이는 화폐체계다. 또한 자주 직접 경화가 쓰인다. 어쨌든 나는 2010년 가을 이후로 북조선 사람들이 평양의 택시에서, 수영장, 식당, 볼링장 등에서 달러로도 지불하는 것을 보았다.

2009년의 화폐개혁이라는 화폐정책상 실패한 결정에서 오늘날 주로 관광객들이 득을 본다. 중국에서, 그리고 그사이 다시 새로워진 실용주의로 위험을 피하는 북조선에서도, 이제는 쓰이지 않는 옛날 돈을 깔끔하게 플라스틱 포장된 상태로 구입할 수가 있다.

총계를 내본다면 어떤가? 완벽화 조치들의 시기를 보낸 다음 2002년 여름에 분명 위대한 어떤 일이 시작되었다. 그것은 바라던 경제적 성과 없이 끝났지만, 그렇다고 사회에 아무런 영향도 남기지 않은 것은 아니다. 국가는 원하지 않는 결과를 막으려고 몹시 애썼지만 상황을 말끔하게 만들 수는 없었다. 어찌 되었든, 북조선은 오늘날 7월조치 이전과 같은 나라가 아니다.

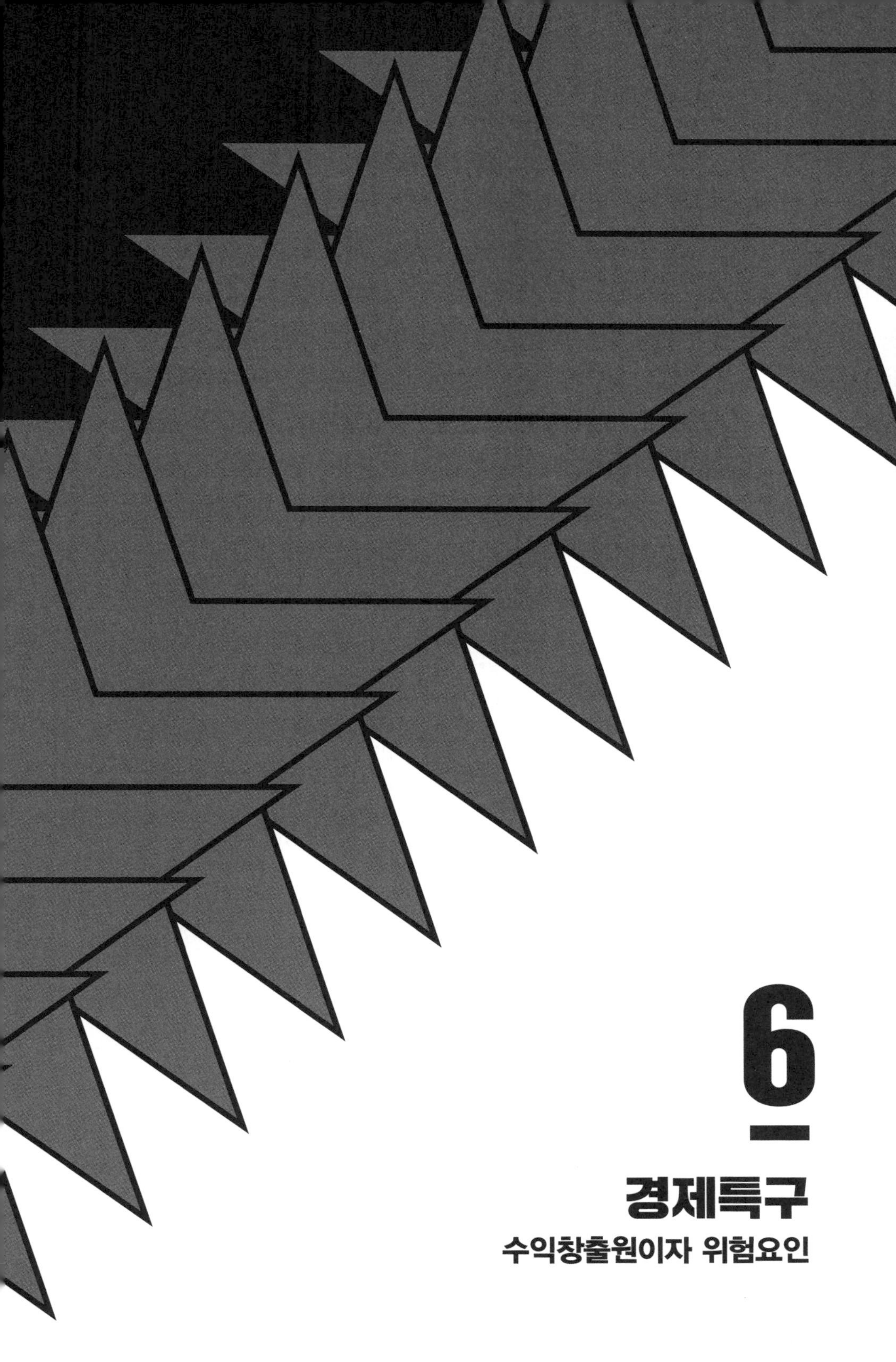

6

경제특구

수익창출원이자 위험요인

정통 위치로의 복귀에서 어느 정도 부상을 입긴 했지만 살아남은 경제정책의 요소 하나가 북조선의 경제특구이다.

이는 사회주의의 발명품은 아니고, 시장경제에도 똑같은 것이 있다. 바탕에 깔린 논리도 같다. 결정권을 가진 주권국가는 투자와 무역을 위해 특별히 유리한 조건들을 조성하고 싶지만, 동시에 여러 이유에서 그런 조건들을 전국에 유효하게 할 생각은 없을 수 있다. 이런 경제정책 중에서 최초는 아니라도 가장 잘 알려진 예가 바로 1979년 이후 공산주의 중국의 여러 경제특구인데, 그중에서도 선전이 잘 알려져 있다. 이런 경제특구는 경제와 수출의 성장을 위해서만이 아니라 중국경제 전체의 개혁을 위해서도 중요한 역할을 했다.[1]

모든 경제특구가 동일한 것은 아니다. '경제특구'란 아주 많은 서로 다른 조치들을 일컫는 상위개념이다. 자유무역지구, 산업지구, 수출가공지구export processing zones — 외국에서 수입한 중간생산품을 가공해 임금을 남기고 그 나라에 되팔기 위한 작업을 하는 곳 — 등도 모두 여기 속한다. 북조선에는 관광을 위해 특별법으로 정해진 지역들도 있다. 경제특구라는 영역에서 경제정책 입안자의 상상력은 가히 끝이 없다.

사회주의 체제에서 경제특구는 새로운 이념과 계획을 전국에 적용하기 전에 한번 실험해보는, 대개는 고립된 실험실들이다. 현재의 지도부가 개혁이 필요하기는 한데 위험하다고 여긴다면, 경제특구는 개혁을 실험해볼 상대적으로 안전한 환경을 제공하고, 그로써 개혁의 가능성을 높인다.

경제특구가 일정한 조건들을 만족시켜야 한다는 것은 분명하다. 지리적으로, 매출 측면에서, 그리고 국민경제의 타당성 측면에서도 충분한 규모를 가져야 한다. 여기 참여하는 외국 기업들에게는, 상당한 투자를 감행할 만한 지속성과 법적 안전성이 중요하다. 바로 다음 순간 쫓겨나거나 재산을 몰수당할지도 모른다고 겁을 먹는다면, 값진 투자나 재빨리 도로 해체할 수 없는 투자를 감행하려 하지 않을 것이다.

마지막으로, 특히 북조선 정부의 관점에서 보아 정치적 차원을 주목해야 한다. 경제특구에서 유효한 규칙들이 곧바로 전국으로 퍼지는 것을 꺼리는 데는 이유가 있다. 경제특구는 각각의 정치적 선호에 따라 특별한 지역에 자리를 잡는다. 지역별 개발수준의 차이가 큰 나라라면 경제적으로 특히 취약한 지역이 선택될 수도 있다. 박정희 치하의 남한에서는 정치적 목적에서 일부 도들이 선호되었다. 그곳에 사는 독재자의 정치적 후원자들을 만족시키기 위해서였다. 북조선의 경우 위험한 사상의 전파를 최소한으로 제한하려면 무엇보다도 나머지 지역과의 격리가 중요한 인자다. 경제특구가 국경선에 자리를 잡는다면, 주민들 사이에 의혹을 자아낼 수도 있는, 너무 눈에 띄는 교류 문제가 사라진다.

지금까지 북조선에는 제각기 나라의 '귀퉁이'를 차지한 네 개의 커다란 경제특구가 있다. 동북쪽 끝 두만강 삼각주에 있는 라선 경제특구, 남동쪽의 금강산 관광지구, 서남쪽의 개성 공업지구, 동북쪽에 북조선의 신의주와 중국의 단둥 경제특구 등이다. 이 지역들은 제각기 특수성이 있으니, 더욱 자세히 살펴볼 필요가 있다.

라선:
원대한 계획

대략 750제곱킬로미터 크기에, 그 사이 거의 25년이나 된 북조선 최초의 경제특구는 나라의 동북쪽 중국 및 러시아와의 3국 국경선에 자리 잡고 있다. 북조선에서 두 도시 라진과 선봉, 그리고 경제적으로 중요한 청진항이 여기 포함되었다. 청진항과 라진항은 옛날 소련과의 무역에서 중요했던 지역으로, 짐을 옮겨 싣던 장소였다. 2001년에 라진과 선봉은, 두 도시의 첫 음절을 따서 라선이라는 이름으로 통합되었다. 1991년에 이미 유엔개발계획United Nations Development Programme(UNDP)이 국경선 강의 이름을 딴 '두만강 삼각주(투먼델타)' 개발을 이 지역의 경제개발을 위한 희망찬 계획이라 불렀고, 북조선 정부는 이곳을 '경제무역지대'로 분류했다. UNDP의 협조로 원대한 계획들이 만들어졌는데, 그에 따르면 북조선, 러시아, 중국의 3국 접경지대는 제각기 좋을 대로 '싱가포르' 또는 '로테르담' 또는 동북아의 '황금 삼각주'가 될 참이었다. 숫자 몇 개로 이것을 분명히 해보자면, 두만강 삼각주를 중심으로 한 동북아 자유무역지대는 인구 3억 명, 총생산 미화 3,000억 달러를 예상했으니, 이는 당시 세계무역의 3분의 1에 해당하는 액수였다.[2]

자본과 시간의 투입은 성과가 없을 수가 없다. 1991년 UNDP의 연구에서는 참가국들 각각의 상대적인 비용상 이점이 강조되었다. 북조선은 항구, 값싼 노동력, 원료를 제공하고 대신 부족한 자본과 기술 문제를 해결할 것이었다. 러시아는 노동력과 한반도의 부동항들에 관심이 있었고, 중국 측에는 태평양으로의 접근이 중요했다. 일본과 남한 등의 나라들은 출자자 노릇을 해서 유리한 생산조건과 값싼 비용의 혜택을 입을 터였다.

1993년 1월 31일 조선민주주의인민공화국 최고인민회의에서 담당위원회의 결정 제28호로 '라진선봉 경제무역지대법'이 가결되었다. 그 뒤로 법조항은 여러 번에 걸쳐 조정되었는데, 주로 1999, 2002, 2005, 2007, 2010, 2011년이었다.[3] 지난 10년 동안 점점 더 역동성이 커지는 것을 볼 수 있다.

투자자들은 아무런 방해도 받지 않고 자신들의 이익과 이 지대로 들여온 투자물품을 밖으로 가져갈 수 있다고 정해졌다. 다른 규정들은 세금 감면에 관련된 것들이다. 그에 따라 라선에 허용된 사업 영역은 운송, 매매, 투자, 금융, 관광, 서비스 등이다. 하이테크, 국제적 물류, 설비 생산, 원료 가공, 경공업, 서비스업종과 현대적 농업 등이 특히 권장된다. 국가의 안전과 '건전한 사회·도덕 생활'에 해로운 기획들, 경제적·기술적으로 낙후된 사업 등은 거부된다. 이런 규정들은 라선에 들어오거나 머무는 것을 북조선 정부가 통제할 수 있도록 허용하는 공식 면허장이다.

이 지대는 '조선민주주의인민공화국의 국토 바깥에 사는 한국인들'에게도, 그러니까 남한 사람들과 일본에 거주하는 조총련계 한국인들에게도 명시적으로 열려 있다. 이 지대를 설립할 때 이 두 그룹은 주로 출자자 겸 투자자로서 핵심 타깃이었다.

이 경제특구는 특히 처음 여러 해 동안, 중국과 러시아 사이의 부족한 신뢰로 생겨난 어려움들에 노출되었다. 1993년에 시작된 핵 갈등도 부정적으로 작용했다. 투자는 극히 빈약하게 이루어졌고, 카지노 같은 불투명한 계획들이 오랫동안 이곳의 이미지를 결정했다. 나아가 많은 연구자들은 오랜 시간 운송로 건설이 불충분했다는 것과, 전기와 깨끗한 물 등 기본적인 기반시설의 결핍도 지적한다.[4] 2003년부터 2013년까지 중국의 국가수반이던 후진타오胡錦濤가 이전까지 소홀히 하던 중국 동북부를 개발한다는 전략적 결정을 내렸을 때에야 비로소 진짜 발전이 나타났다. 2007년에 외국 배들에게 라선 항구가 열렸다. 2010년 1월 김정일의 직접 지시에 따라 라선이 특별한 지위를 가진 도시로 선포된 것이 전개 과정에서 일시적 절정이었다.

새 지도자 김정은 치하에서도 라선은 중요한 역할을 할 것이다. 2012년 8월에 이를 위해 중국과의 협정에 서명이 이루어졌다. 원래 유엔개발계획에 포함되어 있던[5] 라진-원정 고속도로가 2012년 10월에 개통되었다. 이로써 중국 및 러시아와의 연결이 생겨났다.

라선 특구에서 북조선의 강점은 무엇보다도 태평양과 접해 있다는 점이다. 중국 영토에는 이런 접근로가 아예 없고, 러시아는 극동의 항구들이 겨울철에 자주 얼어버리기 때문에 제한적으로만 이용이 가능하다. 2008년에 러시아가 라선 항구로 통하는 철도를 현대화할 수 있도록, 52킬로미터 거리의 북조선 영토가 49년 동안 러시아에 조차되었다. 중국의 컨소시엄도 항구의 일부를 역시 49년 동안 빌리는 데 성공했다.[6] 이어서 중국 측은 지린성 정부를 통한 협조로 라선 항구와 중국 사이 연결도로의 건설과 확충에 더 큰돈을 투자했다.

기독교 선교사들도 라선을 공식적으로 대표하는 그룹에 끼어 있다는 사실은, 돈을 버는 것이 북조선에 무엇보다도 중요하며 이렇듯 격리된 지역에서는 이념적 망설임조차 극복할 수 있음을 보여준다. 선교사들은 미디어에서 많은 주목을 받은 '라선 국제가톨릭병원'을 설립했다. 이 병원은 1945년 이전부터 이미 한반도 북부에 있던 베네딕트 수도회와 연관되어 있다.[7] 전도 활동은 물론 금지되어 있지만 외국인들의 종교행사는 방해받지 않는다. 물론 물레방아가 얼마나 느리게 작동하는지는 병원 건설이 1994년에 결정되고, 1997년에 건축이 시작되어 2005년에야 완공되었다는 상황이 잘 보여준다.[8]

2011년에 라선에서 최초의 국제무역박람회가 열렸고, 그 뒤로 해마다 박람회가 열린다. 박람회를 방문한 사람들의 보고에 따르면 중국 업체들이 압도적으로 주를 이룬다.[9] 2011년까지 사업의 토대를 닦기 위한 행사는 오로지 1년에 두 번 평양에서 열리는 박람회만 알려져 있었다.

라선 경제특구는 이 특구의 설립을 두고 나왔던 거대한 전망과 주장들에 비해 여전히 훨씬 뒤처져 있다. 지난 10년 동안, 특히 2010년 이후로 뚜렷한 발전이 보이기는 하지만 지금도 여전히 결정적인 돌파구를 기다리는 중이다. 라선 경제특구의 잠재력은 의심의 여지가 없으나 실질적인 성과를 위한 열쇠는 여전히 중국에 있다.

금강산: 남한 관광객을 위한 북조선의 자연미

—

두 번째로 건설된 경제특구는 북조선 동남쪽에 자리 잡고 있다. 남북의 금강산 관광사업은 1989년에 현대기업 창업자인 정주영이 — 2001년 작고 — 처음으로 북조선을 방문했을 때 이미 기본 개요가 논의되었다.

정주영은 세계적 기업 현대의 시작을 두고 개인적인 이야기를 기꺼이 들려주곤 했다. 1915년 오늘날의 북조선에서 태어난 그는 한국전쟁의 혼란 속에서 자기가 돌보던 소떼를 끌고 고향을 떠나서, 소를 팔아 마련한 돈을 현대제국의 기반으로 삼았다. 이 이야기가 사실이든 아니든, 이것은 북조선 측에 이 대자본가와 교류할 적당한 구실을 제공해주었다. 1998년에 정주영은 여론에 매우 효과적인 방식으로, 실제였든 핑계였든 빚을 이자까지 쳐서 갚기로 결심했다. 그는 소 한 마리를 끌고, 소 1,000마리를 두 차례에 나누어 현대화물트럭들에 싣고서 — 자동차 또한 북조선에 넘기기로 하고 — 아직 굶주림에 시달리던 북조선 국경 너머로 보냈다.[10]

이것은 거대한 남북 관광협력사업을 위한 출발점이었다. 그 핵심은 북조선에 위치한, 남한과의 국경선에 바싹 붙어 있는 금강산이었다. 나는 1991년에 처음으로 그곳에 가서 기묘한 암석, 맑은 호수, 그림 같은 폭포, 잘 조성된 등산로 등이 있는 매우 아름다운 지역을 경험했다. 샤머니즘 경향이 강한 한국에서 산은 대단히 영적인 역할을 한다. 아주 오래전부터 불교 승려들도 산에 대한 특별한 사랑을 공유하고 있어서, 금강산에는 문화사적으로 흥미로운 사찰들이 있다. 당시 나는 바다로 뻗은 해금강과 내금강이라는 특히 아름다운 지역에 대한 이야기를 외국 학자들에게서 들었는데, 이 두 지역은 봉쇄구역이었다. 내 동료들은 엄청난 관료주의 비용을 감당하고 그곳을 방문했다.

여기서 우리는 북조선 측이 당면한 가장 큰 도전 또한 보게 된다. 낮은 인구 밀도는 본국 주민들과 관광객을 쉽게 분리해주지만, 해상 국경선과 공중 감시망, 잠재적인 침투 경로 등은 군사적 관점에서 이곳을 극도로 민감한 지역으로 만든다. 그리고 이에 해당하는 돌발 사고가 2008년도에 이 사업을 종결짓게 만들었다.

하지만 처음에는 현대기업 특유의 에너지로 현대적 휴가지의 바탕을 다졌다. 1999년부터 현대가 소유한 배들을 탄 남한 관광객들이 특별히 지어진 부두까지 실려 왔다. 보통의 북조선 주민들에게서 잘 격리된 채로 그들은 거기서 의심의 여지없이 아름다운 경치를 즐길 수 있었고, 무엇보다도 돌아간 다음에는 북조선 방문에 대한 신나는 이야기들을 들려줄 수가 있었다. 얼마 전까지만 해도 악당의 제국으로 여겨지던 이 나라를 말이다. 나는 개성과 평양에서 여러 번이나 남한 관광객들을 만났다. 그들의 태도가 흥미로웠다. 한편으로 거북해하고 불안감에 휩싸여 있으면서도 다른 한편으로는 거대한 야생동물 공원에서 사파리라도 하듯이 흥분해서 북조선 사람들을 사진 찍어댔다. 나도 모르게 영화 〈존넨알레 Sonnenallee〉의 장면이 생각났다("저거 봐, 동독 사람이야!").

북조선 당국은 어쩌자고 이런 굴욕을 감수했을까? 그에 못지않게 굴욕을 감수하며 동독이 서독에 정치범을 팔아넘긴 것처럼, 그사이 경제특구로 승격된 금강산은 탁월한 수입원이었다. 옛날 사회주의 '형제국가들'과의 특별 관계로 얽힌 무역이 1990년대 초에 위축되고, 기아 사태가 긴급히 새로운 해결책의 필요성을 드러낸 다음, 이 격리된 지역에서 정치적 위험은 제한할 수 있으면서 더 큰 자체 투자 또는 운영 비용 없이도 상당한 금액을 벌어들일 가능성이 나타난 것이다. 평양은 금강산이 자국 관광객에게는 거의 금단 지역이라는 불리한 점도 기꺼이 감수했다.

1998~2008년 총 193만 명이 금강산을 방문했는데, 그중에서 한국인 이외의 인원은 1만 3,000명에 지나지 않았다. 현대의 자회사 아산은

매월 금강산 입장료로만 미화 1200만 달러를 지불해야 했는데, 이는 실제 여행자 숫자와는 무관한 액수였다. 나중에야 1인당 미화 100달러라는 금액이 합의되었다. 2005년까지 북조선에는 미화 9억 4200만 달러가 보장되었고, 덧붙여서 개발권에 대한 대가로 미화 3억 800만 달러가 더 들어왔다.[11] 이것은 특히 북조선 당국에 유리했다. 남한 정부는 곧바로 현대의 손실이 너무 커지지 않도록, 정치적으로 바람직한 이 여행의 경비에서 70퍼센트까지 국가가 보조금을 지급하기로 했다.

바다 여행의 비용이 큰 탓에, 2003년에 양측은 육로로 관광객을 금강산으로 데려오기로 합의했다. 이는 군사적으로 매우 폭발력이 큰 사안이었기에, 마침 이라크 사태 탓에 특히 민감해진 북조선 군부와의 길고도 복잡한 협상이 필요했다. 2008년 3월부터 아주 잠깐 동안 남한 사람들은 자신의 자동차를 타고 금강산으로 갈 수가 있었다. 이것은 이 사업의 절정이었지만, 곧바로 급작스럽게 종결되었다.

많은 사건들이 그렇듯이 이 문제에서도 원인과 계기를 구분해야 한다. 2008년 초에 서울에서 새로운 정부가 권력을 넘겨받았다는 것은 우연이 아니었다. 진보적이라고[12] 여겨진 두 사람, 곧 김대중 대통령과 노무현 대통령은 헌법에 5년 단임으로 정해진 각자의 임기 동안, 곧 합쳐서 10년 동안, 가혹한 조건들을 붙이지 않고 북조선과 협조를 했다. 주로 '햇볕정책'이라는 이름으로 알려진 이런 노선은 주목할 만한 성과를 얻었다. 개혁을 다룬 장에서 서술된 거의 모든 사건이 바로 이 기간에 일어났다. 오늘날 북조선은 긍정적인 발전이라는 측면에서는 아직도 당시에 놓인 토대들로 특징지어진다.

하지만 햇볕정책은 체제 변화를 불러오지 못했고, 북조선의 핵무장을 방해하지도 못했다. 물론 그것이 이 정책의 명시적 목적은 아니었지만 남한 사람들은 그렇게 이해했었다. 나는 이 노선을 고안한 몇 사람을 아주 잘 알고 있으며, 2007년에는 김대중 대통령과 영부인이자 그의 정치적 동반자인 이희호 여사와 이야기를 나눌 기회도 있었다. 그렇기에 나는 극히 확고하게, 이들이 결코 순진한 사람들이 아니라 오히려 정반대였다고 주장할 수 있다.

'햇볕정책'이라는 이름은 이솝 우화에 토대를 둔 것이다. 태양과 바람이 누가 더 센지 싸웠다. 힘을 시험해보려고 둘은 어떤 사내의 외투를 벗기기로 한다. 바람은 점점 더 강하게 불었지만 사내는 외투를 더욱 힘껏 여미기만 했다. 그런 다음 태양이 나타나 점점 온기가 돌자 사내는 외투를 벗는다. 태양이 이긴 것이다.

햇볕정책의 핵심은 북조선을 움직이는 것이다. 다시 말해 북조선이 군사정책, 이념, 자기고립 등의 '외투'를 벗게 하려는 것이다. 김대중 대통령의 구상은 압력으로 변화에 이르게 하지 못하니 잘 대우해보자는 것이었다. 만일 이런 정책이 성과를 거둘 수 있다면 매우 장기적으로만 가능하며, 분명 그때까지는 많은 점에서 스스로 내세우는 가치표상과는 어울리지 않는 정권의 존속을 받아들여야 한다는 딜레마와 결합되어 있었다. 햇볕정책의 반대자들은 그런 좋은 대우가 심지어 북조선 정권을 후원하는 것이라고 비난한다. 실제로 햇볕정책은 정권의 점진적인 변화를 희망했을 뿐, 정권을 무너뜨리거나 그 붕괴에 일조하겠다는 생각과는 거리가 멀었다. 그러나 이런 정책은 남한의 정치적 강경파들에게만 악마와의 계약으로 여겨진 게 아니었다.

의심의 여지없는 10년 햇볕정책의 성과들에 대해 충분한 논의가 이루어지지 않았다. 오늘날 거의 누구도 2002년 7월 북조선의 개혁을 관광사업, 정상회담, 그 밖에 다른 형태의 남북 협력 등과 연결시켜서 바라보지 않는데, 이는 부당한 일이다. 덧붙여 북조선 독재자에게 불법적인 또는 적어도 불투명한 다양한 지불이 이루어졌다는 남한 유권자들의 실망감도 더해졌다. 김대중 대통령이 노벨평화상을 향한 개인적인 열망에서 — 실제로 상을 받았고 — 2000년 7월 김정일과의 정상회담을 돈을 주고 샀으며, 현대가 중개자 노릇을 했다는 비난이 점점 더 커졌다.[13]

따라서 2008년 초에 취임한 보수진영 출신 이명박 대통령에게서는 북측에 대한 더 이상의 양보를 기대할 수 없었다. 그는 물론 그 이상을 행했다. 지난 시절에 만들어진 사업들을 한걸음 한걸음 되돌리고, 새로운 주도권을 잡기 위한 계획들의 실천을 멈추었다. 일정 시간 기다린 다음 북조선 언론은 1998년 이전에 익숙하게 하던 대로 남한 지도부에 대한 살벌한 욕설로 되돌아갔다. 이명박 대통령을 말장난으로 '쥐'라고 부르면서 파시스트, 기어 다니는 놈 운운하는 욕설이 그에게 쏟아졌다.[14] 남한은 남한대로 전혀 꺼리지 않고, 북조선 지도자 가족의 초상화를 과녁으로 삼아 사격 연습을 했다. 얌전하게 처신하면 단 몇 년 안에 북조선의 국민총생산을 1인당 미화 3,000달러로 올려주겠노라는 제안을 평양은 도전으로 받아들이고 분노해서 거부했다.[15]

다음의 사건은 적어도 외부적으로는 순진함, 가차 없는 가혹함, 비극적인 사고 등이 결합된 것이라고 서술되었지만, 실은 이런 전체적인 맥락에서 바라보아야 한다. 서울에서 온 가정주부인 53세의 박왕자는 2008년 7월에, 연간 20만 명에 이르는 남한 관광객 중 한 사람으로 금강산에 머물렀다. 이른 아침 그녀는 혼자서 해변 산책에 나섰는데, 그러다 국경선 방향의 군사적 봉쇄 지역으로 다가갔다. 증인들의 말에 따르면 봉쇄 지역임을 알리는 표지판이 부족했다. 북조선 관청의 주장처럼 여러 번이나 경고의 외침과 경고 사격을 한 다음이든, 또는 적당한 사전

경고가 없었든, 이 여성은 적어도 총탄 두 발을 맞고 사망했다. 조사가 이루어졌지만, 남한 측의 생각에 적절하지 않았다. 양측의 상호 비난과 책임 미루기의 수위가 점점 높아졌다. 곧이어 남한은 여행을 중단시켰다. 다양한 협상 시도에도 불구하고 10년 동안 계속되어온 현대아산의 금강산 관광사업과 이어진 개성 관광사업도 이로써 끝장나고 말았다.

북조선에 '매몰비용'을 만드는 것, 즉 협력 사업이 끝나면 회수할 수 없는 투자를 한다는 것이 얼마나 위험할 수 있는지가 분명해졌다. 남한이 이 사업에서 물러났을 때 추산에 따르면 미화 4억 4000만 달러 상당의 자산이 그곳에 남았다. 그중 절반이 현대의 자산이다.

오늘날 남한의 기억에서 전체 금강산 협력 사업은 씁쓸한 뒷맛을 남기고 있다. 정부가 현대에 손실 금액을 어떻게 보전해주었는가 하는 물음은 부당하지 않다. 현대가 서울의 정부에서 받아 북조선에 넘긴 액수가 천문학적 숫자라는 말이 돌았다. 남한의 전문가 한 사람은 7년 동안 남북 협력 사업 권한을 확보하기 위해 현대가 북조선에 넘긴 액수가 미화 5억 달러에 이른다고 거듭 언급했다.[16] 불법적인 송금과 관련된 고발의 진실성을 어떻게 평가하든, 2003년 8월 4일, 2년 전에 작고한 정주영의 아들이자 후계자인 정몽헌이 자살했다. 남북 경협 사업에 대한 대부분의 자료와 통계가 남한 국영 웹사이트에서 사라졌다.

2011년 8월에 북조선은 사실상 탈취한 현대 소유 자산을 이용해 중국의 파트너와 관광사업을 재개하려고 시도했으나 지금까지는 별다른 성과가 없다.

개성:
경제특구의 스타

대부분 언론의 헤드라인들은 압도적으로 개성의 공업단지를 다루었다. 이 경제특구는 같은 이름의 도시에서 멀지 않은 북조선 지역에 자리 잡았다. 개성은 옛날 고려의 수도였고, 고려가 멸망한 다음에는 조선의 상업 중심지가 되었던 곳이다. 1951~1953년 정전협정이 열린 판문점에서 불과 몇 킬로미터 떨어진 곳에 있다. 협정이 진행되던 기간에 판문점 마을을 둘러싸고 일종의 평화지대가 마련되었는데, 그것이 개성에는 큰 행운이었다. 이를 통해 개성은 북조선의 나머지 지역을 거의 완전히 초토화한 미군의 공습에서 벗어났기 때문이다. 오늘날 개성은 한반도 전체에서 조금이나마 옛날 조선의 분위기를 맛볼 수 있는 극소수의 도시 중 하나다.[17]

이 도시 남쪽으로 너른 평원이 펼쳐지는데, 한반도를 서에서 동으로 가로지르며 뻗어나간 4킬로미터 너비 비무장지대[demilitarized zone](DMZ)의 판문점 구역은 이 평원에 자리 잡고 있다. 비무장지대 한가운데로 남한과 북조선을 가르는 군사분계선이 지나간다. 군사 전략의 측면에서 보자면, 대부분 산악지형인 남북 국경선에서 개성 일대는 전쟁이 일어날 경우 특히 무거운 차량들이 지나갈 수 있는 핵심 침략루트의 하나가 될 수 있다. 따라서 이 평야는 공업단지로 쓰이기 전까지는 대부분이 군부가 통제하는 봉쇄 지역이었다. 바로 이 비무장지대 가장자리 65제곱킬로미터의 땅에 남북 공동의 산업단지가 생겨난 것이다. 여기에는 총 100만 명을 위한 거주 구역, 골프장, 사무실, 공장 등이 포함되어 있다.

2000년 6월 최초의 남북정상회담에서 개성공단을 만들기로 합의하고 같은 해 8월에 현대와 북조선의 아시아태평양평화위원회 사이에 협정문 서명이 이루어졌을 때, 또 하나의 거창한, 실현 가능성이 크지 않은 이 구상을 회의적으로 바라본 사람은 나 혼자만이 아니었다. 하지만 2004년 9월에 나는 현대 불도저들이 작업 중인 광활한 개성 평원의 먼지구름 한가운데 서서, 당시 그 지역에 유일하던 행정 건물과 건설대원들을 위해 넓게 펼쳐진 컨테이너 마을을 믿지 못하는 눈길로 바라보았다. 남한에서 익숙하던 초록-노랑 차단목에 쓰인 현대아산의 '안전제일' 로고 옆으로, 그리고 여덟 명의 유럽 대사와 몇몇 학자들로 이루어진 우리 그룹 옆으로, 오렌지색 화물 자동차의 — 물론 현대 마크 — 끝도 없는 대열이 지나갔다. 프리드리히나우만 재단이 이 시찰을 조직했는데, 이 재단의 서울 대표부 담당자인 울리히 니만Ulrich Niemann은 시대의 표지를 알아보고 북조선의 긍정적 변화를 촉진해줄 가능한 방책들을 투입한 몇 안 되는 최초의 사람들 중 하나였다.

1년 뒤에 나는 다시 이 공단을 방문했다. 남한 특유의 광포한 속도로 건물들의 수가 늘어났고, 거리들이 닦이고, 심지어 최초의 공장 건물들도 세워져 있었다. 약간 머뭇거리면서 2005년에는 관광 프로그램도 시작되었다. 이어서 남한 관광객들은 개성시와 주변의 역사적 장소들을 방문할 수 있게 되었다. 전통적인 조선 양식으로 지어진 놀랄 만큼 아름다운 민속려관과, 많은 돈을 들여 복구한 한국 최초의 대학교인 성균관이나 왕릉 등 문화사적인 장소들을 오늘날 방문해보면, 매일 수천 명의 관광객을 맞아들이도록 지어진 기반시설을 매주 겨우 수백 명 정도만 이용하고 있는 것을 보게 된다. 나는 개성에 갈 때마다 민속려관의 기념품 가게에 앉아 끔찍하게 지루해하는 직원들과 함께 인삼차를 마시곤 한다. 우리는 정치 이야기는 하지 않고 일상의 소소한 이야기를 하면서, 남쪽의 부자 한국인들이 이 지역 특유의 인삼 제품도, 유럽에서 '셀라돈

Seladon'이라는 이름으로 알려진 고려청자도 살 수 없다는 사실을 두고 함께 탄식한다.

남한 사람들을 위한 노력으로 그들은 약간 기묘한 기획마저 꺼리지 않았다. 개성은 역사적으로 고려 불교의 중심지로 알려진 곳이다. 남쪽 관광객들은 물론 그것도 체험하고 싶어 하지만, 대부분 목조로 600년 이상 된 건물들은 이미 오래전에 세상 모든 것이 가는 길을 걸었다. 그래서 단순히 매우 값비싼 복원 작업만 이루어진 것이 아니다. 남한 회사들은 완전히 사라진 령통사 등 불교 사찰들도 북조선의 원래 자리에 다시 세웠다. 물론 주로 남한 관광객을 위한 것이다. 나는 개소식 며칠 전에 새로 만들어 반짝반짝한 이곳 사찰을 방문했었다. 개소식을 위한 의자들이 줄을 지어 마련되어 있었고, 사방에서 새로 칠한 냄새가 났다. 디즈니랜드가 생각나는 것을 어쩔 수가 없었다.

관광사업과 비교하면 도시 근처에 위치한 공단은 분명 더욱 성공적이었다. 물론 여기서도 어려움이 없지 않았다. 나는 도합 세 번 이곳을 방문했고, 특정한 인상을 얻을 수 있었다. 이 구역은 남한 사람들이 운영하기 때문에 정보 상황이 상대적으로 좋은 편이다.

남한의 시계 제조사 로만손은 개성에 들어간 최초의 회사 중 하나인데, 거기서 적절하게도 '통일시계'라는 이름의 스톱워치를 생산했다. 그러자 주로 운동화를 만드는 삼덕통상의 브랜드인 스타필드도 뒤지고 싶지 않아서 플래카드에 자기들의 생산품을 '통일신발'이라는 이름으로 선전했다. 하지만 이런 열광이 어디서나 나타나지는 않았다. 개성에 들어간 남한-일본 합작사인 태성하타에 대한 보도들이 남한과 서방 신문에 나오자, 이 회사와 거래하던 미국 회사가 매월 미화 30만 달러어치의 주문을 해약해버렸다.[18] 유럽도 '메이드 인 노스코리아' 제품을 비판적으로 바라보았다. 스웨덴의 스타트업 회사인 노코 진은 잠깐 동안 북조선에서 제조된 청바지를 팔았다. 하지만 판매 파트너인 PUB사는 공식적인 비판 이후에 구매 주문을 취소했고, 이 사업은 중단되었다.[19]

하지만 개성은 살아남았다. 이 구역의 회사 컴퓨터에서 윈도우가 돌아갔고 인터넷 익스플로러도 있었지만 인터넷 연결은 되지 않았다. 남한 관리자에게 들은 바로는 어차피 소통이 진짜 문제였다. 미국이 내린 금지령 아래서, 남한과의 전화 연결이 필요한 시설들은 겨우 60킬로미터 떨어진 서울과 통화를 하려면 중국을 경유해야만 했다. 이는 엄청나게 높은 분당 통화 비용을 뜻한다. 이 건은 2005년에 해결될 수 있었지만, 이런 예를 통해 북조선과의 경제 협력이 세부적으로 얼마나 어려울 수 있는지가 분명해진다. 오직 미국만의 책임이 아니다. 북조선은 계약 엄수에 관해, 또는 현존하는 약속의 갑작스럽고 일방적인 변경에 대해 좋은 평판을 얻지는 못했다.

남한 사람들이 자동차 번호판을 작은 목재판으로 가려야 한다는 것도 이 구역에서 기묘한 일상의 일부에 속한다. 내 질문을 받은 북조선 측의 설명은, 사람들이 번호판에 붙은 남한의 지역이름을 보면 나라의 분단을 슬퍼할 테니, 그들에게 이런 고통을 면제해주려는 것이라 했다. 이것은 북조선의 특징을 담은 답변처럼 들리는데, 며칠 동안 킥킥대고 나면 진짜 좌절감을 남긴다. 하지만 그 속에 진실이 들어 있다. 남한 번호판에는 자동차가 속한 도의 이름이 쓰여 있다. 베를린에서 분단을 피부로 느낄 수 있었던 독일과는 달리, 한반도에서 분단은 어딘지 모호한 일이다. 아마도 그런 탓에 북조선 지도부는 이런 번호판을 보면 정말로 북조선 주민들이 지나치게 동요할까 두려워하는 것 같다.

2005년 10월에 북조선을 방문했을 때 나는 개성에서 이론적으로는 한 시간이면 당시 내가 살던 서울의 아파트로 돌아올 수 있었다. 하지만 현실에서 귀로는 여러 날이 걸렸다. 우선 평양으로 돌아가 비행기로 베이징으로 갔다가 그곳에서 다시 항공편으로 인천으로 와서, 한 번 더 한 시간 반 동안 버스를 타고 서울 북부로 돌아와야만 했다. 누구든 몸소 분단의 부조리함을 체험한다면 이해에 많은 도움이 된다.

2년 뒤 2007년 여름, 햇볕정책이 끝나기 직전에 인구 1000만 명 이상의 대도시 서울이 북조선에 얼마나 가까이 있는지가 내게 더욱 분명해졌다. 우리 전문가 그룹은 남한의 특별 버스를 타고 겨우 한 시간 남짓 달려 도라산 역에서 남북 국경선을 넘어갔다. 나는 처음으로 38선을 넘어 다시금 개성 경제특구에 들어갔다. 물론 분위기는 이전의 방문처럼 그렇게 느긋하지 않았다. 함께 간 남한 방문객들과 그들에 대한 불신 분위기 탓이었던 것 같지만, 1년 전 성공한 북조선 최초의 핵 실험 탓도 있었던 것 같다.

건물의 수는 더 늘었고, 이 구역 자체도 내가 몇 년 전에 의심스럽게 바라보았던 설계와 모델을 더욱 많이 연상시키고 있었다. 남한 어디서나 볼 수 있는 시설들이 들어온 것이 가장 매혹적인 일이었다. 남한에는 어디에나 있는 체인업체 '패밀리마트' 슈퍼마켓과 '우리은행' 지점도 있었다. 이 두 시설물에서는 각각 남한 남성과 북조선 여성이 함께 일했다. 이런 성별 배치도 두드러진다. 개성공단에서는 5만 3,000명 이상의 북조선 여성과 900명 정도의 남한 남성들이 일하고 있다.

투자자들에게 경제적 조건은 나쁘지 않다. 토지 이용료는 50년 동안 연간 제곱미터당 미화 46달러이다. 최고 14퍼센트인 법인세는 5년 동안 기업체에 면제되고, 이어서 3년 동안 절반이 삭감된다. 이윤에 대해서는 1~2퍼센트의 세금이 부과된다.[20] 개성은 상황을 고려하면 분명 거대한 기획이다. 남한 통일부의 진술에 따르면 남한은 이 구역을 열기 위해 미화 8억 달러를 투자했다. 2013년 이곳에는 총 123개 업체가 들어와 있었고, 2012년의 생산량은 미화 4억 7000만 달러에 달했다. 이는 물론 이윤이 아니라, 중간제품 형태로 이 구역에 수입되었다가 여기서 가공을 거쳐 남한으로 도로 수출되는 상품 전체의 가치다. 이것은 중요하다. 사람들이 거듭 북조선이 이 구역에서 취하는 이른바 경제적 이익에 대한 수치로 착각하기 때문이다. 주요 수입원은 짐작하건대 여성 노동자들에게 지급되는 임금이다. 이들은 제각기 월 미화 144달러를 받는다. 이것은 연간 미화 9000만 달러 남짓이 된다.[21] 이 구역을 건설하던 당시의 임금은 이보다 훨씬 낮아서 월 57달러에 지나지 않았다. 중국의 임금 수준이 높아진 덕에 이런 임금 인상이 가능했다.

나는 북조선 전국의 생산시설을 직접 보아서 안다. 특히 화학공장, 케이블공장, 양조장, 철강공장, 과자공장 한 군데씩과 직물공장 여러 곳을 보았는데, 외국인인 내게 특히 가장 현대적인 시설들만 구경시켰다고 생각할 수가 있다. 하지만 그런 공장들은 초현대적인, 밝고 거의 선전이 없는 개성공단의 환경에는 비할 바가 아니다. 거의라고 말한 것은 이 공장들은 격려하는 구호나 영웅적인 투사들을 그린 유화를 이용하지 않지만 공장들 자체가 순수한 선전이기 때문이다. 아무 말이 없어도 모든 북조선 여성 노동자들은 38도선 이남에 젖과 꿀이 흐르고 있다는 사실을 전달받는다. 남한은 이런 인상을 있는 힘껏 강조하려고 애쓴다. 여성 노동자들이 받는 임금의 대부분을 국가에 헌납해야 한다는 보도가 나왔을 때 기업가들은 풍성한 점심식사를 제공하거나 오리온 마크를 단 개별 포장된 작은 과자를 분배해주었다.

'초코파이'라 불리는 이 칼로리 폭탄 과자를 둘러싸고 가장 터무니없는 소문이 돌았다. 열두 개들이 한 상자를 아마존에서 99센트에 살 수 있고, 중국에서도 이에 해당하는 비용으로 구할 수 있다. 그에 반해 북조선 시장에서는 개당 미화 10달러 정도 한다는 것이다.[22] 이것은 중국의 가격에 비하면 거의 100배이고, 쌀 20킬로그램, 즉 한 달 배급량보다 더 많은 쌀값과 맞먹는다. 북조선의 기아에 대한 온갖 보도들이 완전 거짓이었거나, 아니면 누군가가 전문지식 없이 시장가격을 공식환율로 잘못 계산한 것이다. 공식환율은 암시장환율과는 80인자나 차이가 난다. 나는 잘못 계산했다고 본다. 이런 예는 북조선에 대한 선동적인 보도들을 얼마나 조심스럽게 받아들여야 하는지를 잘 보여준다. 특히 이런 보도들이 인터넷 덕에, 그리고 비용을 이유로 몇몇 국제적 통신사들에 점점 많이 의존하는 매체들 덕분에 미친 듯이 광범위하게 퍼져나가는 판이니 더욱 그렇다.

내게 또 다른 흥미로운 디테일은 공장 로비에 있는 WC 표기였다. 남북 모두 한국어를 쓰지만, 60년 동안 격리된 탓에 그 흔적이 남았다. 북조선에서는 매우 민족주의적인 언어정책을 펼치면서, 거의 프랑스에 비할 만큼 영어식 표현을 자체 조어로 대체하려고 노력한다. 이전 시대 수백 년 동안 중국에서 넘어온 한자어 낱말들도 가능하면 피한다. 덕분에 휴식의 장소restroom가 북조선에서는 '위생실'로, 남한에서는 미국식 'powder room'에 기대서 '화장실'로 불린다. 그리고 바로 이 낱말 '화장실'이 공업단지에서 쓰이고 있다. 이는 개성이 매일 별로 중요하지 않은 수백 가지 작은 디테일을 통해 상대방에 대한 지식을 매우 개인적인 차원에서 조금씩 개선하도록 만드는, 정말로 드문 만남의 장소라는 사실에 대한 상징이 될 수 있을 것 같다.

이날이 내가 이 공업단지를 마지막으로 방문한 것이었다. 그 뒤로도 여러 해 동안 나는 개성을 빈번히 방문했고, 2013년 9월에 마지막으로 갔었다. 멀리서도 아주 잘 보이는 이 공업단지는 관광객으로서는 물론 갈 수가 없다. 대신 판문점에서 북조선이 한국전쟁에 승리했으며 또한 한국의 분단이 미국의 책임이라는 설명을 들을 수 있다. 벼를 심은 넓은 평야를 통과하며 점점 좁아지는 도로를 따라 한동안 차를 타고 간 다음, 참호를 따라 잠깐 위로 오르면, 국경 경비대의 초소에 서서 저편으로 최고 높이가 8미터에 달하는 거대한 철근콘크리트 장벽을 볼 수 있다. 박정희 대통령 시절에 건설된 이 벽의 남쪽 편은 흙으로 뒤덮여 있다. 남한은 전체 250킬로미터 길이의 군사분계선을 따라 북조선에서 굴러오는 탱크를 막으려고 이런 철근콘크리트 장벽을 쌓아올렸다.

놀랍게도 개성 공업단지는 남북 관계의 온갖 장애에도 오랜 기간 큰 해를 입지 않고 살아남았다. 양측은 2006년과 2009년 두 번의 핵 실험을 동반한 북조선의 핵개발 프로그램, 2008년 금강산에서 남한 관광객 여성이 총상으로 사망한 일, 2010년 남한의 천안함 침몰사건과 연평도 포격사건, 또는 양측의 지도자인 김정일과 이명박에 대한 살벌한 욕설 등에도 불구하고 이 공업단지를 구하기 위해 있는 힘을 다했다.

2013년 봄에 개성 관광은 마침내 점점 격해지던 목소리에 희생되고 말았다. 북조선이 2012년 12월 성공적으로 3단계 미사일을 발사하고 위성 하나를 궤도에 올려놓은 다음, 국제적으로 분노와 비난이 봇물처럼 쏟아졌다. 북조선은 우주공간의 이용까지 주권에 포함시켜 자신의 주권을 제한하는 것에 맞서 확고하게 저항했는데, 서방세계는 현재 유엔의 결정에 근거해서 이것을 용납하지 않았다. 겨우 2주 뒤에 남한도 우주로 위성을 발사했지만 그에 대해서는 비슷한 소동이 없었기에, 북조선은 이중적인 잣대를 들이민다고 반발했지만 소용이 없었다.

그러고 나서 북조선이 2013년 2월 12일에 그사이 세 번째가 된 핵 실험을 실시하자 일련의 외교적 제재가 나타났다. 그중에는 유엔 안보리의 2087 결의와 2094 결의도 있었으며, 이것은 처음으로 중국의 동의까지 얻었다.[23] 이어서 북조선은 남북 접경지대에서 해마다 벌어지는 남한과 미군 합동군사작전인 '독수리 훈련'에 대한 항의를 더욱 강화했다. 여러 주나 이어진 위기의 절정에서 북조선은 미국을 겨냥해 핵무기를 투입하겠다고 위협했다.

이것은 2013년 4월 9일 북조선이 개성 공업단지에서 모든 노동력을 철수시킨 계기이기도 했다. 바로 이어서 남한 정부는 자국민에게 이 구역을 떠나라는 지시를 내렸다. 하지만 공단 재개를 위한 협상이 7월에 시작되었고, 9월 중순에는 필요한 합의문에 서명이 이루어졌다. 여기서는 특히 이 구역의 국제화에 대한 합의가 이루어졌다. 2013년 말에는 123개 업체 대부분이 생산품을 돌려받았다[개성공단은 2013년 9월 재개 이후 정상 가동되다가 2016년 2월 10일 박근혜 정부의 조치로 전면 중단되었다].

2013년 10월에 북조선 정부는 싱가포르, 홍콩, 중동 지역 회사들이 참가한 가운데 개성 일대에 두 번째 공업단지를 건설할 것이라고 공표했다.[24] 이는 많은 점에서 흥미로운 안이다. 북조선이 1950년대 이후로 추구해온, 외국과 협조할 경우 위험을 비대칭적으로 분산한다는 전략을 극소 지역인 개성에서도 고수하려는 것을 보여준다. 본질적으로 보자면, 중요한 기획에 가능한 한 많은 독립적인 파트너들을 끌어들여서, 한 파트너와 뭔가 문제가 일어날 경우에도 다른 파트너들과는 협조를 유지하려는 것이다. 그러니까 그런 기획에서 빠지려는 자가 누구든 북조선이 입는 손해(100-x퍼센트)보다 더 큰 손해를(100퍼센트) 보는데, 이런 상황이라면 평양의 협상력과 행동 여지가 현저히 높아질 것이다. 이는 개성이 분명 아주 중요한 곳으로 여겨지고 있으며, 다른 경제특구 세 곳 중 한 곳으로 힘을 집중하는 대신, 개성의 자체 균형추를 만들려고 한다는 사실 또한 보여준다. 그 이유는 아마도 정치적일 것이다. 수많은 동기를 지닌 남북 협력 기획 하나가 여기서 이루어지고 있으니 말이다.

일시적인 폐업을 계기로 개성공단이 누구에게 어느 정도 이로우냐를 두고 많은 논의가 이루어졌다. 최종적인 평가는 물론 관찰자의 눈에 달려 있다. 나는 최종적으로 남한이 더 큰 이익을 본다고 생각한다. 연간 1억 달러에 못 미치는 북조선의 수입이 온건한 정도의 이익이라면, 평양이 감당하는 정치적·이념적 위험은 크고, 남한은 매우 적게 알려진 이 나라에 대해 엄청난 지식을 얻는다는 별도의 이점이 있으니 말이다.

북조선의 관점에서 공단 운영에 중요한 동기로는, 외환 수입 말고도 기술 이전에 대한 소망도 있었다. 하지만 이런 소망은 1996년에 중요한 산업국들 사이에 체결된, 재래식 무기 및 이중적 이용이 가능한 물품 및 기술의 수출을 통제하기로 한 바세나르협약을 통해 거의 불가능해졌다. 이 협약에 따르면 첨단기술과 그에 준하는 시설을 북조선으로 수출하는 것이 거의 허용되지 않기 때문이다. 개성도 이 규칙의 적용을 받는다.

이 구역에서 일한 남한 관리자들과의 대화에서, 북조선이 현대적이고 복잡한 생산설비와 함께 온갖 공정, 필요한 구조, 시설 등에 얼마나 관심이 많은지 거듭 들었다. 이것은 경제특구 설치의 중요한 동기 하나와 일치하는 내용이다. 즉 노하우를 습득하려는 소망인데, 이것은 다시금 언젠가는 외국의 파트너와 무관하게 스스로 이용하려고 할 경우에만 의미가 있는 일이다.

남한도 사정은 똑같이 복잡해 보인다. 오늘날 개성에서 활동하는 남한 기업체 상당수가 개성으로 간 것은 어떤 의미에서 점점 높아지는 임금 비용에서 도망친 일이었다. 그 대안으로는 중국이나 동남아가 가능했겠지만, 상대적으로 작은 업체들은 정보 비용과 이전 비용으로 인해 그러기가 그리 녹록하지 않다. 여기 덧붙여 남한의 관점에서 개성은 분명히 정치적인 기획이기 때문에, 국가의 도움과 보장을 생각할 수도 있다. 현대가 가장 큰 예였다.

하지만 북조선 체제 및 그 사람들과의 상호교류 자체가 비할 바 없이 큰 가치가 있다. 북조선의 상황에 대한 이해가 중요해질 때면, 남한은 나머지 세계와 똑같이 주로 사변과 의심스러운 소문에 의지하곤 한다. 하지만 서울에서 이것은 우리 유럽에서와는 달리 단순히 학술적인 질문만이 아니다. 붕괴와 그에 따른 비용에 대한 두려움이든, 핵공격이나 중국의 관여에 대한 두려움이든 — 어느 경우든 무지는 사태를 더욱 심각하게 만들 수 있다. 수천 명 북조선 사람들과 매일 교류하는 것은 그곳 분위기의 실질적인 이미지를 중개해주는데, 이를 위해 현재로서는 다른 어떤 대안도 없다. 보통은 매우 보수적인 이명박 대통령이 그 무엇에도 방해를 받지 않고 개성 지역을 그대로 놓아둔 것은 공연한 일이 아니었다. 우리는 동료들끼리 모일 때면 이따금 농담으로, 북조선의 여성 노동자들과 남한의 관리자들 중 어느 쪽 비밀요원의 비율이 높을지를 두고 사변을 펼치곤 한다.

여기에 통일의 양상 하나가 살아 있다는 점도 잊어서는 안 된다. 양측은 경제특구라는 보호받는 실험실에서, 이론적 연구나 일요일의 한담을 넘어 경제적 협조가 어떤 양상이 될지를 실험해볼 수 있다. 문제들을 확인하고 평온하게 해결책을 찾아볼 수 있으며, 이로써 신뢰뿐만 아니라 지금까지 없었던 협조의 체험을 쌓을 수도 있다.

개성은 많은 점에서 외부세계를 향한 북조선의 관문 중 하나다. 그 어떤 이념 교육도 여성 노동자들이 남한과 남한 사람들에 대한 이미지를 만들어내는 것을 막을 길은 없다. 초코파이 이야기가 과장된 것이라도 여전히 여기서 어떤 일이 일어나는지를 너무나 분명히 보여준다. 가난한 북조선이 부자인 남한을 매일 5만 배로 만나고 있는 것이다. 여성 노동자 그 누구도 블로그를 쓰거나 트윗을 하거나 자신이 받은 인상을 페이스북에 포스팅하지 않는다. 하지만 그렇다고 해서 정보가 제 갈 길을 못 찾는 것은 아니다. 1999년 이전 동유럽의 경험이 보여주듯이, 국가의 승인을 받지 않은 지식에 대해 매우 제한된 통로만 가진 나라들에서는 입소문이 특별히 훌륭한 기능을 한다. 5만 명 여성 노동자가 — 80퍼센트 이상이 20대와 30대 — 제각기 오직 부모, 형제자매 한 명, 여성친구 세 명하고만 이야기한다고 해도 30만 명의 북조선 사람들이 정기적으로, 그것도 직접 당사자의 입으로 남북 협력 사업 소식을 듣게 된다. 이들이 다시 이런 정보를 여섯 명과 나누어 갖는다면, 그리고 이런 식으로 계속하다보면 이론적으로 겨우 네 단계 만에 전국으로 퍼진다. 모든 여성 노동자가 이 지역 출신이 아니기 때문에 특히 그렇다.

이것을 생각해보면, 북조선 정부가 개성의 문을 닫지 않고 그렇게 오래 버틴 것이 특이하다. 돈에 대한 소망이든 기술이나 노하우에 대한 소망이든 또는 남한과의 협력에 대한 소망이든, 확실한 것은 평양의 지도부는 온갖 분명한 위험들에도 불구하고 이 공단의 존속에 강력한 관심을 가졌다는 사실이다. 나는 이것이 응원할 가치가 있는 실용주의의 표시라고 해석할 수 있으며, 경제제재나 협력 거부로 이 구역의 확충과 발전을 방해해서는 안 된다고 생각한다.

개성시 방문의 정점은 언제나 도시 한가운데 있는, 아직은 김정일의 동상을 옆에 거느리지 않은 건국자 김일성의 동상이 서 있는 작은 산에 오르는 일이다. 보통은 정상 직전에 왼편으로 꺾어서, 네모난 안뜰을 둘러싼 단층집들의 기와지붕과 옛날 개성의 구불거리는 골목길들을 내려다보는 숨이 멎을 듯 멋진 조망을 즐기게 된다. 2013년부터 서양 관광객들이 공항에서 휴대전화를 제출하지 않아도 되기 때문에, 이 산꼭대기에서 갑자기 휴대전화들은 격하게 웅, 쉿 하는 소리를 내며 불과 몇 킬로미터 떨어진 남한의 KT나 SK 통신사의 네트워크에 연결되면서 여러 날 누적된 짧은 소식들을 알린다.

신의주, 위화도, 황금평: 요란하지만 별수 없는

—

북조선의 네 번째 거대한 경제특구는 나라의 서북부 구석, 한국 측 신의주와 중국 측 단둥 사이의 땅이다. 이 구역은 서양사람 귀에는 약간 복잡하게 들리는 위화도-황금평 경제특구인데, 이는 국경선 강에 있는, 법적으로 북조선에 속하는 두 개 섬의 이름이다. 흔히 그냥 신의주 경제특구라 불리는 이 구역은 모든 경제특구 가운데 가장 변화가 많은 역사를 지녔거니와, 어쩌면 앞으로도 그런 변화를 맞이할 수도 있다.

광범위하게 격리된 라선과는 달리 북조선과 중국에서 자연스럽게 성장한, 경제적으로 매우 활발하고 큰 도시들이 여기서 서로 만나는데, 이들 사이에는 멀리 역사를 거슬러 오르는 무역관계가 존재한다. 해마다 서울에서 베이징으로 보내던 조공사절단이 이 지역에서 한국어로 압록, 중국어로 얄루라 불리는 강을 건넜다.

열차와 자동차들이 다니는 다리 하나가 강 위에 걸려 있는데, 다리 바로 옆에는 한국전쟁 기간에 보급을 끊으려고 미군 폭격기가 파괴해서 오늘날 북조선-중국 전우애를 위한 기념비로 쓰이는 옛 다리의 잔해가 있다. 중국 단둥에서는 청동 기념비 하나와 고사포 하나가 그것을 기념하는데, 이는 중국 관광객들이 좋아하는 사진 피사체다. 그들은 호기심과 즐거움으로 북조선을 바라보면서 아주 분명하게 보이는 자신들의 경제적 우위를 기뻐한다. 기념품 판매대에서는 북조선 지도자의 사진이 들어간 작은 배지를 몇 위안이면 살 수 있다. 이 배지는 북조선에서 작은 성물로 다루어지고 외국인들에게는 매우 특별한 상황에서만 명예롭게 전달된다. 중국은 밤이 되면 이 다리에서 강의 중간에 있는 국경선까지만 매우 비싼 돈을 들여 화려하게 조명을 비추곤 한다. 덕분에 다리는 중간에 툭 끊어진 듯이 보이는데, 이렇게 해서 모든 관찰자에게 불빛의 왕국이 어디며 어둠의 왕국은 어딘지를 아주 분명히 보여주려는 것만 같다. 북조선에 대한 중국의 개혁 압력이 불충분하다고 꾸짖는 모든 정치가에게 단둥을 한번 방문해보시라고 극히 따스하게 권할 수 있다.

나는 1991년 12월에 평양에서 베이징으로 가는 열차를 타고 처음으로 이 지역을 통과했고, 몇 주 뒤에 동일한 경로로 돌아오는 길에도 다시 지나갔다. 당시 이미 나는 북조선에서는 경험하기 힘든 엄청나게 활기찬 분위기에 압도되었다. 수많은 소규모 행상들과 개인들이 세관원의 날카로운 감시를 받으며 온갖 보따리들을 중국에서 북조선으로 들여오고 있었다.

언제나 합법적인 물건들만 오는 것은 분명 아니었다. 동창생과 나는 4인용 객실에 두 명의 젊은 북조선 여성과 함께 있었는데, 그들은 베이징의 친척을 방문하고 돌아오는 길이었다. 자기들의 침대 하나를 거대한 짐들로 완전히 막아놓고는 함께 아래쪽 간이침대에서 세관원을 기다렸다. 그들은 우리에게 관리가 들어오면 객실을 떠나지 말고 자리에 남아 있어달라고 열렬히 부탁했다. 더 이상 자세히 알려줄 생각은 없었지만, 아마도 지나치게 탐욕스러운 '수수료' 요구에서 보호받기를 바라는 것 같았다. 실제로 무슨 일이 있었는지 나는 모른다. 우리는 세관원들로부터 정중하지만 아주 확고하게 몇 분 동안 객실에서 나가달라는 요구를 받았고, 문이 굳게 닫혀 있었기 때문이다.

나는 그 뒤로 이런 기차여행을 더 자주 했고, 언제나 흥미로운 일들을 경험했다. 한 번은 새 카메라를 들고 있었는데, 늘 그렇듯이 내 사진들을 검열하도록 북조선 세관원에게 내주었다. 소련에서 어린 시절에 나는 레닌이 집을 수색당할 때 차르의 관리들을 속인 이야기를 들은 적이 있었다. 그는 짐짓 도와주려는 듯 작은 사다리를 서가 옆에 세워놓았다. 관리가 가장 꼭대기에 있는 책들을 잘 볼 수 있도록 말이다. 정말로 관리는 이 미끼를 물고서 맨 꼭대기부터 시작해 책을 한 권 한 권 자세히 살펴보았다. 그렇게 세 줄을 살핀 다음 그는 지치고 부주의해져서 맨 아래쪽 서가에 있던 금지된 책들을 못 보고 그냥 지나쳤다.

레닌이 성공한 일이니 내게도 잘 되겠거니 생각하고 나는 여성 관리가 워싱턴, 암스테르담, 베이징 등지에서 찍은 사진 수백 장을 뒤진 다음에야 이번 북조선 여행에서 찍은 2,000장의 사진을 볼 수 있게 배치해 놓았다.

하지만 나는 북조선 세관원이 받는 교육의 질을 상당히 저평가했다. 버튼을 몇 번 눌러서 그녀는 모니터를 '빠르게 보기' 모드로 만들었다. 새 카메라가 지닌 이런 기능은 나도 아직 찾아내지 못했던 것인데, 그 뒤로는 언제나 어느 정도 즐거운 마음으로 그것을 이용하곤 한다. 그녀의 기술적 지식에 대해 놀라며 인정해준 것이 기뻤던지, 아니면 다른 무슨 이유에선지 그녀는 어차피 흔들린 사진 몇 장을 지우고는 옆 칸으로 가 버렸다. 비행기를 타고 출국하는 경우에는 아무도 외국인의 카메라에 관심을 갖지 않는다. 휴대용 저장장치들도 검사를 받지 않는다. 북조선 당국이 언제나 논리적으로 행동하는 것은 아니다.

신의주는 북조선 지도부에 중요한 곳으로 보인다. 1998년 10월 말에 현대 창업자인 정주영 회장과 대화를 할 때 — 금강산 관광사업과 개성 공업단지라는 결과를 불러온 — 김정일은 신의주가 남북 공동산업구역의 입지가 되면 좋겠다고 강조했다.[25] 그에 반해 현대는 군사분계선 근처 서해안에 자리 잡은 해군기지 해주를 증축해 그곳의 항구를 이용할 수 있게 되기를 원했다. 같은 제안이 2007년, 지금까지는 마지막인 남북정상회담에서도 나왔다[남북정상회담은 2018년 4월 재개되었다]. 남한은 해주를, 북조선은 위화도를 포함하는 신의주를 원했다.

당시 북조선 측에서 신의주에 유리하게 제시한 주장은 오늘날에도 선전된다. 이 도시에는 도로, 철도, 항구, 공항 등 잘 만들어진 국가적 네트워크의 일부가 있다. 중국과 가까운 입지는 국제적 운송 네트워크와의 연결 및 거대한 판매 시장으로의 통로를 확보해준다. 한반도 대부분이 매우 불균형한 강우량으로 물 부족에 시달리지만 압록강 덕분에 신의주는 그런 걱정이 없다. 바로 이웃한 수력발전소에서 공급받을 수 있는 전기도 마찬가지다. 통신 인프라도 북조선 상황에서는 상당히 잘 갖추어진 편이다. 김정일은 분명 국내정치의 이유에서도 신의주를 선호했다. 옛날에 중국의 국경 도시 단둥은 조선 측의 역동적인 상거래 중심부인 신의주의 그림자에 묻혀 있었다. 중국의 개혁, 동시에 1990년대 이후 북조선 경제의 쇠퇴와 더불어 상황이 급격히 바뀌었다. 김정일은 그 뒤로 고통에 빠진 자국민의 자신감을 현대의 도움으로 되살리고 싶었던 것이다.[26]

현대가 어떤 이유에서 처음에 신의주를 입지로 검토했다가 마지막에 반대했는지가 흥미롭다. 운송 네트워크의 존재를 인정하기는 했지만 동시에 그 질에 대해서는 회의적이었다. 서울에서 500킬로미터나 떨어진 곳에 기반시설을 건설하는 데 필요한 투자 비용이 너무 높게 여겨졌다. 또한 신의주의 지리적 이점도 일방적으로 중국과의 접근에만 한정된다고 보았다. 원래의 세계시장은 접근이 더욱 어려웠을 것이다. 그래서 경제특구 설치에서 입지의 불리함과 투자자 부재를 두려워했던 것이고, 이는 경제특구 기획의 경제성을 의문스럽게 만들었을 것이다. 덧붙여 다양한 환경 요인도 고려되었다. 마지막에 개성으로 결정되었다.

북조선에서 신의주 특구는 쉽지 않다. 현대가 망설이는 태도를 보인 뒤 2002년 9월에도 새로운 시작이 있었다. 이에 대해 공개된 내용은 상당히 이상하게 들리는 것이었다. 130제곱킬로미터 크기의 땅에 중국의 특별행정구Special Administrative Regions(SAR)를 모범으로 삼아 일종의 국외영토 지위를 지닌 경제특구를 세우려고 했다. 국영 조선중앙통신에 따르면 이 특별행정구는 직접 '중앙의' 통제를 받을 예정이었다. 신의주 특별행정구는 기본법 말고도 심지어 자체 깃발도 가질 예정이라고 했다. 지금까지 그곳에 살던 북조선 사람들 대부분을 다른 곳으로 이주시키고, 외국인들에게 완전히 자유로운 통행을 보장한다는 것이다. 특별행정구 내 통화는 미화로 예정되었다. 북조선 의회의 상임위원회는 화려한 경력을 가진 중국계 네덜란드 시민 양빈楊斌을 이곳의 총독으로 임명했는데, 그는 2001년도《포브스*Forbes*》잡지에서 세계에서 두 번째로 부유한 중국인 명단에 올랐었다.

북조선은 분명히 특별행정구 지정을 중국과 상의했지만, 결정은 단독으로 내렸던 모양이다. 베이징 지도부는 언론을 통해 이 소식을 듣고 기빼하지 않았다.[27] 양빈은 2002년 10월 4일에 중국 관청에 의해 가택연금을 당하고 2003년에 다양한 경제법 위반으로 유죄판결을 받았다. 이로써 서북부에 경제특구를 세우려는 두 번째 시도도 실패하고 말았다. 나는 당시 이런 실패와, 2주 전에 실패로 돌아간 일본과의 관계 정상화 시도 사이에 어떤 연관성이 있지 않을까 자문했었다. 일본에서 오기로 한 수십억 달러가 사라졌는데, 신의주는 꼭 필요한 소득을 금방 산출할 수 있을까? 2002년 10월 중순에 알려진, 북조선이 핵개발 프로그램을 계속하고 있다고 제임스 켈리에게 했다는 고백을 어쩌면 또 다른 절망적인, 말하자면 정통적이지 않은 돈 마련의 시도로 해석할 수 있지 않을까? 이에 대한 구체적인 근거는 없지만 특정한 논리를 추측해볼 수는 있다.

김정일이 중국을 방문하고 한 달 뒤인 2011년 6월에 세 번째로 신의주 경제특구 건설이 시작되었다. 뒷날 처형당한 장성택이 동석한 가운데, 두 개의 섬 위화도와 황금평에 세금 없는 자유무역지구를 건설한다는 협정에 서명이 이루어졌다.[28] 다시금 과도한 비교가 나타났다. '북조선의 홍콩'이 여기서 생겨날 거란다. 중국인과 외국인이 비자 없이 자유롭게 출입한다는 등의 규칙들은 2002년의 신의주 기획을 연상시킨다.

투자자들에 대한 유인책으로는, 세금과 관세가 없다는 점 말고도 신용은행 설립이 가능하다는 것, 외환을 공식적인 지불 수단으로 사용한다는 것, 그리고 북조선 회사들에게 노동력을 빌리는 대신 직접고용할 수 있는 가능성 등이 꼽혔다. 이동통신과 인터넷 접근도 무제한 허용된다고 했다. 어쨌든 중화인민공화국에서 가능한 만큼은 말이다. 사업 용지는 50년 동안 이용할 수 있다. 이 구역의 전략적 산업으로는 통신기술, 관광과 문화, 현대농업, 경공업 등이 예정되어 있다.

중국 측에서 국경 지대의 발전을 위한 더 큰 계획들이 발표되었다. 그리고 위성사진으로 보면 중국이 실제로 이미 단둥 주변에 개방 및 개발 작업을 했음을 알 수 있다.[29] 2010년부터 중국 강변에서 황금평으로 연결되는 다리가 지어지고 있는데, 이는 2014년에 완공될 예정이다.[30] 다른 기반시설들도 건설 중이다. 신의주와 달리 황금평에는 사람이 거의 살지 않기 때문에 매우 소규모 이주만 이루어질 것이다. 다만 북조선 측에서는 정기적인 고지와 몇 가지 법 제정을 제외하고는 지금까지 개성 공업단지에 비할 만한 그 어떤 활동도 보이지 않는다.

나는 2010년 10월에 단둥시를 방문했고, 중국 측에서부터 황금평과 위화도도 구경했다. 그것들은 특별히 매력적으로 보이지는 않았지만 단둥에서 이루어지는 엄청난 역동성을 보면, 성공은 오로지 중국 측 의지의 문제일 것이다. 중국에서 정치적 결단이 내려지면 새로운 경제특구는 상대적으로 빨리 진행될 수 있을 것이다. 여기서 무엇보다도 중국과 북조선 양측의 협조가 중요하며, 특히 중국 랴오닝성 정부가 지역 발전의 관점에서 적극적인 역할을 하게 되리라는 것만은 분명하다.

경제특구는 변화의 선봉인가

중국의 개혁개방 정책은 경제특구와 떼려야 뗄 수 없이 연관되어 있다. 북조선에서 경제특구는 그런 역할과는 거리가 멀다. 현재의 경제특구는 또 다른 완벽화 조치 정도이며, 국가는 제대로 작동하지 못하는 경제를 이를 통해 활성화하고 외부 재원을 끌어들이려고 한다. 경제특구가 근본적인 신념 변화의 표현은 아니며, 투자자들 또한 그렇게 보고 있다.

네 군데 경제특구 라선, 금강산, 개성, 신의주에는 평양 지도부의 전략적 사유가 반영되고 있으며, 무엇보다도 이 지역들을 가능한 한 자국 주민들에게서 격리시키려는 목적이 반영되었다. 이 지역들은 제각기 하나 또는 소수 국가만을 파트너로 끌어들였기에, 문제가 생길 경우 한 지역은 멈추어 설지 몰라도, 그로써 전체의 수입을 잃어버리지는 않는다. 가장 좋을 경우에는 파트너 국가들끼리 서로 경쟁하게 만들 수도 있다.

지난 시기에 남한 철도 연결망을 유라시아 철도와 연결하려던 문제를 놓고도 비슷한 상황이 관찰되었다. 한반도를 관통하는 철도 건설에는 두 가지 선택지가 있다. 하나는 서해안을 따라가는 구간을 확장해 중국 철도와 연결하면서 러시아의 시베리아 횡단철도를 비켜 가는 것이다. 또는 반대로 동해안을 따라 러시아와 연결해서 중국을 비켜 가는 것이다. 나의 경험으로는 북조선은 아마도 두 가지 모두를 시도할 것이고, 멋대로 그리고 정치적 상황에 따라 두 노선을 번갈아 개방하거나 폐쇄하려고 할 것이다. 이론적으로 런던에서 도쿄까지를(남한과 일본 사이 해저터널에 대한 고려도 있으니) 연결하는 이 노선에 대해 중국과 러시아의 관심이 매우 크기 때문에 이 두 나라는 노선 확장에 대한 포괄적인 제안을 제각기 해놓은 상태이며, 덕분에 북조선은 비용 걱정도 할 필요가 없다.

북조선이 '분할해서 지배하라divide et impera'는 원칙을 고수한다면 개별 경제특구들의 진짜 국제화는 기대할 수 없다. 평양은 개성에서도 남한과 공동으로 운영하는 구역에 외국인을 들이기를 원치 않고 따로 그들을 위한 구역을 만들고 있다. 남한은 다시 어려움이 발생할 경우 혼자만 당하지 않으려고 가능하면 많은 외국인을 동승시키려 애쓰고 있다.

일본 투자자들만을 위한 경제특구의 건설은 이미 늦었다. 이들을 라선에 통합하지 않는다면, 동해의 인구 밀집 중심지를 따라, 곧 함흥이나 원산 근처를 입지로 만들어야 한다. 지금까지 북조선의 전략으로 보아, 그리고 2014년 5월부터 재개된 양측의 대화로 보아 이것은 매우 논리적인 결정이 될 것이며, 머지않아 더욱 구체적인 모습을 취할 수도 있다.

북조선 정부가 2013년 5월과 11월에 예고한 14개의 새로운 경제특구 설치는 김정은의 책임하에 역시 활발하고 분명하게 나타나는 발전이다.[31] 현재 나온 정보에 따르면 4개 도당 1개 이상의 경제특구가 생겨날 것이다. 그 구역들은 분명 서로 경쟁해야 한다. 정확하게 어떤 기업들이 그곳에 투자할 수 있으며, 어떤 상황에서 그런 일이 일어날지, 할당된 구역들이 얼마나 클지, 구체적으로 어디에 자리 잡을지 등은 지금까지 불확실하게만 알려져 있다.[32] 새로운 경제특구 하나는 신의주에 자리 잡을 것이라는데, 이는 2002년에 실패한 시도의 개정판이라고 볼 수 있다. 이것이 위화도-황금평 기획과 어떤 관계인지도 밝혀지지 않았다. 몇몇 구역은 주로 관광을 위한 것이라고 한다.

2014년 4월 북조선 의회의 연례회의에서 국가재정을 검토하는 중에 처음으로 '경제특구의 소득'이 언급되었다.[33] 물론 그에 대한 절대적 수치는 공표되지 않았지만, 그토록 유명한 지역에 대한 이런 새로운 언급은 경제특구들이 북조선 지도부의 경제 발전 전략에서 본질적인 역할을 하고 있음을 짐작하게 한다. 물론 그 구역들이 저절로 변화의 중개자가 되지는 않는다. 하지만 이 지역에서 얻은 학습 효과가 더욱 강해지고 더 많은 사람들에게 가서 닿을 것이다. 경제특구라는 주제는 여전히 흥미진진한 것으로 남는다.

7

김정은 치하의 북조선

아직 이용되지 않은 잠재력

북조선의 경제정책은 지난 20년 동안 지나치게 역동적이었다. 엄청난 문제들만 있었던 건 아니고 어느 정도 성공적인 해결책들도 있었다. 이런 경제정책들은 지금까지 내외의 오판과 방해에 부딪쳐 실패했음에도 이 나라를 발전시켰고, 따라서 좀 더 행복한 미래를 적어도 예비했다고 나는 힘주어 주장하겠다.

물론 큰 기획은 새 지도자 아래서도 여전히 멈추어 있다. 그렇다고 반드시 개혁 열의가 없어서라고 할 수는 없다. 그보다는 모든 변화가, 특히 근본적인 변화라면 더욱더 많은 위험부담을 지니게 마련이기 때문이다. 따라서 김정은의 권력 승계 이후의 몇 가지 발전상을 더 자세히 관찰하기 전에 우리는 평양의 통치자와 후원자들이, 자신들이 축출당하지도, 나라에 더 큰 손해를 입히지도 않으면서 경제체제의 근본적 개선을 위해 실질적으로 무엇을 할 수 있느냐를 물어야 한다.

국가와 시장의 이중체제?

국가와 국가를 지배수단으로 이용하는 북조선 지도부는 자신들의 경제 통제가 주민들의 행복한 삶을 보장한다는 주장을 정당성으로 삼는다. 그러므로 산업과 은행 분야의 대규모 사유화를 위해서는 당과 김씨 일가의 역할을 새롭게 정의해야 한다. 여기에는 엄청난 정치적 위험이 있음이 분명하다. 성급하고 과격한 변화는, 설사 결국에는 피할 수 없는 것이라도 기대할 수는 없는 노릇이다.

우선은 서비스업과 경공업 분야의 작고 본질적이지 않은 기업체들 정도만 사유화하는 방식의 혼합 형태가 있다. 실제로 지난 여러 해 동안 식당, 작은 판매시설, 그리고 단순한 소모품 생산 등에서 놀라울 정도의 역동성이 보였다. 법률상 조직 형태는 국가 또는 조합 소유로 되어 있지만, 실질적으로는 사적인 경제활동이 이루어진다. 심지어 개인 자동차도 있다.[1] 노란색 번호판으로 알아볼 수 있다.

규모가 큰 국영기업들도 즉시 사유화하지 않고 이른바 이중체제를 통해 더욱 효율적으로 만들 수 있는 방식을 중국과 베트남이 보여주었다.[2] 기업체들은 국가의 지시에 따라 정해진 가격으로 정해진 양만큼 특정한 생산품을 만들어야 했다. 하지만 이 계획목표를 달성하고 나면, 무엇이든 원하는 대로 만들어서 팔고 자신들의 판단대로 이윤을 이용할 자유를 얻었다. 이로써 국가는 한 번 휘둘러 파리 두 마리를 잡았다. 국영기업체는 국영으로 그대로 남은 채, 더욱 효율적이 되어 이윤을 남기고 창의력을 발휘하는 것이다. 몇 년이 지난 다음에는 민영화하고, 경우에 따라 주식을 소유하거나 다른 방법을 동원해 일정한 통제력을 유지할 수 있다. 북조선에서 비슷한 조치들에 대한 소문이 있지만, 아마 시간적·공간적으로 제한된 실험들일 것이다. 중국과 베트남에서와 같은 근본적인 결정은 아직 이루어지지 않았다.

하지만 북조선은 산업체의 낮은 효율성하고만 싸우는 게 아니다. 국영매체에서 강조하는바 최우선 정책은 농업 분야의 생산성 향상이다. 외국에서는 거듭 빠른 개혁안을 추천하지만, 실제로 북조선에서 기본식량 시장을 과격하게 자유화할 경우 무슨 일이 벌어질 것인가?

배고픈 건설 노동자 여섯 명과 그들의 상관 한 명이 점심시간에 다섯 개의 커다란 햄버거를 나누어야 한다고 생각해보자. 중앙계획경제를 시행하는 독재체제에서는 상관이 햄버거 하나를 오롯이 차지하고 나머지 네 개를 여섯 명이 균등하게 나누어 가질 것이다. 상관을 제외하고는 아무도 충분하지는 않지만, 어쨌든 누구나 어느 정도는 자기 몫을 받는다. 상관을 쫓아버리고 단순히 시장이 결정하게 한다면, 지불 능력을 가진 상위 다섯 명의 노동자는 햄버거를 하나씩 차지하겠지만 돈이 가장 적은 동료는 아무것도 얻지 못한다. 이런 예는 어쩌면 재미있게 들릴지 몰라도, 여섯 명의 건설 노동자 대신 2500만 북조선 인구, 햄버거 대신 쌀 같은 기본식량이라고 생각해본다면, 그야말로 심각한 문제가 된다. 이 나라에 공급 부족이 존재하는 한에는, 시장을 통한 분배를 즉시 도입하면 — 다른 말로 해서 돈 많은 사람이 살 수 있게 되면 — 경제적 최하위 약자에게는 사형 선고나 다름없게 된다.

공급 부족이 지속되는 임계점을 상당히 간단하게 계산할 수 있다. 모든 타당한 인자를 고려하면 북조선에서 연간 대략 540만 톤의 쌀이 필요하다.[3] 이 수치는 이미 인용한 국제 구호단체의 수요 평가에 따른 것이다.[4]

그러므로 기본식량의 분배를 시장과 그 가격 기능에 떠넘기기 전에 먼저 쌀, 옥수수, 감자 등 식량의 안정적인 공급 과잉이 가능해야 한다. 여기에 딜레마가 있다. 시장에서 나오는 신호들의 도움으로 바로 그런 과잉 공급을 이끌어내자는 것이 바로 핵심 취지이기 때문이다. 출발 상황은 공급 부족이고, 목표가 공급 과잉인 것이다.

여기 더해서 식량의 경우 생산량 제고를 위한 새로운 유인책들이 결과를 얻기까지 산업체의 경우보다 훨씬 더 많은 시간이 필요하다는 점도 있다. 북조선의 연간 수확량이 있다. 설사 어떤 농부가 첫해에 어떤 이유에서든 무조건 더 많은 양을 생산하기로 결심을 하고 거기 필요한 수단을 모조리 제공받는다고 해도, 그가 실행한 조치들이 실질적으로 작동하려면 적어도 이듬해나 그 이듬해까지는 기다려야 한다. 그때까지는 공급 부족이 그대로이니 굶주림이 위협하는 것이다.

북조선의 농업에서 시장경제 유인책들을 통해 중앙계획경제에서 지역적 통제로 바뀌려면, 국가적 조치들의 엄호를 받아야 한다는 것은 분명하다. 해결책은 여기서도 혼합체제라고 하겠다. 기본 사유는 앞에서 언급한 중국 산업체의 이중체제와 비슷하다. 한동안 계획경제와 시장경제를 병행하는 것이다. 일정 분량의 식량은 국가가 낮은 가격으로 분배하고, 꼭 필요한 나머지는 생산자에게 매력적인 자유로운 가격으로 시장에서 파는 방식이다. 앞서 든 예를 다시 이용하자면 건설 노동자는 누구나 상관에게서 햄버거 절반을 받고, 각자 주머니 사정대로 모퉁이의 햄버거 가게에서 조금 더 사도록 하는 것이다. 물론 돈을 가장 적게 가진 가상의 노동자에게는 여전히 가슴 아픈 일이지만, 그래도 국가의 기본 공급 덕에 완전히 빈손은 아니다.

이런 예를 다시금 북조선의 기본식량에 적용한다면, 국가는 분배하는 또는 상징적 가격으로 판매되는 쌀 배급량을 줄이고, 동시에 시장들을 합법화하거나, 도로 불법으로 만들지 않는 것이다. 이를 통해 생겨난 유인이 몇 년 뒤에 쌀의 생산량을 높이고, 그로써 공급이 좀 나아지면 곧바로 시장에서 가격이 떨어지게 된다. 다수의 수요는 필요 칼로리로 결정되는데,[5] 쌀의 수출만 막을 수 있다면 대체로 수요를 상수로 생각할 수 있기 때문이다.

시장에 공급되는 양이 늘어나고 시장가격이 떨어지면 국가는 배급량을 다시 줄이고, 이로써 주민의 삶을 위태롭게 하지 않고도 생산자에게 더 많은 돈을 지불하는 수요로 연결시킨다. 여기 서술한 순환이 반복되면, 생산량은 올라가고 가격은 떨어진다. 더욱 많은 순환을 거치고 나면 생산량이 충분히 많아져서 시장수요의 충족이 이루어질 것이다. 그러니까 모든 북조선 사람이 충분한 돈만 있다면 소비할 수 있는 분량보다 조금 더 생산될 것이다. 이 지점에서 국가는 배급제를 완전히 없애고, 생산과 분배를 완전히 시장에 맡길 수 있게 된다.

우리가 앞에서 2002년 7월조치라는 맥락으로 논의한 발전을 실제로 북조선에서 본다면, 아마도 그사이 정확하게 이런 일이 일어난 것이리라. 지난 10년 동안 국가는 많은 단계를 거쳐 배급량을 줄였고, 이는 국제적으로 당혹감을 만들어냈다. 동시에 수확량이 늘었다는 보고들도 나타났기 때문이다.[6] 우리가 아는 한 국가의 분배는 완전히 사라지지 않았다. 이것은 전체 생산량이 아직도 필요한 수준에 이르지 못했다는 결론을 허용한다. 여기서 분명히 정치적 고려도 하나의 역할을 하고 있다. 북조선에서 국가가 보조해주는 기본식량은 사회주의의 업적으로 여겨지기 때문이다.

김정은의 대안들

하지만 더 빠른 길은 없나? 이미 보았듯이 기본식량 문제에서 시장경제의 도입을 위한 열쇠는, 이용 가능한 기본식량의 양을 늘리는 것이다. 약간의 행운이 따르고 긴 시간을 들이면 국내 생산량을 높여서 이를 이룰 수 있지만, 외국에서 수입한다면 훨씬 빨라진다. 현실적으로 보자면 어떤 길도 수입을 건너뛰고 넘어가지는 못한다. 앞에 서술한 혼합체제에도 하나의 걸림돌이 존재하는데, 바로 공급 측면이다. 실질적으로 무엇을 생산할지 농부들에게 결정권을 맡긴다면, 그들은 기본식량의 가격이 떨어지면, 어떤 지점에서는 이른바 돈벌이작물로 바꾸는 방식으로 대응할 것이기 때문이다. 그러니까 판매에서 더 많은 수익을 가져오는 생산품, 예컨대 담배, 과일, 채소 등을 생산할 것이다.

따라서 수입이 없이는, 설사 기본식량의 지속적인 공급이라는 안전장치를 위해서라고 하더라도, 북조선의 농업개혁은 이루어지지 않을 것이다. 하지만 수입을 위해 필요한 것은 국제적으로 받아들일 수 있는 미 달러화 같은 돈이다. 불법적인 수단을 쓰려는 것이 아니라면, 이런 돈을 벌어들이는 세 가지 방법이 있다. 돈을 선물로 받거나 빌리거나 일해서 버는 것이다.

별다른 상상력이 없더라도 선물로 받는 것이 가장 환영받는 재원임을 알 수 있다. 북조선은 수십 년간 존속해오는 동안 이 문제에서 놀랄 정도로 성공적이었다. 이는 한국전쟁 이후로 상당히 열광적으로 도움을 준 '사회주의 형제국가들'만을 말하는 게 아니다. 미국이 — 특별히 김씨 일가와 가장 가까운 친구라고 할 수 없는 — 1995년부터 2008년까지 미화 총 13억 달러를 일방적으로 송금했다는 사실이 나로서는 특히 인상적이다.[7] 또 다른 특별한 기부 국가들은 남한과 중국이다. 아주 냉정하게 보자면 여기서 북조선 외교관들이 완수한 업적을 인정하지 않을 수 없다.

2002년 7월 개혁의 해에 이미 언급한 일본과의 관계 정상화가 계획되었던 것은 우연이 아니다. 1965년에 이미 일본과 남한 사이에 정상화 조약이 체결된 다음 — 이 조약에는 미화 8억 달러의 지불이 포함되었는데[8] — 내가 들은 바로는, 2002년 김정일과 일본의 고이즈미 총리 사이에 미화 120억 달러에 이르는 일본의 배상금 협상이 있었다. 하지만 정상화는 이루어지지 않았고, 돈은 들어오지 않았다. 따스한 돈비가 쏟아지기는커녕 한때 번성했던 일본과의 해외 무역이 완전히 파탄 나고 말았다. 이 무역은 2014년 중순에 바닥을 찍었다. 2014년 5월 말에야 비로소 북조선의 납치에 대한 조사가 재개되면서 개선이 가능해 보인다.

일방적 송금에 의한 조달 말고 북조선은 다른 어떤 가능성들을 갖고 있는가? 냉전의 종식 이후로 정치적으로 돈을 쥐어짤 수 있는 동맹국은 없다. 설사 러시아와 중국이 북조선에 관심을 갖고 있어도 그렇다. 경제협력을 대가로 핵개발 프로그램을 중지한다는 약속은 더 이상 신뢰가 없다. 너무 남발되었고, 거듭 깨졌기 때문이다. 남한 정부는 햇볕정책을 끝냈고, 적어도 서울이 보수정권 아래 있는 한에는 다시 살아나지 않을 것이다. 북조선은 실질적인 국제 협조를 기대하기가 어려운 상황이다.

돈을 선물로 받지 못하면 빌릴 수도 있다. 하지만 북조선은 상환하려는 도덕의식이 형편없다는 이유로, 무엇보다도 미국이 주도하는 제재로 인해 국제적인 신용을 얻지 못한다. 북조선이 지속적이고 충분히 포괄적인 경제개혁을 시작하려면 해결해야 할 결정적인 문제가 바로 여기 있다. 미국을 통한 외교적 인정과 양국관계의 정상화를 위한, 끈질긴 데다 스스로도 인정하듯이 수단의 선택에서 고집스러운 노력은 이런 배경을 놓고 보면 매우 실용적인 조명을 받게 된다.

따라서 우선은 해외 무역과 직접투자 방식으로 돈을 버는 것만 남는데, 여기서도 경제제재가 상당한 효력을 나타낸다. 북조선에 매력적인 천연자원의 매장량이 상당하지만 이런 풍족함이 지금까지는, 잠재적 구매자의 정치적·윤리도덕적인 망설임을 충분히 극복하는 정도에는 이르지 못했다. 그 밖에도 이 나라의 지리적 조건으로 인해 천연자원의 획득과 운반이 쉽지 않으며 서양의 광업회사 대부분은 현장에 실질적인 투자를 할 각오가 되어 있지 않다.

이렇듯 북조선의 대안이 부족한 탓에 중국은 해외 무역과 경제특구에서만이 아니라, 천연자원 채굴과 그 밖의 경제적 협조에서도 북조선 지도부가 불안감을 느낄 정도로 주도적인 위치를 차지하고 있다. 2013년 북조선의 해외 무역에서 중국과의 거래가 80퍼센트를 훨씬 넘어선다는 것만이 전부가 아니다. 국내정치의 측면에서도 중국은 한반도 북쪽에서 언제나 매우 적극적이다. 1956년의 쿠데타 시도를 포함하여 북조선 지도부 내부에서 우리에게 알려진 대립들에는 보통 친중국계 그룹이 포함되곤 했다. 2013년 12월에 공식적으로 당 기관지 1면과 국영 티브이에서 굴욕적인 모습을 보이다가 얼마 뒤에 처형당한 김정은의 고모부 장성택이 중국과 가까웠다는 말이 거듭 전해졌다. 그를 향한 구체적인 비난에는 "천연자원을 외국에 싼 가격으로 판매"했다는 것도 들어 있었는데, 이것은 광산에 중국 기업체가 들어가 있는 현실을 놓고 보면 공공연히 베이징을 겨냥한 것이었다.[9] 중국인 사업가들은 북조선에서 거만함에 가까운 자의식을 지니고 등장하곤 하는데, 물론 주민들에게 호감을 주지는 않는다. 내가 마지막으로 북조선을 방문한 때는 유엔 안보리에서의 국제 제재에 동참하는 투표와 연관해서 "중국이 우리를 배신했다"는 말을 들었다. 이것은 외국에 대한 특이하게 공개적인 입장 표명이었다. 1991년 나의 유학 시절에 이미 쓰이던 중국인에 대한 욕설이 거듭 쓰이는 것도 거침없이 확인되었다.

이런 배경을 놓고, 북조선이 핵무기 프로그램을 정말 오로지 남한과 미국에만 맞서는 방어라고 생각하는지 매우 분명하게 자문해보아야 한다. 80배나 큰 영토와 54배나 되는 인구를 가진, 경제적, 정치적, 군사적, 그리고 어떤 의미에서 이념적으로도 초대형인 이웃나라는 남북한에 실로 거대하고 직접적인 도전이다. 따라서 '서양인'인 우리는 북조선의 모든 행동이 일차적으로 우리를 겨냥한다고 자명하다는 듯이 전제해서는 안 된다. 이것은 단순히 겸손함의 문제만이 아니다. 그보다는 성공적으로 핵무기 철폐에 공헌하고 싶다면 핵무기 프로그램의 목적을 이해해야 한다. 내 주장이 맞는다면 경제 원조 제안만으로는 아무리 너그러운 것이라도 충분치 못하다.

그사이 중국은 북조선에 대해 매우 능숙하고도 적극적인 개혁 촉구 정책을 펼치고 있다. 이 거대한 이웃은 기회가 있을 때마다 자신의 경제적 우위를 보여주는데, 주로 중국으로의 초대를 통한 참관으로, 무역 박람회 참석이나 국경 지대 증축 등의 방식을 이용한다. 이런 식으로 우정의 옷을 입고 다가오는 조치들에 항거하기란 평양 지도부로서는 힘든 일이다. 이런 일이 분위기를 더 낫게 하지는 못한다. 외국에 대한, 그것도 너무 크고 너무 가까운 중국에 대한 불신이 너무 깊이 뿌리박혀 있다.

제프리 삭스Jeffrey Sachs가 예전에 폴란드와 소련에서 선전한 것처럼, 포괄적이고 재빠른 시장경제 체제의 도입이라는 '빅뱅' 해결책도,[10] 우선은 농업과 경제특구에만 제한된 자유화도 북조선 지도부에는 매력적이고 적합한 것으로 보이지 않는 듯하다. 동시에 단순히 지금처럼 그냥 계속하는 것도 점점 더 어려워진다. 이어서 더욱 자세히 논의할 내용이지만 새 중산층을 포함한 주민들의 요구나, 느리긴 해도 꾸준히 높아지는 북조선 산업의 발전 수준도 경제의 효율성을 개선하고 국제적 고립을 줄일 것을 요구하고 있다. 그것 말고도 중국에 대한 일방적인 의존도 무역 상대국을 전략적으로 다양화하라고 권고한다. 실제로 지난 기간 러시아와 일본에 대한 접근이 강화되었다.

북조선은 다음번 아시아의 호랑이가 될까

이미 보았듯이 김정은은 복잡한 상황을 마주하고 있다. 시장경제 개혁과 자유화는 꼭 필요하지만 많은 점에서 위험하다. 할 수만 있다면 북조선 지도부는 과격한 개혁보다는 점진적이고 통제된 변화를 더 원한다. 하지만 해외에서 오는 보조금은 거의 없고, 융자 또한 얻지 못한다. 해외 무역은 일방적으로 중국을 향한다. 동시에 국내에서 개혁 압력은 점점 거세지고 있다.

여러 이유에서 단순히 베낄 수 없는 중국의 길 말고, 현대화와 개혁을 위한 현실적인 모범은 어떤 것이 있을까? 이른바 '동아시아 모델'이라는 것을 여기서 생각해볼 만하다. 이것은 일본에서 시작되어[11] 싱가포르, 남한, 대만, 그리고 적잖이 중화인민공화국에서도 입증되었다. 동아시아에 치명적으로 작용했던 1997~1998년 금융위기 이후로 이것은 죽었다고 여겨졌지만, 유럽 위기를 보면서 다시 국제적 논의에서 일종의 르네상스를 맞이하고 있다.

원칙적으로 동아시아 모델은 저개발 국가의 부족한 자원 투입을 우연에 맡기지 않고, 가능한 한 완전히 특정한 목표를 겨냥한 전략적 영역에만 투자한다는 생각에 근거한다. 이 모델은 여러 요소들의 결합을 필요로 한다. 무엇보다도 독재 형태의 강력한 국가가 필요하다. 남한은 1961년부터 1987년까지 사실상 군사독재체제였다. 독재자를 수반으로, 강한 군대를 거느린 강력한 권위적 국가. 북조선을 바라보는 우리 눈에 이것은 잘 알려진 모습이다.

이런 권위적 국가는 질 높은 관료 집단의 후원으로 전략 산업을 찾아내 장려하는 경제정책 전망을 세운다. 여기서 활동하는 기업들은 통상 민간기업인데, 이는 매우 중요하다. 그래야만 이익 동기를 추진력으로 이용할 수 있기 때문이다. 바로 이 점에서 북조선의 현재 위치는 모델과 다르다. 김정은은 무엇보다도 민영화를 결심해야 한다.

민영화란 국가가 통제를 포기해야 한다는 뜻은 아니다. 동아시아 개발독재에서 알려진 민간기업 훈련 조치들은, 주문 및 융자 가능성을 없애서 강제로 폐쇄하기, 부정부패나 세금포탈 또는 비슷한 범죄에 대해 기업 지도부를 통폐합하거나 형벌로 모범을 보이기 등이다.[12] 동아시아 모델에서 국가가 경제를 주도하는 가장 효율적인 수단은 국영 또는 적어도 국가의 통제를 받는 금융체계이다. 입법자는 기업들이 외국에서 돈을 조달할 길을 막는다. 국내은행들이 유일한 돈줄인데, 국내은행들은 국가의 전략적 원칙을 실천하는 기업에 우선적으로 융자를 해준다. 이것은 단순하고도 효과적이다.

처음에 국내 소비는 무시된다. 외환을 벌기 위해 주로 외국 시장을 찾는다. 각국의 성향에 따라 해외에서 자금을 빌리거나 아니면 직접투자를 받는다. 남한의 경우 해외 직접투자는 일본의 지배에 대한 불안으로 인해 상대적으로 의미가 없었다. 대신 냉전 시기 미국의 정치적 후원에 기댈 수 있었다. 미국의 보호 아래서 남한은 엄청난 부채를 지고 광범위한 보호무역 조치들을 거침없이 실행할 수 있었다. 북조선을 위해 중국이 이런 역할을 할 수 있을 것이다. 중국의 개혁에 본질적이었던 경제특구라는 옵션도 덧붙여진다.

남한과 일본이 거대한 산업재벌을 후원했다면, 대만은 주로 중소기업에 초점을 맞추었다.[13] 중국에서는 군부가 생산시설의 소유주로서 큰 역할을 했다. 북조선에서도 비슷한 형태가 관찰된다. 다수의 국영기업체들은 이익 동기로 움직이는 상호경쟁적인 다양한 이해단체들의 지배를 받는다. 이익은 주로 독점에 근거한다. 국내 경쟁이 너무 강하면 국가가 경제를 조율한다는 이념에 어긋난다. 하지만 경쟁 없이는 효율성도 없다. 아시아의 호랑이 국가들이 수출장려를 통해 시범을 보인 경쟁을 조심스럽게 '수입'하는 것이 북조선에서도 가볼 만한 출구일 것이다.[14]

북조선은 이미 동아시아 모델을 도입하기 위한 몇 가지 사전조건을 충족하고 있다. 점점 질이 높아지는 관료 집단이 여기 들어간다. 이들은 중국은 물론 유럽과 미국의 전문가들에게서 배웠고, 2002년 이룩한 변화의 경험에서도 배웠다. 또한 유리한 조건들이 존재하거나, 초기 성과를 내는 몇몇 영역도 있다. 중국, 남한, 일본 등 거대한 시장들 사이 동아시아에 있다는 유리한 위치와 함께 풍부한 천연자원도 있다. 북조선은 이미 산업국가다. 주민들은 훌륭한 교육을 받았고 기율이 잡혀 있다. 경제특구와 수많은 합작회사에서 중국과 긴밀히 교류한 덕에 노하우 또한 적어도 기본은 존재한다. 제도적 기반들은 현재 만들어지는 중이다. 그에 상응하는 법령들이 진척되고 있고 관할 기관들은 더 나은 효과를 얻으려고 매우 역동적으로 노력한다. 2014년 6월에 해외 무역 부처들을 통폐합해 새로운 부서인 대외경제성으로 바꾸었다. 적어도 일부라도 경제 민영화가 이루어졌고 재정 영역도 충분히 전문적이지만, 여전히 부족한 것이 유리한 국제적 환경이다. 이는 주로 미국과의 관계 정상화를 의미한다고 볼 수 있다. 핵무기 개발 계획 탓에 이것은 아직 요원한 일로, 평양의 용감한 정치적 결단을 요구하는 일이다. 부득이할 경우 중국이 미국의 반발을 무릅쓰고 북조선에서 동아시아 경제기적을 후원할 위치에 해마다 더욱 접근하고 있지만, 북조선의 관점에서 전략적 사유는 이렇게 일방적으로 중국에 의존하는 것을 반대한다. 미래를 향해 그렇듯 광범위하고 혁명적인 일보를 감행하겠노라는 김정은 쪽의 각오가 또 다른 핵심 전제조건이다.

김정은:
미래 비전이 있는 지도자인가,
아니면 모험을 꺼리는
수구적 인물인가

—

처음에는 이에 대해 낙관할 근거가 거의 없었다. 나라를 안정적으로 통치하기에도 김정은은 너무 젊고 경험이 없는 것으로 생각되었기 때문이다. 하물며 광범위하고 위험한 개혁 조치들을 위한 통찰력, 운신의 폭, 에너지 등을 그에게 인정해주기는 어려웠다.

꼬박 20년이나 걸린 아버지의 훈련 과정에 비하면 김정은의 수업 기간은 매우 짧았다. 김정일이 죽기까지 겨우 몇 달 동안 아버지를 수행한 것이 고작이었다. 권력을 승계하기 1년 전에야 비로소 그는 주민들에게 하나의 개념으로 등장했다. 그 시기의 공식적인 성명에서는 약간의 불확실성이 감지되었다. 어떤 호칭을 이용할까, 새 지도자는 어떤 이미지를 가질 것이며, 그의 통치 스타일은 어떤 모습이 될까?

김정은은 상대적으로 빨리 이 점에서 주도권을 쥐었고, 그로써 나라를 더 나은 미래로 인도할 지도자로서의 잠재력을 처음으로 짐작하게 했다. 나는 지금도 그가 효과적으로 여론에 등장한 최초의 기회들이 기획에 따른 것이라고 여긴다. 이런 기회들은 앞에서 상세히 전했으니 여기서는 짤막하게 요약만 해보자.

김정은의 최초의 행동들은 국민의 일상사를 보살피는 나라의 아버지라는 인상을 전파하려는 것이었다. 평양에 신선한 생선을 공급하기 위한 상징적 보장책이나 김정일의 사진 앞에서 기다리는 조문객들에게 따뜻한 음료를 대접한 것이 그랬다. 새 통치자는 자신의 슬픔에도 불구하고 이런 일들을 즉시 그리고 손수 행했다. 뒷날 온갖 종류의 국민오락을 훨씬 강화한 것도 여기 속한다.

이념의 측면에서 김정은은 이례적인 일을 감행하는 놀라운 용기를 보여주었다. 아버지 김정일은 사후 즉시, 그때까지 홀로 권좌에 앉아 있던 건국자 김일성과 같은 위치로 높여졌다. 김일성-김정일을 나란히 배치한 새로운 이중 조각상을 세우고, 두 지도자의 초상화를 넣은 새 배지들을 만들고, 이념의 이름과[김일성-김정일주의] 도처에 존재하는 표어에도 김정일의 이름을 덧붙여넣었다. 작고한 두 지도자가 녹아들어 하나로 통합된 선전 체계가 되었다. 권력을 승계하고 겨우 몇 달 만인 2012년 4월 13일의 실패한 미사일 발사를 즉시 공개적으로 인정했을 때도 김정은은 용기를 보여주었다.

그는 통치를 좋아하는 것 같다. 그의 아버지가 매우 드물게만 대국민

담화를 발표했다면, 김정은은 인민과의 직접 소통을 되살려냈고, 아버지 치하에서 신문의 사설로 대체되었던 신년사를 이제는 다시 직접 발표한다. 이 과정에서 그는 주로 자신의 소망과 표상들을 지향한다. 무능한 관료들을 거듭 공개적으로 비판한 것이나, 섹시하다고밖에 달리 서술할 길이 없는 모란봉악단의 창설, 그리고 전례 없는 영부인 동반 등은 — 이 모두가 취임 첫해에 한 일 — 관직에서 머리가 희끗해진[15] 관리들이 내놓은 아이디어는 아니었을 테니 말이다. 많은 수의 비약적인 교체와, 정상에 있던 인물의 해임으로 드러난 인사정책은 단호한 결단력과 확고한 권력 장악을 암시한다.

김정은이 2013년 3월 31일 당 중앙위원회 총회에서 앞서 언급한 대로 핵무기로 무장한 군대와 경제의 병진을 알렸을 때도, 독자적 전략의 발전이 감지되었다. 내가 생각하기에 이런 전략은 아버지 김정일이 내세운, 군대를 중점에 둔 '선군'사상에서 조심스럽게 이탈한 것으로 해석할 수 있다.

현재 우리는 김정은에 대해 더 많은 것을 알지는 못한다. 그의 공식적인 탄생 이야기나, 그가 어떤 환경에서 성장했는지도 알려지지 않았다. 그가 스위스에서 학교에 다녔다는 소문이 끈질기게 이어지고 있다. 하지만 설사 이것이 맞는다고 해도, 우리는 그것이 어떤 성과를 냈는지 알지 못한다.

그러므로 우리로서는 이 나라가 지난 수십 년 동안 경험한 변화들을 바라보면서, 김정은의 통치 초기에 이런 경향들이 어디까지 강화 또는 철회되는 것으로 보이느냐를 자문해보는 수밖에 없다.

변화 중인 나라

변화들을 확인하고 평가하기 위해서 나는 유학 시절인 1991년과 1992년을 출발점으로 삼고 나 자신의 관찰에 기대기로 한다. 이런 방식은 약점이 있는데, 나는 오로지 북조선 현실의 겉모습만을 보았고, 지금도 겉모습만 볼 수 있기 때문이다. 하지만 진위를 가리기 힘든 남의 이야기 또는 남에게서 들었다는 이야기에 기대지 않아도 된다는 비할 바 없이 소중한 강점도 있다.

1991년에 이미 평양은 눈에 띄는 기념비 건축과 수많은 수령 초상화들을 지니긴 했어도 상대적으로 초록의 현대적 도시였다. 오늘날에도 이것은 마찬가지다. 한국전쟁에서 거의 완전히 파괴되었기 때문에, 그리고 세계를 향한 쇼윈도로 수도를 특히 매력적으로 만들려는, 많은 사회주의 국가에 전형적인 지도부의 열망 덕분에, 여기서는 나라의 자원을 상대적으로 넉넉하게 이용했다. 당과 국가의 수반이 자리 잡은 곳으로서 폭이 넓은 도로들, 거대한 행정 건물, 끝도 없는 주택단지들, 너른 광장들, 온갖 기념비와 과시적 장소들이 전체 모습을 결정한다.

1991년에 고통스럽게도 부족했던 것은 보통 우리가 '정상적인 삶' 또는 일상이라 부를 만한 것이었다. 많은 사람들이 끊임없이 이리저리 오가고 있었지만 그들이 어디서 와서 어디로 가는지 정확하게 알 수가 없었다. 활기 있는 쇼핑 거리들, 시장, 식당, 간이식당과 카페 등 다른 대부분의 도시에서 결정적인 모습들이 20년 전 평양에는 없었다. 거리에는 자동차도 거의 없었으니, 어딘지 초대형 유령 같은 모습이었다. 정부 건물들 근처 교차로에서는 딱 붙는 제복 차림의 젊은 여성 경찰관이 한가운데 서서, 서방의 방문객들이 즐겁게 구경하는 가운데, 대개는 존재하지도 않는 거리 교통을 열성적으로 통제했다. 그들뿐 아니라 남성 경찰관들도 자신들의 일을 매우 진지하게 여겼다. 한 번은 사람도 자동차도 없는 도로를 무단횡단하다가 형벌을 받지 않으려면 다음번에는 지하도를 이용하라는 즉석 충고를 받은 적도 있었다. 그 사건은 학생이던 내가 그렇게 애써도 접촉할 수 없던 북조선 사람과 직접 접촉한 극소수 기회의 하나였다.

A지점에서 B지점으로 가려면 대개는 걸어가는 것이 최고였다. 지하철은 모스크바 지하철을 연상시키는 크리스털 샹들리에와 모자이크 장식이 붙은 사치스러운 역들로 인해 어느 정도 유명했지만, 도시 전체를 연결해주지 않았다. 그래서 이따금 전기로 움직이는 무궤도버스를 이용해야 했는데, 이 또한 러시아워에는 일종의 스포츠 같은 도전이 되곤 했다.

우선 버스정류장의 긴 줄에 서서 질서 있게 기다렸다. 기다리는 사람들은 대개 우리 외국인들을 줄에서 맨 앞으로 밀어 보내곤 했는데, 그것은 매우 고통스러운 일이었다. 마침내 버스가 오면 잽싸게 움직여야 했다. 버스는 잠깐만 정차했다가 승객이 모두 탔거나 말았거나 상관없이 곧바로 출발했다. 기다리는 사람들의 수는 어차피 버스 한 대의 수용 능력을 넘었다. 그러니 달려가서 손으로 버스의 출입구 막대를 붙잡고는, 안에 탄 승객들이 올라탈 자리를 만들어주기까지 천천히 굴러가는 버스와 함께 최고 200미터 정도까지 달린 다음에야 힘껏 올라탔다. 나는 매번 차비를 지불할 수 있었는지 기억나지 않는다. 차비를 내는 동전 투입구를 찾아내지 못했거나 거기 도달할 수가 없었기 때문이다. 버스 안 사람들의 수를 생각하면 창문에 유리가 없었던 것이 내부의 공기 질에는 오히려 나았다.

버스 측면에는 커다란 붉은 별들이 그려져 있었다. 자세히 살펴보면 별마다 '5만'이라는 글자를 읽을 수가 있었다. 즉 '50,000'이다. 나중에야 그것이 그동안 달린 킬로미터를 표시한 숫자라는 사실을 알았다. 수많은 버스에 열두어 개의 별들이 그려져 있었음을 생각하면 정비사들에게 큰 존경심을 가질 뿐이다. 동독 시절에 나는 이런 현상을 알았었다. 새로 살 돈이 없으니 고쳐서 쓰는 것 말이다. 득실을 따져보면 실제로는 이게 더 비싸다는 사실을 계획경제 관료들은 몰랐다.

자동차들은 흔히 탄식할 지경이었다. 타이어는 휠까지 닳았고 차체는 녹이 슬었다. 래커 칠로 겨우 버티고 있던 루마니아 '다치아' 자동차가 기억난다. 1991년 10월에 나는 그 자동차의 사진을 찍었다. 사용자는 앞면 냉각기에 메르체데스 벤츠의 별을 붙여놓았다. 평양에서 볼 수 있는 대부분의 승용차는 슈투트가르트에서 왔는데, 주목할 만큼 모델과 연식이 다양했다. 한 번은 거리에서 '평양 2000'이라는 자동차를 본 적이 있는데, 메르체데스 190을 베낀, 수제처럼 보이는 자동차였다.

밤이면 도시는 어두웠다. 예를 들면 개선문 같은 기념비들조차 주말과 국경절에만 조명을 밝혔다가 자정 무렵에는 도로 껐다. 지평선에는 거대하고 추한 잿빛의 건축 폐허가 하늘로 솟아 있었다. 105층짜리 류경호텔 건설을 여러 해 전부터 중단한 상태였다. 건물의 모서리들은 수상하게 비틀렸고, 여기저기서 수선 목적으로 후딱 덕지덕지 바른 콘크리트 흔적이 보였다. 일부 창들은 창유리 없이 벽돌로 막혀 있었고 다른 창들은 텅 비어서 입을 벌린 채로 계절에 따라 바람, 비, 열기, 추위를 고스란히 안으로 들였다. 건물 꼭대기에는 오만한 낙관론으로 바람에 펄럭이지만, 그런데도 분명 돈이 떨어졌다는 사실을 감추지 못하는 붉은 깃발이 달린 크레인이 자리 잡고 있었다. 공식 설명으로는, 국민을 향한

어버이 같은 지도부의 배려를 여기서 특히 잘 볼 수 있다고 했다. 호텔이야 외국인을 위한 시설이니, 내국인을 생각한 건축 기획들을 위해 잠시 뒤로 밀렸다는 것이다.

평양에 사는 외국인이 지루함을 느낄 때면 — 그런 일은 퍽 자주 있었는데 — 대동강변이나 모란봉공원에서 산책을 할 수 있었다. 산책하기에 너무 추운 날씨에는 고려호텔이나 외교관클럽이 있었다. 여기에는 사람들이 별로 방문하지 않는 바bar와 접착밴드로 붙여놓은 당구대와 사우나가 있었다. 수영장은 일주일 중 특정한 요일에만 이용할 수 있었는데, 너무 밀접한 접촉을 피하도록 극소수의 선별된 북조선 사람만 출입할 수가 있었다. 정규 택시는 없었다. 하지만 정확한 전화번호를 알고, 전화기에 접근할 수 있다면 운수 서비스를 요청할 수 있었다.

티브이는 매우 일방적이었고, 채널이라곤 국영방송 두 군데뿐이었다. 남쪽 티브이나 남쪽 라디오는 없었다. 대신 특정한 주파수에서는 강력한 반송파가 나오고 있었는데, 이것은 지속적인 또는 리듬이 있는 칙 소리로 적의 방송을 효율적으로 가로막고 있었다.

거리의 사람들은 매우 획일적인 옷차림에 거의 모두가 동일한 헤어스타일을 했다. 머리는 원칙적으로 검은색이고, 다른 색으로 염색한 경우는 없었다. 어린이나 청소년들의 경우에는 주석 생일을 계기로 학년에 따라 대규모로 배급한 동일한 의상을 알아볼 수 있었다. 그리고 수많은 행진이 이루어졌다. 로봇 방식이라고 말하기는 망설여진다. 이것이 외부의 관점이기 때문이다. 라이프치히에서 살 때, 서독에서 온 친척들이 동독이 '잿빛'으로 보인다고 말하면 얼마나 이상하게 들렸던가. 당시 우리 눈에는 전혀 다르게 보였기 때문이다. 물론 오늘날 다큐멘터리 영화를 보면 우리 눈에도 그렇게 보이긴 하지만 말이다. 다채롭든 잿빛이

든 평양은, 모퉁이마다 활기차고 이국적인 냄새와 소리를 내는 동아시아의 전형적인 모습과는 맞지 않았다. 지방에서는 일이 더욱 적었다. 물론 지방 사람들이 약간 더 개방적이고 호기심이 있다는 점이 눈에 띄기는 했지만 그렇다.

이렇듯 울적한 이미지를 머리에 담고 있었으니 나로서는 오늘날 북조선의 겉모습을 보고하면서 열광을 느끼지 않을 수가 없다.

방콕, 서울, 도쿄 등의 대도시들과 비교하면 평양이 20년이 지난 지금도 상대적으로 색깔이 없고 나직하며 조용하고 지루하다는 점을 인정하기로 하자. 하지만 1991년의 모습과는 세상이 바뀌었다고 할 만큼 거리가 멀다.

자동차의 수는 거의 폭발적으로 늘었다. 이것은 2012년에 작고한, 논란의 여지가 없지 않은 남한의 문선명 목사의 통일교와의 협조하에 남포 공장에서 생산된 '평화자동차'라는 국산 상표 자동차와 적잖이 관계가 있다. 그때까지 완전히 광고가 없던 평양은 10년 전에 갑자기 이 자동차를 위한 거대한 광고 현수막들을 내걸었다. 여기에는 "백두에서 한라까지"라는 슬로건도 나타났는데, 이는 북쪽의 가장 높은 산과 남쪽의 가장 높은 산을 뜻하는 것으로, 통일된 한국을 의미한다. 이런 광고에 붙은 현수막 하나에는 "민족의 통일된 힘으로 세계로 나가자"는 표어도 있었다. 그사이에 'BYG'나 'FAB' 같은 중국제 자동차도 점점 더 많이 거리에서 보인다. 연기를 자옥하게 뿜는 목재기화기가 달린 올리브색 화물차는 지방에서만 볼 수 있다. 메르체데스 브랜드의 독주는 이미 오래전 일이다. 그사이에 평양 거리에서 상표의 다양성은 심지어 서울보다 더 큰 편이다. 서울에서는 현대나 기아 같은 국산 자동차들이 주로 보이는데 물론 이 자동차들은 북조선에서는 극소수의 예외를 빼고는 대체로 보이지 않는다. 대신 나는 적어도 '허머' 자동차를 만난 적이 있다.

여성 교통경찰관은 그사이 거리 가장자리로 물러나, 많은 수의 설치된 교통신호등을 주시하며 일을 한다. 창유리를 어둡게 착색한 SUV 자동차나 검은 군용번호판이 달린 자동차가 나타날 경우에만 그들은 깍듯하게 인사를 한다. 그 밖에는 점점 많아지는 자동차 수로 인해 심지어 교통체증이 나타나도 그냥 쳐다보기만 한다.

자동차들은 대부분 새것이고 매우 상태가 좋다. 닳아빠진 타이어와 녹슨 차체는 거의 보이지 않는다. 과거에는 성가신 지도부 인사들을 제거할 때 쓰는 전설적인 수단이던 자동차 사고의 수가 비약적으로 늘어났기 때문에, 차량 조명을 켜는 것이 의무가 되었다. 이것은 진짜 발전이다. 과거에는 내가 탄 차의 운전사가 상당히 망가진 지방 도로를 달리면서 허용된 최고 속도로 조명도 없는 터널 속으로 질주해 들어갈 때면, 게다가 거기서 보행자를 만날 수도 있는데 배터리, 전등용 발전기, 구하기 힘든 백열등 등을 아끼느라 헤드라이트를 끈 채로 달릴 때면 간혹 진땀이 흐르곤 했었다.

나의 유학 시절에 이미 몇몇 도로를 파헤치고 전철 선로를 깔기 시작했었다. 오늘날 평양에서는 '타트라' 상표의 시가전철들이 다닌다. 이는 거의 믿을 수 없는 일이지만, 1990년 이후 시의 재정에는 매우 불리하게도 과격히 현대화하면서 과거의 짐에서 벗어나고 있는 나의 고향도시 라이프치히에서 배에 실어 북조선으로 가져온 것들이다.[16] 이로써 근거리 교통 문제가 해결되지는 않았어도, 도시민의 두 다리와 고색창연한 무궤도전차는 약간 부담을 줄였다. 무궤도전차는 최근에 새로 구입한 것들도 있는데, 둥근 플라스틱 좌석을 갖추고 친근한 색상을 하고 있어서 상당히 국제적 수준을 연상시킨다. 자세히 살펴보면 이런 교통 수단들은 여전히 만원이다.

평양의 지하철에서 둘러보다가 옛날에 잘 알던 것을 발견한다. 낡은 차량들은 D형 차량들로 교체되었는데, 이는 대학생 시절에 내가 매일 리히텐베르크의 기숙사에서 알렉산더광장까지 타고 다니던, 옛날 동베를린 지하철 5호선을 오가던 바로 그 차량들이다. 이 차량들이 독일에서 온 것임을 생각나게 하는 온갖 표시들을 철저히 지웠지만, 열차 창틀에서 유리칼로 긁어댄, '태그[그라피티나 낙서에 붙은 일종의 서명]'라 불리던 상징을 아직도 알아볼 수 있다. 1990년 이후로 청소년들은 이런 태그를 통해, 자기들이 새긴 그라피티를 차량과 좌석에서 거듭 지워버리곤 하던 베를린 교통당국에 맞선 항구적 전투에서 마침내 지울 수 없는 흔적을 남긴 것이다. 나와 함께 다니는 북조선 안내인들에게 이 이야기를 들려주면, 그들은 독일인들이 어쩌자고 그렇게 기차의 창틀을 망쳤는지 이해하지 못하다가 "아하" 하는 반응을 보이곤 한다.

시골에서, 그리고 이따금은 평양에서도 수많은 자전거를 본다. 학생 시절에 나는 자전거 한 대만 있었으면 하고 얼마나 바랐던가! 당시 자전거는 후진국의 표시라는 이유로 금지되어 있었다. 그러니까 당시에는 시골에서도 자전거를 볼 수 없었다는 뜻이지만, 이 점에는 자신이 없다. '자전거 정책'은 지난 기간 여러 번이나 바뀌었기 때문이다. 북조선에서 언제나 거듭 다양한 금지에 대한 말을 듣지만 실제로 확인되지는 않는다. 오늘날은 가구당 최소 한 대의 자전거를 갖고 있는데, 북조선 사람들은 중국에서 온 싼 물건보다 옛날에 일본에서 수입된 중고 자전거를 더 좋아한다. 질이 낫기 때문이다. 그런 만큼 일본과의 선박 운행이 중지된 것을 안타까워하는 마음이 크다. 시골에서 거의 교차로마다 웅크리고 있는, 이동식 자전거 수리소를 운영하는 중년 사내들을 빼고는 말이다.

그 밖에 국산 자전거도 있다.

남성 가장, 그리고 가계 소득에는 훨씬 더 중요한 아내 중 누가 자전거를 타느냐를 놓고 집에서 이따금 심각한 싸움이 벌어진다는 말도 듣는다. 그래서 이미 오래전부터 두 번째 자전거를 갖는 추세다. 유연하게 가족 모두가 이용하기 위해 가로대가 있는 남성용 자전거는 드물고, 산악자전거도 목격된다.[17] 모든 자전거에는 핸들 앞쪽에 부착된, 없는 경우가 드문 철망 바구니 앞에 지방마다 고유한 번호판이 붙어 있다. 얼마 전부터는 관광객들에게도 자전거 투어가 제공된다.

몇 년 전부터는 평양 거리에서 택시도 볼 수 있다. 최근에는 분명 중국에서 온, 그래서 흔히 '베이징 택시'라 불리는 초록-노랑 칠이 된 현대적 자동차가 점점 대열을 늘려가고 있다. 택시 창틀에 빨강-파랑 판이 붙어 있으면, 충전 가능한 현금카드인 나래카드로 요금을 지불해도 된다는 뜻이다. 하지만 안에서는 달러지폐도 주고받는다.

외국인은 돈을 지불하기가 여전히 복잡하지만, 그래도 많은 부분에서 쉬워졌다. 먼저 외환-원으로 가격이 표시된 상품을 고른다. 이어서 판매원 여성에게서 쪽지를 받아들고 따로 떨어진 출납계로 간다. 거기서 어떤 화폐로 — 대개는 미화, 유로, 중국 위안화 — 지불할 건지 고르면, 가격이 정산된다. 돈을 내고, 바로 사용 가능한 외화로 거스름돈을 받고 도장이 찍힌 영수증을 가지고 판매원에게로 돌아와서 물건을 받는다. 나는 이런 판매 시스템을 소련에서 알게 되었는데, 현금을 다루는 막중한 책임을 모든 판매원 여성들에게 맡기려 하지 않았던 것이다. 거기서는 지불이 루블화로 이루어졌기에, 외환을 바꾸는 과정은 없었다.

어쨌든 요즘은 고객이 기꺼이 돈을 내게 하기 위해서 무언가를 한다. 북조선 최초의 현금카드를 2005년에 보았다. 오늘날에는 적어도 두 종류의 카드가 있는데, 나는 둘 다 갖고 있다. 앞에 언급한 조선무역은행의 붉고 푸른 나래카드가 압도적으로 널리 퍼져 있다. 이 카드를 받는다는 표시가 된 가게들의 스티커를 믿을 수 있다면 말이다. 수도 밖에서도 이런 표시가 점점 늘어나는 것을 볼 수 있다. 그에 더해 황금색의 고려카드도 있다. 물론 늘 사용이 가능하지는 않다. 데이터 전송에 문제가 일어나면, 그리고 그런 일은 자주 있는데, 결국은 현금으로 지불해야 한다.

밤에 북조선은 분명히 더 밝아졌다. 이것은 몇몇 수력발전소의 완공과 관계가 있지만, 대체에너지 확보를 위한 풍력기나 태양전지, 태양광패널 도입과도 관계가 있다. 태양광패널은 수도 바깥에서 수많은 발코니와 앞뜰에 설치된 것을 볼 수 있다. 평양에서는 대동강의 강변을 따라 태양전지가 달린 가로등이 눈에 띈다.

물론 전력 수요도 늘었다. 그러니 늘어난 생산량이 얼마나 오래 버틸지는 정확하게 알 수 없다. 에어컨 등 전기 먹는 기계들을 평양의 거의 모든 가정에서 볼 수 있다는 사실은 이 방향으로 좋은 추측이 나오게 하지 않는다. 평양 거주민들에게서 내가 들은 바로는, 겨울철에는 높아진 구매력 덕에 수가 늘어난 전기난로가 빈번히 에너지 부족이나 단전 사태를 일으킨다.

온갖 색깔이 있지만 특히 황금색으로 빛나는 '식당'과 '상점'이라는 표지가 빠르게 늘어나는 것이 특히 눈에 띈다. '상점'이란 잡화점, 식당, 사우나 등의 복합시설을 가리키는 완곡어법일 때가 많다. 통상 현금으로 지불되며 고객은 주로 북조선 사람들이다. 지방에서도 식당과 상점을 위한 많은 신축 건물을 보았다. 상점은 예전에는 흔히 '봉사센터'라 불리곤 했었다. 이 개념이 더 맞지만, 자세히 설명되지 않은 어떤 이유에서 금지되었다.

동시에 선전표어들은 덜 눈에 띄게 되었다. 여전히 수가 많지만, 예전에는 강력한 빨강-흰색 대비로 쓰여 있었는데, 지금은 잿빛 화강암에 새겨진 것들이 더 자주 보인다. 이것들은 돈이 더 들고 가치도 더 높지만, 100미터 떨어진 곳에서는 거의 보이지 않는다. 2013년 가을에 내가 질문하자 북조선 안내인은 분명 신이 나서 이게 '새로운 자연스러운 방식'이라고 했다.

옛날 평양 한복판에서 멀리서도 눈에 띄던 오점은 미래주의 상징으로 바뀌었다. 북조선의 이동통신 업체인 고려링크사와 합작으로 운영되는 이집트 이동통신사 오라스콤의 도움으로, 105층 높이의 류경호텔이 20년 동안이나 잿빛으로 남아 있다가 마침내 유리로 덮이게 되었다. 내부는 여전히 공사 중이지만 겉모습만은 진짜 건축적인 구경거리다. 북조선 안내인들은 자주 농담으로 관광객들을 즐겁게 한다. 멀리서도 보이는 거대한 피라미드가 미사일 발사대라고 침을 꿀꺽 삼키면서 말하곤 한다.

다른 곳도 건축 중이다. 2012년 4월 김일성 탄생 100주년을 계기로 이루어진 수도 미화사업의 일환으로, 새로운 공원들, 두 지도자의 대형 동상 근처의 만수대아파트, 그 밖에 크고 작은 많은 기획들이 실현되었다. 김일성대학교 교수들을 위한 고층 아파트도 지어졌다. 새로운 민속공원도 평양에 들어섰고, 오래된 유원지들도 돈을 많이 들여 복구했다. 그 과정에서 그 어떤 수고도 꺼리지 않았고, 심지어 이탈리아에서 놀이기구까지 수입했다. 대동강의 릉라도에는 돌고래 조련장을 위해서 거의 100킬로미터 길이의 해수관을 황해까지 연결했다.

나라를 여행해보면 거의 어디서나 집중적인 건축 사업을 볼 수 있다. 낡은 아파트들은 몇 층 더 높여 증축하고, 새로운 집들을 짓고, 정면부도 새롭게 손질한다. 북조선은 의심의 여지없이 건축 붐을 겪고 있다. 2014년 5월 중순에 부분적으로 입주가 이루어진 평양의 새 아파트가 붕괴되면서 수많은 주민이 파묻혔을 때, 이런 건축 붐의 이면이 드러났다. 국영매체들은 그 사건을 보도했는데, 이는 매우 이례적인 일이다. 김정은은 이런 불행한 사태로 인해 전혀 잠을 이루지 못했다고 했으며, 이름이 나란히 거론된 관리들은 이런 불운을 불러온 자기들의 실책에 대해 사과했다.[18] 이것은 아마도 남한을 향한 북조선의 시위가 아니었을까 추측할 수 있다. 남한에서는 정부가 2014년 4월 16일에 침몰한 '세월'호 참사를 처리하는 과정 때문에 엄청난 비판을 받았다. 하지만 동시에 이런 불운을 자백한 것은 김정은이 전임자들에 비해 미디어에 더욱 개방적인 태도를 지니고 있다는 또 하나의 예이기도 하다.

개인적인 영역에서도 몇 가지 변화가 이루어졌다. 무엇보다도 2012년 여름에 김정은의 부인이 소개된 뒤로는 그녀의 모범을 따라 수많은 북조선 여성들이 실용적인 짧은 머리를 하고 전에 정부에서 지시한 보수적인 머리 모양을 하지 않게 되었다. 오랜 세월 터부시되던 염색 머리도 여성들에게서 더욱 자주 보인다. 모두가 같은 옷을 입던 시대도 이미 오래전에 지나갔다. 온갖 색깔과 형태의 의상들, 즉 블라우스, 정장바지, 구두 등이 전체 모습을 결정하는데, 여기서 사람들은 예나 지금이나 특히 우아함에 중점을 둔다. 청바지와 티셔츠도 보기는 했지만 아직까지는 예외에 속한다. 애완동물도 점점 더 인기를 얻고 있다. 작은 개들을 데리고 다니는 여성들과 고층 건물의 발코니에 격자 그물망으로 보호된 비둘기장도 자주 볼 수 있다.

자신의 휴대전화 화면을 들여다보느라 주변을 별로 신경 쓰지 않고서 마주 걸어오는 보행자를 피해야 하는 일이 북조선에서도 일어날 수 있다. 북조선의 휴대전화는 200만 대가 넘는 정도로 아직은 소박한 단계지만 발전의 속도는 주목할 만하다.[19] 도시나 농촌 어디서나 자신의 휴대전화로 통화를 하고 사진을 찍고 문자를 보내거나 게임을 하는 모습을 볼 수 있다. 변형된 안드로이드 운영체제와 이 나라에서 프로그램된 수많은 앱들을 장착한, 삼지연 또는 아리랑 상표가 달린 국내 생산 태블릿 PC도 점점 더 자주 만날 수 있다.[20]

주민들의 여가 활용도 최근 매우 다양해졌다. 식당들은 고객을 얻으려고 서로 경쟁하며, 한국음식의 힘과 단순함에다가 중국식 다양한 양념을 더해 새로운 맛의 음식으로도 승부를 걸고 있다. 또한 요리방송과 태블릿 PC를 위해 다양한 매체로 구성된 요리앱도 있다. 국제적인 식당은 드문 편이지만, 평양에는 유럽에서 훈련받은 조리사들이 일하는 두 개의 이탈리아 식당이 있고, 다양한 햄버거 식당들과 심지어 빈의 가격으로 빈 커피를 제공하는 빈 커피하우스도 있다.

전체적으로 유연성을 향한 의지를 읽을 수 있다. 2013년 봄에 나는 '기념품'이라는 간판이 붙은 가게에 들어섰다가, 바로 입구에서 잠재 고객에게 '방금 들어온 냉장고들'을 알리는 것을 보고 적잖이 놀랐다. 매우 특이한 선물이라는 생각이 들겠지만, 관광객들을 위한 것이 아니었다. 게시글이 한국어로 되어 있으니 분명 내국인 고객을 향한 것이었다. 가게는 기념품 판매 허가만 받았지만 분명 백색가전 판매로 돈을 더 잘 벌고 있었다.

동독에서의 경험을 생각해보면, 2012년 북조선 가게에서 바나나를 보았는데 기다리는 사람들의 긴 줄이 없다는 것이 특히 인상적이었다. 분명 이 과일은 너무 비쌌다. 하지만 어쨌든 바나나를 팔고 있었다. 그러니까 옛날처럼 공급이 문제가 아니라, 이제 많은 북조선 사람들에게는 부족한 돈이 문제다. 동시에 돈 부족을 겪지 않는 주민 집단이 눈에 띄게 늘어난 것으로 보인다. 식당에서 식사하는 사람들을 관찰하면 아주 빈번히 음식이 절반쯤이나 남은 접시를 그대로 남겨놓고 떠나는 것을 볼 수 있다.

특히 도시에서 아이들은 옷을 잘 입고 있으며, 학교 수업과 학교에서 조직된 활동시간 이외의 여유시간은 지방의 또래들과 마찬가지로 부족하지만, 즐겁게 인라인 스케이팅으로 시간을 보낸다. 저녁 때 그리고 주말이면 너른 공터마다 모두 인라인 스케이트를 타는 사람들이 차지하고 있다. 여름에는 전국 어디서나 '에스키모' 상표의 아이스크림을 판다. 평양의 '골든레인' 볼링장 위층의 슬롯머신 도박기에서 행운을 시험해볼 수도 있다. 외환을 내고 게임 칩을 구할 수 있는데, 칩을 따면 옆에 붙은 가게에서 금액에 해당하는 물건으로 교환을 받을 수 있다. 그것 말고도 수도에는 스쿼시 시설이나 스케이팅 시설 같은 다른 고급 여가 선용 장소들도 있다. 수도에서 가장 최근의 트렌드는 헬스장이다. 넉넉한 음식 섭취가 그 흔적을 남겼고, 부유함 덕에 점점 커지는 개인주의가 자신의 외모에 대한 관심을 높이고 있다.

상업 활동의 가장 중요한 부분인 시장에서 외국인은 제외된다. 서방에 가장 잘 알려진 시장은 '통일거리 시장'인데, 줄여서 '통일시장'이라고도 한다. 통일과는 직접 연관이 없는데도 그런 이름이다. 나는 2004년에 마지막으로 이 시장을 방문할 수 있었고, 그 이후로는 접근이 금지되었다. 당시에도 사진은 찍을 수 없었는데, 이유는 알려주지 않았다. 전국 어디에나 시장들이 있고, 어디를 바라봐야 할지 안다면 이따금 발견할 수도 있다. 예를 들면 평양의 양각도호텔 창문에서 중구의 시장을 볼 수 있다. 이것은 반원형 푸른색 천장으로 쉽사리 알아볼 수 있다. 시골에서는 나란히 늘어선 10~25개 정도의 비스듬한 지붕들이 그 아래 시장이 있음을 알려준다. 판매대들이 긴 줄을 이루어 세워졌고, 대개 여성들이 아주 다양한 생산품을 판다. 달걀과 쌀, 채소, 맥주, 소주, 옷 그리고 라디오와 티브이까지 있다. 가격표에는 0이 많이 등장하며 이는 국가가 관여하지 않는 가격이다. 외환은 암시장환율로 쳐준다.

새로운 중산층

완전한 것과는 거리가 먼 이런 예들의 목록을 분석해본다면 분명한 역동성 말고도 두 가지 트렌드를 알아볼 수 있다. 상대적으로 부유한 남녀 시민들로 이루어진 새로운 계층, 그리고 수도와 나머지 지역의 차이다.

아주 분명하게 새로운 중산층이 이미 형성되었고, 특히 수도에는 그 수가 아주 많다. 휴대전화, 식당 방문, 외환의 소유와 사용, 옷차림, 자의식이 강한 몸짓 등으로 이들을 알아볼 수 있다. 이런 소박하지만 눈에 보이는 새로운 부의 원천은 다양하다. 관리들, 당·국가·군부 등 여러 서열화된 계층의 힘 있는 구성원들, 성공한 사업가들, 점점 부자가 되어가는 중국에 친척이 있는 사람들, 외국어 지식이나 다른 수요가 많은 능력을 갖춘 사람들, 외국인과 교류하면서 덕분에 외환에 접근할 수 있는 사람들 등이다. 그들은 상류층에 속하지 않는다는 것이 공통점이다. 상류층은 예나 지금이나 내국인과 외국인에게서 매우 멀리 떨어져서 자기들만의 분리된 거주 구역에 산다. 그들과는 달리, 이 새로운 중산층은 매일 전국에서 눈에 보인다. 부자가 되었으니 그것을 그대로 드러내 보이는 것이다.

물론 시골에서도 발전은 그냥 멈추어 있지 않다. 오히려 그 반대다. 수도 바깥에도 수는 좀 적어져도 식당과 휴대전화가 있다. 전반적으로 부가 느리긴 해도 꾸준히 아래쪽으로 흘러서 도군 인민위원회 소재지까지는 이미 도달했고, 아마도 언젠가는 전국에 도달하리라는 인상을 받는다. 물론 평양과 나머지 지역의 차이는 여전히 엄청나다. 수도는 거의 딴 세상이다. 언제나 선별된 엘리트들이 자리 잡은 곳이었고, 그곳으로 들어가는 것은 엄격하게 통제되었다. 아름답고 새로운 소비 세계의 은총을 받아 우월함이 더욱 커지고 더욱 분명해진 것 같다. 건물들의 종류와 크기 말고도 특히 옷차림과 자동차가 눈에 띈다.

이런 대립들에 불안, 불만, 폭동의 맹아가 들어 있을까? 내 생각에는 아니다. 나라 안에 도원경을 세우는 것은 전혀 멍청한 정책이 아니다. 경제학자인 나는 사람들이 현재 처지가 아닌 미래 전망을 근거로 자신의 경제적 처지를 평가한다는 것을 안다. 시골 출신 젊은 여성에게 자기 나라에 있는 적어도 이론적으로는 자신도 도달 가능한 꿈의 도시, 온통 부자인데다 아름답고 행복한 사람들로 넘치는 도시를 보여주면, 그 여성은 자신의 마을에서 자신에게 이런 동화 같은 사정을 제공해주지 않는다고 국가에게 무조건 화를 내지는 않는다. 대신 그녀는 수도로 이사를 가든 아니면 집안의 사정을 낫게 해서든, 자기도 이렇게 점점 늘어나는 선택받은 집단의 일원이 되기 위해 할 수 있는 모든 일을 하려고 한다. 희망이 있는 한 사람들은 희망을 좇는다.

이미 새로운 중산층에 들어간 사람들의 상태에 대한 사변이 더 흥미롭다. 등록된 휴대전화 숫자에 근거해서 나는 2014년 중반에 이 중산층을 200만에서 250만 명 정도로 추산한다.[21] 이는 전체 인구 약 2500만 명의 10퍼센트에 해당하니 상당한 숫자다. 이 사람들은 많은 것을 대개는 자기 힘으로 성취했다. 행정부와 의회 등 국가와 가까운 곳에 있다는 것이 상당히 도움이 되었다. 물론 지위에 따라 다소 차이는 있지만 말이다. 하지만 물질적 부를 뒷받침하는 사회적 상승을 가능케 한 것은 국가만이 아니었다.

새로운 중산층은 잃어버릴 것이 있는 사람들이니, 다른 나라들의 경우와 마찬가지로 더욱 보수적이고 위험을 덜 좋아하게 되어서, 제국주의에 맞선 싸움에서 비용이야 어찌 되든 개의치 않고 단호히 싸우려는 영웅적인 열광은 아마도 상당히 줄어들었을 것이다. 나라 어디에서나 구호들이 "[지도자를] 결사옹위"하자거나 "우리 목숨으로 [지도자를] 사수하자"는 등의 혁명적인 헌신의 각오를 요구해도 별다른 도움이 되지 않는다.

게다가 평등한 사회에서는 통상 존재하지 않는 상대적으로 새로운 현상으로, 사회적 하강에 대한 두려움도 더해졌다. 추락하지 않기 위해 사람들은 더 올라가려고 한다. 돈을 더 벌고, 더 매력적인 지위를 얻고, 새로운 사업 영역을 개발하고, 사업을 확충하는 등의 일이다. 그들이 나아가는 길에 방해로 여겨지지만 않는다면, 국가권력과 체제의 질서는 이런 노력을 통해 위협을 받지는 않는다. 하지만 지도부의 정책이 바뀐다면, 새로운 가능성이 주어지지 않고 현재 있는 선택지들이 줄어든다면 어떨까? 2009년처럼 화폐개혁을 근거로 다시 재산을 몰수하거나, 사업 개시를 금지하거나, 해외 무역을 줄이거나, 외환 경영을 엄격하게 하는 것 등은 국가가 새로운 중산층에게 매우 빠르게 인기를 잃을 수 있는 여러 방책 중 겨우 몇 가지일 뿐이다. 부와 성공은 자의식을 만들고, 후견과 간섭당할 마음을 사라지게 한다. 시장에서 장사하는 여성들의 법적 최저 연령을 다시 올린다는 등의 조치들에 대한 말은 여러 해 전부터

전혀 들리지 않는다.[22]

다시 현실로 돌아가자. 북조선은 이런 발전의 아주 초기 국면에 있다. 자의식이 뚜렷한 시민사회라는 기대를 품고 이것을 과장해서는 안 된다. 물론 그 기반은 분명하게 놓였고, 거대한 반발 없이 바퀴를 되돌리기란 어려울 테지만.

김정은 치하에서 이렇다 할 긍정적인 개혁 방향의 변화들이 일어나지는 않았지만, 그렇다고 1980년대의 사회주의 위치로 되돌아가려는 신정통주의 시도가 강화되지도 않았다. 젊은 지도자의 개혁 가능성을 두고 어느 정도 낙관론을 가져도 좋을 듯하다. 그러는 사이에 새로운 중산층의 숫자, 재산, 사회적 중요성 등도 커질 것이다.

빵과 게임: 파산으로 가는 길인가

김정은은 권력 승계 이후로 무엇보다 돈을 약속했고 돈을 지출했다. 그는 2011년 12월에 사람들에게 '인민생활 향상'을 약속했다. 이는 물론 옛날 슬로건이었지만 김정은이 아버지의 사망 이후 공식석상에 처음으로 등장할 때 함께 나타난 표어의 하나이기도 했다. 그리고 실제로 도처에서, 심지어 시골에서도, 서로 다른 정도로 생활수준 향상의 징후들이 관찰된다.

지금까지는 좋다. 나는 이 책의 대부분과 수많은 공개 강연을, 대개는 북조선 삶의 전혀 다른 양상들에 맞춰진 매체들의 주목을 이런 긍정적인 경제적 발전으로 돌리는 데 할애해왔다. 하지만 언제나 거듭 자금에 대한 질문이 맨 앞에 나오곤 한다.

정말이지 이 나라는 어디서 건축 붐을 일으킬 재원을 가져오는 걸까?

나라 안에 석유산지가 없는데 어디서 자동차 연료가 오는 걸까? 밤에 찍은 한반도의 위성사진을 보면 북쪽 절반은 거의 완전히 어둠에 파묻혀 있는데 어디서 에어컨과 전기난로를 위한 전기를 얻는 걸까? 김정은이 2012년 9월에 이 나라의 수백만 청소년에게 너그럽게 선물해준 학교 교육 확대는 어떻게 재정을 감당하는걸까? 그리고 새로운 중산층은 점점 늘어나는 소비를 위한 외환을 대체 어떻게 얻는 걸까? 여기서 나는 비용과 가격이 문제가 되지 않는 국가경제 이야기를 중얼대고, 또는 중국을 향한 원자재 수출과 합작회사 이야기도 하고 있다. 하지만 정직하게 말하자면 나도 이런 질문에 대한 답변을 아주 만족스럽게는 모른다.

다시금 어쩔 도리 없이 동독을 생각하게 된다. 에리히 호네커가 1971년에 권력을 승계했을 때 그는 이른바 '경제정책과 사회정책의 통일'이라는 것을 선전했다. 좀 더 이해하기 쉽게 설명하자면, 이것은 국가가 주민의 생활수준을 결정적으로 향상시키겠다는 뜻이었다. 수상쩍게도 앞에 말한 '인민생활 향상'이라는 표어처럼 들린다.

돌이켜보면 실제 동독에서 무슨 일이 벌어졌는지를 꼭 필요한 숫자와 사실들까지 동원해서 우리는 이미 알고 있다. 국가는 서방에서 돈을 빌려다가 야심만만한 아파트 건설 계획에 자금을 댔다. 그리고 까다로운 동독 주민들이 요구하던 원두커피를 수입할 외환을 장만하기 위해 심지어 예술품과 골동품까지 팔았다. 젊은 커플은 이자 없는 혼인 융자금과 새 아파트를 받았고, 국가가 후원금을 대는 식량, 아이들 옷, 대중교통 수단 이용 등 수많은 다른 혜택들이 있었다.

하지만 결국 동독은 경제적으로만 파산한 게 아니다. 정치적으로도 끝장났다. 그토록 너그러운 배려를 받은 주민들은 그런 혜택들에 재빨리 익숙해져서, 세상 대부분의 사람들이 그렇듯 오직 한 가지만 원하게 되었다. 즉 더 많이 달라. 더 많이 공급하기란 마치 지평선에 가서 닿으려는 것과 같다. 아무리 빨리 달려도 지평선은 언제나 몇 킬로미터 멀리 떨어진 곳에 있다. 꾸준히 성장하는 생활수준에도 불구하고 동독 주민들은 감사할 줄 모르고 불만을 품었으니, 늙은 지도부에는 매우 놀라운 일이었다. 국가가 스스로 나라의 모든 일을 담당하기를 원했기 때문에, 이런 불만도 국가 책임이었다.

북조선은 동독이 아니고, 지금은 1989년이 아니라 2014년이다. 베이징은 고르바초프 치하에서 폭발한 옛날 소비에트연합과는 달리, 동독이 구경도 못해본 까다롭고도 유능한 경제 파트너다. 북조선은 호네커가 꿈도 꾸지 못할 정도의, 미화로 수조 달러어치 지하자원을 갖고 있다. 일본과 러시아는 현재 이웃나라와의 경제 협력을 강화하는 중이고, 온갖 구호물자의 광범위한 중단에도 불구하고 개성 경제특구는 해마다 정부를 위해 1억 달러 정도의 미화를 벌어들인다. 핵무기 개발 프로그램은 국제사회의 한결같은 주목을 북조선에 확보해주는데, 이 또한 다시 외환으로 바꿀 수가 있다.

그러니까 질문은 오로지, 이 모든 것이 새 지도부의 계산서를 감당하기에 충분하느냐는 것만 남는다. 오락과 아파트 건설은 국방비 지출만큼이나 비생산적이다. 적어도 정치적 이유에서 가격이 비용보다 훨씬 낮은 나라에서는 그렇다. 개발도상국에서 폭발적인 소비는 위험하다. 생산적 영역에 투자하기에도 빠듯한 자원을 소비가 경제에서 앗아가기 때문이다. 남한의 독재자 박정희가 1960년대와 1970년대 경제 기적의 시기에 국민에게 소비 금지를 명령한 것은 우연이 아니다.

북조선이 자원의 수출에만 일방적으로 기대는 것은 단일 품종 농업만큼이나 위태롭다. 단 하나의 무역 상대에 대한 지나친 신뢰도 마찬가지다. 중국과의 관계는 많은 서방의 수도에서 바라는 것만큼 나쁘지는 않아도, 여전히 순수한 우정만은 아니며 냉혹한 이해타산에서 자유롭지 않다. 베이징에 이롭다고 생각하는 만큼만 중국은 북조선을 돕는다. 이 평가가 달라지면 곧바로 북조선은 심각해진다.

디테일은 모르지만 철저히 경제적인 특성을 지녔을 것으로 보이는 내부의 어려움에 대한 암시 하나는, 이미 여러 번이나 언급했지만, 2013년 12월 장성택에 대한 공개고발과 즉결처형이다. 통상적으로는 전에도 이미 여러 번이나 그랬듯, 야심만만한 결혼을 한 고모부를 극비리에 제거했을 것이다. 하지만 이 사건을 극히 상세하게 당 기관지 1면에 보도하고 게다가 티브이의 저녁뉴스에서도 한 번 더 방송함으로써 김정은은 분명 하나의 본보기를 보이려고 했다. 그것은 위험한 일이었다. 그로써 그는 가장 가까운 지도부 내부에 적이 있음을 공개적으로 인정한 것이기 때문이다. 북조선의 많은 사람들에게 그때까지는 최고지도자의 명령을 경시한다는 것은 생각할 수 있는 선택지가 아니었다.

김정은은 하나의 신호를 보내려고 했다. 하지만 누구에게? 최고지도부만을 향한 것이었다면, 예컨대 폐쇄된 중앙위원회 회의에서 처리할 수도 있었을 것이다. 그러지 않고 지도자는 온 국민을 향했다. 우리는 아마도 독재자의 행동을 과대평가해서는 안 될 것이다. 그도 결국은 한 인간일 뿐이니, 앞으로의 경력을 의식한 부하들의 정직한 충고 없이 상황을 헤쳐 나가야 하는 경우에는 감정적으로 행동하기 십상이다. 어쩌면 그는 자기만의 경제제국을 건설한, 게다가 개인군대까지 보유한 고모부에 대해 그냥 화가 났던 것인지도 모른다. 아니면 중국을 향해 분명한 신호를 보내려고 했을 수도 있다. 장성택이 베이징과 특히 가까운 관계를 유지했다는 소문이 맞는다면 말이다.

물론 모든 경험으로 미루어보아 김정은이 바로 뒤이어 나타날 일에 대한 책임자를 찾아내려 했다는 것도 생각할 수 있다. 생활수준 향상에 대한 약속, 점점 성장하며 일어서는 중산층, 비생산적인 분야에 대한 엄청난 투자 — 개혁 없이는 북조선 같은 나라는 재빨리 한계에 도달한다. 그렇다면 장성택은 앞으로 나타날 경제위기의 희생양이었을지도 모른다.[23]

만일 그랬다면 여기서 원이 완성된다. 역사가 가르침을 줄 수 있다면, 그러니까 합당한 안정적인 수입원 없이 사회정책을 위해 큰돈을 지출한 것이 동독의 경우처럼 점점 충족시키기 힘든 기대를 만들어낸다면, 결국은 경제적·정치적 국가파산이라는 결과를 불러올 것이다.

하지만 낙관적 시나리오도 있다. 너그러운 지출의 몇 해를 보내고 자원이 고갈되면,[24] 단기적 완벽화 조치들은 잘 알려진 한계에 봉착한다. 지도부에 대해 행동하라는 압력이 더욱 늘어난다. 어쩌면 바로 이 지점에서 김정은과 그의 심복들 사이에 용감한 행동의 필요성에 대한 깊은 깨달음이 생겨나서, 진짜 개혁이 불러올 위험들 앞에서의 망설임을 극복하게 될지도 모른다.

8

대형 구경거리 아리랑

90분 만에 보는 북조선

'아리랑'이라는 이름으로 값비싸게 연출되는 대형 구경거리만큼 이 정권의 자기 관점을 잘 요약해주는 사건도 없다.[1] 라이프치히 출신인 나는 '동쪽 무대'라는 이름으로 중앙경기장에서 이루어진 비슷한 행사들을 알고 있다.[2] 기술적으로나 내용적으로 북조선이 완벽하게 다른 차원에 도달했다는 사실을 아무 질투심 없이 인정하긴 하지만 말이다.

수도 한가운데를 흐르는 대동강의 릉라도에는 이 나라에서 제일 큰, 15만 명을 수용하는 경기장이 있는데, 이곳에서 해마다 8월부터 9월까지 10만 명이 동원되는 최상급 선전 쇼가 벌어지곤 한다. 출연자들은 두 영역으로 나뉜다. 인공잔디가 깔린 무대[운동장]에서 무용수들과 곡예사들이 공연을 하고, 경기장 오른쪽 면에 붙여 만들어진 관중석에서는 1만 6,000명 이상의 학생들이 살아 있는 그림판의 픽셀 노릇을 한다. 학생들은 제각기 자기 앞에 200쪽 정도의 색채카드로 이루어진 커다란 책자를 놓고 정해진 시간에 정확하게 책장을 넘기는데, 덕분에 가능한 한 가장 빠르면서도 오류가 없는 거대한 그림이 나타나게 된다. 가끔은 역동적인 그림도 포함되는데, 이는 빠른 속도로 책장을 펼쳤다 덮었다 해서 생겨난다. 아이들이 검은 점으로 나타날 자기 머리를 책 뒤에 감추고 있으면 그림은 전혀 흠잡을 데가 없다.

북조선에서 당과 국가의 연례 기념일에 비슷한 축전을 몇 번 거치고 나서 2002년 처음으로 '아리랑'이라는 이름으로 이런 공연이 펼쳐졌다. 이것은 2005년에 다시 열리고 2007년 이후로는 연례행사가 되었다. 따라서 이 행사는 김정일 시대의 산물로 간주될 수 있다. 이 전통은 김정은 통치 초기인 2012년과 2013년에 계속되었다. 2014년도 공연은 준비되지 않았는데, 공연의 현대화와 5월경기장[정확한 명칭은 5월1일 경기장]의 수리가 그 이유였다.

몇 가지 비교와 통찰이 자꾸 나타난다. 집단 전체가 성공하기 위한 전제인 동작의 완벽한 일치, 거대한 그림에서 개인이 하나의 픽셀 역할로 축소되는 것 등은 북조선의 이상적인 사회 모델을 이보다 더 잘 반영하기 어려울 정도다. 스탈린, 히틀러, 마오쩌둥의 전체주의 체제가 비슷한 공연들을 만들어냈다는 것도 물론 덧붙여진다.

공평하기 위해서 북조선에서만 이렇게 안무가 동원된 매스게임에 열광하는 것이 아니라는 사실을 말해야 한다. 예컨대 미국에서도 축구 경기 때면 '카드섹션card stunts'이라는 이름으로 '살아 있는 스크린'을 이용한 비슷한 예술 작품이 등장한다.[3] 남한에서도 독재자 박정희 치하에서 그와 같은 공연들이 있었고, 1988년 서울올림픽 개막식 공연에도 등장했었다.

하지만 아리랑은 단순히 얼굴을 잃은 개인들이 유일하게 타당성을 갖는 전체에 굴복하는 그로테스크한 공연만이 아니고 그 이상이다. "주체사상의 모범적인 대제전"[4]부터 "90분 동안의 볼거리 안에 꾸려넣은 공식적인 민족역사"[5]라는 서술까지 나온다. 아리랑은 북조선 지도부가 이 나라를 어떻게 바라보고, 또 어떻게 보여주고 싶은지를 드러내는 공식적 형식이다. 내용, 구조, 요소의 순서, 표현 방식은 상징을 함축하고 있으며, 해마다 나타나는 변화들도 마찬가지다. 음악, 그림, 표어로 나타나는 진술들은 모든 북조선 사람이 즉시 이해할 수 있도록 만들어져 있다. 북조선 국민이 이 공연의 핵심 목표집단이다.

외국인은 터무니없는 입장료를 내야 하지만 어쨌든 기꺼이 입장이 허용된다. 나는 지금까지 네 번에 걸쳐 전체 공연을 라이브로 관람했다. 2005, 2010, 2012, 2013년의 공연이다. 이 기간에 입장료는 각기 좌석 등급에 따라 50유로부터 300유로 사이였다. 보통은 150유로짜리 일등석이 추천된다. 삼지연 태블릿 PC가 180유로이며, 내국인은 겨우 25센트만 내면 입장권을 받는다는 것을 생각해본다면 엄청난 금액이다.

여기서 소개하고자 하는 2012년도 아리랑 공연은 총 8장으로 구성되었고, 각 장은 다시 여러 장면(경)으로 나뉜다. 지도자들을 찬양하는 도입부에 뒤이어 프롤로그와 "아리랑 민족" "선군 아리랑" "행복 아리랑" "통일 아리랑" "친선 아리랑" 그리고 에필로그가 이어진다.

나와 함께 5월경기장으로 가서 공연을 관람해보자.

경기장 앞

2012년 9월 12일 저녁, 어둠이 이미 깔리기 시작했다. 저녁식사를 하면서 멀리 라이프치히에서 생신을 맞이하신 어머니를 위해 잔을 높이 든다. 이어서 소규모 외국인 그룹인 우리는 양각도호텔에서 버스를 타고 릉라도의 경기장으로 간다. 끝없이 줄지어 걸어가는 내국인 구경꾼들과 출연자들, 마지막 연습 중인 사람들 곁을 지나 거대한 낙하산을 연상시키는 경기장 바로 앞 주차장에 도착한다. 그야말로 거대하고 엄청난 혼잡이다. 금관악기를 든 악대가 우리 곁을 행진해 간다. 군복을 입은, 또는 미니스커트 차림의 젊은 여성들, 다채로운 스포츠 의상을 입은 흥분한 아이들. 구경꾼들이 몰려들면서 입구는 거대한 인간 포도송이들을 이루고 있다. 사방에서 외침소리와 웃음소리. 오색 조명을 받는 분수대 앞에서 우리는 재빨리 기념사진을 찍고, 우리 버스의 특징을 기억하면서 과연 다시 찾을 수 있을까 자문해 본다. 어디서나 곁에 있는 안내인들이 우리를 VIP 입구로 데려가고, 우리는 계단을 올라가면서 위에서 잠깐 무리를 관찰한다. 표 검사를 마치고 음료수, 선전포스터, 여러 기념품의 판매대들이 도열한 자리를 잠깐 벌받듯이 지나쳐 간다. 국내 생산된 비날론으로 만든 전통한복 차림의 여성들이 우리에게서 외환을 받고 팔려고 하는 물건들이다. 안내인들은 신경이 곤두서서 서두르라고 재촉한다. 쇼핑은 나중에, 공연이 곧 시작된다.

우리는 복도를 걷다가 왼쪽으로 꺾고 다시 오른쪽으로 꺾는다. 앞쪽에서 많은 사람들이 술렁이는 소리가 들린다. 경기장으로 통하는 출입구가 활짝 열려 있고, 밝은 조명을 받은 거대한 경기장은 제 자리를 찾으려는 사람들로 가득하다. 우리는 많은 유로화를 지불하고 가장 좋은 자리를 배정받았다. 서쪽에 있는 연단 관람석의 중앙에 가까운 자리에는 초록색 비로드 비슷한 천이 덮였고, 우리 앞에는 각기 물병 하나씩이 놓였다. 우리 주변으로 내국인 안내인들과 함께 있는 몇십 명의 외국인이 보인다. 북조선 사람들은 남쪽과 북쪽 커브에 앉아 있다. 왼편에는 최고 지도부를 위한 정중앙 연단 관람석이 보인다. 운이 좋다면 그분이 오늘

공연에 참석하실 거라고, 우리 안내인들이 이런 엄청난 기회를 맞이해 환희에 찬 미소를 지으며 경건한 목소리로 속삭인다. 하지만 우리는 운이 나쁘다. 지도자는 오늘 다른 일정이 있다.

하지만 유감스러운 기분은 잠깐뿐이다. 카메라와 망원렌즈를 꺼내면서 주변을 둘러본다. 경기장은 축제 분위기로 꾸몄다. 앞무대[바닥] 전체가 거대한 인조잔디 융단으로 덮였다. 맞은편 동쪽 무대에는 많은 연습으로 낡아버린 색색의 카드들로 채워진 커다란 책자를 든 학생들이 있는데 가만히 앉아 있지를 못한다. 그들은 이리저리 밀치며 이야기하고, 온갖 몸짓을 하고 서로 장난을 친다. 그냥 아이들이다. 셔츠는 바지에서 삐져나와 있고, 좀 큰 소년들은 남자다운 몸짓을 하고 소녀들은 킥킥댄다. 몇몇 아이들은 이런 법석 한가운데서도 졸고 있다. 이 아이들이 한 시간 반 동안이나 기율을 지키며 우리 위쪽 관중석 꼭대기에서 나오는, 우리 눈에 보이지 않는 신호에 따라 짧은 간격을 두고 가장 완벽하게 연속적으로 그림을 만들어내리라고는 믿기 힘들다. 만일 이 1만 6,000명 어린이 중 단 한 명이라도 한순간 집중을 하지 않아서 보통은 흠 없이 완벽한 그림에 작은 오점을 만들어낸다면 어떻게 될까? 이 그림이 하필 …의 얼굴이라면 어떤가. 그런 생각은 차라리 하지를 말자.

살아 있는 스크린이 있는 무대[뒷무대]의 왼편과 오른편에는 대형 영사막이 펼쳐져 있다. 아이들의 머리 바로 위로 무대면 전체를 따라 좁은 전광판이 있는데, 나중에 그 위로 장과 경의 제목과 연주되는 노래의 가사가 나타나서 누구든 따라 부를 수가 있다. 모두 한국어로 나오지만 걱정 마시라, 내가 번역해드릴 테니. 꼭대기에 초대형 숫자가 보이는데, 이번에는 100이다. 2012년은 위대한 김일성 주석의 탄생 100주년인 것이다.

갑자기 무대 위로 움직임이 나타난다. 아이들이 자신들의 출신지인 평양 행정구역 이름들을 만들어낸다. 이번에는 멀리 떨어진 만경대에서 특히 많은 아이들이 온 모양이다. 흥을 돋우기 위해 그들은 큰 소리로 책을 재빨리 여닫아 리드미컬한 소리를 낸다. 부모들은 자랑스러움으로 격하게 반응하면서 자식들이 앉아 있을 법한 자리를 서로 가리킨다.

환영 경축장

—

이어서 조용해지고, 조명들이 차츰 어두워진다. 〈영원히 번영하라〉는 낙관적이고도 활기찬 노래에 맞추어 푸른색, 붉은색, 초록색 전통 복장의 여성들이 행복하고도 신나게 춤을 춘다. 뒤쪽 무대에는 오색 꽃송이들과 함께 "경애하는 김정은 동지께 최대의 영광을 드립니다"라는 글귀가 나타난다. 이어서 배경이 붉어지면서 글자가 바뀌어 "수령님과 장군님은 주체의 영원한 태양"이 된다. 다시 오색 꽃송이로 바뀌면서 "천출명장 김정은 장군 만세!" 새로운 최고지도자를 찬미하는 두 구절 사이에 정통성의 원천인 두 작고한 지도자에 대한 구절을 배치한 것은 영리한 일이다. 아주 분명하게 하려고 이런 메시지는 다음 90분 동안 여러 번이나 반복될 것이다.

내 주변의 관광객들이 신바람 나서 떠들썩하게 즐거워하고, 나의 북조선 안내인들은 부적절한 빈정거림에 당혹한다.

서장
"아리랑"

—

분위기가 갑자기 바뀐다. 사방이 어두워지고 현악기 연주자들이 장중한 멜로디를 연주하는 가운데 화면으로 동영상이 투사된다. 전통한옥이 나오는데, 평양의 대동문이다. 전통적인 종이 하나 보이고, 두툼한 목재 들보로 화면 밖에서부터 종을 쳐서 두 번의 깊은 울림이 퍼져나간다. 한줄기 스포트라이트를 받는 새하얀 옷의 여가수가 작은 단 위에 올라탄 채로 빠른 속도로 등장해 드라이아이스가 피워 올리는 안개 한가운데서 남북 양쪽에서 인기가 있는 애달픈 민속가요 〈아리랑〉을 부른다. 화면에는 그에 어울리는 모습들이 나타난다. 인류만큼이나 오래된 이야기가 빠르게 진행된다. 두 연인, 남자는 가야만 하고 여자는 남아서 그가 얼른 안전하게 돌아오기를 기원한다. 애인을 부르는 외침 "아, 리랑"이 노래 제목이 되었다고 한다.

이 장면의 상징적 의미를 찾아보려 한다면 즉시 설명이 나타난다. 한반도 전체가 둘로 나뉘어 슬퍼하고 그리워하며 희망에 차서 다시 만나 결합하기를 기다린다. 물론 남한에서는 이렇게 둘로 나뉜 나라가 자주 남녀로 묘사되고, 약하다고 여겨지는 여성 역할이 북에 주어지곤 한다. 오래된 한국 속담 '남남북녀'에 따르면 '남쪽에는 잘생긴 남자가, 북쪽에는 예쁜 여자가' 많다는데, 그에 따라 남한의 일부 중년 남자들은 자신의 물질적 부를 동원해 통일 이후에 순종적이고 '자연스러운' 북조선 여성이 자기를 사랑하도록 만들기를 꿈꾼다. 그런 생각을 했다가 실망하지 않기를. 내가 아는 북조선 여성들은 모두가 특별히 자의식이 강해 요즘 말로 '터프'하다고 할 수 있으니 말이다.

하지만 어쨌든 북조선에는 남한보다 뚜렷하게 여성의 상대적 수가 더 많다. 남쪽에서는 남아선호, 아이들에게 드는 높은 교육비, 그리고 현대적 의술 덕에 남초 현상이 나타났다. 기발한 남한 사업가들은 아시아 전역에서 인기가 높은 꿈같은 남한 티브이 드라마에 힘입어, 남한 남성과 동남아 여성의 결혼을 주선한다. 몇 년 전까지만 해도 종족적으로 매우 단일하던 남한 사회는 이런 이주민 물결이 불러온 사회적 결과와 열렬히 싸워야 하는 상황이다. 많은 사람 눈에 북조선 여성의 '수입'은 뛰어난 해결책처럼 보인다. 더욱이 북조선 여성은 희망에 부푼 남한 남편들의 명령을 이해할 수도 있을 테니 말이다. 현실과는 아무리 멀어도 꿈이야 꿀 수 있다. [4장에서 볼 텐데] 어쨌든 북조선에서는 둘로 나뉘어 통일을 지향하는 나라의 상징을 두 명의 여성이 맡는다.

앞무대에서는 황금색 옷을 입은 여성 몇백 명이 부채춤을 추고, 뒤쪽 스크린에는 붉게 물든 산들 위로 거대한 태양이 떠오른다. "아리랑"이라는 글자가 나타난다. 산맥은 북조선 혁명의 탄생지인 백두산을 연상시킨다. 'gold'는 한국어로 '금'인데, 이것의 한자는 '김'으로도 발음된다. 한자로 '일(태양)'과 '성(나타나다)'은 '떠오르는 태양'이라고 해석될 수 있고, 따라서 떠오르는 태양은 북조선 건국자인 김일성과 직접 연결된다. 그의 개인적 역사와 나라의 역사가 분리할 수 없이 결합되어 있다. 이것이 전체 공연을 관통하는 하나의 실마리다.

1장
"아리랑 민족"

—

1경 "비운이 드리운 나라"

과거는 아름다웠으나 재앙이 조선을 덮쳤다. "비운이 드리운 나라"는 그대로 김일성 자서전의 제1권 제1장 제목이다. 무대에는 검은 배경에 일필로 갈긴 붓글씨로 "시일야방성대곡 1905"라는 구절이 나타난다. 1905년 국제단체들이 조선인들의 항의를 광범위하게 무시하는 가운데 보호국조약이 서명되었다. 이는 조선에서 외교적 독립을 앗아가면서

1910년 한일합병으로, 그리고 1945년까지 이어지는 일본의 식민지배로 연결되었다. 음악은 이런 극적인 사건에 잘 어울린다. 여성의 목소리가 〈봉선화[나를 건드리지 마오] 노래〉를 부르고 화면에 어두운 구름이 덮인다. 앞무대에서는 전통적인 조선의 흰색[6] 옷을 입은 남녀가 초대형 사슬에 팔을 묶인 채 어찌할 바 모르는 장황한 탄식의 몸짓으로 노예 됨의 고통을 표현한다. 섬세한 꽃 조선이 제 의지에 반해 꺾였다. 배경에서는 수양버들이 바람에 흔들린다.

고통받는 대중 사이에서 젊은 남녀가 당시 흔하던 교복 차림으로 등장한다. 그들도 고통을 받고 있지만 저항의 시작을 알아볼 수 있다. 다만 질서가, 즉 앞에서 이끄는 이가 아직 없다. 배경화면에 거대한 사슬이 나타난다. 나팔소리가 울리고, 화면에서 번개가 내리치면서 사슬이 끊어진다. 천둥소리, 이어서 정적. 침엽수림 위로 밤하늘에 단 하나의 별이 떠오른다. 무용수들은 마비에서 깨어나고, 음악과 빛이 점차 부드럽고 낙관적으로 변하면서 플루트 소리가 울린다. 별이 빛을 내며 반짝인다. "조선아 자유의 노래를 부르자"라는 노랫말로 〈조선의 별〉이라는 노래가 시작된다. 이미 짐작하다시피, 극도로 희망 없는 상황에서 구원자인 위대한 수령 김일성이 나타난 것이다.

이 자리에서 다시 한번 그의 이름을 언급해야겠다. 그는 원래 이름이 김성주였다. 정치적 투쟁을 위해 가명을 썼는데, 이는 레닌(본명 울리야노프) 또는 스탈린(본명 추가슈빌리)과 견줄 만한 일이다. 김은 '일성'이라는 이름을 골랐다. 오늘날에는 그의 이름을 '태양'과 '나타나다'를 뜻하는 한자로 쓴다는 말을 이미 했다.[7] 원래는 '하나'를 뜻하는 '일一'과 '별'을 뜻하는 '성星'으로 썼다. '성'은 유명한 남한 전자기기 생산업체 삼성의 이름에도 나온다. 이는 원래 '세 개의 별'을 뜻한다.[8] 김의 이름은 그러니까 '하나의 별'이었고, 그것이 방금 서술한 장면의 상징성을 설명해준다. 김일성이 여러 측면에서 태양이 된 뒤로, 그의 아들 김정일이 별로 대체되었는데, 그에 대해서는 나중에 말하기로 하자.

무용수들은 환호하면서 팔을 높이 쳐들고 거듭 뛰어오른다. 이어서 그들은 별을 마주 향한다. 별은 점점 더 높이 떠올라서 심지어 무대를 넘어 무대 위에 있는 숫자 100에 도달한다. 그곳에는 미리 횃대를 실은 작은 리프트 하나가 기다리고 있다가, 횃대에 불이 붙으면 타오르는 불꽃을 하늘 높이 들어 올린다. 아이들은 색채카드로 타오르는 불꽃을 나타내는 복잡한 연속 동작을 해낸다. 관객은 열광하며 박수를 보낸다. 이 장면은 피처럼 붉은 빛 속에 진행된다. 잔디밭 위의 사람들이 움직이고 행진 음악이 울린다.

2경 "조선의 별"

마침내 조직적인 해방운동이 시작된다. 무대는 한글 자음 두 개[ㅌㄷ]가 적힌 붉은 깃발을 보여준다. 이것은 '타도'를 나타내는 비밀 표시다. 이는 김일성이 일찍이 14세에 조직했다는 '타도제국주의동맹'을 뜻한다. 북조선에서 이 동맹은 로동당의 전신으로 여겨진다. 살아 있는 스크린은 이어서 "동지애의 첫걸음 백두산에서"라는 글귀를 보여준다. 조선의 북쪽에 있는 이 산은 2,744미터로 한반도에서 가장 높은 산이며 궁극적인 혁명의 상징이다. 수령 집안은 '백두 혈통'으로 불리고, 이 산의 실루엣이 평양의 두 지도자 조각상의 배경을 이룬다. 산의 정상에 있는 화구호[천지]는 항일 혁명가들의 흔적을 따라가는 핵심 순례장소의 하나다. 이 호수 한가운데로 중국과의 국경선이 지나가는데, 이에 대해서는 갈등이 없지 않다. 양측이 산을 온전히 자기 것이라 주장하기 때문이다. 한반도 통일에 대해 중국이 보이는 회의적 태도는 이렇게 뒷날로 미루어진 국경선 갈등과도 관계가 있다. 어쨌든 중국 쪽에서는 겨울에도 이 호수로 올라갈 수가 있다. 얼어붙은 도로 위로 깊이 팬 바퀴자국을 따라 일본제 사륜구동 지프를 몹시 위험한 속도로 몰아 그야말로 모험적인 드라이브를 해서 올라간다. 북조선 측에서 천지에 닿는 길은 지금까지는 따뜻한 계절에만 가능하다.

푸른색 운동복 차림의 남자들이 큰 소리로 외치며 붉은 깃발을 흔들어댄다. 배경화면에는 짐마차 모습이 나타나고, 짐마차 위에서는 남자가 팔을 넓게 펼치고 있다. 화면에 나타난 글자는 "너는 김혁, 나는 성주"다. 이것은 세 명의 지도자 말고 다른 개인의 이름이 불리는 드문 순간의 하나다. 그는 일찍 죽음으로써 지도자들에게 너무 가까이 오지 않고도 신화의 일부가 될 수 있었다.

잠깐만 본론에서 벗어나기로 하자. 이것은 순전한 우연이지만, 한반도에서 한 글자 이름은 몹시 드문데 북조선 영웅들 사이에서만큼은 놀랄 만큼 많은 편이다. 한국전쟁의 장군인 남일, 북조선의 가장 큰 공과대학에 이름을 준 김책도 그런 사람들이다. 평양의 혁명열사릉을 방문하면 끝도 없는 청동 흉상들의 대열 사이를 걷게 된다. 모두가 개별적으로 만들어졌고 새로 칠이 되었는데, 화강암 대석臺石에 혁명열사들의 이름, 생몰 연대, 사망 원인 등이 적혀 있다. 맨 윗줄에 있는 이름들을 살펴보거나 한번 읽어보시라. 남일, 강건, 안길, 김책, 최현… 모두 외자 이름들이다. 이것은 내가 아직 설명을 찾아내지 못한 북조선의 미스터리 중 하나다.

아리랑으로 돌아가자. 이미 이야기했듯이 성주는 김일성의 원래 이름이고, 김혁은 가장 충성스러운 추종자 중 한 명이었다. 그는 〈조선의 별〉이라는 노래를 작곡했다. 그리고 일본인들에게 체포당했는데, 고문을 당하다가 지도자의 은신처를 폭로하지 않으려고 자살했다. 그 뒤로 그는 충성의 상징으로 여겨진다.

화면의 글자가 바뀌어 "열혈의 동지, 신념의 동지"가 나타났다가 이어서 "동지애는 우리 당의 기초"가 된다. 이 장면은 "대오는 천만, 심장은 하나"라는 글귀로 끝을 맺는다. 앞무대에서 남자들이 "주체"라는 낱말을 만들어낸다. 뒤의 스크린이 어두워지면서 "주체"는 붉은색으로 빛나고 관객은 박수갈채. 장면이 끝난다.

3경 "내 조국"

아이들이 흰색 카드를 높이 들어 다시 영사 스크린을 만든다. 음악이 감상적으로 되면서 키 큰 소나무들이 바람에 부드럽게 흔들린다. 달콤한 하프 소리에 맞추어 어둠 속에서 스무 명의 항일 여군이 환희에 찬 꼿꼿한 자세로 나타난다. 그들 중앙에 있는 단 한 명의 여성 투사는 대개 군복 차림으로 묘사되곤 하는 김정숙으로, 일찍 죽은 김일성의 첫 아내이자 김정일의 어머니다.

북조선에서 김정숙의 의미는 가톨릭교회에서 성모마리아의 의미와 약간 비슷하다. 이 나라의 여성들에게 빛나는 모범으로 여겨진다. 조선의 혁명에 투신한 아내의 모범으로서 밤이면 빨치산들의 옷을 수선하고 낮이면 목숨을 다해 수령을 지킨다. 특히 마지막 모습 — 김정숙이 방심하지 않는 눈길로, 김일성을 엄호하려고 한 팔을 뻗은 채 다른 손으로 나강Nagant 피스톨을 발사하는 모습 — 은 북조선의 공공장소에서 수없이 만날 수 있다. 김일성이 직접 작곡했다는 노래 〈향수〉가 연주된다. 장중하게 불리는 이 노래는 고향집 문간에서 어머니와의 작별을 노래하지만 또한 "광복의 그날 아, 돌아가리라!"라는 소망도 담고 있다. 제복을 입은 여성 혁명가들은 부드럽게 부채를 흔드는 선녀 같은 여성 무용수들에게 둘러싸인다. 배경의 그림은 백두산을 보여주고, 이어서 근처에 있는 삼지연으로 바뀐다. 이 또한 유명한 혁명장소로, 북조선이 생산한 태블릿 PC에도 이름을 주었다.

화면은 수도에 있는 개선문, '승리해 귀환하는 문'을 보여준다. 외국인들 사이에서 북조선의 개선문으로 알려진 이것은 김일성의 70회 생일을 위한 선물로서, 두 가지 기억할 만한 사건을 표현한다. 1925년에 그는 13세의 나이로 고향인 평양 근교 만수대를 떠나 북쪽의 만주로 출발하면서, 조국을 해방시키지 않고는 돌아오지 않으리라고 맹세했다. 그리고 이 문은 1945년 승리한 그의 귀향을 기념한다. 귀향할 때 그가 한 연설을 기념하는 근처의 모자이크 기념비도 마찬가지다. 화면에 나타난 개선문 그림 옆의 글귀는 과거의 이 일을 반영한다. "만경대로부터 개선문까지는 피 어린 장장 수만 리."

이어서 화면에는 북조선 국기가 나타나고 〈빛나는 조국〉이 연주된다. 앞무대에서는 1,500명의 무용수들이 북조선 국기를 만들고 있다. 북조선 문장紋章과 노랫말, "조선아 조선아 영원무궁 만만세"라는 구절이 이 장면의 마지막을 이룬다.

4경 "우리의 총대"

이 부분은 외국인 남성들 사이에서 압도적으로 인기를 끄는 것 같다. 이유는? 기다려보시라.

배경화면에서 핏빛 천 위에 교차하는 권총 두 자루가 나타나고, 구석에는 한자 두 글자가 보인다. 이것은 이례적인 일이다. 북조선은 엄격한 민족주의 언어정책을 취하고 있어서 일상에서 오로지 조선글만 사용하기 때문이다. 하지만 이 글자들은 특별하다. 이것은 '지원志遠'이라는 단어로 '뜻을 원대히 하라'는 뜻이다. 김일성은 자서전에서 아버지가 자기에게 권총 두 자루와 함께 이 말을 생애의 목표로 주었다고 말한다. 아들에게 조국의 해방 같은 높고도 고결한 뜻을 품으라는 뜻이었다.

군악대가 〈김일성 대원수 만만세〉라는 노래를 연주한다. 그의 업적들이 살아 있는 화면 위에 나타난다. "눈보라 만 리"와 "혈전 만 리" 등이다.[9] 원한다면 중국의 대장정을 연상할 수도 있지만, 여기서는 오히려 혁명적인 해방운동의 전형적인 이야기다.

대형 앞무대에는 북조선 상황에서는 이해하기 힘든 미니스커트 제복을 입은 500명 이상의 여성들이 행진하고 춤춘다. 정확히 이 의상이 무엇을 뜻하는지 나로서는 말할 수가 없다. 이것은 또다시 북조선 미스터리의 하나다. 아주 관능적이고 거의 부도덕한 동작들과 전혀 얌전하지 않은 이런 모습은, 매우 정숙한 체하는 공식 도덕률과 완전히 상반되고, 아리랑축전 기간에 북조선의 일상에서 볼 수 있는 것과도 뚜렷한 대비를 이룬다는 것만이 사실이다. 북조선에서는 샤넬 의상을 넘어 신체를 강조하는 의상이나 섹슈얼리티를 암시하는 것은 이미 금기다. 하지만 이곳 경기장에서 여성 무용수들은 전투와 혁명을 배경으로 엄청난 삶의 즐거움을 표출한다. 엉덩이를 이리저리 흔들고, 칼을 뽑아들고 검고 긴 가죽장화와 피부색깔 팬티스타킹을 신은 다리를 번쩍 하늘로 치켜든다. 믿을 수 없어 하며 바라보던 서양 관광객은 카키색 짧은 반바지를 알아본다. 관객들은 — 내국인도 — 열광적으로 즐거워한다.

음악과 춤이 절정에 도달한다. 미니스커트 여성들이 가운데 모여서 함께 칼을 쳐들어 금속으로 둥근 지붕을 만든다. 무대 위의 아이들은 작고한 두 지도자 김일성과 김정일의 금색 테두리를 입힌 초상화를 보여준다. 두 사람은 만족스럽게 웃고 있다. 대중은 박수갈채. 배경의 글귀는 "선군시대의 강력한 승리"로 바뀌고, 여성 무용수들은 퇴장한다.

2장
"선군 아리랑"

—

1경 "그리움은 끝이 없네"

이 부분은 매우 격하다. 우선 낙관론과 삶의 기쁨의 표현이 아직 남아 있는데, 음악은 장엄해지고 잔디밭에는 거대한 붉은 베고니아꽃이 등장한다. 작고한 김정일의 이름을 단 꽃이다. 반짝이 효과가 꽃을 번득이게 한다. 흰옷을 입은 수백 명의 여성들이 김정일화를 둘러싸고 열렬히 찬탄한다. 그들은 날개를 연상시키는 긴 소매를 우리 문화권 관찰자라면 천사를 생각할 만한 방식으로 펄럭인다. 그들이 이마에 쓴 관도 이런 인상을 강화해준다. 이들이 기도를 올리는 천사든 애태우는 선녀든, 어쨌든 여기서 거룩한 행동이 이루어지는 것만은 분명하다. 유교에서 장수長壽를 뜻하는 학들이 위에서 날아 내려온다. 민중은 지도자를 사랑하고 존경하고, 저 화면에서 눈부시게 만드는 구절들도 그것을 알려준다.

하지만 나쁜 일이 나타난다. 음악은 극적으로 바뀌고, 배경화면에서 요란한 기관차 소리가 들린다. 눈 덮인 풍경이 보이면서 인공 눈송이들이 경기장으로 떨어진다. 춤추던 이들은 얼어붙는다. 무서운 일이 일어난 것이 분명하다. 그들은 "장군님!" 하고 외친다. 실제로 공식 발표에 따르면 김정일은 2011년 12월 17일 현지지도 여행 중에 눈보라가 치는 가운데 사망했다. 나라의 아들과 딸들은 자신들을 위해 죽을 때까지 일한 지도자를 그리워하면서 그를 잃은 슬픔을 받아들일 수도 참을 수도 없다. 배경에는 그의 업적들이 보인다. 현대적 건물들, 꽃피어나는 풍경들, "얼마나 위대한 분을 우리가 모시었던가!"라는 글귀가 나타난다.

꽃잎은 날려 떨어지고 슬픔은 단호한 굳은 결심에 자리를 내준다. 너무 일찍 떠난 이의 과업을 계승해 국민이 짊어진 결코 갚을 수 없는 부채를 조금이라도 줄이자는 결심이다.[10] "천만년 한마음 따르렵니다"라는 글귀가 화면에 나타나고, 화면 위쪽 전광판에는 같은 제목 노래의 가사가 나타난다. "아, 인민이 높이 모신 위대한 김정은 동지".

이 구절은 2012년에 처음으로 나타난 첨가 부분이다. 김정일을 잃은 무거운 상실감과 김정은 치하에서 빛나는 미래를 향한 희망이 얼마나 직접 연결되어 나타나는지를 여기서 특히 잘 알 수 있다. 애도가 몹시 부차적인 역할만 한다는 점도 눈여겨볼 만하다. 김정은이 상대적으로 빨리 정치적 일상 업무로 넘어갔듯이, 아리랑도 오래 자기연민에 붙잡혀 있지 않는다. 어차피 국민과 영원히 함께하지 못하는 지도자가 남긴 유언은, 인민의 복지와 민족의 명성을 계속 이어가는 것일 테니 말이다.

2경 "활짝 피어라"

이제 사회주의 삶의 온갖 업적들이 소개된다. 아이들이 왕으로서 궁전에서 궁전으로 옮겨가는 모습으로 시작한다. "태어나면 애기궁전" "자라면 어린이궁전". 소련과 동독에 있었던 것과 정확히 대응하는 소년단, 소녀단의 슬로건이 나타난다. 여기서도 "항상 준비!"라는 게 모토다.

북조선 어린이들의 경이로운 세계가 빠른 속도로 화면에 나타난다. 버스, 배, 기차, 비행기. 노래 가사에 따르면 그중 하나는 '사랑의 비행기'인데, 이 비행기를 타고 김정은이 어린이들을 찾아와 손수 그들의 행복을 보살핀다. 전국의 학교 입구마다 이런 구호들을 볼 수 있다. "김정은 아버지, 고맙습니다." 화면에는 이렇게 나온다. "후대사랑, 미래사랑".

잔디 위의 앞무대에서 늦은 시간임에도 수많은 어린이들이 줄넘기와 공놀이를 하고 외발자전거를 탄 채 균형감각으로 행복하게 환호하며 매우 인상적인 재주를 부리는 동안, 꿈의 도시 평양의 노래가 울려나온다. 실제로 지도부는 나라의 발전을 수도보다 분명히 낮은 수준에서 극히 다양하게 유지해서, 사람들이 서울이나 도쿄가 아닌 평양에서 살기를 열망하게 만들 수 있었다. 적어도 그것이 계획으로 보인다.

화면에 나타난 구절들, "우리는 행복해요" "세상에 부럼[부러움] 없어라" 등은 유치원에 내걸린 전형적인 제명들이다. 약간 과하게 토실토실한, 붉은 뺨을 한 아이들의 모습이 행복 및 복지의 약속과 번갈아 나타난다. 마지막으로 청소년단체의 모토가 나타난다. "사회주의 조국을 위하여 항상 준비하자!" 아이들이 손짓하며 무대에서 물러나는 동안 관객은 리듬에 맞춰 박수를 친다.

3경 "천지개벽"

이 장면에서는 사회주의 경제 건설의 수많은 업적들이 찬양된다. 이것은 정권의 관점에서 가장 중요한 기획들을 잘 요약한 것이며, 또한 1만 6,000명의 살아 있는 픽셀들로 구성된 화면으로 얼마나 많은 디테일을 표현할 수 있는가를 아주 인상적으로 보여주는 부분이기도 하다.

서해갑문 댐이 보이는데, 이는 서해안의 항구도시 남포에서 대동강과 바다를 나누는, 논쟁의 여지가 많은 기획이다. 이 엄청난 건축물은 1986년 완공되었을 때 세계에서 가장 큰 댐이었다. 북조선의 전형적인 방식으로, 사람들의 영웅적인 용기로 건설되었는데, 이 경우는 3개 사단의 힘이었다. 화면에 나타난 모토는 "조선은 결심하면 한다!" 분명 이것은 인명 손실에 대한 고려 없이 이루어진 일이었다. 경험 없는 젊은이들이 즉석에서 잠수복을 입고 물속에서 긴 교대 근무를 했다. 동유럽 외교관들의 보고에 따르면 수백 명의 사망자를 냈다.

이 댐의 용도는 무엇보다도 강 상류에 있는 평양을 홍수에서 보호하는 것, 제방 위로 난 도로를 통한 운송로 단축, 바닷물과 민물 분리 등이다. 이로써 농사에 이용할 엄청난 양의 담수를 비축할 수 있다. 원래는 많은 배들이 오가기를 바랐지만 그런 긍정적인 효과는 찾아볼 수 없다. 엄청난 침전물로 강바닥이 높아진 탓이다. 이 시설은 전력 생산에는 쓰이지 않는다.

전력 생산 기능을 맡은 것은 바로 뒤이어 등장하는 거대한 댐인데, 이 나라의 청년들이 건설한 희천발전소를 상징하는 것으로 짐작된다. 이 발전소는 김정은이 권력을 승계하고 겨우 몇 달 만에 완공되었으며, 특히 수도의 전력 사정을 현저히 개선해주었다. 품질 문제에 대한 부드러운 암시가 다음의 표어에 드러난다. "천 년을 책임지고 만 년을 보증하자!"

평양 돌고래 조련장에 물을 대기 위한 염수관로, 풍족한 지하자원의 선적을 쉽게 하려는 동해안의 탄천항 건설 등 또 다른 새로운 기획들이 보인다. 앞무대에서는 수백 명의 남녀들이 운동복 차림으로 춤추고 체조도 한다. 음악은 아직도 낙관적이고 빠르고 행진곡풍이다. 이제 반시간이 지나자, 처음으로 방문한 서양 관광객들은 과장된 음조에 약간 신경이 곤두선다. 다채로운 그림들과 두려울 정도로 완벽한 안무로 이루어진 대규모 곡예 공연 말고는 별로 본 것이 없으니 그럴 만도 하다. 맥락에 대한 지식 없이는 아리랑 공연은 그냥 과장된 쇼에 지나지 않는다.

이어서 릉라도유원지가 나타난다. 진짜 공원이 경기장에서 얼마 떨어지지 않은 곳, 대동강의 같은 이름 섬 위에 있다. 선별된 노동자들이 그곳 국제 수준의 수상 공원에서 긴장을 풀 수 있다. 스포츠 및 복합 휴게시설인 류경원과 거기 붙어 있는 야외 빙상장도 마찬가지다. 물론 평양에 있다. 바로 맞은편에는 1990년대 초에 지어진 슬롯머신 도박 기계를 갖춘 볼링장이 있으니, 이것은 현재 수도의 젊은이들에게 가장 멋진 장소의 하나다.

이어지는 "자랑 많은 창성"이라는 제목의 그림은 다시 내부인의 지식을 약간 요구한다. 그냥 마을 하나만 달랑 보이는데, 엄청난 양의 식품산업 생산품과 이어서 "사회주의 선경마을"이라는 설명이 나온다. 위대한 김일성 수령이 중심 역할을 하는 이야기 하나가 그 뒤에 온전히 감추어져 있다. 평안북도 창성군은 예전에 완전히 낙후된 가난한 곳이었다. 삶은 힘들고 토양은 척박했으며 미래도 없고 사람들은 열등감을 느꼈다. 그러다가 지도자가 찾아와 현지지도를 하고는 모든 것이 좋아졌다. 오늘날에는 부유하고 성공적이며 모든 이의 경탄을 받는 곳이다. 그곳 주민들은 자랑스러워하며 감사한다.

창성은 벌채를 줄이고 점증하는 자연재해를 막으라는 충고를 따른다. "온 나라의 수림화 원림화"다. 앞쪽의 운동복 차림을 한 사람들은 그 사이 계속 새로운 모형을 만들어내고 음악은 점점 더 열광적이 된다. 이 장면의 마지막 모습이 나타난다. "인민의 행복 넘쳐나는 내 나라"다.

4경 "흥하는 내 나라"

이제 검은색이 된 배경으로 초록 레이저 불빛이 그림을 쏘아 보낸다. 초록색 돌고래들이 초록 물에서 뛰어오른다. 북조선 여성 안내인이 지루해하며 자기는 지금 이것을 일곱 번째로 본다고 속삭인다. 올해에만 말이다. 나는 알았다고 고개를 끄떡이며 비꼬는 말을 삼킨다. 나는 지난번 관람 이후로 2년을 쉬고는 혹시 무엇이 달라졌나 하는 관심으로 지켜보는 중이다.

지나간 장면이 이미 성과들을 넉넉히 보여주었다고 생각할 테지만, 아직 멀었다. 그것은 거의 끊어지지 않고 계속 이어진다. 이제는 사과 차례다. 사회주의의 자기서술은 과거나 지금이나 늘 어느 정도 천박하고, 북조선도 예외는 아니다. 화면의 그림은 몇 년 전부터 시작된 평양의 대동 사과농장을 보여주는데, 이를 위해 너른 논농사 구역이 과수원으로 바뀌었다. 나는 이미 여러 번이나 그곳에 갔었다. 그곳은 표준 관광프로그램에 들어 있다. 사과나무들이 끝도 없이 줄지어 있는 모범 마을들을 보는데, 그것을 위해 세워진 전망대도 있다. 너무나 중요한 세부 지식을 끝도 없이 갖춘 지역 홍보담당관이 설명을 해준다. 이어서 마을 가게에서는 외환을 내고 가능한 온갖 종류의 사과 생산품을 살 수 있다. 사과주, 사과주스, 말린 사과, 사과 화장품, 한쪽 구석에는 사과도 있다. 물론 이것은 일반 근로자들을 위한 것이지 수출용은 아니다. 질문을 했다가 나는 그런 대답을 들었다. 서양인의 냉소적 태도에서 나온 의혹을 혼자서만 간직한다.

이런 모범 농장 말고도 과일나무 재배는 전국에서 관찰되는 새로운 농업정책의 경향인데, 문외한인 내게는 매우 의미 있어 보인다. 거의 쓸모가 없는 경사진 언덕의 땅이 식량을 생산하면서 동시에 토양도 단단히 다져지니 말이다. 물론 지역 농사꾼들은 의심스러워하면서도 달콤한 열매에 대한 기대에서 다른 나무들보다는 과일나무를 놓아두는 편이다. 겨울이면 다시 추워져 땔감이 부족한데도 그렇다.

미적인 경험을 좀 더 높이기 위해서 안무가들은 약간 특별한 발상을 했다. 앞무대의 무용수들이 화면에 나타난 나무와 연관된 춤을 추지 않고, 젊은 여성들이 작은 사과나무를 들고 긴 대열을 이루어 등장한다. 나무들은 꽃이 피어 있고, 가지들은 바람에 부드럽게 흔들린다. 그런 다음 가지를 돌리면 갑자기 붉은 사과들이 거기 매달려 있다. 행복한 사회주의 농부 아낙네들이 그 대열 사이로 춤추듯 걸으며 열매를 어루만진다. 합창대가 잘 살게 해주는 나라를 노래한다. 이어서 머리 위에 사과를 높이 쌓아올린 아이들 모습이 그림에 나타난다. 수확이 넉넉할 것 같다. 화면은 이제 붉은 사과들의 산더미와 그것으로 만든 여러 생산품을 보여준다.

행복한 사과 따는 여인들이 아직도 열매와 더불어 춤추는 동안 배경 화면에는 염소들이 보인다. 유럽인들은 어쩌면 하이디를 연상하겠지만, 북조선에서는 1990년대 중반 기근 사태 이후 부족한 식량 문제를 해결하려는 조치의 하나다. 논리는 단순했다. 염소는 일을 하지는 않지만 스스로 먹을 것을 찾아 먹고 우유와 고기를 제공한다. 오늘날 전국에서 염소들을 볼 수 있는데, 매우 건강한 식욕으로 정말이지 코앞에 있는 것은 무엇이든 먹어치운다. 염소들이 토양 침식을 현저히 높인다는 평가들이 있다.

또 다른 가축들이 보인다. 돼지, 토끼, 물고기 그리고 닭들이 알과 병아리와 함께. 토끼는 독일 사육사 한 사람을 특별히 기쁘게 할 것인데, 그는 2007년에 독일의 대형토끼를 북조선에 공급하고 지금은 그것을 유지하느라 애를 태우고 있다.[11] 아래쪽 인공잔디 위에서 농부들은 전통적인 풍년제 춤을 춘다. 조선 여성 복장을 입은 종이죽으로 만든 거대한 암퇘지가 들판으로 굴러와 새끼돼지 열두 마리를 낳고, 새끼돼지들은 분명 자기들의 최종 운명을 모른 채 즐겁게 이리저리 뛰어다닌다. 화면에는 메주콩이 보이는데, 이는 중요한 단백질 공급원으로서 1997년 이후로 새로운 식량 위기를 피하기 위해 염소와 나란히 나온 또 다른 조치이다.

그다음엔 기술적인 문제다. "고리형 순환식 생산체제"라는 글자를 읽을 수 있다. 다시금 지도자가 영향력을 행사했다. 동물들은 비료를 생산하고, 비료는 사료용 식물을 키우고, 동물은 다시 이 사료를 먹고 다시 비료를 생산한다는 것을 지도자가 깨달았기 때문이다. 농부들은 분명 대단한 인상을 받았다. 다음으로 화면에 나타난 것은 "종자혁명"이 소출을 늘려준단다. 이 장면은 다음과 같은 구절로 끝난다. "수령님과 장군님 보시면 얼마나 기뻐하시랴!" 아래서는 물고기, 신난 돼지, 염소와 토끼들이 뛰어다니고, 농부들도 계속 춤을 춘다.

5경 "비날론 삼천 리"

벌써 45분이 지났건만 아직도 성공의 물결은 끝없이 이어진다. 이제는 경공업 차례다. 이 장면은 비날론 찬양으로 시작한다. 이는 1961년부터 함흥에서 생산되는 상당히 뻣뻣한 인공직물인데, 국내 원자재로 생산할 수 있고 따라서 수입 의존도를 줄였다. 다음 그림은 이것을 강조한다. "경공업 주체화 국산화."

작은 무대에 선 세 명의 여가수가 놀랍도록 아름다운 목소리로 〈영변의 비단처녀〉라는 고전노래를 부른다. 모르는 관객이라면 부드러운 멜로디와 여가수들의 목소리에 깃든 따스한 애정 덕에 사랑노래라고 짐작할 것이다. 하지만 여기서 애정은 생산품을 향한다. 비날론을 노래하는 것이다. 정일봉[백두산의 한 봉우리]의 진달래가 직조 문양이 되었다는 것과 지도자의 사랑이 강과 산을 덮는다는 것을 노래한다. 하지만 잠깐, 그러니까 베 짜는 여성이 어디 출신이라고? 영변이라고? 어딘지 익숙한데. 그렇다, 이 장소는 주로 영변 핵시설로 알려진 곳이다. 그건 앞으로도 그대로일 것이다. 북조선 시장이 중국 섬유제품에 문호를 개방하면서 국내 생산품은 점점 더 사정이 어려워지고 있기 때문이다. 하지만 아리랑축전 제작자들에게까지는 그런 이야기가 아직 퍼지지 않았다. 배경화면에서는 직장인들을 위해 꾸준히 다채로운 색상의 천을 생산하는 베틀 부대가 묘사된다. 앞무대에서는 행복한 직조공 여성들이 춤을 춘다.

6경 "더 높이, 더 빨리"

어떤 관객은 이 장면에서 올림픽경기의 인기 있는 모토인 '더 빨리, 더 높이, 더 멀리'를 생각할 것이다. 물론 여기서는 간접적으로만 올림픽과 관계가 있다. 우리는 아직도 뛰어난 경제 성과들에 머물러 있기 때문이다. 그런 성과가 어디서 와야 하는지가 이제 설명된다. 즉 과학과 기술의 진보다.

"21세기 돌파하라 최첨단을"이라는 글귀가 보인다. 약간은 〈우주정찰대 오리온Raumpatrouille Orion〉[독일의 최초이자 가장 유명한 사이언스픽션 티브이 연속극]을 연상시키는 음조가 배경에 깔려 있다. 그림이 바뀌어 자기 일터의 투사인 방진防塵모자를 쓴 과학자의 모습이 된다. 그는 단호한 눈길로 현미경을 들여다보며 자기 옆에 쓰인 구호 "정보기술 방향으로 경제의 발전과 전환"을 실현하려고 한다. 다음 그림은 현대적인 나라를 보여주며 이런 구호를 외친다. "인재대국으로 생물공학 나노 정보."

신문과 포스터에 거의 맹세하듯 언제나 거듭 나타나는, 특히 인기 있는 개념이 CNC, 컴퓨터수치제어이다. 즉 기계의 전자적 제어를 뜻한다. 아리랑축전에도 이 개념이 빠질 수야 없지. "CNC 주체공업의 위력." 현대 기술이 일어서야 한다. 북조선 지도부는 (아직도) 오래전에 시기를 놓친 개혁을 피하고 완벽화 조치들을 통해 보완할 수 있기를 바란다.

낡은 개념들도 아직 살아 있다. 투쟁적으로 단호히 들어 올린 횃불 곁에 이런 글귀가 쓰여 있다. "함남의 불길. 혁명적 군인정신. 자력갱생. 결사관철." 이미 자주 언급한 북조선 경제 모델의 이념적 요소들이 여기 나타난다. "함남의 불길"은 사람들에게 더 빨리 더 낫게 일하라고 촉구하는 수많은 캠페인의 하나다. 군사적 투쟁정신이 이런 모든 활동에 공통된다. 나라 전체에 모범이 되어야 할 활동적인 모범 집단이나 모범 기획이 그렇고, 물론 정기적으로 현지지도를 통해 담당자들에게 즉흥적인 충성심을 표명하게 하고 생산을 향상시킬 영감을 주는 지도자의 동참도 반드시 필요하다.

다음 그림에서는 다양한 종류의 비료가 담긴 자루들이 나타난다. "비료 폭포"란 농업정책의 중요한 한 요소다. 북조선에서는 농사에 쓸 수 있는 땅이 부족하고 집중적인 농경을 통해 영양분이 빠져나갔기에 수확은 대부분 인공비료의 투입에 달려 있다. 1990년대 이후로 경제 및 에너지 위기가 비료 생산을 현저히 줄이면서, 1995년부터 나타난 기근 사태에 일조했다. 오랜 기간 주로 남한이 비료를 공급해주었지만, 핵 실험 이후로, 그리고 2008년 진보정당에서 보수정당으로 정권이 바뀐 이후로 중단되었다. 북조선은 이 문제를 시정하려고 유기물 비료를 집중적으로 썼지만 물론 효과는 그저 그랬다. 그 뒤로 특히 흥남 화학공장의 국내 생산이 갖는 전략적 의미가 상당히 커졌다.

북조선의 경제정책 자화상에서 외부 세계는 어떤 역할을 할까? 이에 대해서도 아리랑축전은 답을 제시한다. 다음 그림에서 "자기 땅에 발을 붙이고 눈은 세계를 보라"고 한다. 아주 널리 퍼진 이 모토는 수많은 지루한 설명들보다 훨씬 더 주체를 잘 요약해준다. 외국과의 교류를 결코 반대하지 않지만, 언제나 국가의 관점에서 의미가 있어야 하고, 국가의 이익에 맞게 이루어져야 한다.

이어지는 다음 두 그림의 주제가 "김정일 애국주의"와 "애국의 열풍"이라는 것과도 잘 들어맞는다. 김정일이 사망한 직후에 그의 애국자로서의 모습이 매우 자주 이용되는 것이 내 눈에 들어왔다. 바닥에 굴렁쇠를 굴리며 체조 시범을 보이는 여성들이 그것과 무슨 상관인지는 관객으로선 알 수가 없다. 그런데도 우리는 연기의 완벽함에 깊은 인상을 받는다.

이 장면은 "자주강국 무궁번영"으로 끝난다. 풀밭 한가운데서 체조를 담당한 사람들은 5층짜리 인간피라미드를 쌓고, 카탈루냐의 인간탑 쌓기처럼 소년이 꼭대기를 장식한다. 소년이 수 미터 아래 준비된 천 위로 완벽한 물구나무서기 자세로 떨어지자 대중은 짧은 "오" 소리를 낸 다음 감동의 갈채를 보낸다.

7경 "아리랑 민족의 기상"

올바른 정신적 태도는 집단주의 체제의 성과에 꼭 필요한 것이다. 아이들은 이제 흰색 카드를 들었고, 거기에 감시탑이 있는 중세의 도시 성벽이 투사되고 이어서 평양의 남문이 나타난다. 특징적인 각진 아치문으로 알아볼 수 있다. 오늘날 이 문은 유원지 입구를 지킨다. 이것은 조선의 오랜 전통에서 침입자들에 맞서 자신을 지키라는 암시다. 전체 장면은 무엇보다도 민족적 호신술인 태권도를 위한 것이다.

"민족의 슬기". 풀밭 위의 곡예사들은 고구려시대(기원전 37~668년)의 복장을 흉내 낸 옷을 입었다. 북조선은 전투적이고 용맹한 것으로 알려진 고구려를 자신들의 역사적 선구자로 본다. 반면에 남한은 주로 신라의 고급문화를 자신들과 결합시킨다. 아시아 대륙으로 넘어가는 곳에 자리 잡은 지리적 위치로 인해 고구려는 특히 침입에 노출되었는데, 이 나라는 그것을 성공적으로 물리쳤다. 영토로 보아 오늘날의 남북과 일치하는 최초의 왕국인 고려도 이런 전투적인 조상들을 자신들의 뿌리로 보았다. 나라 이름이 고구려에서 가운데 글자 '구'를 줄여서 만들어진 것으로도 알 수 있다. 현대에 이르러 남북이 중화인민공화국과 편치 않은 몇 가지 대립이 있었는데, 이는 오늘날 중국이 지린성과 랴오닝성의 깊숙한 곳까지 뻗어나간 고구려를 자국 역사의 일부라고 주장한 데서 비롯되었다.

앞에서 고구려 전사들이 재주를 보이는 동안 배경의 그림에서 흰 태권도 도복을 입은 선수 한 명이 힘찬 발차기로 벽돌을 잔뜩 깨뜨리는 장면이 보인다. 화면 위에서 흐르는, 기악으로 연주되는 〈위대한 나라〉의 노랫말이 흥미롭다. 나부끼는 붉은 깃발들이 언급되고, "원수 미제[미국 제국주의자들]"에 맞서 모든 언덕을 방어하겠노라는 노래다. 원수 미제 몇 명이 내 곁에 앉아 있지만, 그들은 전혀 기분이 상하지 않았다. 한국어를 모르는 덕이고, 미국 깃발 비슷한 상징들이 자신들을 가리키는 것임을 모르는 덕이다.

공연 전체에서 미국이나 남한을 향한 공공연한 공격적 그림이 없다는 점이 눈에 띈다. 2005년에도 존재하던 총검 돌격이 빠졌고, 선전포스터나 우표로도 알려진 워싱턴 의사당에 대한 미사일 공격 그림 역시 빠졌다. 또한 북조선의 자부심으로서 보통은 공격적으로 선전되는 핵무기에 대한 언급도 전혀 보이지 않는다. 이는 또 다른 미스터리.

어두워진 장면을 초록 레이저 번개 하나가 밝히고, 기수들이 시계視界

위쪽에서 가로로 누운 채 긴 쇠밧줄을 타고 미끄러져 들어온다. 장면이 다시 밝아지면 고구려 전사들이 사라지고 대신 현대의 흰색 격투기 복장에 검은 띠를 두른 선수들 수백 명이 풀밭을 채웠다. 연단에는 "정일봉의 우뢰"가 서 있는데, 그 뒤에서 계속 번개가 번쩍인다. 이는 불굴의 사령관 김정일을 나타내는 것으로, 그의 지도 아래 단호한 고국 방어의 전통이 계속되고 있음을 의미한다. 지금은 물론 그의 아들이 그 일을 계승했다. 행진, 격파, 발차기, 시범 경기 등이 이어진다. 패배한 쪽은 곧바로 바닥에 쓰러진다. 이 나라를 공격하는 자들이 이 투사들과 맨몸 대결을 하지 않고 멀리 떨어진 곳에서 버튼과 자판만 누르면 되니 얼마나 다행인가.

내가 무술 전문가였다면 지금 정확하게 살펴보았을 테지만, 북조선의 이런 식의 자기방어는 군사기밀에 속한다. 특수조직뿐만 아니라 모든 군사조직이 이런 훈련을 받는다. 병사들의 손가락 뼈마디에 피멍이나 두툼한 혹이 튀어나온 것을 흔히 볼 수 있다. 하지만 그게 전부가 아니다. 나이 든 북조선 사람 하나가 언젠가 들려준 바에 따르면 이토록 거친 훈련이 — 거듭 나무와 콘크리트 벽을 가격해야 했으니 — 그의 뼈를 망가뜨려서 지금도 심한 통증에 시달린다고 했다.

아래서 시범 경기가 펼쳐지는 동안 카드섹션 연단에는 단호한 눈길로 주먹을 불끈 쥔 남자와 여자의 그림이 등장했다. 옆에는 "신념의 승리"라는 글자가 나타났다가 이어서 몇 글자 바뀌면서 "의지의 승리"가 된다. 1초 만에 나는 아리랑 제작자들이 레니 리펜슈탈Leni Riefenstahl[독일 출신 세계 최고 다큐멘터리 영화감독의 한 사람. 그가 나치정권하에서 제작한 〈의지의 승리〉는 나치정권에 봉사했다는 이유로 오랫동안 그 탁월함이 제대로 평가되지 못했으나 뛰어난 기교로 감정에 호소한다]과 나치의 뉘른베르크 전당대회 영화에 대해 아직 한 번도 들어본 적이 없다는 생각이 들었다. 잠시 뒤에 "의지의 승리"에서 "민족의 존엄 만방에 떨치자"라는 구호로 넘어갔다. 자부심에 넘치는 태도로 거대한 국기를 든 남자들이 〈김일성 장군의 노래〉 연주에 맞춰 당당하게 잔디밭에서 물러났다.

3장
"행복의 아리랑"

—

1경 "흰 눈 덮인 고향집"

공연이 대략 한 시간쯤 지났다. 우리는 150유로를 내고 공연 관람에 좋은 위치뿐만 아니라 부드러운 안락의자를 받은 것에 대해 차츰 감사하는 마음이 된다. 달콤한 음악. 눈 덮인 소나무들 뒤로 단 하나의 봉우리가 어둠 속에서 솟아오른다. 이것은 그냥 어떤 봉우리가 아니라 백두산의 정일봉이다. 정일봉이라는 이름은 여러 미터 높이의 붉은색 글자들로 산에 새겨져 있다. 2009년 12월에 새로 발행된 2,000원짜리 지폐에서 지도자숭배를 나타내는 이 상징을 다시 볼 수가 있다.

흰색 판지 소나무를 든 여성 무용수들이 잔디밭에서 살랑살랑 움직인다. 이들은 앞서 이미 보았던 그 선녀들이다. 단조 음악이 1942년이 힘든 시기였음을 보여준다. 조선은 점령되었고, 일본은 강력했으며, 싸움은 힘들었다. 사나운 겨울 몹시 춥던 2월 16일. 초록 제복과 흰색 펠트 모자를 쓴 여군들이 당당하고 절도 있는 걸음으로 앞으로 나온다. 발랄라이카 비슷한 악기가 소련의 〈모스크바의 밤들〉을 연상시키는 노래를 연주했을 때, 잠깐 동안 나는 소련에서의 어린 시절로 돌아간 느낌이었다. 그야 물론 감각의 착각이다. 노래와 장면은 〈흰 눈 덮인 고향집〉이니 말이다.

저기 벌써 나타났네. 멀리까지 눈 덮인 소나무들이 늘어선 값비싼 배경이 카드섹션 연단에 나타났고 이어서 소박한 통나무집 한 채가 보인다. 이 집은 따스한 노란 빛에 둘러싸여서, 자연 자체가 삶에 적대적인 차가운 겨울 세계 백두산에서 따스한 고향집의 인상을 만들어낸다. 저기서 크리스마스를, 그리고 마구간과 말구유를 생각하지 않는 사람은 다른 문화권 출신임이 분명하다. 하지만 물론 이 집에서는 예수가 아니라 김정일이 태어났다. 동방박사들이 선물을 바치지 않는다는 사실에서 금방 알아챌 수 있다. 작은 불꽃 하나가 번쩍하더니 여군들이 거의 마법처럼 이 오두막집에 이끌려 온다. 이 사건은 온 세상을 변화시켰다. 그래서 이 순간의 노래도 〈세상을 밝게 비추는 고향집〉이다.

서방에서는 김일성과 1949년 작고한 그의 아내 김정숙 사이의 장남인 김정일의 탄생에 대해 몇 가지 전혀 다른 이야기들이 퍼져 있다. 그에 따르면 김정일은 1942년이 아니라 1941년에 태어났고, 그것도 당시 적국에 속하던 거룩한 백두산의 소박한 오두막이 아니라 소련의 하바롭스크 근처 군대막사에서 태어났다는 것이다. 젊어서 비극적인 사고로 목숨을 잃은 동생과 함께 그는 그곳에서 '유라'라는 이름으로 힘들지 않은 어린 시절을 보냈다. 이런 주장들은 북조선에서는 날조된 것이라며 거부되고 지도자에 대한 모욕으로 받아들여지는 만큼, 이런 위반에 더 이상 동참할 생각이 없는 나는 도로 북조선판 베들레헴에 주목한다.

벌써 반시간 전에 김정일의 죽음이 서술되었는데, 이제야 그의 탄생이 나온다는 게 실은 좀 이상하다. 어쩌면 그가 아예 죽지 않고 사랑하는 부하들과 영원히 결속되어 있음을 보여주는 일일 수도 있다. 정말로 2012년에 김정일은 영원한 당서기 겸 영원한 국방위원장으로 추대되었다. 그로써 시간적으로 제한된 그의 이승의 삶의 허망함에 등장한, 괴롭지만 이미 극복된 사건[죽음]에서 그의 탄생을 따로 떼어내 영원한 행복의 원천으로 제시할 수가 있는 것이다.

2경 "나래치라[날아올라라], 우리의 희망"

이것은 문자 그대로의 뜻이다. 레이저 쇼를 동반한, 매우 인상적이지만 목숨을 건 공중곡예가 전체 장면을 구성한다. 연단의 아이들은 움직이지 않고, 남녀 무용수들도 마찬가지다.

3경 "영광을 드리자 우리 당에"

전체적으로 이념을 넘어선 서커스 장면은 재빨리 지나갔다. 어둠 속에서 연단 위로 이상화된 평양의 실루엣이 솟아오른다. 꼭대기에 붉은 횃불이 타오르는 날씬한 주체사상탑과 둥근 스케이트장, 거대한 인민대학습당, 기념비적인 개선문 등을 알아볼 수 있다. 합창대는 "당을 찬양하자"고 노래한다.

여성 무용수들이 다시 나타나고, 화면에서는 조선말로도 자주 '당'이라 불리는 조선로동당을 기리고 있다. 스타카토 방식으로 표어들이 연달아 등장한다. "일심단결" "불패의 군력" "새 세기 산업혁명" 등을 큰 글자들로 읽을 수 있다. "사회주의 강성국가"가 뒤따른다. 이어서 새로운 표어, 신뢰에 차서 위를 바라보는 노동자들의 모습 바로 옆으로 "경애하는 최고사령관 김정은 동지를 우러러"라는 글자가 나타난다. 순간적인 환호성. 고모부 장성택이 횡령을 했다지만, 2013년 12월 처형 전까지는 별 열광은 없어도 그에게도 박수갈채가 주어졌었다.

당원 수에 대한 공식 통계는 없지만 여기에는 "천만이 한마음 되어,

동지, 전우.” “대를 이어 누리는 태양복” 등의 글자들이 나온다. 이 개념에서 나의 북조선 안내자들도 언제나 약간 좌절하곤 한다. 이 세 명의 지도자가 모두 “위대하신 태양”이 될 수 있기 때문이다. 김정일과 김정은의 경우엔 자주 “21세기의”라는 단어가 첨가된다. 하지만 이는 별로 중요하지 않은 질문이다. 그들은 어차피 하나의 통일체니 말이다.

잔디밭의 무용수들이 황금색의 당 상징문양을 만들기 전에 “영원히 한길을 가리라”는 구호를 읽을 수 있다. 이 상징은 극히 주목할 만한 것이다. 소련에서는 노동자와 농민의 상징으로 망치와 낫을 선택했다. 사상가와 작가들은 등장하지 않았다. 동독에서는 망치와 이삭을 엮은 관에다가 지식인을 포함하는 원을 조심스럽게 끼워 넣었다. 극히 호의로 해석해야 기술자와 기능공을 노동자로 간주할 수 있을 것이다. 북조선은 그보다 더 용감했다. 당의 상징물 중앙에 전 세계에서 전통적으로 학자의 필기도구로 여기는 펜이 들어가 있으니 말이다. 역시 공자님 최고다.

4장
“통일 아리랑”

—

장면이 어두워지면서 극적으로 된다. 자전하는 지구가 하얀 스크린에 투사되고, 검은 양복을 입은 연사가 연단에 등장한다. 처음에는 화난, 이어서 고통스럽고 애타는 저음으로 그는 매우 감정적인 독백을 펼치고, 화면에는 그에 어울리는 그림들이 나타난다. 그의 말을 들어보자.

이 세상 이 하늘 아래 오직 단 하나의 갈라진 땅
갈라진 아리랑 민족이 있다

반세기가 넘는 분단 세월에 백발이 된 어머니가
아들의 모습조차 알아볼 길 없고
헤어진 아들이 젖을 먹여 키워준
어머니마저 몰라보게 된 이 비극의 땅
예로부터 화목하게 살아온 우리 민족이
하루아침에 생떼같이 갈라져
남남이 되어가는 이 땅
세계의 량심[양심]이여 대답해보라
외세가 가져다준 이 비극으로 하여
우리 아리랑민족이 언제까지 이렇게
갈라져 살아야 하는가[12]

철조망과 국경선 울타리가 화면에 나타난다. 잔디밭에는 흰옷 여인들로 구성된 두 개의 삼각형이 등장했는데, 이 삼각형들은 20미터쯤 떨어진 곳에 서로 꼭짓점 하나씩 마주 보며 서 있다. 두 팔을 벌리고 서로를 향하지만 나뉜 상태를 극복하지 못한다.

하지만 희망이 있다. 화면에 한반도가 나타나고, 그 옆에 이런 구절이 보인다. "조국통일은 우리 당의 변함없는 의지." 군대가 아니라 당임을 눈여겨보아야 한다. 전체 공연 내내 수많은 길고 짧은 제목들이 잔뜩 나왔음에도, 단 한 번도 군대가 정치적 세력으로서의 독자적 역할을 하지 않고 있다.

두 삼각형에 움직임이 일어난다. 꼭짓점에 있던 두 여성이 조명을 받으며, 나머지 사람들에게서 떨어져 나와 서로에게 가까이 다가간다. 그들은 극적인 태도로 서로 포옹하고, 두 무리의 나머지 사람들도 더는 억

제하지 못하고 서로에게 달려든다. 지도자들이 먼저 나서면 민족이 하나가 될 수 있다는 해석을 여기 끼워 넣을 수 있을 것 같다.

배경무대에는 황금색으로 번쩍이는 조국통일의 문이 보인다. 이제 하나로 합쳐진 여성들이 한반도 실루엣을 구성하는데, 독도도 빠지지 않는다. 이는 일본인들이 다케시마라는 이름으로 자기들 것이라 주장하는 섬이다. 음악이 승리를 기뻐하는 낙관적인 음악으로 바뀐다. 문이 열리고 환호성이 일어난다. "통일의 문을 우리 민족의 손으로"라는 구호가 나타난다. 〈하나〉라는 노래의 노랫말에서 북조선에서 자주 쓰이는, 김일성이 했다는 말을 읽을 수 있다. "땅도 하나, 핏줄도 하나, 언어도 하나, 풍습도 하나."

이어서 인쇄체 문자로 "우리민족끼리"라는 글자가 나온다. 같은 이름의 북조선 웹사이트도 존재하는데 이 또한 김일성이 했다는 말로서, 1972년 7월 4일자 최초의 남북공동성명과, 또한 2000년 1월 15일 김정일 위원장과 김대중 대통령 사이에 이루어진 최초의 남북회담 공동성명에도 들어가 있는 내용이다. 핵심은 한반도 통일문제에 외세의 개입을 거부한다는 것이다.

4장의 마지막 그림은 서로 손을 맞잡은 두 명의 여성 인물로 구성된 조국통일의 문을 보여준다. 이것은 2000년 남북정상회담 뒤 만 1년이 되었을 때, 평양 남단 통일거리 끝에 건설된 것이다. 여기서부터 남쪽으로 개성 방향 고속도로가 시작되고, 이론적으로는 서울까지도 갈 수 있다.

잔디밭의 여성들이 남북 모두에서 통용되는 통일의 상징인 하늘색 손수건을 흔든다. 2005년에 내가 처음으로 아리랑 공연을 보았을 때는 남한의 여행단도 와 있었는데, 특히 이 장면에서 그들이 보인 감정적 반

웅이 내게는 매우 인상적으로 남았다. 환호성을 지르며 격하게 손수건을 흔드는 동안 눈물을 훔친 사람도 여럿이었던 것 같다. 전혀 다른 이야기를 전하는 온갖 보도와 설문조사에도 불구하고, 한국인들은 통일을 바란다. 그야 물론 서로 다른 이유에서고, 흡수통일 또는 높은 비용에 대한 두려움도 크다. 북조선에서는 통일이 되면 모든 것이 더 나아진다는 말을 자주 듣는다.

합창대가 노래한다. "하나, 우리는 하나!"

5장
"친선 아리랑"

—

〈인터내셔널가〉가 울려 퍼지고, 제복 차림의 단역들이 풀밭 위에서 전사戰士들의 기념비 노릇을 한다. 아리랑의 이 부분은 2008년에 도입되었다. 이는 1949년 북조선과 중화인민공화국 사이의 국교 수립 60주년을 기념하는 공식적인 '친선의 해'보다 1년 앞선 해였다. 앞에서 이미 이 두 나라의 상호 관계가 선전에서 보이는 것보다 훨씬 더 복잡하다는 사실을 언급했다. 그리고 정밀하게 들여다보면 이런 기념행사에서도 그것을 알아볼 수 있다. 이번 5장에서 모든 표어는 먼저 조선글로, 이어서 중국어로 나온다. 북조선의 이른바 민족주의 언어정책을 감안하면 이는 상당한 양보다. 하지만 2013년 가을의 아리랑 공연에서는 유지되지 못했다. 중국이 2013년 봄에 북조선을 향한 유엔 안보리 제재 결의에 찬성표를 던졌기 때문이다. 하지만 여기서 서술하는 것은 2012년 9월의 공연이니 아직은 그런 사실을 모른다.

수백 년 이어온 조선과 중국의 공통된 역사를 생각해보면 이 공연에서 제시하는 공통성의 뿌리들은 늦게 나온 것들이다. "항일의 기치 함께

들고"라는 글자가 붉은 깃발 하나를 배경으로 나타난다. 어쨌든 이로써 오롯이 김일성 혼자만의 힘으로 일본을 물리친 것이 아니라는 사실을 인정하는 셈이다.

다음 표어는 중국 전문가에게는 의미심장한 말이다. "항미원조. 보가위국. 피로써 맺어진 전우의 정." 이것은 1950년에 거의 패배한 한국전쟁 전세를 뒤집기 위해 이른바 중국의 자원병들이 전쟁에 참가하며 내세운 공식 구호다. 마오쩌둥의 장남 마오안잉도 여기 참가했다가 전사해서 수십만 명의 중국 전사자들과 함께 오늘날에도 조선 땅에 잠들어 있다. 심술궂게 생각하자면 심지어 여기서도 중국에 대한 일종의 비판을 볼 수 있다. 그러니까 혁명 전통을 잊어버리고, 그토록 높은 대가를 치르며 우리가 함께 맞서 싸워 승리를 거둔 바 있는 서방 자본주의에 합류했다는 점에 대해서 말이다.

"뿌리 깊은 조·중 친선"이라는 구호를 읽으며 압록강을 바라보는 동안, 무대 앞면에서는 민속적인 복장의 사람들, 기다란 용과 황금 사자, 흑백 판다 등이 등장하는, 유치함까지는 아니더라도 민속적인 쇼가 펼쳐진다. 이것은 중국 노래 〈공산주의는 반드시 이루어지리라〉와 카드섹션 그림들의 혁명적 내용과는 전혀 어울리지 않는다.

그것이 다가 아니다. "20성장 수령님 헤치신 만주의 눈보라"가 화면에 나타난 후, "위대한 수령 김일성, 김정일 동지께와 중국의 령도자들에게 최대의 경의를 드립니다". 관찰자에게는 중국과의 우정을 위한 장면에서 자기 지도자들을 찬양하는 것이 이상하게 생각되겠지만, 결국 그들이 이룩한 성과를 놓고 보면 어쩔 수 없다는 것이다.

이어서 내게는 이듬해에도 특히 눈에 띈 모습 하나가 있다. 처음에는 "조중친선은 세기를 이어"라 쓰인, 무지개 두 개로 이루어진 띠다.

여기서는 거의 식상한 느낌이 들 정도지만, 그것은 잘못이다. 2013년 9월에 나는 다시 한번 이 공연을 보러 갔다가 정확하게 동일한 모습을 보았는데, 다만 이번에는 "조로[조러]친선"이라 적혀 있었다! 섬세한 중의적 표현에 익숙한 동아시아 사람이 아니라도 여기서 중국이 손바닥으로 뺨을 얻어맞았다는 사실을 알아볼 수 있다. 역사적으로 보면 이것은 굴에서 나온 마멋의 행동을 보고 겨울이 더 지속될지를 알아맞히는 행사 비슷한 일이다. 베이징과 모스크바를 상대로 게임을 벌이려는 시도는 이미 1950년대 후반부터 나타났다. 베이징과 모스크바 측도 이는 마찬가지다.

하지만 2012년의 공연은 중국을 향한 측면공격 한두 개를 더 준비하고 있었다. 먼저 부와 발전의 상징들이 나타났으며 심지어는 상하이의 스카이라인 일부도 나타났다. "축원하노라 부강 번영하는 사회주의 중국" "과학적 발전관"이라는 표어도 있었다. 그런 다음 중국 전문가는 다시 다음과 같은 질문을 받는다. "공산당이 없으면 새 중국도 없다." 이것은 지난 30년 동안의 온갖 발전이 당의 공이며 시장경제 덕이 아니라는 암시뿐만이 아니다. 아니, 그 이상이 감추어져 있다. 이는 바로 다름 아닌 문화혁명 시기에 나온 오리지널 표어이기 때문이다.[12] 분명히 이 자리에서 누군가가 중국에게 오랫동안 잊고 있는 그들의 뿌리를 일깨우고자 한다.

5장은 화해의 장면으로 끝난다. "조·중 친선은 압록강[13] 푸른 물처럼 영원하다." 두 나라의 민속의상을 입은 두 쌍의 남녀가 두 나라의 국기를 높이 쳐들고 무대로 미끄러져 들어온다. 초록 레이저빔이 날개를 퍼덕이며 하늘로 날아오르는 평화의 비둘기들을 만들어낸다. 다시금 〈인터내셔널가〉가 나오면서 마지막 부분이 시작된다.

종장
"강성 부흥 아리랑"

—

이 공연이 긍정적인 미래 전망으로 끝난다는 것은 전혀 놀랍지 않다. 나라의 통일이 불려 나왔고, 자주, 평화, 친선도 불려 나왔다. 한가운데 붉은색으로 조선반도를 강조한 거대한 지구의가 굴러 들어온다.

카드섹션 연단에서는 한 시간 반의 고된 노동으로 아마도 상당히 지쳤을 아이들이 "수령 영생 위업"이라고 말한다. 이는 아마도 김일성의 전체 업적과 특히 남북통일을 가리키는 듯하다. 이어서 한 번 더 김정일 차례다. "영원한 태양 아리랑." 동시에 경기장 위로 초대형 불꽃놀이가 펼쳐진다. 이제는 평양의 나머지 지역도 오늘의 공연이 끝나간다는 사실을 알게 된다.

구경꾼들이 일어서서 박자에 맞춰 박수를 치는 동안 "최후의 승리를 향하여, 앞으로!"라는 표어가 보인다. 여기서 김정은은 분명하게 언급되지 않았지만, 꼭 그럴 필요도 없다. 배경음악이 〈발걸음〉이다. 이 노래에는 "김대장"이 "2월의 정기"를 기린다는 언급이 있는데, 이는 2월에 태어난 아버지의 유산을 말하는 것이다. 게다가 노랫말이 붉은 글자로 제시된다. 이런 강조는 이것이 현재의 지도자와 연관된 것임을 더욱 분명하게 암시한다. 마지막으로 카드섹션 연단에서 이런 구절을 읽을 수 있다. "조선 인민의 모든 승리의 조작자이며 향도자인 조선로동당 만세" 그리고 "무궁번영하라 김일성 민족, 김정일 조선이여."

이것으로 공연은 끝났다.

9

통일

미래 전망

남한 사람이나 북조선 사람이 있는 자리에서 내가 독일인이라고 소개하면 대개는 얼마 지나지 않아 통일이라는 주제로 말을 걸어오는 것을 경험한다. 통일은 남북 모두 분명히 국가정책으로 추진하는 일이다.

하지만 독일의 예가 여기서 정말로 유효할까? 이에 대해 나는 강력한 의심을 품고 있다. 독일의 분단과 한국의 분단은 의미 있는 비교를 위해 생각할 수 있는 모든 영역에서 서로 다르다. 그런데도 수천 명의 남한 연구자들이 독일에서 무언가 배울 수 있지 않을까 하는 희망으로 독일로 오는 것을 막을 수는 없었다. 2014년에는 심지어 남한의 여성 대통령도 독일을 방문했다.[1] 동독이 망하고 사반세기가 지나도록 아직도 독일 통일에서 한국의 통일을 위한 교훈을 이토록 열렬히 탐색한다는 사실 자체가 이미 미심쩍은 일이다. 그런 탐색은 분명히 성과가 없었다. 어째서 그런가?

독일 통일에 대한 견고한 분석은 상당한 거리를 두고서만 가능하다. 순수하게 기술적인 이유에서 꼭 필요한 보안 자료들과 지식들이 통일

이후 처음의 혼란스러운 사건이 지난 뒤에야 나올 것이기 때문이다.[2] 독일 통일에 대한 연구의 정치적·이념적 양상도 오랫동안 영향을 미쳤다. 1990년 직후의 상황만으로는 독일의 사례에 나타난 수많은 현상들을 제대로 이해할 수 없다. 하지만 그보다 한국이 독일의 예에서 얻을 설득력 있는 교훈이 없다는 것에는 여러 이유가 있다.

미심쩍은 비교가능성: 한국은 독일이 아니다

가장 중요한 문제는 비교를 위한 출발 기반이 약하다기보다 거의 없다는 점이다. 사람들은 분단된 독일이 대충 분단된 한국과 같으며, 이전의 서독이 대충 남한에 해당하고 이전의 동독이 대충 북조선에 해당한다고 생각한다.

그렇다, 독일은 한국처럼 분단을 겪었다. 하지만 그게 공통점의 거의 전부다. 독일의 분단은 2차대전에서 나온 결과이고, 동시에 침략자이며 대량학살자인 히틀러와 그의 정부가 패배했기 때문에 나온 결과이다. 많은 독일인들은 분단을 형벌로 받아들였다. 그에 반해 한국은 일본의 식민지였다. 즉 추축국의 희생자로서, 1945년에 이 압제자로부터 해방을 맞이했다. 그 결과 나타난 분단은 역사적인 거대한 부당함이었고, 지금도 그렇다. 남북 모두에서 나타나는 이른바 강대국들에 대한 상당한 회의의 이유가 여기에 있다.

국제법상의 관찰도 분명한 차이를 드러낸다. 1990년까지 독일은, 광범위한 주민층이 제대로 의식하지는 못했다 하더라도, 4대 점령 국가의 4국체제 아래 있었다. 연합국 관리위원회는 2+4조약[1990년 9월 12일 모스크바에서 동서독과 영국, 프랑스, 미국, 소련 4개국 사이에서 체결된 조약으로,

독일 통일을 규정했다]을 통해 해체되었는데, 이 조약은 1991년에 독일의 완전한 주권을 회복시켰다.[3] 따라서 재통일 시기에 독일 영토에는 수십만 명의 외국 군대가 주둔하고 있었다.

그에 반해 한국에서는 1940년대 말까지 소련과 미국이 군대를 철수시켰다. 한국전쟁이 일어나자 미국은 돌아왔지만 전혀 다른 법적 조항들을 달고 왔다. 오늘날에도 2만 5,000명의 미군이 남한에 주둔하고 있지만 점령군이 아니라 동맹국가의 틀에서 이루어지는 일이다. 한국은 완벽하게 주권국가다. 한국전쟁 종전을 위한 평화조약에는 오로지 유엔만이 개입되어 있는 상황이다.

그러므로 독일 통일에서는 법적으로 언제나 3대 강국을 함께 고려해야 했다면 한국의 경우는 이런 것이 없다. [서독 총리] 헬무트 콜Helmut Kohl은 런던, 파리, 워싱턴, 모스크바에서 청신호를 받아야 했다. 한국인들은 이웃국가들과 동맹국들이 통일 과정을 후원한다면 매우 기뻐하겠지만, 그들과 협의해야 할 어떤 국제법상 의무도 없다.

정치적·이념적으로도 엄청난 차이가 있다. 독일은 1871년에 제국이 성립되었다고 보면, 1945년에도 여전히 신생국가였다. 물론 훨씬 긴 계몽주의 전통과 민주주의 선구자들이 있었지만 말이다. 1차대전의 충격적인 경험, 바이마르공화국의 실패, 나치 정권의 부상, 2차대전을 일으킨 책임 등이 1945년 이후로 동서독 모두에서 정치계층의 자의식에서 바탕이 되었다.

한국에서는 이게 거의 정반대다. 나라의 통일은 수백 년 전부터 확보되어 있었고, 민주주의와 계몽주의 전통에 대해서는 매우 제한적으로만 알고 있다. 19세기 말 일본인들의 진출에 대한 반작용으로 근대적인 민족의식이 형성되었다.[4] 1910년 한일합병 이후 한국에서는 1919년 3월

1일 봉기로 절정에 이른 독립운동이 이루어졌다. 제국주의 일본에 대한 투쟁이 1945년 이후로 정치적 엘리트층의 자화상을 결정했고, 1950년 이후로는 한국전쟁도 여기 더해졌다.

독일에서는 광범위한 주민계층에서 민족주의 감정이 거부되고 오늘날까지도 회의적으로 여겨지는 반면,[5] 한국에서 민족주의는 통일 논의에서 양측 모두 인정하는 핵심적인 요소다. 이것은 예를 들어 통일을 지향하는 관점에서 강력하게 희생의 각오를 함축한다. 한국인들은 통일의 이념적 가치를 훨씬 더 높여 잡고, 특히 그것을 성취한 다음 이웃국가들과의 교류에서 더욱 강력한 위치를 차지하기를 바란다.

통일문제에 대한 공식 입장도 1989년 독일과 2014년 한국 사이를 크게 벌려놓는다. 동독은 아주 일찍부터, 심지어는 국가國歌의 노랫말에도("독일, 하나 된 조국이여, 우리는 너를 위해 봉사하리") 포함시켜서, 통일을 이루어 이후 붕괴하겠다는 소망을 품었다. 반면 연방공화국[서독]에서는 1980년대 말에도 여전히 통일의 각오가 되지 않았고, 실질적으로는 분단을 현실로 받아들여야 한다는 인식이 널리 퍼져 있었다. 오늘날에는 마지못해 그런 이야기를 하지만, 당시 서독은 동독을 주권국가로 인정하기 직전 상태였다. 동독 수상 에리히 호네커는 1987년 9월 7일 당시 서독의 수도이던 본을 국빈 방문했을 때, 붉은 양탄자를 밟고 사열하면서, 동독의 국기國旗를 기쁘게 여긴 만큼이나 서독의 국가를 듣고도 기뻐했다. 서독의 기독교민주당(CDU)은 동독을 인정할 길을 터주기 위해 당명을 고칠 생각까지도 했다. 상대적으로 준비되지 않은 채로 통일의 기회가 독일에 닥쳐왔다. 역설적이게도 이것이 매우 도움이 되었던 것 같다. 적대적으로 고정된 두 세력이 병존할 경우에는[한반도처럼] 우리가 경험한 것 같은 빠른 과정은 아마도 훨씬 더 일어나기 어려웠을 것이다.

그에 반해 한국에서 통일은, 남쪽의 통일 열광이 주로 비용 문제에 대한 걱정 때문에 강력히 후퇴하고는 있지만 여전히 국가적 신조다. 남한에서 실시된 여론조사를 보면 통일을 지지하는 사람이 2007년에 64퍼센트이다가 2013년에 55퍼센트로 줄었다. 반대하는 사람들의 수치는 같은 시기에 15퍼센트에서 24퍼센트로 늘었다. 남한 사람들은 남북이 다시 합친다는 전망을 점점 더 비관적으로 바라보고 있다. 2013년에는 2007년보다 거의 두 배인 25퍼센트의 사람들이 통일이 실현되기 어렵다고 답했다. 어떤 이익이 있다고 보느냐는 질문에 대해서는 혼란스러운 민족감정과 안전에 대한 염려가 압도적이었다. 통일의 근거로 북조선 주민들의 생활개선을 들어 통일이 꼭 필요하다고 답변한 사람들의 비율은 2013년에 겨우 5.5퍼센트였다. 그에 반해 설문 답변자의 40퍼센트가 소속감을 주요 이유로 제시했다. 31퍼센트는 통일이 무엇보다도 두 번째 한국전쟁을 막는 데 중요하다고 보았다.[6] 민족적 동질감은 남한에서는 적어도 북조선에 대한 두려움을 넘어선 듯 보인다. 2014년 5월 남한의 설문조사에서는 13퍼센트만이 북조선을 적대국가로 보았다.[7]

북조선에는 이것과 대조할 만한 설문조사가 없다. 그곳에는 오로지 공식적 의견만 있고, 공식적 의견은 통일에 엄격히 찬성한다.

지정학적 위치라는 점에서도 독일과 한국은 엄연히 다르다. 독일은 대륙 한복판에 위치한다. 1989년과 1990년에는 적대적인 두 냉전 세력의 경계선이 이 나라를 지나갔다. 그에 반해 한국은 아시아의 변방에 자리 잡은 반도이다. 국경을 접하는 이웃나라가 셋뿐이다. 한국 통일의 세계적 타당성은 독일의 경우에 비할 수 없다. 지금까지의 패권국가인 미국과 지금 부상하는 중국 사이에 새로운 갈등이 이곳에서 일어나지 않는다면 말이다. 그것은 가능한 일이긴 하지만 꼭 필연적인 일은 아니다.

그것 말고도 지역적 영향력 평가에서도 차이가 나타난다. 프랑스, 영국, 폴란드를 포함하여 거의 모든 유럽의 이웃나라들이 통일된 독일이 다시금 자신들의 생존을 위협하는 존재가 될 것인가를 두고 상당한 우려를 지녔었다.

그에 비하면 비록 이웃나라인 중국과 일본도 통일한국에 대한 우려를 품고 있기는 하지만 대부분 여러 영토 요구 문제 때문이고,[8] 한국이 이 지역에서 제국주의적 패권 요구를 할 것이라는, 역사적 근거를 지닌 걱정은 없다. 한국의 통일은 독일의 경우보다 훨씬 많이 주로 민족 내부의 사건이 될 것이다. 이웃들이 이 주제에 관심이 없다는 뜻은 아니지만, 그것은 다른 성격의 유보이고, 따라서 다른 해결 시도를 필요로 한다.

남북의 상호교류에서도 독일과는 중대한 차이가 있다. 독일인은 한국전쟁에 비할 만한 사건이 일어나지 않았던 것을 행운으로 여길 수 있다. 적어도 그런 일로 언어 소통이나 그 밖의 상호 교류에서 상당한 통제를 겪지는 않았다. 내가 동독에서 경험한 3년간의 군대 복무 기간에 우리의 장교들은 언제나 거듭 서독이 적대 국가가 아니고 그냥 대립 상대라고 지적하곤 했다. 그에 반해 한반도에서는 아직도 여전히 양측에서 사격 연습을 하면서 상대 국가원수의 초상화를 표적으로 삼고 있으며, 언론을 통해 사나운 욕설을 주고받는데, 북조선은 이 점에서 특히 의문스러운 창의력을 드러내고 있다.[9] 동서독 국경선에서도 고약한 사고들이 있었고, 특히 베를린장벽 주변에서 사망자들이 나왔다. 하지만 남북 사이에서 정기적으로 이루어지는 것 같은 무장 충돌로 사망자가 발생하는 일은 없었다.

남과 북의 사람들은 서로에 대해 거의 알지 못한다. 분단독일에서와 달리 남과 북 사이에는 오직 표면적이고 매우 분산된 접촉이 있을 뿐이다. 겨우 몇백 명으로 조직된 이산가족 상봉은 금세 색이 바래고 만다. 그것을 자주 독일에서 이루어진 여행자협정, 활발한 편지 교환, 수많은 전화통화, 상호방문 등과 비교하기는 하지만 현실은 다르다. 우리는 수십만 다른 가족들과 마찬가지로 축제일마다 서독으로부터 다양한 선물 보따리를 받았다. 그리고 서독의 친척들도 이따금씩 들르곤 했다. 많은 할머니들은 60세가 넘으면 '저편에 있는' 자매들을 정기적으로 방문했다. 1988년 2월에 아직 연금 받을 나이가 한참이나 남은 나의 어머니는 아주 공식적으로 이모의 생일을 축하하러 서독으로 여행할 수가 있었다. 1987년 한 해에만 130만 명의 동독 주민들이 서독과 서베를린을 방문했다.[10] 합법적으로 남한 땅을 여행한 북조선 사람의 숫자는 수십, 수백 명 정도로 적다.

무엇보다도 베를린이 있었다. 한국에는 수백만 명의 눈앞에 분단의 부조리함을 매일같이 절박하게 보여주는 그런 도시가 없다. 라이프치히에 살던 나는 어째서 하필 동서독 국경선 중에서도 무장 경비가 가장 잘 이루어지고 있는 베를린에서 사람들이 도주 시도를 하는 걸까 거듭 질문하곤 했었다.[11] 덜 위험한 어떤 선택지라도 있나? 그러다가 1980년대 중반에 동베를린의 오버쇠네바이데 역 높은 곳에서, 기차 창문을 통해 처음으로 장벽과 그 뒤로 잡힐 듯 가까운 서베를린을 보았을 때야 나는 이런 모습을 보는 건 분단의 이야기를 듣거나 읽는 것과는 전혀 다르겠구나, 하는 점을 갑자기 깨달았다. 그 모습을 보는 건 힘들었다. 많은 사람들에게 너무 힘들어서 참을 수가 없는 일이었다.

그와는 달리 남한과 북조선 사이의 DMZ는 4킬로미터 폭으로 사람이 거의 살지 않는 녹지대다. 남한을 향한 다양한 전망대가 있고, 거기서부터 성능이 뛰어난 망원경으로 희미한 논들과 몇몇 낮은 농가들을 볼 수 있을 뿐이다. 고작해야 정전협정 장소인 판문점에서만 상대방을 보다 정확하게 바라볼 수 있다. 그래봐야 막사와 대형 천막들로 이루어진 인공 세상이다. 그에 반해 분단된 베를린은 현실에 거대하게 살아 있었고, 잡을 수 있는 모습으로 사람들의 마음을 괴롭혔다.

직접적인 경험을 대체할 수는 없지만 미디어들도 소망을 자극할 수 있다. 동독에서 서독 방송의 영향은 엄청났다. 우리 집에서 수신되던 다섯 개의 티브이 방송 중 세 개가 서독 방송이었다. 10대 시절 나는 오로지 NDR2[북독일방송]만 들었다. 게다가 이것은 합법이었다. 군인 등 특정 그룹만 서방 미디어를 이용하는 것이 금지였다. 그래서 나는 1987년 군복무를 시작하면서야 동독 라디오를 듣기 시작했다. 국가가 인정하는 오락 프로그램 말고도, 나는 아주 우연히 그야말로 뜻밖에 관청에서 예의주시하는 하위문화subculture에 접하게 되고 관심을 갖게 되었는데, 곧바로 열광해서 거기 합류했다.[12]

북조선에서 남한 방송은 수신도 어렵지만, 시청 자체가 허용되지 않는다. 중국과의 녹색 국경선을 넘는 방식으로 DVD나 USB 스틱 등이 그런 제한을 뛰어넘기는 하지만, 이것들은 보통 연속극을 담고 있다. 비밀리에 방송을 수신한다 해도, 동독의 수많은 예술가들이 이용하던 교회의 여가활동 등에서처럼 자유롭게 보여줄 수가 없다.

그러므로 남한과 북조선 사이 교류는 강도나 규칙성 면에서, 분단된 두 독일 사이에 이루어지던 교류와는 비할 수가 없다. 한국에서 공통점 의식과 상대방에 대한 지식은 훨씬 더 산발적이다. 그에 반해 동독 주민들은 선전, 서방 상품 전문점, 이웃이나 방문객들 덕분에 자기들이 무엇을 못 가졌는지 아주 분명하게 잘 알았다. 정치학자 에크하르트 예세Echkard Jesse는 동독 주민의 관점에서 서독을 극히 정확하게 "비교사회"라고 불렀다.[13] 북조선에서 남한은 그런 역할과는 아주 거리가 멀다.

물론 남한 사람들도 북조선에 대해 정말로 모른다. 남한에 살고 있는 얼마 되지 않는 탈북민하고만 연관된 문제가 아니다. 1949년부터 1989년까지 대략 350만 명의 동독 주민들이 서독으로 떠났다. 그에 비해 1953년부터 2013년 사이에 겨우 2만 6,122명의 도주자들이 북조선에서 남한으로 갔다.[14] 북조선 주민 수가 동독 주민 수와 비교해서 40퍼센트가 더 많다는 점을 감안해 상대화하면 원래 적은 이 수치는 의미가 더욱 줄어든다. 게다가 대부분이 북조선의 북동부 출신인 탈북민들은 일상생활에서 가능하면 자신들이 탈북민이라는 사실을 감추려고 한다. 가혹한 경쟁 사회인 남한에서 차별이 꼭 부당한 것만은 아니라 해도, 어쨌든 차별이 두려워서다.

그렇기에 남한에서 북조선 사람들의 이미지는 오랫동안 상당히 기묘하다. 1970년대만 해도 남한의 아이들은 북조선의 공산주의자들이 인간이라기보다는 악마와 비슷한 존재라고 배웠다. 그런 교육은 변했지만, 오늘날에도 남한에는 북조선 사람들에 대해 상당히 꺼리는 느낌이 남아 있다. 예나 지금이나 한국 정부는 북조선에 관해서는 자국 국민을 아주 제한적으로만 신뢰한다. 그래서 예컨대 첨단기술을 갖춘 민주주의 국가인 남한에서 북조선 미디어가 포함된 인터넷 사이트들은 막혀 있다. 그리고 김일성이 쓴 책을 소유하는 것도 국가보안법을 위반하는 일이 된다. 2013년에도 남한의 국회의원들이 친북조선 책동을 이유로 체포되어 유죄판결을 받았다. 2013년 9월에 남한의 단위부대는 북쪽에서 국경선 강을 헤엄쳐서 건너오려는 사람을 향해 수백 발의 총탄을 발사했다.[15]

상황의 차이를 알려면 각국의 핵심 동맹국으로 눈길을 돌려보면 도움이 된다. 조심스럽게 말해서 동독은 경제적·정치적으로 소련의 위성국가였다. 동독은 중화물자동차나 잠수함 생산 등에 대한 결정권을 갖지 못했다. 예전의 적군에 대한 불신을 품고 있던 모스크바 측에서 이 두 가지에 대해 단호히 "안 돼" 하고 거부했기 때문이다. 그에 반해 북조선은 '형님국가'가 따로 없다. 오늘날 이따금 중국에 그런 역할을 할당하기는 해도 그렇다. 이런 생각은 서방에서는 상당히 인기가 있지만, 오히려 무지에서 나온 것이거나, 아니면 베이징에 압력을 행사할 명분을 위해 그렇기를 바라는 것이다. 실질적으로 북조선은 경제적·정치적·군사적으로 보아 상대적으로 독립적이다. 덕분에 이 나라는 외부의 영향에 대해 덜 민감하고, 재통일의 맥락에서도 이는 마찬가지다.

중국과의 경제 협조가 절박하게 필요하다는 사실도 이것을 변화시키지는 못한다. 이런 협조는 오히려 또 다른 차이를 가리키고 있다. 북조선의 중요한 파트너가[중국] 어떤 점으로 보아도 새로 떠오르는 강대국의 하나라는 사실이다. 그에 비해 동독의 가장 가까운 동맹국 소련은 경제적으로 바닥에 있었고, 미하일 고르바초프의 좋은 의도에도 불구하고 결국은 스스로 해체되었다. 에곤 크렌츠Egon Krenz나 한스 모드로브Hans Modrow 같은 당대의 증인들은 고르바초프가 동독을 서방에 팔아버렸다고 공개적으로 말했다. 중국 지도부는 아마도 그런 생각을 하지 않을 것이다.[16] 적어도 너그러운 경제 원조를 받을 거라는 희망을 품고서 그러지는 않을 것이다.

두 나라가 발전 수준이 높아진 상태로 동화될 것이라는 전제를 통일의 출발점으로 삼는다면, 동독과 서독 간의 거리와 북조선과 남한 사이의 거리가 제각기 얼마나 되는지를 보는 것이 흥미롭다. 동독과 서독 사이에 기술 수준과 교육 수준의 차이는 엄청났다. 하지만 이런 관점에서 남북을 관찰하면 두 독일 사이의 차이는 그야말로 희미해진다. 인프라, 소비 행동, 세계에 대한 지식도 마찬가지다.

별로 중시되지 않지만 독일 통일에서 행운의 하나는, 양측이 노동과 사생활이 광범위하게 컴퓨터로 전환되는 과정을 함께 겪었다는 점이다. 그런 전환은 1990년 이후에 대규모로 일어났기 때문이다. 북조선에서 컴퓨터와 태블릿은 소수 주민층에 한정되어 있고, 차단된 남북 네트워크를 생각해보면 인터넷 접근은 아예 말도 못 꺼낸다. 통일 시점까지 이런 사정이 그대로 이어진다면 북조선 주민 대다수는 거의 문맹에 비할 만한 지적 결핍을 갖는 것이 된다. 게다가 남북 양쪽의 생활 현실에 차이가 아주 커서, 조화를 찾으려면 독일을 훨씬 능가하는 엄청난 노력이 필요한 다른 영역들도 여기 덧붙여진다. 이것은 관청과의 접촉, 새로운 사회 네트워크에서의 태도, 또는 삶과 경력에서 우선순위 책정 등 많은 영역에 모두 해당된다.

남과 북, 동과 서

게다가 분단된 독일과 한국에서 서로 비슷한 나라들을 비교해도 공통점보다는 차이점을 더 많이 보게 된다. 서독은 경제적으로 발전된 국가였고, 지금 남한도 발전된 국가다. 하지만 세상의 다른 많은 나라들도 그렇다. 남한은 예나 지금이나 눈부시게 빠른 발전 과정에서 생겨난 경제적·사회적 불평등을 해소하느라 바쁘다. 1960년대 초에 남한은 빈민가가 넘치고 가장 끔찍한 빈곤과 잔인한 군사독재를 겪는 개발도상국가였다. 1993년에야 마지막 군 출신 대통령이 자리에서 물러났다. 아직도 이 나라 경제는 대부분 가족 소유의 거대 기업집단인 재벌[17]의 지배를 받는다. 삼성이 노키아처럼 한 번이라도 잘못된 결정을 내린다면 남한 전체에 생존의 위기가 닥칠 것이다.

남한의 정치적 풍경은 지역 기반이 거의 없다시피 한 정당들로 특징지어진다. 서울에서 타협이 정치적 수단이 되는 경우는 극히 드물다.[18] 의회에서는 이따금 주먹까지 날아다닌다. 이웃나라, 특히 일본에 대한 관계는 자주 오해와 보복주의로 점철되어 있다. 남한은 국내정치에서나 외교적으로나 정상화를 하려고, 또 인정을 받으려고 분투하는 중이고, 성공할 전망이 아주 높다. 그런데도 통일 시점에 이 모든 점이 충족되어 있던 서독과는 오늘날에도 아직 거의 비슷하지 않다.

동독과 북조선의 차이가 특히 눈에 띈다. 이들은 아주 일찌감치 양국관계에서 상호 이해불가를 표현했었다.[19] 이념주도, 일당독재체제, 전체적으로 시장경제의 부재, 생산수단에서 이렇다 할 사유재산의 부재, 그리고 교환할 수 있는 통화의 결핍 등이 몇 안 되는 공통점이다. 하지만 객관적인 관찰자들은 국가사회주의 체제에 전형적인 정치적 억압에서 상당한 차이를 본다. 1980년대 동독에는 노동수용소와 집단학살수용소, 일가친척 체포, 공개처형 등은 없었다. 그렇다고 해서 억압이 덜 효율적이었던 것은 아니다. 다만 더욱 섬세했고, 1990년 이후 수많은 희생자들이 환멸을 느낀 것이 당연하게도, 거의 합법적이지도 않았던 것으로 밝혀졌다. 안보기관이 자국민에게 행한 중대 위반들을 보면,[20] 북조선에 갑작스러운 변화가 찾아온다면, 억압기구의 청산은 옛날 동독의 비밀경찰의 경우가 그랬듯이 유혈사태 없이 진행되지는 않을 것이다.

이 모든 '공산주의자들'을 한 솥에다 집어넣고 싶다는 유혹에 굴복하지 않는다면, 이념적 차이도 엄청나다는 것을 알게 된다. 마르크스와 엥겔스의 나라이며 세계 최초 사회민주주의 보루의 하나였던 독일은 나치주의와 2차대전이라는 쓰라린 체험을 겪은 뒤로도 1945년 이후에 북조선에서 나타난 것과는 전혀 다른 종류의 좌파를 배출했다. 동독의 좌파 이념이 북조선의 이념과는 전혀 다르다는 점을 빼고도 북조선에서는 일찌감치, 적어도 1960년대 초 이후로는 마르크스-레닌주의와 작별하고 대신 '주체'라는 개념 아래 스탈린의 모습을 지닌 일종의 농민-애국주의와 민족주의적 사회주의를 내세웠다. 이런 불필요한 이념적 바닥짐은 소련식이라기보다는 한국식이다. 이것을 버리기는 옛날 동독에서 지배적인 이념과 작별한 것과는 비할 바 없이 어려울 것이다. 옛 동독의 민주사회당은 1990년 이후로도 한참 동안 이념적 이유보다는 동독 주민을 대리한다는 이유에서 선거에서 선출되었다.

지금까지 북조선이 국제적 네트워크에 통합되지 못하고 있다는 것도 중요하다. 동독은 경제적으로 코메콘에 속하고 군사적으로 바르샤바조약에 속했던 반면, 북조선은 이 둘로부터 멀리 떨어져 독자노선을 걸었다. 이 나라는 가난으로 그 대가를 지불했지만, 오늘날에는 고립되어서나마 살아남았기에 옛 동독보다 나은 처지다.

사회주의 진영에서 동독은 가장 부유한 나라 중 하나로 여겨졌다. 독일 통일은, 근본적으로 다른 두 세계에서 기원했어도 각각 자기 진영에서 주도적인 두 나라가 결합한 것이다. 남한과 북조선이 오늘날 재통일을 한다면, 그사이에 똑같이 현실이 되어 익숙해진 강력한 나라 하나와 허약한 나라 하나가 합쳐지는 것이다. 이 점에서도 상황은 전혀 달라진다.

독일의 예는 오늘날 한국의 통일 비용이 그보다 훨씬 높으리라는 것으로 해석되곤 한다. 북조선의 발전 수준이 동독보다 훨씬 낮고 따라서 남쪽에 대한 적응 과정에서 훨씬 큰 격차를 극복해야 할 것이기 때문이란다. 이런 논리는 다양한 이유에서 배경을 물어볼 만하다. 우선 나는 북조선 사람들이, 헬무트 콜 총리가 번영하는 풍경과 서독만큼 높은 생활 수준을 예고한 다음의 동독에서 그랬던 것처럼, 남쪽과의 빠른 동화同化를 기대할 것이라는 전제를 우선 의심스럽게 여긴다.[21]

북조선 사람들과 대화를 해보면 전혀 다른 시나리오가 나타난다. 북조선에서 남한 매체가 결핍된 결과 지금까지는 북에서 지나치게 높은 기대 같은 것은 형성되지 않았다. 북조선 사람들은 통일 후 1년 이내에 중산층용 자동차를 몰고, 작은 집을 소유하고, 1년에 두 번 이국적 해안으로 날아가 휴가를 즐긴다는 식으로 생각하는 경우가 거의 없다. 이런 것은 모두 평생 넉넉한 봉급을 받는 정규직과 연결된 생각이다.

좋은 음식, 겨울에도 따스한 집, 아이들을 위한 미래 정도가 대부분의 북조선 주민이 통일과 연관시켜 생각하는 물질적 희망이다. 그에 반해 동독 주민들은 1대 1 환전과 봉급 및 연금의 빠른 동화를 기대했다. 정치적 동기에서 나온 이런 혜택의 대가는 기업들의 파산과 실직이었다.[22]

그에 덧붙여서 북조선은 그사이에 전형적인 사회주의 국가에서 벗어나 있다. 나는 다른 자리에서 이미 시장경제식 태도가 어떻게 도입되었는지를 밝혔다. 오랫동안 동독과 북조선의 공통점이던 물자 부족은 점점 더 개인적 구매력의 결핍으로 바뀌었는데, 이는 오히려 자본주의 국가들에 해당하는 일이다. 물론 동독에서 물자 부족이 1990년대 중반 북조선에서 나타난 것 같은 기아 사태까지 치달은 적은 없었다. 이따금 갈탄이 빠듯하기는 했어도 아파트들은 난방이 되었고, 믿음직하게 전기가 공급되었던 데 반해, 북조선에서 전력은 언제나 거듭 끊기고 겨울철에 사람들은 죽도록 떨곤 한다.

그런데도 북조선 주민들의 자국 체제에 대한 태도는 동독 주민들의 그것과는 현저히 차이가 난다. 내가 만나 이야기를 해본 바에 따르면 대부분의 북조선 주민들은 역설적이게도, 사회주의 계획경제가 자국 경제의 핵심 문제라는 사실을 모른다. 동독에서는 1989년보다 훨씬 전에 이미 주민 대부분이 그것을 알았고, 또한 공개적으로 발언했다. 사회주의 이전의 경험이 전혀 다른데다, 서방 매체[동독의 경우] 또는 남한 매체[북조선의 경우]의 이용 가능성이 다르다는 것 말고도 북조선에서 여러 해 전부터 경제계획이 막연히 지표뿐이기 때문이기도 하다. 5개년 경제계획은 공개되지 않는다. 대부분의 주민들은 무엇을 어떻게 왜 계획했는지를 전혀 알 길이 없다. 따라서 어디를 비판해야 할지도 모른다. 북조선 지도부는 그곳 주민들에게도 자주 수수께끼다.

이런 차이점들의 목록은 분명 더 나열할 수 있을 것이다. 하지만 독일과 한국 사이의 유사성도, 분단된 각 나라[동독과 북조선, 서독과 남한] 사이의 유사성도 그다지 설득력이 없음을 보여주기에는 이미 충분하다. 이로써 두 나라의 비교는 타당성 있는 근거가 별로 없다.

그렇다고 해서 여기서 무언가를 배울 수 없다는 뜻은 아니다. 단순한 공식을 찾는 대신에 기대할 만한 영역을 또는 모든 개연성으로 보아 더는 타당하지 않은 문제 영역을 찾는 것이 오히려 더 많은 깨우침을 약속한다. 결국 한국에서 사람들은 준비하기 위해서 독일을 바라본다. 우리의 경험에서 그 어떤 확실한 해결책을 기대할 수는 없다고 해도, 대체 무엇이 문제인지에 대해 더 나은 표상이라도 얻을 수가 있고, 한국의 특수성에 맞는 준비 조치를 취할 수는 있다.

한국 통일에 따르는 난관들

미래를 향한 눈길은 아주 진지하기는 힘들다. 통일이 실제로 일어날지, 언제, 어떤 상황에서 일어날지 알지 못하기 때문이다. 북조선이 내일 당장 붕괴하고 남한이 독일의 모범에 따라 이 나라를 단순히 넘겨받게 될까? 최악의 경우 한반도를 무력으로 통일하려는 두 번째 한국전쟁이 일어날까? 아니면 남한과 북조선은 앞으로도 수십 년 동안이나 평행선을 달리게 될까? 북조선이 남한과의 간격을 좁히고 중국의 선례에 따라 스스로 변신하고, 그런 다음 두 대등한 파트너 사이에서 통일이 이루어질까?

독일의 예에서 배울 수 있는 것이 있다면 아마 이런 것일 게다. 전혀 기대하지 않은 순간에 바람처럼 빠른 속도로 여러 일들이 일어날 수 있다는 것 말이다. 당시 동독에 대해, 오늘날 북조선 전문가들 모두가 합쳐서 아는 것보다 더 많이 알고 있던 볼프강 쇼이블레Wolfgang Schäuble 장관조차 잘못 생각했었다. 그는 1989년 2월 25일에도, 그러니까 호네커가 실각하기까지 여덟 달도 남지 않았을 때, 장벽이 붕괴되기 겨우 아홉 달 전에도 이렇게 말했다. "온갖 어려움에도 불구하고 동독 정권은 붕괴를 앞두고 있지 않다… 따라서 주어진 상황에서 예측 가능한 시기에 독일 문제를 해결할 방책이란 알 길이 없다."[23]

남한이 주도하여, 정치적으로 파산하고 경제적으로 취약한, 따라서 모든 점에서 열등한 북조선과 통일을 한다는 것은 개연성이 있는가 하는 질문을 넘어선 통상적인 작업가설이다. 독일 통일이 이 노선으로 진행되었기 때문에, 독일의 예에서 교훈을 찾으려면 이것이 유일하게 의미 있는 시나리오이다.

하지만 여기서 하나의 문제가 나타난다. 나는 이 책에서 북조선이 발전하고 있음을 보여주려고 여러모로 노력했다. 이 발전은 그렇게 빨리 이루어지지도 않고, 아마도 해외에서 기대하는 것과 정확히 일치하는 방향도 아닐 것이다. 하지만 발전은 이루어지고 있고, 통일문제에서도 아마 작용할 것이다. 짧게 말해 북조선은 많은 점에서 동독과 비슷하지만, 중요한 영역들에서는 당시 동독의 상태를 넘어서 있다.

독일 통일에 나타난 난관들을 눈앞에 놓고 보면 이것은 특히 중요해진다. 화폐 통합, 사회체제 전환, 임금의 적응, 인프라 건설 등 오히려 쉽게 이해할 수 있는 과제들 말고도, 일반적인 표현으로 '자격능력 구축'이 중요한 문제였다. 이것은 매우 일방적인 방향으로 이루어졌다. 곧장 또는 여러 사정을 감안해 최대한 빨리 옛 서독의 사회규범 비슷한 새로운 규칙들을 익히라는 요구를 받은 쪽은 대부분 옛 동독 주민들이었다. 이들에게 적응 압력은 실로 거대했다. 사회가 이미 그렇게 돌아가고 있었기 때문이다. 여기서 지지 않으려면 규칙을 익혀야 할 뿐만 아니라 규칙을 준수하면서 필요한 숙련 지식까지 익혀야 했다.

너무 주관적인 관점에서 부분적으로라도 벗어나기 위해 1990년 이후 나의 경험들에 기대기보다는, 약간 불운하게 선택된 제목에도 불구하고 주목할 만한 종합적·객관적인 시대증언을 서술한 책의 사례연구에 기대기로 하자[주 24에 언급된 책의 제목은 '서쪽 사람Die Wessis'으로, 서독 사람들을 가리키는 구어적 표현이다].[24] 이 책은 동독과 서독의 다양한 지역 사람들 33명이 적응을 위해 해야만 했던 일들을 보여준다.

우선 경제, 또한 과정과 규칙에 대한 지식, 곧 세법과 사회법을 포함하여 가장 광범위한 의미에서의 법체계 지식들이 매우 중요했다. 부기와 금융제도 같은 형식적 양상들이 이와 관계가 있다. 나아가 이를 담당하는 특정한 기관들은 존재하지 않거나 새 시대에 요구되는 것과는 다른 기능들을 갖고 있었다. 예컨대 저자인 프리드리히 티센Friedrich Thießen이 지적한 영역은 통일 직후 자격을 갖춘 동독 직원들의 경우 업무량이 폭주할 수밖에 없었던 분야로, 대출과 대출 위험평가를 포함하는 은행 분야였다. 토목과 여타 분야도 새로운 기준들을 새로 습득해야만 했다.

법적인 테두리라는 '하드웨어'를 이해하는 것 말고도, 경쟁력과 자기 홍보 같은 중요한 '소프트웨어'인 행동방식도 덧붙여진다. 많은 관리자들은 동독 직원들이 위기의 시기에 책임을 떠맡기를 피하는 경향이 있음을 관찰했다. 이것은 동독의 집단체제에서는 매우 의미 있는 행동이었다. 전에 없던 행동이 실패로 돌아가면 그 실패는 오롯이 거기 참가한 사람의 몫이 되었다. 만약 그것이 성공하면 그 이익은 모두가 나누었다. 그러니 무엇 하러 위험을 감수하겠는가? 직접 상관의 명령이 아니고는 아무것도 하지 않는 편이 가장 좋았고, 그러면 잘못될 것이 없었다. 북조선 연구서에는 한 탈북민의 말이 인용되어 있다. "좋은 성분[25]의 노동자는 일을 별로 안 하고도 승진을 하지만, 나쁜 성분의 노동자는 어차피 아무것도 이룰 수 없기 때문에 일을 별로 하지 않는다."[26] 2년 전부터 평양에서 카페를 운영하는 내가 아는 서방 기업가 한 사람도 아주 비슷한 태도를 관찰하고 있다. 그가 지시를 하면 직원들은 예외 없이 빠르고 좋은 성과가 나도록 일을 수행한다. 하지만 그가 가게를 비우면 통상 아무 일도 일어나지 않는다. 그냥 안전을 위해 기다린다. 바깥 날씨가 더우면 음료를 차갑게 해서 제공한다? 지시가 없으면 그런 일은 하지 않는다.

나아가 독일의 경우에 시장 지식이 중요한 역할을 했다. 그러니까 구할 수 있는, 또는 팔 수 있는 물건이나 서비스의 가격을 정확하게 산출하는 능력 같은 것 말이다. 많은 동독 주민들은 보험과 금융서비스 판매자들 앞에서 상대적으로 어쩔 바를 몰랐다. 그런 서비스의 가치와 위험을 평가할 줄 몰랐기 때문이다. 국가적으로 통제되는 가격체계를 가진 수많은 상품들에 대해서도 마찬가지였다.

동독 주민들에게 실업에 대한 공포 같은 특정한 생존의 공포들은 완전히 낯설었다. 이것은 교육이나 직업의 선택에서 광범위한 결과를 불러왔다. 어떤 교육에 대한 찬성 또는 반대의 이유가 1990년 이전에 통용되던 논리와 차이가 났다. 예를 들어 통일 훨씬 이전에 내린, 동아시아학 전공이라는 나의 선택은 외국으로 여행할 수 있으면 좋겠다는 소망에서 나온 것이었다. 봉급이나 일자리 안전에 대한 고려 따위는 전혀 없었다. 1990년에 젊었던 사람들은 운이 좋아서 변화에 대처할 수가 있었다. 하지만 40대 중반이나 그 이상의 연령대 사람들은 대부분 자기가 가진 자격증으로 버텨야 했다. 서독의 체제가 갑작스럽게 도입된 탓에 장기적인 대비는 불가능했다.

독일에서 진짜 큰 문제는 사유재산법이 아예 없거나, 아니면 정밀하게 정의되어 있지 않았다는 점이었다. 이것이 자주 투자를 방해하거나 망설이게 만들었다. 또한 재산 형성에도 방해가 되었다. 동독의 많은 연금생활자들은 서독의 경우보다 훨씬 더 많이 연금에 의존했고, 지금도 의존하고 있다. 동독에는 투자를 위한 부동산 소유, 주식자본, 자본금생명보험[노후대비 자본금의 투자 보전, 이용, 상속을 위한 보험] 같은 대안적 예방책들이 없었기 때문이다. 서방의 젊은 세대는 부모나 조부모로부터 상당한 금액이나 가치를 상속할 희망을 가질 수가 있는데, 그것은 부의 격차를 장기화하는 일이다.

과거를 다루는 일은 모든 사람에게 힘들었다. 결국은 동독으로 오는 서독 사람들에게도 마찬가지였다. 동료들의 이력에 들어 있는 특정한 표현이 무슨 뜻인지 그들로서는 알 수가 없었기 때문이다. 예전에 'BGLer'[단위노동조합 지도부]였다는 것은 대체 무슨 뜻인가? 또는 'FDJ'[자유독일 청년단]에 있었다는 것은 무슨 뜻이지? 심지어는 당에 있었다는 말의 뜻은 뭔가? 거꾸로 동독 사람으로서는, 서쪽에서 온 누군가가 하버드대학교를 졸업했든 캔자스대학교를 다녔든 무슨 차이가 있다는 건가? 미국은 그냥 미국이잖아, 안 그래? 양측 모두가 상대방의 실질적인 사회적 위치를 평가하기가 어려웠다.

또한 인간관계 등 이른바 '소프트' 스킬 요소들도 잊으면 안 된다. 통일 이후 위태로운 '자일 등반'이라 불리던 이런 네트워크는 동독에서는 많이 붕괴되거나 그 가치를 잃어버렸다. 서독에서 그런 관계들은 그대로 남았고, 그 구성원들에게는 발전이 쉬웠다. 힘들게 노력하면 법과 규칙들을 공부하고 파악하는 일은 상대적으로 짧은 시간 안에 가능하다지만, 사회적 코드를 받아들여 이해하고 적절하게 행동하는 일은 평생의 시간 동안 익히고 섬세하게 다듬어야 한다.

티센에 따르면, 독일 통일조약이 체결된 이후 여러 해 동안 통일의 과정을 결정할 수 있었던 서독 사람들이 유리한 위치를 차지한 것은 결국 게임 규칙을 더욱 정확하게, 더욱 광범위하게 장악하고 있었기 때문이다. "동독의 모든 영역이 서독화되었다. 그리고 새로운 시스템에 대해 더 나은 지식을 가진 서독 사람들이 어디서나 결정적인 역할을 했고, 자기들의 생각을 관철시켰다."[27] 동시에 동독 사람들이 분단 시절에 많은 비용을 들여 습득한 숙련 지식들은 짐까지는 아니라도 단번에 쓸모없는 것이 되고 말았다.

이런 양상들 아래서 몇 년 전까지의 북조선 상황을 바라보면, 실제로 동독과 일치하는 점들을 이끌어내기가 쉽다. 그 이상이다. 북조선의 시스템은 당시 동독의 상태보다 훨씬 광범위하게 민주적 시민사회의 요소들에서 벗어나 있다. 국가는 더욱 강력하게 주민들의 생활에 개입하고, 결정과 발전에서 개인의 재량은 더욱 위축되었다. 사유재산권은 더욱 제한되어 있다. 동독 주민들이 불충분한, 또는 부적절한 지식을 가졌던 많은 영역에서 북조선 주민들은 아예 아무 지식도 없다. 그래도 동독에서는 집을 짓기 위해 대출을 받거나 자동차를 위한 차량보험에 가입할 수가 있었다. 1990년에 그 규칙들이 변했지만, 원칙적으로는 적어도 무엇이 중요한지를 알고 있었다. 북조선에서는 얼마 전까지도 그런 선택지가 아예 존재하지 않았다.

많은 일들, 특히 이념에서 북조선은 아직도 1980년대에 머물러 있다. 다른 문제들에서, 예컨대 소유나 개인의 결정 영역 등에서 북조선은 옛날 동독과 비슷하다. 지도부는 당시 호네커처럼 물질적인 업적이라는 점에서도 자신들의 지배 정당성을 더욱 강화하기 위해 전략적인 결정들을 내렸다. CNC 기계 같은 전략적인 생산품과 기술이 그렇다. 정부는 오락에 투자하고, 소비에 대한 정부의 적대감은 회의가 남아 있긴 해도 점차 줄어들고 있다. 국민경제는 돈으로 환산되고 사회적 차이가 점점 더 커지고 있다.

하지만 나는 무엇보다도 일부 영역에서 북조선의 발전이 동독에서 가능했던 정도를 이미 넘어섰다는 점을 강조하고 싶다.

그래서 능력 구축을 위한 직접 노력들이 많다. 나는 북조선 지도층을 위한 여러 재교육 프로그램에 동참했는데, 거기서는 독일 자유민주당(FDP)과 가까운 프리드리히나우만 재단이나 기독교사회당(CSU)과 가까운 한스자이델 재단 같은 기구들을 통해 서방의 경제질서에 대한 기본지식과 법, 해외 무역, 재무 등의 영역에서 기술적인 방책에 대한 강의가 이루어졌다. '조선교류Choson Exchange'나 남한의 기독교도들이 설립한 '평양과학기술대학' 같은 비영리 특별기관들은 이미 '하드' 스킬의 결핍을 알아내서 결핍을 좀 완화시키는 중이다.

무엇보다도 주목할 만한 것은, 1990년대 말부터 곤궁에서 생겨난 일로서, 가장 기본적인 교환의 차원에서 시장경제 메커니즘이 허용되었고, 2002년 일본과의 경제 관계 종료 이후 중국 사업가들이 대량으로 밀려들면서, 빈곤과 낙후된 상태에도 불구하고 오늘날의 북조선 사람들이 1989년 동독 시민들을 많은 점에서 이미 넘어섰다는 사실이다. 개성공업단지 등 남북의 경제 분야 상호 관계는 어느 정도 정치적 고려를 따른다. 하지만 대부분의 중국 상인들과 사업가들은 그런 것을 모른다. 그들은 북조선 사람들에게 시장경제 조건 아래서 어떻게 돈을 버는지를 보여주고 있다. 사적인 발언들이나 미디어에 발표된 몇몇 합작 기업가들의 운명을 통해 알 수 있는 일이지만, 이런 경험들이 양측에 항상 긍정적인 것만은 아니다.[28] 하지만 동독 주민들이 통일 이후에 시간 압박 아래서, 또 자신들을 후원하는 정부도 없이 그런 경험들을 했다면, 북조선 사람들은 통일 이전에 이미 동일한 연습 과정을 거칠 수 있는 것이다.

현재 이런 과정들은 북조선의 주민 대부분을 포괄하여 그들의 생활 현실을 근본적·지속적으로 변화시키는 것과는 거리가 멀다. 여전히 전지전능한 국가가 지배하고, 관료와 합법성이라는 것이 지배하고 있다. 하지만 사고의 전환은 이미 시작되어 점점 퍼지는 중이다. 시골에 사는 가족들은 특정 상품들이 다른 것들보다 더 높은 가격에 팔린다는 사실을 배우고 있다. 또한 좋은 생산품이라는 것 말고도 아름다운 포장과 판매 기술이 성공에 필요하다는 것도 배운다. 그들은 속고 속이면서 언제 그것이 통하고 언제는 통하지 않는지도 배운다. 많은 기업들이 이미 특정한 경우에 계약 상대방이 계약의 이행을 강요할 수 없다는 것도 이해한다. 물론 장기적으로는 그것이 꼭 필요한 일이라는 사실도 함께. 그리고 아이들의 장래는 10년 또는 20년 전과는 다르게 계획되고 있다. 외국어와 경영학 지식이 힘을 얻는다. 물론 예나 지금이나 군대와 당에서의 경력이 매력적으로 여겨지고, 국가를 향한 복종과 충성심을 보이는 일이 무엇보다도 중하게 여겨지는데도 그렇다. 다만 복종과 충성심은 점점 더 속 빈 강정이 되어가는 중이다.[29]

이런 과정들이 몇 해 더 이렇게, 또는 이보다 강하게 계속되면, 점점 더 많은 북조선 사람들이 남한이나 다른 시장경제 체제에서 통용되는 게임의 규칙들을 점점 큰 규모로 배우고, 그에 해당하는 능력과 그것을 적용하는 과정에서의 경험을 쌓게 될 것이다. 서독 사람들이 동독 사람들에 대해 가졌던 우월함이 사실상 이런 지식과 능력의 불일치에 근거했었다고 본다면, 남한은 한국의 통일 과정이 전혀 다르게 진행될 것에 대비해야 할 것이다. 아직 그렇게까지 되려면 멀었지만, 사색을 위한 여지는 충분하다.

어떻게 될 수 있는지 한번 상상해보자. 북조선이 중국의 모델에 따라 개혁된다. 경제특구들이 확대되고, 외국인 투자자들이 국내에 들어와 시장경제 요소를 강화한다. 지역 산업들이 생겨나고, 농업은 거의 사유화되고, 국가는 핵심 산업들에 집중한다. 지도부는 여전히 권위적으로 남겠지만 집단체제가 될 것이다. 덩샤오핑과 박정희를 섞은 모습의 김정은이 정상에 남는다. 군부도 한 역할을 한다. 군대 기업들이 북조선의 재벌로 발전하고 그로써 돈을 잘 벌 것이다. 당은 여전히 권력을 갖지만 중국의 경우처럼 당 내부에 더 많은 다원성이 허용된다. 핵무기 프로그램은 동결되고, 국제 사찰단이 이 나라로 들어온다. 제재들이 차츰 중단

될 것이다. 북조선은 마침내 외국의 도움을 받아 풍부한 부존자원을 채굴, 가공, 수출할 수 있을 것이다. 중국과 국경을 맞대고 있다는 것이 엄청난 경제적 호황으로 연결된다. 정치적 억압은 차츰 줄어들고, 과거에 대한 조심스러운 뒤처리가 진행된다. 북조선 사람들은 남한의 경제적 우위를 알고 동일한 수준에 도달하기 위해 열심히 일한다.

그러면 이것이 통일에 어떤 결과를 가져올까? 남한은 엄청난 압력에 노출되었음을 느낄 것이다. 부의 낙차가 사라지면서 한편이 우세하고 한편이 열악하다는 예전의 느낌도 사라질 것이다. 북조선은 계속해서 남한에 주둔한 미군이 외국 점령군임을 뜻한다고 주장한다. 점점 더 많은 남한 사람들이 그 의견에 동조한다. 언제 그리고 어떻게 남한의 시스템을 북조선에 도입하느냐 하는 논의는 통일을 위한 대화에서 없다. 그보다는 공통의 시스템에 대한 이야기가 나올 것이다. 여기서 남한 시스템은 고작해야 몇몇 요소만 유지된다. 중국이 이런 대화에 엄청난 영향력을 행사할 것이다. 마지막에 민족주의 이념, 호황기를 맞은 경제, 강력한 동맹국 중국 등을 배경으로 북조선은 많은 점에서 자신의 뜻을 관철할 것이다.

이것은 순수한 사변으로서 수많은 시나리오 중 하나일 뿐이다. 나는 이렇게 될 것이라고 말하는 것이 아니다. 다만 이렇게 될 수도 있다고 말하는 것이다. 한국의 통일을 준비하려는 사람은 이런 가능성도 고려하는 편이 좋을 것이다.

한국 통일의 비용

—

경제적 비용은 특히 남한에서 통일 과정을 놓고 (단연코) 가장 많이 논의되는 분야이다. 두 나라의 통일이 공짜로 이루어지지 않으리라는 것을 알기 위해 굳이 거래비용이론을 들먹일 필요도 없다. 하지만 나는 독일의 예에 기대서 경제적 정확성이라는 외양을 하고 있는 극적인 계산들이 매우 자주 완전히 틀린 전제에서 출발했다고 본다. 중요한 인자들을 고려하지 않았기 때문이다.

동독과 서독의 거래는 무엇보다도 '연대조약 1'의 틀에서 '독일통일기금'을 통해 이루어졌다는 사실을 꼽을 수 있다. 숫자는 통상 1990년부터 2005년까지 대략 1.4조 독일 마르크(대략 7000억 유로)로 나온다.[30] 하지만 이중 과연 어느 정도 액수가 서독의 관점에서 보아 일방적인 거래라는 뜻에서 정말로 '잃어버린' 돈인가? 고속도로 정비, 장거리 통신망 신설 같은 인프라 건설에는 의심의 여지없이 돈이 많이 든다. 하지만 공사장들을 따라 달려보면, 막스 뵈글, 하일리트, 뵈르너, 빌핑거 운트 베르거, 테르바우, 필립 홀츠만 등의 건설사 간판들을 읽을 수 있다. 이들은 모두 서쪽 회사들이니, 동독 건설 붐은 이들에게 엄청난 규모의 갑작스러운 수요 폭발을 뜻했다. 그러니까 건설에 고용된 지역 노동력의 임금을 빼고는 돈의 일부가 우회로를 거쳐 도로 서독으로 돌아왔다.

재무부나 경찰, 지방정부 등 적절한 관청들의 건설에도 많은 돈이 들었다. 지도부 인사들이 티브이에서 공개발언을 할 때 보면, 오늘날에도 주로 서독 사투리를 들을 수 있다. 예전 작센 주정부 수상인 쿠어트 비덴코프Kurt Biedenkopf는 빙산의 일각일 뿐이다. 서독의 지도부 인사들이 환영을 받았고, 위대한 업적을 이루었다. 개별적으로야 부정적인 경험들이 있긴 하지만, 그 업적을 의심하는 것은 거칠게 말해 부당한 일일 것이다. 내가 여기서 말하려는 것은 동독으로 흘러들어간 임금과 봉급의 일부도 실제로는 도로 서독에 도달했다는 사실이다.

그리고 엄청난 금액이 사회복지로 들어갔다는 사실도 잊어서는 안 된다. 즉 의료보험, 연금, 실업수당 등으로 들어갔다. 이 돈은 직접 동독 사람들에게 도착했다. 하지만 동독 사람들은 이 돈으로 무엇을 했나? 복지기금 수혜 계층이라 불리는 이런 소득분위에서는 어쩔 수 없이 받은 돈의 대부분을 소비에 사용하려는 경향을 보인다. 그러니까 복지기금은 통과 초소일 뿐이다. 이 영역에서 서쪽에서 동쪽으로 이전된 재력은 우회적으로 집세, 음식, 옷, 일용품 등을 위해 사용된다. 그렇다면 집세를 받는 임대업자는 어디 출신이었나? 식품은 주로 어디서 생산되었나? 자동차는? 티브이는? 대형 백화점과 슈퍼마켓 체인점들의 본부는 대체 어디 있었나? 그렇다, 서독이었다. 동독 주민들은 누구도 트라반트나 바르트부르크 자동차를 사지 않고, 반드시 폴크스바겐, 오펠, 아우디, 메르체데스 등을 사려고 했다. 심지어 프랑스제나 일제 자동차도 서독에 있는 수입업자들이 들여온 것이었다. 한동안은 기본식량조차 서독제가 팔렸다. 이 분야에서도 독일 통일은 서독 경제를 위한 초대형 경기부양책이었다. 정상적인 상황에서라면 브뤼셀[유럽연합 본부]에서 시장경쟁 보호관들이 즉각 개입했을 만큼 어마어마한 경기부양책이었다.

또한 동쪽에서 소비에 지불된 마르크화는 제품의 종류와 시점에 따라 7~16퍼센트의 부가가치세를 통해 곧바로 통합된 국고로 되돌아갔다. 임금의 경우 소득세가 거래 총액을 수정하는 일을 했다.

한국의 사회통합을 위해 예상되는 경비 문제를 놓고, 남한의 사회복지 시스템으로 눈길을 돌려보면 흥미롭다. 조정을 위한 기준은 다음과 같다. 1990년부터 2014년까지 독일 통일을 위한 지출의 60~65퍼센트가 사회복지기금으로 사용되었고, 그중에서도 연금이 가장 핵심이었다.[31] 2012년에 전체 독일 예산에서 대략 30퍼센트가 연금으로 흘러들어갔다.[32] 그렇다면 한국에서는? 2014년에 남한은 국가예산의 0.26퍼센트(!)만을 연금으로 지출했다. 기초연금은 미 달러로 환산해서 고작 월 83달러.[33] 남한에서 사회복지기금이 이렇게 낮게 남아 있는 한, 북조선을 이 수준에 적응시키는 일은 독일의 예에서 드러난 것보다 훨씬 더 싸게 먹힐 것이다.

이를 배경으로 동서독 거래 비용을 다시 살펴보면 그것은 전혀 위협적이지 않고 오히려 그 반대로 보인다. 남한 경제는 오히려 통일을 학수고대하는 쪽이 맞다. 통일이 될 경우에 국가가 조정하는 경기부양책이 나올 텐데, 그런 부양책의 도움으로 안정된 기업체에서 일자리들이 확보되고 수익이 크게 늘 것이다. 게다가 적어도 현재의 북조선에서는 사회복지와 관련해서 기대치가 훨씬 낮으니 더욱 그렇다.

그렇다면 통일의 보너스는 어떤가? 그러니까 통일을 통해 경제에서 긍정적 양상으로 기대할 수 있는 것에는 어떤 것이 있나? 어쨌든 '독일 신탁관리청Treuhandanstatt'은 높은 수입에 대한 기대가 높은 지출로 바뀔 수 있음을 보여주는 일례이다[동독의 마지막 정권이 설립한 관청. 인민 소유의 전 재산을 넘겨받아 공익 목적에 맞도록 민영화하는 임무를 맡았다. 1990년 6월 17일 민영화와 인민 재산 재편에 관한 법률이 제정되었다(신탁관리법). 이에 따라 신탁관리청은 한동안 세계에서 가장 큰 기업이 되었다. 그런데 민영화 과정에 엄청난 돈이 엉뚱한 곳으로 새나가고 경제 범죄가 속출했다. 결국 신탁관리청은 1995년 1월 1일부로 '통일 관련 특수과제를 위한 연방관리청'으로 개칭되면서 연방재무부에 편입되어 서독인의 손으로 민영화가 이루어졌다]. 동독이 경제적으로 발전했음에도 중고품시장에서조차 전혀 가치 없는 것으로 여겨졌다면, 북조선에 대해서는 어떤 기대를 할 수 있나?

여기서도 너무 밀착된 유추를 경계해야 한다. 동독 경제는 수출입에서 모두 상당한 정도로 다른 사회주의 국가들과의 연대에 의존했었다. 독일 통일이 소련과 그 위성국가체제의 붕괴와 동시에 이루어졌던 것은 동독 경제에 불운이었다. 재빨리 새로운 구매자를 찾아내기란 정상적인 상황에서도 어려운 일인데, 부패하고 비효율적인 동독의 기업체들에는 거의 불가능한 과제였다. 동시에 공급업자들이 갑자기 경화로 지불받기를 원하는데, 그사이 이루어진 독일의 화폐전환으로 인해 부채마저 강력한 독일 마르크로 환산되었으니, 이것 또한 상황을 더욱 악화시켰다.

그와 같은 적응 과정이 한국의 통일에는 예상되지 않는다. 북조선은 이미 1990년대 초부터 그것을 해냈기 때문이다. 이 나라는 당시 최고로 힘든 상황에 빠져들었다. 하지만 그 위기는 극복되었다. 북조선의 해외무역 관계들은 오늘날 이 나라의 잠재력과는 여전히 아주 거리가 멀지만, 어쨌든 견고하다. 수출품은 수가 많지는 않아도 국제경쟁력을 갖추었고, 지불도 외환으로 세계시장 가격에 맞추어 이루어진다. 북조선의 무역은 통일 이후에도 탈진하지 않을 것이다.

북조선은 공통의 살림에 무엇을 가져올 것인가? 현재 상태로 보면 동독의 경우처럼 대부분의 산업체들이 단순히 고철로 취급되리라고, 가장 고약할 경우에는 비싼 제거 비용이 드는 특수폐기물로 취급되리라고 생각할 수 있다. 이는 걱정할 만한 지점이다. 하지만 북조선은 동독이 갖지 못한 것을 가졌다. 세계시장에서 높은 가격으로 팔리는 지하자원을 다량 갖고 있다. 남한의 자본이 금, 석탄, 마그네사이트, 아연, 희토류 등을 채굴, 운반, 가공, 수출하는 데 쓰인다면 비할 바 없는 호황이 나타날 수도 있다. 원료에 굶주린 중국이 이웃나라라는 점은 또 다른 독특한 행운이다. 그리고 남한 경제 같은 수출경제가 마침내 경쟁 상대국들과는 달리, 세계에서 가장 역동적이고 최대의 잠재력을 지닌 시장인 중국과 1,400킬로미터 길이의 국경선을 공유한다면, 대체 무엇을 더 바란단 말인가?

물론 독일에는 없던 한 가지 문제가 남한 사회에 닥칠 수도 있다. 국경이 열렸는데도 서쪽의 투자자들이 거의 나타나지 않았을 때 동독 사람들은 얼마나 실망했던가. 하지만 서쪽 투자자들이 무엇 하러 수고를 감수했겠는가? 임금 비용은 거의 비슷하게 높고 세율도 높은 데다 지리적 입지의 이점도 보이지 않았으니 말이다. 한국의 경우는 다를 것이다. 1945년 이전 한국의 경제 구조는 통합된 영토 어느 쪽에 산업체들이 주로 자리를 잡을지에 대한 지표가 된다. 값싼 수력발전소가 있고 지하자원이 있는 곳, 그리고 가장 중요한 시장, 곧 중국에 가까운 쪽을 향할 것이다. 남한이 통일을 두려워할 이유가 있다면, 그것은 비용이 아니라 오히려 중요한 산업체들이 북쪽으로 이동함에 따라 발생하는 남쪽에서의 실업과 세수 감소 정도가 될 것이다.

그러니까 이렇게 확정할 수 있다. 독일 통일의 비용을 두고 한국 통일에 대한 논의에서 너무 많은 걱정을 하기 전에, 먼저 그 세부사항을 이해해야 한다고 말이다. 북조선 경제의 구조 변화는 적어도 해외 무역의 관점에서는 이미 이루어졌으니 더는 중요하지 않다. 독일과는 달리 통일의 보너스가 실질적으로 긍정적인 의미로 나타날 수 있다. 피할 수 없는 구조 변화는 북쪽뿐만 아니라 남쪽에도 닥칠 것이다.

통일에 대한 구상들

남한과 북조선은 모두 어느 정도 상세한 통일 방안들을 갖고 있다. 두 나라 모두 분명하게 통일을 염원하며 제각기 최상위 정치적 목적으로 삼고 있다. 통일 방안들에서 두 가지 결정적인 문제는 통일의 방법과 그 결과이다. 남한에서는 지금까지도 통일이 오로지 북조선 붕괴의 결과일 것이고, 통일한국이란 실질적으로 남한 영토의 확장과 그 결과를 의미할 것이라고 상당히 낙관하고 있다.

이해할 수 있는 일이지만 북조선의 관점은 상당히 다르다. 성과 없던 한국전쟁을 포함한 군사적 노선을 취한 다음, 특히 1970년대 이후로 평양은 차츰 변화하는 힘의 관계에 맞도록 통일 계획을 적응시킬 수밖에 없었다. 오늘날 북조선의 관점은 1993년 4월에 나온 김일성의 전민족대단결 10대 강령을 따른다.

1972년 7월 4일 남북공동성명이 10대 강령의 선제작업 중 하나이다. 북조선은 7월 4일이면 언제나 거듭 상징적 행동을 취하곤 했는데, 외교적 대화는 물론 미사일 발사도 여기 포함된다. 미국에서는 이런 행동들을 자주 자신들의 독립기념일과 연관시켜 해석하곤 한다. 하지만 실제로는 7월 4일은 김일성의 동생인 김영주와 남한 정보부장 이후락이 만나 남북 최초의 협정에 서명한 날이다.[34] '닉슨쇼크'라고 알려진 중국과 미국의 접촉이 이런 갑작스러운 대화 국면을 이끌어냈다. 1972년에 남북은 세 가지 원칙에 합의했다. 자주 원칙, 즉 외세의 개입이 없는 통일. 평화 원칙, 즉 군사적 방법의 포기. 그리고 민족대단결 원칙, 즉 민족주의 통일 이념 및 외국에 거주하는 한국인을 포함시킨다는 내용이다. 외국 거주 한국인은 주로 일본에 사는 친북 노선 한국인들을 뜻하는 것이었는데, 김일성은 이들의 후원을 받아 자기에게 유리하게 힘의 균형을 개선시키기를 바랐었다.

1980년 6차 로동당대회에서 북조선은 김일성의 제안으로 고려민주연방공화국의 설립 이념도 결의했다. 이 이념에서는 두 가지가 눈에 띈다. 연방이라는 개념[35]과 고려라는 이름이다.

특히 고려라는 이름은 우리 독일인들이 이런 형태로는 겪어본 적이 없는 힘든 문제에 대한 천재적 해결책이다. '도이치', 특히 '도이칠란트'라는 낱말이 동독의 공식적 영역에서 언제나 약간 소심하게 쓰이기는 했지만, 그래도 동독과 서독 사이에 나라의 호칭을 두고 차이는 없었다. 한국에서는 사정이 다르다. 북조선에서는 '조선'이라는 이름을 쓰고, 남한에서는 '한국'이라는 이름을 쓴다. 적어도 겉모습만이라도 두 나라를 대등하게 취급하는 통일이라면 이 두 이름의 어느 쪽도 가능하지 않을 것이다.

그러므로 제3의 길이 필요한데, 대체 무엇으로 잡아야 할까? '코리아'라는 서양 이름은 한자에 기반을 둔 것이 아니고 한국어로도 매우 어색한 울림을 지니고 있다. 다만 코리아는 옛날 918년부터 1392년까지 오늘날 남북한을 합친 것과 거의 비슷한 영토를 차지하고 있던 고려왕국에서 나온 낱말이다. 유감스럽게도 남한의 관점에서 보면 엉뚱한 쪽이 올바른 생각을 가졌던 것이다. 서울에서 적어도 공식적으로는 현재 정부의 어떤 부서도 고려라는 이름을 언젠가 닥칠 통일한국의 이름으로 사용할 각오를 보이지 않는다.[36]

김일성의 제안에서 연방제 개념은 '한 민족, 한 나라, 두 체제'라는 원칙을 내포한다. 연방제는 단일국가와 달리 각각의 파트너가 상당한 정도로 정치적 독자성과 주권을 유지하는 것을 허용한다. 원칙적으로 외교정책만 공통이다. 그에 반해 남한에서는 장기적으로 완벽한 통일을, 그리고 정치경제 시스템의 단일화를 지향한다.

고려민주주의연방공화국은 중립국이 될 것이다. 즉 어떤 동맹에도 속하지 않는다. 동구권이 더는 존재하지 않으므로, 실제로는 남한이 미국과 맺고 있는 동맹의 종결을 뜻한다. 물론 1980년대에 북측에서 나온 구상이라, 북측이 오늘날에도 이것을 견고하게 옹호하는지는 확실하지가 않다. 그보다는 중국으로부터의 독립성 유지가 통일한국의 외교정책에서 절박한 과제가 될 것임을 예고해주는 단서들이 많다. 이미 전투 준비가 완료된 한국의 핵무기를 토대로 미국과 동맹관계를 새로 맺는다면, 중국으로부터의 독립성이 보장될 수도 있다. 이런 말은 지금은 매우 잘못된 것처럼 들리지만, 잊어서는 안 될 것이, 평양이 매우 실용적으로 될 수가 있으며, '주체'는 그에 필요한 이념적 유연성을 허용할 것이라는 점이다.

김정일의 3대헌장을 포함하여 비슷한 울림을 갖는 온갖 선언 말고도 1991년 12월에 나온 최초의 남북기본합의서[남북 사이의 화해와 불가침 및 교류협력에 관한 합의서]를 거론할 수 있다. 여기서도 그 단초는 역시 역사적 사건들이었다. 사회주의 체제가 붕괴하면서, 빌리 브란트Willy Brandt의 동방정책을 모범으로 삼아 노태우 대통령이 내놓은 이른바 북방정책의 틀 안에서 베이징 및 모스크바와의 외교관계가 확립되었다. 북조선은 남쪽과 접촉하는 것으로 반응했다. 기본합의서의 4개 장은 주로 신뢰 구축을 다루고 있다. 오늘날의 관점에서는 이 문서를 그냥 참아줄 만한 것이라고 보기가 쉽고, 또 그것이 꼭 틀린 일만도 아닐 것이다. 하지만 언젠가 통일 과정이 실질적으로 시작되면, 이 문서는 매우 중요한 법적 역할을 할 수도 있다.

기본합의서를 채택하고 2년이 지나 김일성이 죽기 1년 전인 1993년에 나온 10대 강령이 현재 통일에 대한 북조선의 공식적인 기본 태도이다. 민족대단결은 1972년 공동선언에서 이미 알려진 것이다. 10대 강령은 공동 생존과 공동 번영을 강조한다. 이것은 북조선 정치질서 유지에 대한 평양의 희망을 강화하고, 언제나 거듭 남한의 상당한 재정 지원을 겨냥한다.

자기쪽 체제를 무력으로 상대방에게 도입하는 일에 대한 양측의 포기는 10대 강령에서 여러 번이나 언급된다. 정치적 반대자들에 대한 억압을 포기하라는 요구도 덧붙여진다. 나아가 통일 이후 국가 및 집단의 재산도 사유재산처럼 존중해야 한다는 요구도 들어 있다. 이때도 — 독일 통일 이후 3년 — 북조선 지도부가 동독 엘리트의 운명을 얻게 될까 두려워하는 것을 매우 분명히 알아볼 수 있다.

2000년과 2007년 남북정상회담에서 또 다른 합의서들이 채택되었다. 이것들은 앞서 이미 언급한 금강산 관광계획 및 개성 경제특구 개설 등의 구체적인 내용을 포함한다.

전망:
통일의 가능성은
얼마나 있는가

—

예측과 관련해서 여러 번이나 조심성을 강조했음에도, 나는 남한과 북조선이 언젠가 다시 통합을 이루리라고 확신한다. 비록 지금은 그렇게 보이지 않더라도 말이다. 그런 확신을 하는 데는 많은 이유가 있다.

한편으로는 양측에 확고한 통일 의지가 있다는 점이다. 이런 의지는 한국 전체의 민족주의를 통해, 그리고 분단이 외세가 이 나라로 끌어들인 민족적 비극이라는 확신을 통해 뒷받침된다. 나아가 한국인들은 지정학적으로 위태로운 상황을 마주하고 있다. 이웃국가들이 모두 몇 배나 더 크고 더 강력하다. 그래서 남쪽에서든 북쪽에서든 통일국가의 연합된 힘이 이 지역에서 한국의 이익을 더 쉽게 관철시켜줄 것임을 암시하는 발언들을 들을 수가 있다.

통일은 경제적으로 중요한 의미를 갖는다. 두 나라의 국민경제는 독일의 경우와는 달리 서로를 보완한다. 북쪽은 원료, 값싼 노동력, 중국과의 국경선 등을 갖고 있다. 남쪽은 자본, 기술, 네트워크, 노하우를 갖추고 있다. 2014년 초에 남한의 여성 대통령이 통일이 "대박"이라고[37] 표현한 것은 특히 경제의 관점에서는 완전히 맞는 말이다.

한국의 통일이 온갖 계획과 의도에도 불구하고 오랫동안 이루어지지 못한 이유는 안과 밖에서 찾아볼 수 있다.

늦어도 1970년대 이후로 북조선 지도부에서는 점점 커지는 힘의 불균형으로 인해 통일이 남한에 대한 항복과 같은 일이라는 사실을 깨달았던 듯하다. 독일의 예는 이런 평가를 더욱 강화시켜주었다. 경제 발전을 남쪽의 수준과 비슷하게 맞추고 나서야 북조선은 협상이라는 해결책을 진지하게 생각할 것이다. 그때까지는 시간을 벌면서 이런 대등화를 위해 남쪽에서 가능한 한 많은 후원이나 받아내려고 하는 것이다.

남한에서도 통일을 위한 실질적인 정치적 노력들이 한계에 부딪쳤다. 앞서나가는 일본, 점점 더 가까이 추격해오는 중국과 경쟁하는 이 나라는 결정적인 몇 년 동안 어쩌면 파괴적인 불리함을 가져올 수도 있는 비용을 두려워한다. 남한은 글로벌 경제에서, 또한 동아시아의 안전 구조물 안에서도 궁극적으로 자기 위치를 찾고 나서야 비로소 더 큰 자신감으로 통일문제에 주력할 것이다.

이것은 또한 정치적 과거의 뒤처리에도 해당한다. 한국전쟁 시기에 그리고 그 뒤로 등장한 남한의 개발독재 기간에도 사람들의 기억에 새겨진 수많은 인권 위반들이 아직 해명되지 않았다. 정치적 풍경들은 단편화되고, 개별 진영 사이의 불신과 화해할 길 없는 증오로 점철되어 있다. 남한 주민들에게 미치는 북조선 선전의 영향에 대한, 서울의 부조리한 걱정도 이런 내부 갈등의 맥락에서 설명된다. 그들은 이것을 '남남갈등'이라 부른다. 이런 문제들을 어느 정도 해결하고 나면, 까다로운 북쪽 형제에게 더욱 개방적이고 자신감 있는 태도로 접근하게 될 것이다.

외국 세력도 지금까지는 한국의 통일을 별로 후원하지 않았다. 여기서도 공개적인 선언들을 옆으로 밀어내고 상황의 이해관계를 냉철하고 현실적으로 바라본다면, 실제로 단기적으로는 낙관론을 펼칠 이유가 거의 없어진다.

중국은 상황에 따라 미국의 동맹국이 될지도 모르는 통일한국에는 전혀 관심이 없다. 독립적이고 허약한 북조선이 설사 몹시 불편한 파트너라 하더라도 현재로서는 더 나은 해결책이다. 그 밖에도 베이징은 시간이 자기편이라는 사실을 알고 있다. 남한이 중국에 대해 경제적 종속까지는 아니라도 경제적 결속이 계속 강해지는 반면, 미국은 온갖 노력에도 불구하고 결국은 단계적으로 이 지역에서 밀려나갈 것이다. 언젠가 동아시아에서 미국과 중국 사이 힘의 균형이 상당히 변하면서 [장래의] 통일한국은 어쩔 수 없이 점점 더 고분고분하게 중국과 동맹을 맺지 않을 수 없게 될 것이다. 베이징이 이 시점이 다가왔다고 여기자마자 중화인민공화국은 성급하게 통일을 추진할 것이다.

일본은 한국의 통일에서 잃을 것이 가장 많은 나라다. 경제적 이익은 아마도 남한과 중국이 나누어 가질 것이고, 도쿄 측에는 대차대조표의 대변 쪽에 남는 게 별로 없을 것이다. 지금도 이미 조선·자동차산업 또는 전자산업에서 위협적인 경쟁자인 남한은 통일을 통해 더욱 강해지고 중국과 힘을 합쳐 일본을 더욱 수세로 몰아갈 것이다. 일본은 시장을 잃을 것이고, 어차피 흔들리는 기술주도국이라는 위치도 사라지고, 섬나라의 고립은 더욱 심해질 것이다. 동시에 독도를 놓고 벌어지는 것 같은 한국과의 영토분쟁은 더욱 격해질 것이다. 통일한국이 새로운 자신감으로 남북의 대립에 쓰던 에너지를 외교정책으로 돌릴 것이기 때문이다. 수많은 한국인의 관점으로 보면 35년간 지속된 식민지 시기의 결산이 아직 이루어지지 않았다는 점도 잊어서는 안 된다. 도쿄가 걱정하며 관심을 갖는 건 북조선의 붕괴가 아니라는 것이 이상할 게 없다. 그런 탓에 오히려 2014년 5월에 양측[도쿄와 평양]의 대화 재개가 나타났다.

러시아는 오랜 기간 유일하게 상대적으로 중립적인 한국의 이웃국가였다. 그들은 무엇보다도 정치적 세계무대로의 복귀와, 이 지역의 주요 산업국가들과의 대화에 관심을 가졌다. 북조선이라는 주제는 여기서 반가운 계기를 마련해주었다. 새로운 러시아 민족주의의 틀에서, 그리고 2014년 초 크림반도 위기에서 더욱 공개적으로 드러난 워싱턴과의 갈등에서, 모스크바가 동아시아 지역에서 미국의 약화에 관심을 가지는 정도에 따라 다시금 전략적 이유에서 북조선을 후원하려는 경향도 함께 커지고 있다.

모스크바의 관점에서 한국 통일은 기회이자 위기다. 안정된 북조선과의 좋은 관계는, 남한 측에 러시아를 비할 바 없이 흥미로운 파트너로 만들어준다. 러시아는 이런 패를 그냥 내다버린 옐친Boris Yeltsin의 오류를 다시는 범하지 않을 것이다.[38] 통일된 한국은 러시아가 아시아에서 천연가스와 다른 원료들을 판매하는 것을 쉽게 해줄 것이고, 오랫동안 계획해온, 일본에서[39] 남한을 거쳐 유럽으로 가는 철도가 러시아를 통과하는 것을 가능하게 해줄 것이다. 한국이 중국과 지나치게 결속하는 것은 물론 러시아에 유리하지 않다. 그랬다가는 모스크바는 이후로도 계속 관심 밖으로 밀려날 수도 있다. 하지만 미국과의 관계가 악화되는 상황에서는, 북조선의 핵무기 프로그램을 놓고 벌어지는 6자회담에서 양측의 대립을 출발점으로 삼을 수 있는데, 이는 북조선을 정치적으로 강화시켜줄 것이다.

워싱턴도 한국 통일을 오로지 긍정적인 눈길로만 바라보지는 않을 것이다. 통일한국이 미국 편에 선다면, 지금까지는 수많은 노력을 기울여서 공개적인 폭발을 막아온 중국과의 갈등이 단번에 드러날 것이다. 북조선의 국내정치 상황이 불안해질 경우 중국 군대가 평화 확보를 위해 개입할 수도 있다는 생각을 떨쳐버리기는 어렵다. 그러면 미국은 어떻게 반응할 것인가? 미국이 제2의 한국전쟁에 개입할 의지는 별로 없다. 그러니까 한국을 잃어버릴 가능성이 매우 크다. 통일한국이 곧바로 친親중국이 된다고 해도 결과는 마찬가지다. 미국은 수십 년 이상에 걸쳐 높은 희생과 비용을 들여 구축해온 한국에서의 군사적·경제적·정치적 지위들을 버리고 일본으로 물러나야 할 것이다. 하지만 일본에서도 이미 미국에 대해 상당히 쌀쌀맞은 바람이 불고 있다. 한국의 통일은 약간 극단적으로 표현하자면, 동아시아에서 미국이 차지한 존재감과, 나아가 워싱턴의 글로벌 지배력이 종말로 치닫는 시작일 수 있다. 그러니까 여기서도 현재 상황의 유지에 관심을 가질 수밖에 없다.

이 모든 것은 한국의 통일을 힘들게 하는 중요한 이유지만, 그렇다고 극복할 수 없는 것은 아니다. 또한 독일의 예는 사건들이 걷잡을 수 없는 역동성을 띠게 될 수도 있음을 알려준다. 또한 중국과 베트남의 예는 경제적으로 병든 독재정권이 붕괴하지 않고도 점진적으로 긍정적인 방향으로 발전할 수도 있다는 것을 보여준다. 그러므로 서로 대등하지 않은 파트너들끼리의 급작스러운 통일과, 대등한 파트너들끼리의 단계적 통일이라는 두 가지 시나리오가 모두 가능하다.

마지막으로 통일 시나리오를 한 가지 더 생각해볼 수 있는데, 이것은 부분적으로 독일, 특히 유럽의 모범을 연상시키는 시나리오다. 앞서 설명했듯이 중국과 미국은 남북한에 관해 서로 다르지만 매우 강력한 관심을 갖고 있다. 통일된 한국은 강력한 두 동맹국 사이에서의 택일을 마주하게 되는데, 이는 스킬라와 카립디스[그리스 신화에 등장하는 괴물들로 지나가는 배를 침몰시킨다] 사이를 여행하는 것과 비슷한 일이다. 어떻게 하면 아무런 해도 입지 않고 이 길을 통과할 수 있나?

출구는 남과 북이 미국 편에도 중국 편에도 속하지 않는 아세안의 예에 따라 동아시아연합을 결성하는 것이다. 양국관계가 아닌 이런 다자관계의 틀 안에서 두 나라는 먼저 자기들끼리의 차이를 극복할 수가 있고, 또한 이런 공동체의 보호를 받아서 두 강대국 어느 쪽의 돌출 행동에 대해서도 자신을 더 잘 방어할 수 있을 것이다. 베이징이나 워싱턴과의 전략적 동반자관계는 양자관계가 아니라, 중간급 국가들로 결성된 이 지역 동맹을 통해 이루어질 것이다.

현재 이 시나리오는 실현 가능성이 없어 보인다. 개괄하기 어려울 정도로 많은 기구들, 동맹, 동반자관계와 연합들이 동아시아에서 각국의 관심을 드러내고 있다. 미국과 중국은 여기서도 지역의 패권을 놓고 경쟁을 벌이고 있다. 하지만 한국은 이 지역에서 이런 상황을 헤쳐 나가야 하는 유일한 나라가 아니다. 유럽인들이[예컨대 독일과 프랑스] 수백 년이나 묵은 적대관계를 극복할 수 있으리라고 전에 누가 생각이나 했을까?

핵무기와 인권문제 때문만이 아니라 통일한국의 역할에 대한 논의에서도 북조선이 한반도를 넘어선 국제적 의미를 가진다는 것이 아주 분명하다. 중국과 미국에 영향을 미치는 것은 우리 유럽에도 원하든 원치 않든 중요하다. 우리는 이 나라에 대해 충분히 알고 있는가? 아니다. 그나마 우리가 안다고 믿는 것도 자주 문제투성이인 데다, 사실의 해석은 어차피 각자의 입장에 따라 달라진다. 하지만 지도에서 북조선을 흰 점으로 표시하는 것은 더 이상 사실관계에도 맞지 않는다. 우리는 매일 그 체제와 그 사람들에 대해 더 많이 알게 된다. 그리고 여기서 체제와 사람들을 하나의 통일체로, 체제와 사람들이 서로 결합된 전체의 부분들이라고 바라보는 것이 중요하다. 그렇게 해야만 다른 나라들을 혼란스럽게 하는, 하지만 매혹하기도 하는 이 사회의 복합성을 정당하게 대할 수 있다.

후기: 북조선 2014~2016년

북조선의 역동성

북조선이 겉으로는 변하지 않는 것처럼 보여도 정적인 것과는 아예 거리가 멀다는 사실에 대해 증거가 필요하다면, 이 책의 원고를 완성하고 나서의 2년이라는 기간으로 눈길을 돌리는 것만으로 충분하다.

이런 맥락에서 역동성이란 언제나 긍정적인 것만은 아니다. 그사이 4차, 곧이어 5차 핵 실험이 있었다. 처형당한 엘리트들에 대한 소문, 특히 카타르의 월드컵경기장 건설 현장으로 인력을 수출했다는 것과, 그들의 가혹한 노동조건과 낮은 임금이 우리의 저녁 뉴스에까지 나왔다. 인권침해에 대한 새로운 증언 보고서들이 출판되었고, 몇몇 센세이셔널한 탈출의 사례는 꽤나 유명하다. 그런데도 북조선은 여전히 선전에 성공했음을 자랑할 수 있다. 《14호 수용소 탈출》이라는 이야기를 통해 알려진 가장 유명한 탈출자 한 사람은 2015년 초에 상당한 위조가 있었음을 고백해야만 했다.

대외관계는 여전히 어렵다. 잠수함에서 미사일 발사도 계속되었고 위성 발사도 성공했는데, 서방에서는 위장된 대륙간 탄도미사일 실험이라는 낙인이 찍혔다. 여행자들이 지적인 또는 무지한 행동을 공공연하게 했다가 적절하지 않게 체포되기도 했다. 미국인 대학생 오토 웜비어 Otto Warmbier도 그런 일을 당한 사람의 하나였는데, 그는 밤중에 호텔의 출입 금지된 직원용 구역에서 선전깃발을 훔쳤다. 북조선의 해커들은 김정은의 명예를 훼손하는 천박한 영화에 대한 보복으로 소니스튜디오의 컴퓨터 시스템에 침투했다. 하지만 이 영화는 그러지 않았더라면 거의 받지 못했을 주목을 받았다.

세계는 무엇보다도 적대감으로 반응했다. 경제제재들은 더욱 강화되었고, 그 과정에서 중국의 태도가 흥미로웠다. 2016년 초에 보통은 삼가는 태도를 보이던 거대한 이웃나라 중국이, 북조선에는 매우 고통스러운 일이지만, 제재에 동의했다. 북조선으로서는 해외 무역 거의 전체를 덩어리째 형벌 조치에 내준 일이었다. 미국과 남한은 흔들림 없이 1년에 몇 번씩이나 북조선 국경선에서 군사훈련을 계속하는데, 이것은 즉각적인 항의와 위협을 촉발하곤 했다. 물론 이에 대응하는 중국과 북조선의 공동군사훈련은 없다. 하지만 중국이 미국의 미사일방어체계(사드 THAAD)의 발동에 대해 점점 더 많이 내놓는 항의를 고려하면 머지않아 바뀔 수도 있다. 무엇보다도 자신의 일로 바쁜 유럽연합은 북조선 사람들의 행동에 대해 멀리서 '극히 예리하게' 비난하는 선에서 그치고 있다. 갈등 해결에 많은 도움을 줄 개별적인 협력들은 북조선 사람들의 미숙함과 유럽인들의 우유부단함으로 인해 실패했다. 서방세계는 경제특구들을 계속 무시하고 있다. 그에 반해 북조선으로 향하는 관광객의 물결은 끊이지 않는다.

자주 탄식할 만한 이런 계속성을 반영하는 사건들 말고도 몇 가지 크고 작은 놀라움이 있었다. 새로운 시간대의 도입처럼 일부는 극히 일방적이다. 북조선은 입국할 때 시계를 시간 단위가 아니라 30분 단위로 조정해야 하는 세계적으로 4개뿐인 국가에 속한다[북조선은 2015년 8월 15일부터 표준시를 30분 늦췄으나 2018년 5월 5일에 다시 남한과 같은 표준시로 변경했다]. 그리고 상당한 퇴보가 있었다. 이를테면 개성 공업단지가 남한에 의해 폐쇄되었다. 지난 기간 현대적인 인프라의 발전을 상당히 성공적으로 이끌었던 이집트의 통신사 오라스콤은 북조선 측에 의해 시장에서 퇴출된 것으로 보인다. 동시에 인터넷티브이 같은 새로운 방식들이 도입되었다.

2014년부터 2016년까지의 기간에 주목할 만한 가장 중요한 사건은 7차 로동당 전당대회다. 이는 사회주의 역사상 유일하게 36년 만에 다시 열렸다.

이 후기는 이런 사건들 중 몇 가지를 다루기로 한다. 현재 발전의 빛에 비추어서 이 책 앞부분에 진술된 내용들에 대해 비판적으로 다시 질문하고, 필요할 경우 적합하게 고치기로 한다. 김정은은 이 책의 1쇄가 완성되던 시점보다 거의 두 배나 오래 권좌를 지키고 있으니, 이제는 더욱 정밀한 평가와 조심스러운 전망이 가능해졌다.

제7차 로동당 전당대회: 산이 진통하더니… 겨우 쥐 한 마리를 낳다

전당대회는 국가사회주의 체제에서는 틀에 박힌 행사지만 여기서 중요한 강령 및 인사 결정들이 논의되고 발표된다. 공식적으로 여전히 사회주의 국가라고 칭하는 나라를 지배하는 정당이 거의 40년 동안이나 전당대회를 열지 않았다면 이것은 단순한 비정상을 넘어서는 일이다.

14세에 정치적 인지가 시작된다고 본다면, 오늘날 50세까지의 북조선 사람은, 매일 대대적으로 이곳 사람들의 운명을 결정하는 정당의 전당대회를 분명한 의식을 가지고 경험한 적이 없다는 뜻이다.

1980년 이후 많은 일이 있었다. 그때까지의 마지막 전당대회 시점에 중국에서는 덩샤오핑의 개혁들이 초보 단계에 있었고, 미하일 고르바초프는 소련의 지도자가 되기까지 아직 5년의 시간과 세 명의 전임자를 앞에 두고 있었으며, 남한은 광주의 궐기를 피로 진압한 잔인한 군사독재 상태였으며, 사회주의 진영은 견고해 보였고, 독일은 둘로 나뉘어 있었다. 북조선은 1990년대의 기근을 짐작도 못 했고, 김일성은 건강하게 권좌에 있었으며, 아직 핵개발 계획은 없었고, 시장도, 남북정상회담도, 경제특구도, 합영법도 아직 없었다.

기대

그런 만큼 2015년 10월 말, 7차 로동당 전당대회가 2016년 5월에 열린다는 예고가 나왔을 때 북조선 주민들과 외국의 관찰자들 사이에서도 기대가 높았다.[1] 많은 관찰자들은 과거 다른 곳에서 전당대회가 광범위한 개혁의 시작으로 쓰였다는 것을 알고 있었다. 1982년 중국의 12차 전당대회와 1986년 베트남의 6차 전당대회, 1986년 소련의 27차 전당대회 등을 생각해보라. 북조선은 개혁이 필요한데, 젊은 지도자는 몇 년 동안 자신의 권력을 공고히 한 다음 이제 더 나은 삶의 약속을 실현시켜야 할 상황이었으니, 돌파에 대한 희망을 가질 이유가 충분했다.

미래에 대한 진단에서는 언제나 소망이 사유思惟의 아버지가 아니라는 점을 주의해야 한다. 냉정하게 관찰해보면 개혁 전당대회에 대한 희망과 나란히 '새로운 정상正常'으로 돌아간다는 시나리오, 그러니까 전당대회를 정기적으로 개최한다는 시나리오가 독재치하 일상의 또 다른 요소이기도 했으니 말이다.[2] 당시 내다본 대로 실현되었다.

보고와 준비

2016년 5월 6일부터 10일까지 대략 5,000명이나 되는 대표자들과 관찰자들이 평양에 모였다. 특정한 계기에 부주의하다는 인상을 남기지 않으려 노력하면서 그들은 일련의 긴 연설들을 경청했다. 5월 8일 김정은의 연설은 매우 흥미로웠지만, 지도부가 지닌 현재의 관점에 대한 상세한 서술 때문이었지, 그것이 북조선판 도이모이, 글라스노스 또는 페레스트로이카[베트남과 소련의 개혁개방 정책]였기 때문은 아니었다.

이 연설의 내용에 대해 우리가 아는 것은 북조선 국영매체들 덕분이다. 100명 이상의 서방 기자들이 초대를 받기는 했지만, 별로 놀랍지도 않은 일이지만 — 어쨌든 북조선이니까 — 행사에 접근할 길이 막혔다. 보통 그런 행사에 통상적인, 유사한 [해외]정당들의 공식 대표단도 없었다. 7차 전당대회는 내부 행사로 치러졌다. 서방 미디어를 대한 방식은, 온건하게 말해서 평양의 영리한 한 수는 아니었다. 반응이 예상되는 바였기 때문이다. 기자들에 대한 '배제'가 전당대회를 보고하는 서방 언론의 핵심 주제가 되었으며, 아울러 같은 시기에 다른 이유로 북조선에 있던 BBC 기자의 여러 시간 구금이 주로 보도되었다.[3]

당시 활동할 수 없는 상태이던 기자들이 다른 선택의 여지가 없는 상태에서 적어도 공식적인 기록만이라도 정밀하게 분석했을 것이라 기대한다면 광범위한 실망을 맛보게 된다. 그렇게 분석할 만한 가치가 상당했으므로 더욱 실망스럽다. 김정은은 완전히 새로운 개혁 과정을 분명하게 천명하지는 않았지만, 아래서 다루게 될 몇 가지 '입맛 당기는 것들'을 내놓았기 때문이다.

이런 맥락에서 보도에 붙은 각주를 통해 생겨난 추측, 곧 그 자리에 참석한 기자들이 대략 30쪽짜리 한국어 연설 전문이[4] 아니라, 채 3쪽도 되지 않는 영어 요약본을[5] 읽었을 것이라는 추측은 걱정을 불러일으킨다. 북조선처럼 영어에 우호적이지 않은 나라를 보도를 위해 여행하는 사람이라면, 그 나라 말로도 작업할 수 있어야 한다. 이런 문제와, 또한 정당하게도 북조선 하면 연상되는 위협이라는 점을 배경으로 놓고 보면, 우리는 어차피 드물게만 존재하는 정보를 평가하는 일을 게을리해서는 안 된다.

이런 대규모 행사에서 기대한 대로 북조선 측의 준비는 광범위했다. 전당대회를 앞두고 이 나라는 그 최고의 모습을 드러냈다. 나는 전당대회 4일 전까지 북조선의 지역들을 여행했는데, 지난 25년 동안 이렇듯 전력 공급이 안정적이었던 적은 없었다. 발전소의 굴뚝들이 연기를 피워 올렸고, 시골에서도 하루 종일 수돗물이 나왔으며, 들판에는 황소보다 트랙터의 숫자가 분명히 더 많았다. 도로에는 중국제 새 화물차들이 돌아다녔다. 2016년 3월의 경제제재에도 불구하고 이 나라에 석탄이나 연료가 부족하다는 생각은 들지 않았다.

돌이켜보면 전당대회의 재개 자체가 이미 신정통 보수의 방향을 가리키고 있었다. 수십 년 전부터 안정된 대중노선을 재수용해서 노동 가속화를 위한 70일전투가 시작되었다. 나라 곳곳에서 "×일 남았다"와 함께 "동무는 오늘 전투계획을 수행하였는가?"라는 질문을 담은 현수막들이 보였다. 사람들은 분명 지쳐 있었다. 더 평온한 방식이 나타날 것이라는 환상에 굴복하지 않았기만을 빌어줄 수 있을 것이다. 전당대회가 끝난 직후에 벌써 전당대회에서 나온 결론을 더 빨리 실현하기 위해 200일전투가 등장했기 때문이다.

비밀이 있는 척하는 행동이야말로 예전부터 전해 내려오는 모범을 상기시켰다. 전당대회 시작 11일 전에 내가 평양에 들어갔을 때는, 아무도 이것이 언제 시작되어 얼마나 오래 걸릴지를 알지 못했다. 대중행진과 축제 준비가 엄청나게 진행되고 있었으나 그 이상 더 정확한 정보를 구할 수는 없었다. 심지어 행사 장소마저 비밀이었는데, '4·25 문화회관'의 정면부를 흰 천으로 가리고 작업을 벌이는 통에 밖으로 새어나왔다. 거기서는 붉은색과 황금색의 당 상징들이 분명히 밖에서도 보였다. 원하는 사람은 이 장소의 선택을 놓고도 사변을 펼칠 수 있다. 4월 25일은 인민군 창설일이다. 그렇다면 군대가 주인이고 당은 손님인가? 아니면 반대로 로동당이 길들인 야수에 대한 지배권을 보이려는 것인가? 이쪽도 저쪽도 아니라고 나는 생각한다. 아마도 권력의 두 기둥의 통합을 강조하려는 것이었거나 아니면 그냥 이용할 수 있는 가장 큰 건물이었을 것이다.

김정은의 연설

구조나 조직 면에서 무엇보다도 당 최고지도자 직위의 호칭이 바뀐 것을 언급할 수 있다. 당 최고지도자 자리는 2012년에야 '당 제1비서'라는 이름으로 변경되었다. 몇 달 전에 작고한 김정일이 '영원한 총비서'라는 호칭을 얻은 다음의 일이었다. 전당대회에서 이렇게 직위들을 변경하기로 결정한 뒤로 현재는 김정은 '위원장'이 당을 이끌고 있다.

5월 8일에 김정은이 핵심 연설을 했다. 이 연설문은 2016년 9월에도 여전히 한국어로만 제시되고 있다. 여기서 가장 중요한 점들을 언급된 순서대로 지적하자면 다음과 같다.[6]

중국에 대한 공개적 비판: 맨 처음 과거를 분석하는 부분에서 외교적 돌풍을 일으키는 표현이 나타난다. "우리 당은 적들이 칼을 빼들면 장검을 휘두르고 총을 들이대면 대포를 내대는 초강경 대응으로 제국주의자들의 횡포한 압력과 도전을 단호히 제압분쇄하였으며 우리 주변에서 어지럽게 불어오는 부르주아 자유화 바람과 '개혁', '개방' 바람도 선군총대의 기상으로 날려버리며 우리가 선택한 사회주의의 길을 따라 곧바로 전진하였다."[7] 주변이라고? 개혁과 개방이라고? 이런 문장은 오해하기가 어렵다. 드물게도 이토록 눈에 띄는 자리에서 이렇듯 직접적인 방식으로 중국을 비판한다.

내부를 향한 격한 비판: 가부장제 지배자가 경고의 목소리를 높여 부하들의 잘못을 지적하는 것은 새로운 일이 아니다. 김정은은 권좌에 앉은 지 불과 몇 주 만에 그런 발언을 했거니와, 이런 전략은 현재까지도 계속되고 있다. 이것은 자기 권력의 위치를 강조하는 동시에, 문제는 최고지도자의 잘못이 아니라 그의 아래서 일하는 관료들의 잘못임을 인민에게 알리려는 것이다. 하지만 김정은이 지금까지 나온 가장 중요한 연설 하나에서 얼마나 자주 강조해서 "세도와 관료주의, 부정부패"를 비난했으며, 그런 잘못된 행동들을 여러 번에 걸쳐 얼마나 상세히 나열하는지가 여기서 눈에 띈다.

젊은이 역할의 강조: 젊은이 또는 그들의 역할, 그리고 그들과의 교류는 이 나라의 적들이 이념적·문화적 침투를 위해 노력하는 분야로서 "세계적인 난문제로 되고 있는 청년문제"라고 김정은이 지적했다. 1990년대 이후 개혁의 한가운데서 성장한 젊은이들이 다양한 형태로 물질주의의 영향을 받았다는 실질적인 고백도 여기서 본다. 국가의 정보 독점은 약화되었고, 이념적 안정성은 적어도 일부는 흔들렸다. 빠르게 발전하는 많은 나라들의 경우처럼 세대 간에 상당한 차이가 나타나고 있다.

2016년 8월에는 23년 만에 처음으로 청년동맹 회의가 열렸고, 여기서 김정은은 젊은이의 양심에 호소했다.

김일성-김정일주의의 의미 강조: 2012년 초에 시작된, 작고한 두 지도자 하나로 합치기가 계속되었다. 그리고 한참 전부터 추진되던 마르크스-레닌주의 용어를 순수하게 북조선 용어로 고치는 일도 계속되었다. 그 자체로는 다루기 힘든 이런 개념의 내용에 대해 김정은의 말을 그대로 인용해보자. "온 사회를 김일성-김정일주의화하는 것은 위대한 수령님들의 사상과 의도대로 혁명과 건설을 밀고 나가며 수령님과 장군님께서 조국과 혁명, 시대와 력사 앞에 쌓아올리신 불멸의 업적을 빛내여나가는 성스러운 투쟁이다." 이것이 무슨 뜻인지 이해할 수 없는 사람은, 이 책에 소개한 작고한 두 지도자의 이념 및 개념들의 총합이라고 보면 된다.

만리마 속도: 이것은 70일전투에서 이미 짐작할 수 있다. 생산성 강화를 위한 김정은의 처방은 지시와 이념적 동기를 통해, 달성 가능한 노동 속도를 높이는 일이다. 그의 할아버지가 1958년에 소련의 스타하노프, 중국의 대약진운동과 연관시켜 북조선판 이름으로 내놓았던, 하루 천 리를 간다는 말 이름을 딴 개념에다가 김정은이 0 하나를 더 붙여서 만리마운동으로 만들었다. 물질적 동기부여의 효과에 대한 서방-자유주의의 확신은 여기서 찾아볼 수 없다.

과학과 기술에 집중: 앞에서 서술한, 마지막 기간의 호네커를 연상시키는 태도로 김정은은 과학기술의 진보를 이 나라의 경제문제를 해소하는 전반적인 해결책으로 제시했다. 이를 위한 국가의 지출이 점차 늘어났고, 다른 나라들의 연구 결과가 재빨리 북조선으로 들어올 것이라고 했다. 첨단기술 제품을 만들어 연구 기관과 연구 비용을 충당하라는 김

정은의 요구는 흥미롭다. 앞서 이미 언급한 아리랑, 삼지연, 평양 등 기존의 상표 말고 가장 최근의 태블릿 PC는 울림이라는 이름이다. 외국인은 이 기계를 살 수는 있지만 반출하지는 못한다.

균형 잡힌 경제 발전: 김정은은 지난 수십 년 동안 경제의 여러 영역이 서로 다르게 발전했다는 사실을 비판하고 균형을 요구했다. 이것은 철저히 주목할 만한 일이다. 서방의 발전경제학에서는 '균형 잡힌 성장'과 '불균형한 성장'의 장단점을 놓고 광범위한 논쟁이 벌어지고 있다. 최종 전략은 경제를 인공적으로 균형에서 벗어나게 하고 나서, 더욱 높은 수준에서 회복시키는 일을 시장에 맡기라고 권한다. 김정은은 분명 시장에 이런 역할을 맡기면서도 거기 필요한 영향력을 인정하고 싶지 않은 것 같다.

에너지와 식량: 여기서 최고지도자가 중공업이 아니라 에너지와 식량 생산에 최고 우선권을 인정하고 있으니, 그의 현실감각을 알 수 있다. 농업의 사유화에 대한 지적은 빠졌다.

토착 석유자원: 북조선이 석유 채굴을 한다는 소문은 이미 오래전부터 있어왔다. 이런 노력의 성공 기회에 대해서는 의견들이 엇갈린다. 하지만 김정은이 전당대회 연설에서 '원유 등 토착 자원들'을 더욱 심도 있게 이용할 것을 요구했다면, 이는 귀담아들을 만한 일이다.

새로운 핵발전소: 무엇보다도 핵에너지 확충을 통해 에너지 결핍에 대응할 것이라는 예고는 핵무기 개발에 대한 외국의 근심을 다시 불러일으킨다. 물론 대체에너지 획득의 확충도 예고되어 있다.

5개년 계획의 발표: 이는 내용적으로 분명 김정은 연설에서 핵심의 하나이다. 전당대회를 열지 않은 것 말고도 북조선의 비정상적인 면 한 가지는 1987~1993년의 7개년 계획이 끝난 이후 2011년의 매우 모호하게 유지된 전략적 10개년 계획을 예외로, 더는 경제계획이 발표되지 않았다는 점이다. 이제 다시 5개년 계획이 나타났다. 다만 북조선에서 자주 그렇듯이 그에 대한 설명은 불확실하고 숫자도 거의 포함되지 않았다. 물론 다음 몇 달 동안 더 상세한 세부사항이 흘러나오리라는 희망은 아직 남아 있지만, 당장은 김정은의 발언뿐이다. 그는 에너지 분야 확충과 특히 전선망의 현대화를 선전했다. 전선망은 국제적으로 에너지 공급의 개선을 방해하는 가장 큰 요인의 하나로 여겨져왔는데, 설사 중국이나 남한에서 전기를 수입한다 해도, 그리고 새로운 현대적 발전소를 짓는다 해도 낡은 전선으로 인해 실패할 것이기 때문이다. 여기서 확실한 현실감각을 알아볼 수 있다.

해외 무역 다변화: 이것은 평양이 자신의 문제를 매우 잘 의식하고 있음을 알려주는 또 다른 증거다. 중국과의 무역에 극적으로 의존하고 있는 상황을 두고 김정은은 해외 무역의 '일방성'을 개선하라고 촉구했다. 여기서는 무엇보다도 가공된 제품들의 수출에 역점을 두고, 이런 목적을 위해 합작회사들의 설립을 강화하려고 한다. 국제적인 제재에 맞서 이것이 어떻게 진행되어야 할지에 대해서는 설명하지 않았다.

개별 기업체들의 독립: 여기서는 낙관적인 해석을 조심해야 한다. 비슷한 포고들이 이미 1980년대 중반 이후로 널리 퍼졌지만 본질적인 변화는 없었다. 하지만 김정은이 기업들이 스스로 독립적으로 운영할 수 있는 법적인 가능성을 더욱 집중적으로 이용하라고 촉구했다는 점을 알아두어야 한다. 부정적인 경우 이는 당 중앙부가 지역 산업에 대한 책임에서 물러난다는 뜻이다. 최선의 경우에는 중국에서 지방의 개혁이라는 맥락에서 그랬던 것처럼, 지역적으로 조직되는 경제라는 배아가 여기 들어 있을 수 있다.

핵무기 선제 투입의 포기: 전혀 새로운 것이 아닌데도 이 구절은 서방 언론에서 집중적으로 인용되었다. 물론 연설의 영어 요약본에 포함되었기 때문이기도 하다. 김정은은 이렇게 말했다. "우리 공화국은 책임 있는 핵보유국으로서 침략적인 적대세력이 핵으로 우리의 자주권을 침해하지 않는 한 이미 천명한 대로 먼저 핵무기를 사용하지 않을 것이며 국제사회 앞에 지닌 핵전파 방지의무를 성실히 리행[이행]하고 세계의 비핵화를 실현하기 위하여 노력할 것입니다." 현재 미국이 핵무기 선제 투입의 포기에 대한 논의를 하고 있는데, 전에 북조선에서 이용된 비핵화 공식이 통상 한반도와 나아가 동아시아에 관련된 것이지 전 세계와 관련된 것이 아니라는 사실을 지적해야 할 것이다.

김정은의 여동생이 중앙위원회 위원이 되다: 북조선의 인사정책은 파악하기 어려운 영역이다. 사람들이 사라졌다가 다시 나타나고, 승진했다가 좌천되고 다시 승진한다. 이따금은 그들의 이름마저 바뀐다. 리용길이라는 사람이 2016년 초에 처형되었다고 보고되었는데, 전당대회에서 정치국의 예비위원으로 임명되었다. 이런 사실은 남한의 일부 사람들을 부끄럽게 만들었다. 그래서 나는 이런 분석을 대단히 옹호하는 편은 아니지만, 김여정의 꾸준한 승진을 부정할 수는 없다. 그녀의 경력과 함께 언젠가 그녀가 결혼할 사람의 경력도 흥미롭다. 김정일의 매제인 장성택이 2013년 처형당하기 전까지 맡았던 역할을 생각하면 그렇다.

더 큰 숙청은 없다: 지난 기간에 실질적으로 또는 짐작으로 굴러 떨어진 머리들을 놓고 볼 때 당대회가 모의재판의 기능을 하지 않았음을 확인할 수 있다.

총합

통상적으로 전당대회의 또 다른 구체적 결과들은 대회가 끝나고 몇 주 또는 몇 달 뒤에나 공개된다. 하지만 몇 가지 점은 2016년 5월에 이미 분명해졌다. 진보하려는 추진력의 결핍과, 1990년 이전의 정상적 상태로 되돌아가려는 노력은 분명하다. 이것은 개혁을 위한 전당대회는 아니었다. 김정은은 우선 견고하게 만들려는 것이지 개혁하려는 것이 아니다. 낙관론자라면 당을 강화하고 특히 최고위원의 지위를 차지한 것이 이 나라 지도부의 책임을 분할했다는 뜻이라고 주장할 것이다. 하지만 김정은 개인이 통상적인 방식으로 지나치게 높여지고 강화되었기 때문에, 아직은 의미심장한 지도부의 집단화를 말하기에는 시기상조다.

그사이 새 지도자의 국내정치 전략이 더욱 뚜렷하게 드러나고 있다. 김정은이 공개석상에 처음으로 등장한 것은 44년 동안 개최되지 않았던 행사에서였다. 그것은 2010년 가을 당 대표자회의 석상이었다. 그의 권력 승계의 확인 역시 2012년 4월 당 대표자회의에서 이루어졌다. 겨우 4년 뒤에 오랫동안 기다리던 7차 전당대회가 뒤따랐다. 그사이에 김정은은 군사 최우선 전략에서 물러나 병진노선을 천명했다. 그러니까 강력한 경제와 핵무기 위협 가능성을 나란히 구축하는 노선이다. 김정은은 두 개의 전략을 좇는 것으로 보인다. 그는 이념적 국가사회주의 독재의 고전적 권력 도구로 당을 이용하고, 국민에게는 극적으로 변한 외부 조건들에 대한 반응으로서 꼭 필요한 독자노선의 시대가 지나갔음을 보여주고 있다. 근 30년 동안의 위기는 극복되었고, 그들은 다시 앞을 내다본다. 그에 따라 8차 전당대회가 정기적으로 2021년에 열릴 것이라 기대해볼 수 있다.

이런 정상화는 점진적인 변화를 위한 배경이 될 수 있다. 어쨌든 중국과 베트남에서 개혁의 출발점은 당의 안정적인 지배였다. 물론 전당대회에서 시장경제 개혁에 대한 열광적인 긍정은 없었지만 지난 기간의 발전들이 적어도 되돌려지지는 않았다.

김정은은 연설에서 여러 번이나 강조해서 북조선 인민의 삶을 개선하겠다는 약속을 되풀이했다. 외부인의 눈으로는 북조선 사람들이 그런 약속을 아직도 신뢰하는지, 아니면 눈에 띄는 발전이 없어 실망했는지 판단하기가 어렵다. 북조선에서 나온 비공식적인, 그러나 절반쯤 공식적인 소식들을 들어보면 후자의 방향을 가리키는 것 같다. 2016년 8월에 런던 주재 북조선대사관 소속 두 남자가 가족과 함께 극적으로 탈출한 것도 만족감이나 미래에 대한 신뢰의 표현은 아니다.

빛: 라선 경제특구는 남아 있다

꼭 전문가가 아니라도, 중국 경제가 낡은 계획에서 벗어나 현대적인 시장경제로 바뀌는 과정에서 경제특구들이 어떤 결정적인 역할을 했는지를 알 수 있다. 따라서 북조선에서 이와 관련해 무슨 일이 일어나는지도 특별한 관심을 끈다. 좋은 소식으로 시작하자면 나라의 북동부, 중국-러시아와의 3국 국경선에 자리 잡은 라선 경제특구는 아직도 존재한다는 것이다.

나는 이 책의 초판이 나온 이후로 라선 지역을 두 번 방문했고, 무엇보다도 북조선 사람들이 원하기만 한다면, 그리고 가능하기만 하다면 완전히 달라질 수 있다는 사실에 깊은 인상을 받았다.

북조선에 가본 사람은 아마도 이런 감정을 알 것이다. 이 나라 안에 있지만 이 나라 안에 있지 않다는 감정 말이다. 내 키만 한 투명한 고무공 안에 들어 있는 것처럼 거리를 돌아다니며 보고 들을 수는 있지만, 자신과 현실 사이에 대개 보이지 않는, 하지만 느낄 수는 있는 벽이 남아 있는 것 같다. 외국인이 이런 껍질을 벗어나기란 어렵고, 설사 벗어난다 해도 보통은 아주 잠깐뿐이다. 그럼에도 벗어난 순간들에 대해서는 오랫동안 이야기를 하게 된다. 어쨌든 결국은 바로 그것을 위해 북조선을 여행하는 거니까, 즉 무대 뒤편을 바라보기 위해서, 미디어가 보여주는 것 이상을 보기 위해서 말이다. 그런데도 그것은 좀체 성공하기 어렵다. 이 나라는 그것을 어렵게 만들고, 의도적으로 그것도 국가의 지시에 따라 자신을 감춘다.

그에 반해 라선에서는 이런 장벽을 적어도 이따금 꿰뚫어볼 수가 있다. 북조선 쪽에서 이 특별구역으로 들어가려면 이 나라를 떠난다는 인상을 받는다. 버스를 갈아타고, 안내원과 운전사도 바뀌어 검문소를 통과하니, 국경선을 연상시킨다. 보통의 북조선 사람에게 이 구역은 금기다. 북조선 국가수반에 이르기까지 아주 좋은 인맥을 가진 어떤 지인은, 한번은 생일을 맞아 최고위층의 허락을 받아 도 경계선에서 자신의 안내원들과 함께 이 구역으로 들어갈 수가 있었다고 한다. 안내원들은 크리스마스이브의 아이들처럼 놀라서 오른쪽 왼쪽을 정신없이 바라보았다고 한다. 그들은 겨우 80킬로미터 떨어진 이웃도시 청진에 살고 있었는데도, 10년이 넘도록 라선에는 못 가보았던 것이다.

첫눈에는 도무지 볼 게 아무것도 없는데, 바로 그것이 매력이다. 라선은 남한과 공동으로 운영되는 개성 공업단지와는 달리 디즈니랜드가 아니다. 이것은 북조선의 일부로 남아 있다. 도로들은 여기저기 울퉁불퉁하고, 전형적으로 낮은 집들로 이루어진 마을들이 있으며, 소달구지가 지나가고, 붉은 스카프를 두른 학생들이 학교로 행진해 가고, 사방에 “21세기의 위대하신 태양 김정은 동지”를 숭배하거나 로동당의 선군정책을 찬양하는 구호들이 붙어 있다. 자그마한 언덕 위에는, 태국 기업 록슬리퍼시픽이 세운 통신센터 옆에 작고한 두 지도자 김일성과 김정일의 초대형 이중 모자이크가 서 있다. 두 지도자의 이중 동상은 2015년에 제막되었다. 도시의 주택가에는 태양광패널들이 설치되어 있고, 발코니에는 김정일화-베고니아가 화분에 심어져 있다. 가을이면 사방에서 붉은 고추를 말리는데 이것은 나중에 배추를 발효시켜 먹는 김치의 가장 중요한 성분이 된다. 1936년에 일본인들이 세운 뒤로 별로 고치지도 않은 호텔에서는 물과 전기가 공급되다 끊겼다 한다. 아침저녁으로 미리 정해진 시간에만 더운물이 나온다. 아침식사를 할 때는 모란봉악단의 최신 연주곡을 즐기는데, 그들은 김정은의 특별한 인품이나 군인들의 명예로운 활동을 기리는 노래를 한다.

그러니까 새로울 게 없는 북조선이라고? 절대 아니다. "편안하게 사진 찍으세요. 허용되지 않은 게 나타나면 말씀드리지요. 방문객이니 물론 사진을 찍어야죠. 자, 걱정 마세요, 아무 문제없습니다." 아니, 내 안내원이 무슨 말을 하는 거지? 하지만 계속 이런 식이다. 아무 계획도 없이 간이식당에 앉아 맥주를 마실 수도 있다. 그곳에 있는 북조선 사람들도 일부러 목적을 가지고 여기 데려다 놓은 사람이 아니고 우리를 보고 경악해 천막을 떠나지도 않는다. 나는 심지어 그들과 이야기를 할 수도 있고, 평양의 김일성대학교 출신임을 한국어로 밝히면 큰 소리로 법석을 떠는 일을 겪는다.

서방 여행자에게 보통 가장 많이 거부되는 것이 수많은 시장 중 한 곳을 방문하는 일이다. 라선에서는 그런 일이 아무 문제가 없다. 물론 사진은 금지되어 있지만, 그러니까 우리는 여전히 북조선에 있는 것이다. 그것 말고도 나는 여기서 인프라가 현대화되는 과정을 경험할 수 있었다.

2014년에도 운영되던, 화물창고를 연상시키던 전형적인 1층짜리 시장이 2015년에는 주차장과 커다란 쇼윈도를 갖춘, 현대적인 2층짜리 복합건물로 바뀌었다. 이곳에서는 예외 없이 아낙네들이 바싹 붙어 앉아 팔 만한 것들을 팔고 있다. 방금 잡은 물고기부터 냉장고까지 말이다. 과일 가게에서는 바나나, 파인애플, 천도복숭아, 포도송이 등 많은 것을 보게 된다. 가격은 비싼데, 시장 아주머니 말로는 모든 것이 중국에서 수입된다고 한다. 중국 인민폐로 지불하는데, 바나나 1킬로그램은 14인민폐이니, 거의 2유로다. 내가 이 가격을 북조선 원화로 물어보자 그녀는 주저했다. 아니, 비밀이 아니고, 여기서는 재빨리 환산을 해야 한다는 것이다. 아무도 여기서는 국내 화폐를 내지 않는다. 마지막에야 나는 거래환율이 대략 시장환율에 해당하는 1대 1,300 비율에 맞는다는 것을 알아냈다.

다음 날 '황금삼각주은행'을 — 유리, 강철, 콘크리트로 된 여러 층짜리 건물 — 찾았을 때 그제야 나는 사람들이 어째서 이런 비밀을 지키기 위해 아무 노력도 하지 않는지를 이해했다. 여기에는 벽에 깔끔하게 인쇄되어 이렇게 붙어 있었다. 1유로는 북조선 원화로 10,471원. 북조선 어디서나 쓰이는 원화는 외국인에게는 금기지만 여기서는 아주 공식적으로 국내통화를 구입할 수가 있다. 물론 반출할 수는 없다. 누가 이런 환율을 '암시장환율'이라 말할 수 있나?

방직공장을 방문했을 때 관리자는 이곳 여성 노동자들의 임금이 물론 성과에 달려 있지만 월 500인민폐라고 선뜻 알려주었다. 그는 현재 생산하는 스키복이 '메이드 인 차이나'라고 설명하고, 남한의 주문자가 이 옷을 남한에서 팔 수도 있다고 말했다. 역시 비슷한 방식으로 작동되는 신발공장을 방문하러 항구로 갔는데, 이 항구는 우리 미디어에서도 어느 정도 주목을 받았다. 세 개의 부두 중 두 개가 50년 동안 하나는 중국에,

하나는 러시아에 임차되었다. 러시아 부두는 최근에 엄청난 비용을 들여 보수되었다. 현대적인 크레인들이 하늘 높이 솟아 있었다. 요즘 러시아의 석탄을 이 부동항에서부터 남한과 중국으로 운반하려는 노력이 있지만, 여전히 노동자들이 할 일은 없었다. 중국의 부두에서는 최근 개통된 현대적 도로가 중국 훈춘을 향해 뻗어 있다. 중국인들은 개인용 자동차로 입국이 가능하다. 그렇다고 도로 정체를 걱정할 정도는 아니다.

황제호텔은 독특한 분위기를 풍긴다. 홍콩계 중국인이 1999년에 지은 이 건물은 라선에서 자동차로 20분 거리에 있고 동해의 특별히 아름다운 해안에 자리 잡고 있다. 유리처럼 맑은 물, 숲과 풀 말고 다른 것은 없다. 서양의 5성급 기준을 충족시키는 호텔에서는 중국인들이 자국 정부가 금지하지 않는 한, 여기 지어진 카지노에서 먹고 자고 게임을 할 수가 있다. 바로 옆에는 투자의 잔해가 있다. 어떤 중국인이 이곳 해안에 평방미터당 미화 30달러를 내고 땅을 사서 수억 달러를 투자하기로 약속했다. 낮은 막사들 몇 개가 생긴 것 말고는 아무 일도 일어나지 않았다. 이 중국인은 그냥 토지 가격이 상승하기만을 기다렸던 것이다. 그러면 이익을 내고 팔기 위해서였다. 하지만 그사이 토지는 몰수되었다.

이것은 라선의 비극을 보여준다. 북조선은 여기서는 더 큰 개혁을 하거나 비용을 들이지 않고도 더 개방적이고 인간적으로 더 가깝게 접근할 수 있고, 더 정직하고도 분명하게 외국과의 경제 협력에 대한 관심을 드러낸다. 외국인들을 고립시키는 고무공이 여기엔 없다. 이는 우리가 언제나 원하던 바로 그것이다. 지도부는 분명 사욕이 없지는 않겠지만 이런 구역을 만들어 제약을 최소화하고, 투자자들의 소망에 맞도록 법률을 바꾸었는데… 아무 일도 일어나지 않는다. 북조선이 자신을 개방했건만 중국의 투기꾼 몇 명을 빼고는 아무도 오지 않는다.

이런 자국 내 타국 영토에서 통용되는 현실이 나라의 나머지 부분에도 나타난다면 사정이 어떻게 될까? 그러려면 군 간부들의 의혹을 물리칠 정도로 라선이 성공해야 할 것이다. 이 '북조선의 황금삼각주'에 지금까지 나타난 투자들이란 중국의 작은 도시에도 비할 바가 못 된다. 세계는 북조선의 더 많은 개방을 염원하면서도, 정작 라선을 외면한다.

그림자: 개성 공업단지는 폐쇄되었다

2016년 2월 이후로 라선이 얻는 또 다른 플러스 점수는 이것이 아직 존재한다는 사실이다. 개성의 공업단지에 대해서는 오로지 제한적으로만 그런 주장을 할 수 있다.

개성 공업지구는 남한 김대중 대통령의 햇볕정책과 북조선 지도자 김정일의 실용주의의 산물이다. 2000년에 최초로 공표된 뒤에도 아무도 이 구역이 실제로 존재하게 될 거라고 믿지 못했다. 2004년에 공단이 문을 연 이후로도 철저히 변덕스러운 발전을 거쳤다. 임금, 사용료, 국경 통행료, 제3국 기업가들의 참여 등을 두고 갈등은 계속 있었다. 2013년에 북조선 정부는 침략 통로라는 전략적 위치와 한반도에서 극적으로 날카로워진 안보정책 상황을 이유로 이 구역을 일시적으로 폐쇄했었다. 몇 달 뒤에 이 구역이 다시 열렸을 때 양측은 장차 이것을 정치적 압력 수단으로 사용하지 않기로 합의했다.

이 합의는 2016년 2월 10일까지 지켜졌다. 이날 남한 정부는 자국 국민과 기업가들이 이 구역에서 완전 철수할 것이라고 선포했다. 몹시 놀란 사업가들은 대피에 착수했다. 그들은 서둘러서 가능한 한 많은 자재와 가공 전前 단계 물품을 가지고 돌아가기 위해 최선을 다했다. 북조선은 남아 있는 동산과 부동산의 몰수로 반응했다.

서울은 2016년 1월 6일의 핵 실험과 2016년 2월 7일의 미사일 발사를 계기로 국제 제재와 보조를 맞추어 개성공단을 폐쇄함으로써, [북조선] 군사 프로그램의 중요한 재정적 원천을 없애려 한다고 이유를 밝혔다. 북조선은 [남한이] 현존하는 협정을 지키지 않고 통일을 붕괴시키려 한다는 비난으로 응수했다.

이 과정을 관찰하면 몇 가지 의문이 나타난다. 어째서 남한은 하필 이 시점에 폐쇄를 결정했는가? 어쨌든 이 구역에서 소득이 있고, 게다가 핵무기와 미사일 프로그램은 10년 이상 지속된 것인데 말이다. 하지만 무엇보다도 누가 이기고 누가 졌는가? 이 문제는 내부적으로 격한 토론을 거쳤으며, 분명 관점에 따라 다르게 보인다.[8]

우선 동기. 개성공단이 이미 오래 유지되었고, 핵 프로그램도 오래되었다는 점을 생각하면 북조선의 재정적 자원을 줄이려 한다는 주장은 제한적으로만 신뢰가 간다. 그렇다면 2006년 최초의 핵 실험 이후 폐쇄했어야 한다. 남한의 전문가들은 박근혜 대통령이 2016년 4월에 치러질 총선을 위해 단호한 행동으로 승부수를 던지려 했다고 본다. 물론 그것은 성공하지 못했다. 여당인 새누리당은 많은 의석을 잃었다. 또 다른 해석은 오히려 장기적인 것으로서, 앞선 진보 대통령 김대중과 노무현의 업적을 의도적·체계적으로 없애고, 북조선에 대해 단호한 정책을 쓰기 위해 개성공단의 폐쇄를 결정했다고 본다. 박근혜 대통령이 까다로운 이웃[북조선]과의 교류에서 '신뢰정책'을 내걸고 취임했지만, 이것은 박근혜 행정부에서는 거의 언급되지도 않고 있다.

행동 동기에 대한 사변들은 어차피 의문스럽다. 보통 복합적이고 모순되며 고작해야 귀납적으로만 증명되기 때문이다. 개성 공업단지의 장래 운명에 대해 현재 나타난 질문들과 나란히, 공단의 비용과 이익에 대해 질문해보는 것이 중요하다.

경제적으로 보면 남한은 상대적으로 적은 비용을 지불했다. 비록 남한 기업 124개가 공단에서 활동했지만 2015년 매출인 미화 5억 달러는 남한 국민총생산의 0.04퍼센트에도 못 미치는 금액이다. 그래서 이런 폐쇄 조치로 100퍼센트 타격을 입은 기업가, 직원, 납품업자 등의 절망적인 항의도 차츰 잦아들고 있다.

남한 정부는 이런 폐쇄를 외교정책의 성과라고 여겼다. 북측의 이른바 온갖 도발을 묵인하지 않겠다는 단호함을 보여줄 수 있었다는 것이다. 이제 서울은 제재 이행을 망설이던 다른 나라들을 향해 그것을 이행하라고 촉구하고 스스로 모범을 보였다고 말할 수 있게 되었다. 물론 정반대의 평가, 특히 중국 전문가들의 평가도 있다. 공단 폐쇄로 박근혜 대통령은 유연성 없는 강경파임을 드러냈다는 것이다. 베이징은 언제나 개성공단을 한반도의 안정화 요소로 보았으니, 장차 갈등이 나타날 경우 남한에 더 큰 책임을 떠넘길 수가 있을 것이다.

한편 이런 형식의 유일한 정보 원천을 상실한 것은 치명적이라고 할 만하다. 북조선에서 무슨 일이 벌어지는가를 이해하는 것은 분명한 이유에서 남한에 중요하다. 북조선의 5만 4,000명 여성 노동자들을 북조선의 안보 기관에서 조심스럽게 선별하고 교육시켰다고 생각할 수도 있다. 하지만 그런데도 정보들이 흘러나왔음을 경험을 통해 알 수 있다. 물론 핵 프로그램 정보는 아니지만, 나라의 중요한 분위기, 가장 최근의 트렌드와 관심사 등이었다. 많은 소소한 것들이 모여 전체 그림을 만드는 법이다. 북조선의 경우 특히 이런 지식에 접근하기가 매우 힘들다. 탈북자들은 훨씬 나중에야 알려주고, 대부분이 외떨어진 북동부 출신이다. 게다가 그들이 자기 이야기를 상업적 목적으로 이용하거나 트라우마 경험으로 인해 위조할 위험도 상존한다. 개성공단의 폐쇄를 통해 남한이 북조선에 대해 아는 것이 분명 더 줄었다는 데는 논란의 여지가 없다. 남한이 그사이 북쪽에 완벽하게 조직한 첩보망이라도 가진 게 아니라면 말이다.

전략적 관점에서도 남한에 긍정적인 모습은 나오지 않는다. 국가안보의 핵심 문제에서 미국과 중국 등 다른 나라들에 의존해야 하기 때문이다. 개성공단은 몇 안 되는 순수한 한국의 기획이었고, 여기서 서울은 독립적 형식을 만들어 북쪽과 대화를 이어갈 수가 있었다. 이제 서울은 이런 선택지를 빼앗겼다.

물론 남한이 자신의 이익을 추구했다기보다는 북측에 해를 입히려 했던 것이라고 주장할 수도 있다. 그것은 성공했나?

근본적으로 북조선이 이 공단에서 이익을 보았다는 것은 분명하다. 그렇지 않다면 이런 시설을 승인하고 10년 넘게 운영하지는 않았을 것이기 때문이다. 서방에서 폐쇄를 옹호하는 사람들의 핵심 이유는 이렇다. 북조선은 해마다 개성에서 소중한 외환을 벌어들였고, 그 돈은 직접 무기 프로젝트 아니면 체제 유지를 위해 흘러들어갔다는 것이다. 종종 여론에 대한 감정적 효과 때문에 김정은이 이 돈으로 자신과 부하들을 위한 사치품을 사들였다고 지적되곤 했다. 그런 일이 순수하게 기술적으로 불가능하다는 사실이 입증되었는데도 그랬다. 개성이 김정은 정권의 유일한 돈줄도 아니다.

하지만 돈이 북조선으로 흘러간 것은 사실이다. 남한의 사업보고서들을 통해 우리는 얼마나 많은 금액인지도 정확히 알 수 있다. 연간 미화 1억 2000만 달러다.[9]

경제학자들 사이에서 이 금액의 의미를 놓고 집중적인 논의가 있었다. 1억 2000만 달러는 많은가? 적은가?

몇몇 분석가들은 이 금액을 북조선의 무역 적자, 그러니까 수입과 수출의 차이와 비교했다. 이 차액은 지난 몇 년의 평균으로 보면 미화 10억 달러에 이르는데, 그렇다면 개성의 외환 수입은 어쨌든 그중 8분의 1을 충당한다. 이는 사실상 상당한 금액이다. 오직 중국과의 사이에 발생하는 적자만 따지면 이 금액의 비중은 더욱 커진다. 하지만 그것은 통계적 농간이다. 또 다른 비교 기준은 2014년에 대략 32억 달러에 달했던 수출 총액이다.[10] 개성의 수익은 그중 4퍼센트도 되지 않는다. 이 또한 큰돈이다. 그렇다 해도 체제에 본질적인 액수라고 할 수는 없다.

마지막으로 외국에 노동력을 팔아서 얻는 북조선의 수입도 관찰할 수 있다면, 이로써 우리는 직접 미래에 미치는 영향이라는 질문에 이르게 된다. 공식적으로 현재 대략 4만 명의 북조선 노동자들이 중국에서 연간 미화 1억 4000만 달러를 벌어들인다.[11] 러시아의 목재산업과 카타르의 건설 현장에서 얻는 수입을 여기 덧붙일 수 있다. 다른 말로 하면 북조선의 값싸고 잘 훈련된 인력은 수요가 있다. 인권침해로 인한 서방의 망설임은 여기서는 대체로 계산에 들어가지 않는다. 특히 중국의 임금이 오르면서 북조선과 직접 국경을 맞댄 옌볜에서도 오래전에 이미 임금이 월 200달러 경계선을 넘어섰고, 덕분에 중국 기업들은 대규모로 생산지를 에티오피아로 옮기고 있다. 북조선은 지리적·문화적으로 훨씬 더 가까이 있다. 다른 말로 하자면 북조선이 개성에서 사라진 수입을 중국과 다른 곳에 노동력을 투입해서 보전하려는 노력을 한다면, 성공할 가능성이 매우 크다고 할 수 있다. 라선도 그런 제안을 할 것이다.

이따금 언급되는 개성공단을 통한 기술 이전에 관해서는, 10년 이상이 지났으니 줄어드는 한계효용을 전제해야 한다. 단순히 말하자면 배울 만한 것은 거의 완벽하게 배웠다.

경제적인 요소들과 비교해보면 개성공단의 정치적·이념적 측면은 매우 선명한 모습이다. 이 측면에서 북조선은 공단 폐쇄로 분명히 득을 보았다. '버림받은 자'의 단기적인 특권 상실을 제외하면 그렇다. 7장에서 이미 살펴보았듯이 개성은 북조선 안보에 위협적이었고, 잠정적인 오점이었다. 그곳에서 정직한 사회주의자 여성들이 적대적 자본주의자들의 이익을 위해 일해야 했기 때문이다.

그러므로 결론적으로 개성공단 폐쇄로 진짜 득을 본 쪽은 없다. 국가와 기업가, 개인 등 모든 관련자가 손해를 보았다. 정보, 접촉, 돈, 좋은 일자리 등을 잃어버렸다. 경제적 관점에서는 북조선이 남한보다 더 많이 잃었다. 어쨌든 단기적으로는 그렇다. 정치적으로는 상황이 정확하게 반대다. 이렇게 폐쇄가 지속된다면 활발한 남북 접촉에 대한 희망이 심각하게 후퇴할 것이다.

냉전 시즌 2: 핵무기, 미사일, 전략들

이미 말했듯이 남한은 개성공단 폐쇄로 북조선의 새로운 핵 실험과 미사일 실험에 근거를 마련해주었다. 여전히 존재하는 위협적인 제재와 국제적 항의들에도 불구하고 김정은은 2016년 1월 6일에 또 다른 핵폭탄을 내놓았는데, 이것은 수소폭탄이라고 설명되었다. 겨우 한 달 뒤인 2016년 2월 7일에는 우주공간으로 위성을 쏘아 올렸다. 2016년 9월에 또 다른 핵 실험이 있었는데 그 폭발력은 히로시마에 투하된 폭탄에 근접하는 것이었다.

기술적인 세부사항을 여기서 논할 생각은 없다. 언제나 그렇듯이 북조선의 주장, 특히 1월의 실험이 수소폭탄 실험이었다는 것에 대해, 그리고 9월의 실험에서는 진짜 탄두냐를 놓고 의심이 계속되었다.

하지만 남북 관계의 미래를 생각해서도 무시해서는 안 되는 것이, 어째서 북조선은 예상되는 반응에도 불구하고 언제나 거듭 국제공동체의 소망을 어기는가, 그리고 이것이 장기적으로 어떤 결과를 불러올 것인가 하는 질문이다.

이런 실험들을 위해서 언제나 정치적으로 의미가 있는 날짜들을 선택한다는 것, 그러니까 작고한 두 지도자의 생일이라든가, 당 창건일, 또는 국경절을 선택한다는 것이 눈에 띈다. 원칙적으로 북조선 과학자들이 새로운 데이터를 필요로 할 때마다 실험이 이루어진다. 핵 실험은 장기 전략의 일부로서 일상의 정책과는 무관하다.

이것과 나란히 미사일 프로그램도 계속 진행된다. 이 프로그램의 목표는 핵을 이용한 보복 공격의 위협을 더욱 확실하게 만드는 것이다. 그들은 육지에서 쏘아 올린 대륙간 미사일 말고도 잠수함에서 핵미사일을 발사할 능력을 발전시키려고 더욱 노력한다. 이것은 미국을 향한 위협인데, 이로써 미국이 적어도 이론적으로는 북조선 무기의 도달거리 안에 들어가기 때문이다.

북조선은 국제적 압력에 굴복하거나, 요구받은 대로 자신의 무기 프로그램을 일방적으로 중단하려는 마음이 없다. 꾸준히 실행하겠다는 전략적 결정이 내려져 있다는 것이 확인된다. 북조선과 그 주적들 사이에 존재하는 전통적 전력戰力의 비대칭이 중요한 역할을 하는데, 북조선은 핵 위협을 통해 그런 비대칭을 해소하려고 하는 것이다.

독재정권의 손아귀에 들어간 핵무기가 만들어내는 직접적인 위협 말고도 북조선의 핵 프로그램은 동아시아에서 핵 경쟁을 촉진시키는 간접적인 작용으로도 역시 위험하다. 무엇보다도 일본과 남한이 그런 경쟁에 나설 후보 국가들이다. 그들의 핵무장은 지역 갈등을 촉발할 뿐만 아니라 지구적 영향력을 지닌 신호를 보낼 것이다.

그런데 아무도 이런 것에 관심을 갖지 않는다. 그러니까 여기서 북조선이 막다른 골목에 갇혔다고 해야 할 것이다. 평양 정권의 계산이 단순한 민족주의의 틀을 벗어나 전혀 다른 것일 수도 있다. 두 번째 냉전으로 세계가 미국과 중국을 중심으로 두 적대 진영으로 다시 나뉠 위험을 배경에 놓고 보면, 핵무기를 소유하는 것은 장차 중국의 동맹국이 될 북조선에 특별한 지위를 만들어줄 것이다. 1945년 이후의 냉전 기간에 영국과 프랑스가 나머지 나토 동맹국들보다 미국의 특별한 동맹국이었던 것과 비슷한 일이다.

하지만 그때까지는 어떤 경우든 경제가 고통을 받는다. 2016년 6월에 미국 재무성은 북조선을 미국 애국법Patriot Act 311조 아래의 '주요 돈세탁 관련' 국가로 분류했다. 이란과 북조선 두 나라가 여기 속한다. 이런 분류는 구체적으로 북조선과는 그 어떤 정상적인 사업 관계도 가능하지 않다는 것을 뜻한다. 물론 이것은, 북조선과 사업 관계를 맺고 있을 것으로 추정되는 중국과 서방의 은행들에도 타당하다. 실질적인 예 하나. 뉴질랜드 국민 한 사람이 2016년에 고국의 한 은행에서 얼마 안 되는 세 자릿수 금액을 런던 주재 영국 여행사로 송금하려고 했다. 하지만 그는 '북조선 여행'과 관계된 돈이라고 적었다가 국제 업무를 맡은 은행에서 송금을 거절당했다. 그는 나중에 현찰로 지불해야만 했다.

2016년 3월부터 중국은 북조선에 대한 제재와 관련해서 더욱 적극적으로 되었다. 그래서 중국 국영 여행사들은 잠정적으로 북조선 여행의 판매를 중지했다. 물론 민영 여행사들은 계속 북조선 여행을 제공하고 있지만 말이다. 경제특구의 확충도 중단되었다. 무엇보다도 중국은

2016년 3월 2일자 유엔 안보리의 2270 결의에 찬성했다. 그에 따라 북조선으로 가는, 또는 북조선에서 나오는 모든 화물선은 의무적으로 검사를 받게 되었다. 이것은 많은 항구들이 이런 배들의 입항을 거절하는 사태로 발전했다. 검사 절차에 따른 비용과 위험에서 벗어나기 위해서다. 북조선 배에 중국 국기를 판매하는 것도 금지되었다. 불법적인 활동이 조금이라도 의심될 경우 북조선 비행기의 통과비행은 거부되어야 한다. 나아가 북조선의 정기 무역은 강력히 제한되었다. 이것은 석탄, 금, 바나듐, 티타늄 등의 수출에 적용된다. 희토류 수출의 금지는 특별히 오묘한 일이다. 이것은 중국에 꼭 나쁘지는 않다. 어쨌든 이 생산품의 경우 중국의 독점이 조금 더 오래 유지될 것이기 때문이다. 북조선에 비행기 연료를 양도하는 것도 금지되었다.

북조선 무역의 구조를 고려하면 이런 제재를 장기간 꾸준히 실행한다면 심한 타격이 될 것이다. 이 나라는 무엇보다도 원료를 수출하고 주로 석유와 석유제품을 수입한다.

2016년 이후로 유엔 안보리의 국제 제재에 새로운 특성이 나타난다. 전에는(결의 1718, 1874, 2087, 2094) 제재가 특수했고, 주로 북조선의 핵 프로그램과 미사일 프로그램을 뒷받침할 수 있는 것들을 향했다. 최근의 제재는 분명하게 폭이 넓어져서 이제는 이 나라에서 가능한 한 많은 자원들을 뺏거나 허락하지 않으려는 목적을 갖고 있다.

개성공단 폐쇄와 합쳐서 이런 제재를 생각하면, 북조선을 경제적으로 굶겨 죽이려는 시도로 보인다. 이에 대해 북조선 지도부가 '이제야 비로소 제대로'라는 모토로 대응할 것으로 기대되었다. 2016년 5월 전당대회의 개혁 친화 및 시장 친화적인 결과들도 이런 조명을 비추어보면 새로운 해석을 요구한다.

이따금 북조선에서 나오는, 대화가 준비되었다는 신호들이 제대로 인식되지 않거나 진지하게 검토되지 않는 것은 유감이다. 그것이 속임수인지 아닌지는 오직 시도를 해보아야 알 수 있다. 물론 그럴 용기가 없다. 국제적 압력이 너무 크다.

2016년 1월에 드문 긍정적 예외 하나가 있을 뻔했다. 나 자신도 참석한 오랜 사전 작업 끝에 북조선 대표단이 다보스의 세계경제포럼에 초대를 받을 수 있었다. 끈질긴 대화를 통해 북조선 지도부에게 그런 방문의 기회를 알릴 수가 있었다. 처음의 망설임이 지난 다음 북조선 외무성은 2015년 크리스마스 직전에 외교수장 리수용이 적극적으로 참석할 의사가 있음을 내비쳤다. 그와 함께 토론할 주제들에는 무엇보다도 인권문제, 핵무기의 선제 투입 포기, 핵 프로그램 중단 등이 들어 있었다.

북조선이 2016년 1월 6일에 4차 핵폭탄을 점화했을 때 북조선 대표단에 대한 초청은 취소되었고, 이것은 미디어에 의해 주목받아 외교적 영광으로 연결되었다.[12] 그러니 다보스 채널은 당분간은 막혔다. 긴급한 현안의 어느 것도 제대로 설명되지 않았다.

서방의 딜레마는 우리가 스스로 친 '붉은 선'에 막혀 거의 움직일 수 없다는 점이다. 대화는 갈등의 해결책이 아니라 선행善行에 대한 보상으로 간주된다. 2016년 9월의 5차 핵 실험 이후 미국 외무부의 첫 번째 반응은, 북조선을 절대로 핵보유국으로 인정하지 않는다는 확인이었다. 하지만 어떤 문제의 존재 자체를 부인하면서 그 문제를 어떻게 다룰 수 있는지는 여전히 수수께끼다.

한국어판 후기 : 북조선 2017~2019년

2017년부터 2019년은 북조선에 — 그리고 이 나라와 관련된 일을 하는 사람들에게도 — 다시 극히 역동적이고 자극적인 시간이었다. 나는 2017년 2월 13일에 당시 열일곱 살이던 아들과 함께 평양에 있었는데, 우리 호텔 방에서 알자지라 티브이 방송을 통해 김정은의 이복형 김정남의 사망 소식을 들었다. 그는 쿠알라룸푸르에서 카메라들이 돌아가는 가운데 강력한 신경가스로 살해되었다. 평양에서는 우리 외국인들 말고는 아무도 이 피살 소식을 들은 것 같아 보이지 않았지만, 그리고 눈에 띄게 강화된 보안 조치도 없었지만 나는 긴장했다. 하루 전에 탄도미사일을 일본 방향으로 쏘는 실험을 했다는 사실은 빈으로 돌아와서야 들었다. 이것은 2017년 1월에 취임한 도널드 트럼프Donald Trump 미국 대통령의 임기 첫해에 벌어진, 북조선 최초의 대규모 미사일 실험이었다. 트럼프 대통령의 비관습적인 정책은 이어지는 몇 해 동안 일련의 놀라움을 만들어냈다.

트럼프는 처음에는 자제하는 반응을 보이고, 2017년 5월에는 김정은을 만나는 것을 "명예롭게 느낄" 것이라고 말했다. 나는 상궤에서 벗어난 것으로 알려진 미국 대통령이 시멘트로 고정한 것처럼 움직이지 않는 워싱턴의 태도를 무너뜨릴지도 모른다는 희망을 품었다. 북조선이 협상장에 나오기 전에 우선 핵무기를 폐쇄해야 한다는 미국의 지속적인 요구는 비현실적인 것으로서, 건설적인 것과는 거리가 멀었다. 대화를 해결책을 향한 첫걸음이 아니라 일종의 보상으로 여기니 말이다. 변화를 위한 시간이었다.

하지만 변화 대신 상황은 빠른 속도로 나빠졌다. 가파르게 계속 하강하는 나선형을 따라가려면, 불과 몇 주 동안 한반도에서의 군사적 대립을 점점 더 가능한 일로 보이게 만든 일련의 사건들을 시간 순서에 따라 정확하게 바라보는 것이 필요하다.

2017년이 흐르는 동안 북조선은 서방에서 중대한 도발로 여기는 일련의 미사일 실험들을 계속했다. 미숙한 일탈 행동으로 유죄판결을 받은 미국 관광객 오토 웜비어가 2017년 6월 13일에 미국 측에 인도되었다. 긍정적이고 인도적인 몸짓이 될 수도 있었을 것이 반대로 바뀌었다. 웜비어는 혼수상태에서 깨어나지 못한 채 겨우 6일 뒤 죽었다. 미국의 여론이 끓어올랐다. 트럼프 대통령은 2017년 8월에 미국 시민의 북조선 여행을 금지하는 포고령으로 반응했다.

미국 대통령은 북조선에 관련해서 공격적인 발언을 시작하고, 김정은을 개인적으로 공격했다. 이에 대해 평양은 "무자비한" 핵 보복을 하겠노라고 위협했다. 다양한 탄도미사일 실험에 대한 반응으로 2017년 8월 5일에 가결된 유엔 안보리의 2371 결의는 이후 북조선의 석탄과 철광석 수출을 불가능하게 만들었다. 이는 북조선의 가장 중요한 두 가지 수출 품목이다. 제재는 이미 오래전부터 무기 프로그램을 향한 것이 아니었다. 이제는 경제 전체를 굴복시키기 위한 것이었다.

그에 따라 이런 "비열한 짓"에 맞서는 평양의 대응도 격해졌다. 이어서 트럼프 대통령은 2017년 8월 8일에 자주 인용된 협박 하나를 내놓았다. "화염과 분노를" 북조선에 보내겠다는 것이다. 하루 뒤에 북조선이 괌의 미군 기지를 파괴할 것이라고 위협하자 트럼프 대통령은 8월 11일에 미군이 "장전하고 안전장치를 풀었으며" 북조선을 파괴할 준비가 되었다고 말했다. 김정은은 당황하지 않고 9월 3일 핵 실험을 명령했다. 9월 11일 유엔 안보리 결의 2375가 광범위한 경제제재를 더욱 강화했다.

머지않아 북조선의 사나운 협박들이 나오리라 기대되던 무렵, 북조선의 유엔 대사가 미국에 "가장 큰 고통"을 줄 것이라고 경고했다. 트럼프는 격해져서 9월 17일에 김정은을 자신과 국민을 위해 자살 사명을 지닌 "로켓맨"이라고 불렀다. 트럼프는 9월 19일 유엔에서 처음으로 연설을 하면서, 북조선을 "완전히 파괴"할 것이라 위협했고, 이틀 뒤 김정은은 트럼프를 "짖어대는 개"라고 불렀다. 트럼프는 그런 말을 감수하지 않고 9월 22일에 김정은을 "미치광이"라고 불렀는데, 그러자 북조선은 트럼프를 "노망난 늙은이"라고 칭했다. 트럼프는 11월 12일에 다시 김정은을 "작고 뚱뚱"하다고 말했다. 2017년 11월 29일에 북조선은 새로운 대륙간 미사일 화성 15호를 쏘아 실험에 성공했다. 이는 이론적으로는 핵탄두를 미국으로 수송할 수 있는 미사일이다. 김정은은 이로써 신뢰할 만한 핵 위협 수단 구축이라는 목표가 달성되었다고 선포했다. 나중에 드러나지만 이 발언은 급격한 방향 전환의 씨앗을 품은 것이었다. 많은 관찰자들은 2018년에야 그것을 깨달았다.

하지만 우선은 상호 비방이 계속되었다. 미국의 강력한 영향을 받는 유엔 안보리는 2017년 크리스마스 이틀 전에 2397 결의로 반응했는데, 이것은 북조선의 원유 수입을 강력히 제한하고, 국내 생산품과 노동력의 수출을 금지하는 내용을 골자로 했다.

2018년 외교정책: 희망의 해

2018년 1월 김정은의 신년연설과 더불어 방향 전환이 나타났다. 여기서 그는 자기 책상 위에 늘 준비 상태로 있다는 뭔지 모를 "핵단추"를 언급하기는 했지만, 그러면서도 남한과의 관계 개선을 제안했다. 트럼프가 자기도 그런 단추를 갖고 있으며, 자기 것이 김정은의 것보다 훨씬 더 크다고 반격했지만, 남북 양측은 평창 동계올림픽 경기에 북조선의 참가를 위해 적극적인 발걸음을 내디뎠다. 2월에 김정은은 여동생이자 가장 가까운 측근인 김여정을 개막식에 파견했고, 김여정은 남한의 문재인 대통령에게 오빠의 친서를 전달했다. 당시 공식적으로 국가수반 역할을 하던 최고인민회의 상임위원장 김영남도 남한으로 왔는데, 이는 그때까지 북조선 최고위층의 남한 방문이었다.

미국은 처음에는 별 관심이 없었다. 역시 개막식에 참석한 미국의 마이크 펜스Mike Pence 부통령은 남북 단일팀이 함께 행진할 때 보란 듯이 앉아 있었고, 겨우 몇 걸음 떨어진 곳에 있던 김정은의 여동생 김여정과 얼굴을 마주치는 일을 피했다. 하지만 남한과 북조선은 흔들리지 않았다. 김정은과 문 대통령 사이에 정상회담이 합의되었고, 남측의 최고위직 관리들은 평양을 방문한 다음에 공식적으로 북조선이 미국과 협상할 각오가, 또 정상회담을 할 준비가 되어 있다고 발표했다.

2018년 3월 8일에 트럼프 대통령은 놀랍게도 이 초청을 받아들였고, 최초의 북미정상회담 준비가 시작되었다. 2주 후에 김정은은 2011년 12월 취임 이후 처음으로 공식 해외 방문을 했다. 상징적 의미가 많이 담긴 중국 방문이었다. 이 방문으로 2013년과 2016년의 핵 실험 이후 상당히 악화된 북조선과 중국 사이 상호 관계도 개선되었다. 최고 적대국들과의 — 미국과 남한 — 협상을 전망하면서 김정은은 공식적으로 베이징의 후원을 확보하려고 했다. 중국은 중국대로 한반도에서 벌어지는 역동성에 불안해져서, 이런 변화 과정에 중국을 포함시키는 것에 대한 반대급부로 북조선에 상당한 양보를 해주었다.

2018년 4월 27일 김정은 위원장과 문재인 대통령은 국경선인 판문점에서 만났다. 그와 비슷한 정상 간 회동은 2007년 평양에서 김정일 위원장과 노무현 대통령 사이에 있었는데, 두 사람은 그사이 모두 작고했다. 김정은 위원장이 문 대통령의 손을 잡고 하늘색 막사들 사이의 국경선을 넘어섰을 때, 이것은 현직 북조선 지도자가 남한을 방문한 최초의 역사적 순간이 되었다. 물론 수도인 서울과는 한참 떨어진 곳이긴 했지만. 정상회담에서 나온 공동성명서는 계속적인 접촉을 위한 토대를 마련했다. 물론 남북의 접촉은 금방 배후로 밀려났지만 말이다. 공식적인 관심은 주로 평양과 워싱턴의 관계에 쏠려 있었기 때문이다.

도널드 트럼프는 2018년 4월에 김정은을 "매우 존경할 만한" 사람이라고 불렀다. 북조선은 한동안 모든 핵 실험과 미사일 실험을 포기하고 대륙간 미사일 실험장 한 곳을 폐쇄한다고 선언했다. 남한의 문 대통령은 그사이에 미국 대통령을 계속 격려하면서 심지어는 노벨평화상 수상과 연관시키려고까지 했다.

5월 7일에 김정은은 다시 베이징에서 중국의 국가수반 시진핑習近平과 대화를 했다. 이틀 뒤에 미국 국무장관 폼페이오Mike Pompeo가 정상회담을 준비하러 북조선으로 들어갔고, 북조선에 억류된 미국인 세 명의 사면을 받아낼 수 있었다. 다음 날 트럼프는 6월 12일 싱가포르에서 정상회담이 열린다고 알렸다. 북조선은 5월 말에 핵 실험장 한 곳을 파괴하여 긍정적인 몸짓을 계속했다. 2018년 5월 24일에 — 나는 때마침 북조선에 있었는데 — 트럼프는 갑자기 계획된 정상회담을 취소하겠다고 말했다. 이에 대해서도 북조선의 여론은 아무것도 알지 못했다. 겨우 이틀 뒤에 김정은 위원장과 문 대통령 사이에 위기를 맞아 급작스럽게 준비된 정상회담이 열렸다. 이 만남이 의견 변화를 가져온 것인지 나로서는 알 수 없다. 어쨌든 6월 1일에 트럼프는 싱가포르정상회담은 계획대로 진행된다고 선언했다.

2018년 6월 12일에 세계는 긴장해서 싱가포르를 바라보았다. 김정은은 상징성 풍부하게 중국 국적 항공사 에어차이나의 보잉 747기를 타고 도착했고, 북조선에서도 방영된 공식 영상에서 사람들은 비행기에서 내리는 최고지도자 뒤로 분명하게 중국 국기를 볼 수 있었다. 기대했던 대로 대단한 돌파는 없었고, 대신 수많은 일회성 사진들만 나왔다. 김정은은 밤의 싱가포르를 산책했고, 다음 날 그와 트럼프는 함박웃음을 지으며 마치 오래된 옛 친구들처럼 악수를 했다. 불과 몇 개월 전만 해도 이런 상황이 얼마나 불가능해 보였던가를 눈앞에 그려보면, 놀라서 고개를 가로젓게 된다. 한국전쟁 종전과 한반도 비핵화의 길에서 진짜로 거대한 돌파구가 마련될 것인가?

이런 문서가 흔히 그렇듯이 공동성명서는 매우 일반적인 것이었고 해석을 위한 여지를 잔뜩 지녔다. 객관적인 관찰자들은 주로 상징적 특성을 가진 이 중요한 최초의 행보에 뒤이어 진짜 협상과 협정이 뒤따라야 할 텐데, 그것은 2차 북미정상회담에서 서명될 것이라고 여겼다.

우선 김정은은 2018년 6월에 다시 시진핑을 만났고, 2018년 9월에는 북조선 수도를 방문한 문재인 대통령과도 다시 만났다. 남한 대통령은 평양의 5월경기장에 운집한 15만 명의 북조선 사람들에게 직접 연설을 했고, 두 정상은 북조선 혁명의 성산聖山인 백두산에서 영부인들과 나란히 기념사진을 찍었다. 이전의 북조선발 톱뉴스들과 비교해서 서방 매체들의 관심이 현저히 떨어진 것이 당시 내 눈에 띄었다. 비슷한 사건에 대해 나는 전에는 하루 50번까지 인터뷰 요청을 받았지만, 이번에는 내게는 다행스럽지만 10번도 안 되었다. 그러니까 좋은 소식은 불길한 소식들만큼 잘 팔리지는 않는 것이다. 긍정적인 남북 관계에 대한 소식은 일상적인 사건의 등급으로 떨어졌다.

김정은은 2018년 말 이전에 서울을 방문하겠노라고 발표했지만, 그것은 2019년 11월 현재까지도 이루어지지 않은 약속이다. 물론 2018년 10월에 남북 국경선의 긴장을 없애기 위해 합의한 대로 100만 개에 달하는 지뢰의 제거가 시작되었다. 11월에 북조선은 남북 국경선 사이에 전진 배치된 초소 10개를 폭파했지만, 전술적인 미사일무기 실험은 계속되었다.

2019년의 외교정책: 냉전 시즌 2가 그림자를 드러내다

2019년 1월 김정은은 다시 베이징을 방문했다. 신년사에서 그는 미국이 약속하고 기대한 대로 협력하지 않는다면, 북이 "새로운 노선"을 추진할 것이라고 이미 위협을 한 터였다.

나는 당시, 김정은이 이로써 이 지역의 지정학적 발전에 대한 자신의 전략적 관점을 드러냈다고 썼고, 지금도 그렇게 생각한다. 당시 우리에게 나타난 것을 나는 '냉전 시즌 2'라고 부른다. 1990년대 초까지 세계는 두 개의 진영으로 나뉘어 있었고, 모스크바와 워싱턴이 각각의 중심에 있었다. 유럽과 동아시아의 몇몇 나라들은 2차대전에 근거해서 처음부터 어느 한쪽 진영에 소속되었다. 나머지 나라들은 둘 중 어느 진영에 들어가거나 중립적인 노선을 좇기로 선택을 했다. 북조선은 수십 년 동안이나 이런 두 진영의 경쟁에서 엄청난 이익을 보았고, 소련과 그 동맹국인 중국으로부터 막대한 경제 원조를 받았다. 군사적으로도 북조선은 소련의 핵우산 아래서 상대적으로 안전했다. 사회주의의 붕괴와 더불어 평양은 거대한 과제 앞에 직면했다. 자력으로 경제적·군사적으로 살아남는다는 과제였다. 그것이 가능할 것이라고 생각하는 사람은 거의 없었다. 어쨌든 그 비용은 어마어마했다. 북조선은 나라를 뒤흔든 기근을 겪었고, 또한 핵 프로그램을 가동해서 전 세계의 가장 강력한 경제적·군사적 강국들을 적으로 만들었다.

이제 다시금 세계질서가 둘로 갈라질 것처럼 보인다. 이번에는 워싱턴과 베이징을 중심축으로 할 것이다. 한반도는 다시금 두 진영이 대립하는 각축장이 될 수 있다. 김정은은 곧 베이징이 미국의 의사에 반해 자신을 지지할 것이라고 생각한 듯하며, 그에 따라 자신감을 가지고 워싱턴과의 대화에 나서고 있다. 역사를 스승으로 여기고, 1950년대와 1960년대에 김일성이 중국과 소련을 대하던 태도와의 유사점을 역사에서 이끌어내보면, 김정은은 베이징에 압력을 행사하기 위해 미국을 이용할 것이고, 거기서 끌어낼 수 있는 양보를 극대화할 것이라 예상할 수 있다.

물론 이것은 경험과 지표들을 근거로 분석하는 나의 정세 판단일 뿐이다. 북조선 지도부의 실질적인 사유에 대해 우리는 절대로 모르거나, 또는 훨씬 나중에야, 그러니까 한국이 통일되고 역사가들이 평양의 문서들에 접근할 수 있게 되어서야 알게 될 것이다. 하지만 이런 배경을 놓고 보면, 적어도 하노이에서 열린 2차 북미정상회담의 실망스러운 결말을 조금 더 잘 이해할 수 있다.

2019년 2월 22일에 기묘한 사건이 불안을 만들어냈다. 알려지지 않은 패거리가 마드리드의 북조선대사관에 침입해서 그곳 직원을 묶어놓고 폭행하고는 기밀서류를 가로챘다. 스페인 관청은 미국 첩보기관과의 연관성을 추정했지만, CIA 측은 즉시 부인했다. 이 사건은 하노이정상회담의 재앙의 징후였다. 하노이에서는 우선 오래 기다려온 구체적 돌파가 기대되었다. 전적으로 타당하게, 한국전쟁 종결을 위한 평화조약과 외교관계 정상화, 그리고 북조선의 핵 프로그램 감축을 위한 가능한 절차 등이 추정되었다.

하지만 사정은 전혀 달랐다. 소문에 따르면, 실무진 대화에서 합의된 바 북조선 측에서 영변 핵시설을 폐쇄하고 그 대신 제재조치 중 다섯 개를 없애기로 한 내용은, 나중에 해고된 미국의 대통령 안보보좌관 존 볼턴John Bolton 때문에 성사되지 않았다고 한다. 대신 미국은 여러 해 전부터 북조선에 의해 거듭 거부된 빅딜 요구로 되돌아갔고, 곧바로 정상회담은 아무런 성과도 없이 중단되었다.

어느 정도 망설이던 북조선이 2019년 4월 24일에 블라디보스토크에서 러시아 대통령 블라디미르 푸틴Vladimir Putin과 오랫동안 예측되던 최초의 정상회담을 했다는 점은 이런 맥락에서 관찰해야 할 것이다. 더욱 큰 돌파를 향한 세부사항은 알려지지 않았으나 여기서도 북조선의 외교적 적극성을 알아볼 수 있다. 어쨌든 모스크바는 유엔 안보리 제재에 거부권을 행사할 수 있다. 북조선이 이익을 얻을 수 있는 새로운 반미 연합이 여기서 구축될까? 이런 노선은 북조선과 가까워지려 하고 재통일을 바라는 남한에는 치명적인 일이 될 것이다.

모든 것을 경제를 위해: 국내정책의 경향

같은 기간에 북조선에서 이루어진 국내정책의 조치들이 앞에 서술된 대외적 사건의 전개에 따른 결과인지 아니면 전제인지를 놓고는 관찰자마다 의견이 제각각이다. 여기서도 엄청난 역동성을 알아볼 수 있다는 것만은 확실하다. 개별 사항들은 언제나 그렇듯이 대부분이 안개 속에 있지만, 미국의 후원 내지는 묵인을 받느냐, 못 받느냐에 따라 다시 경제에 새롭게 초점을 맞춘 윤곽이 나타날 것이다.

이런 맥락에서 가장 중요한 것은 김정은이 2018년 4월 20일에 당의 중앙위원회 3차 전원회의에서 한 설명이다. 그는 2017년 말 화성 15호 실험에 성공한 다음에 이미, 북조선은 견고한 군사적 위협의 구축이라는 전략적 목표를 달성했으니, 이제부터는 온갖 수단을 다해 경제의 구축에 헌신할 것이라고 말했었다. 그가 2013년에 예고한, 경제와 무기를 나란히 발전시킨다는 '병진'정책은 이제 5년이 지나서 한 단계를 마무리했다. 그것은 대단한 이념적 변화였는데, 국가의 노력을 100퍼센트 군사력에 투입한다는 김정일의 선군정책에서 50대 50으로 나누는 병진정책으로, 이어서 100퍼센트를 경제에 투입한다는 새로운 노선으로 전환한 것이다.

이것은 물론 현실에서 완전히 실현된 적 없는 이념적·전략적 선언일 뿐이다. '선군'정책의 시기에도 경제가 독려되었으며, '모든 것을 경제를 위해'라는 국면에서도 계속 군사 프로젝트들이 진행될 것이다. 하지만 그럼에도 이런 전환은 알아볼 수도 있고 또한 중요하다. 점점 더 경제를 지향하는 북조선 주민에게 중요한 신호를 보내는 것이기 때문이다. 2011년 김정은이 권좌에 오른 직후 내가 가졌던 생각, 곧 김정은이 자신의 권력을 정당화하기 위해 무엇보다도 주민들의 경제적 생활조건을 향상시키는 일에 집중하리라는 생각은 실제로 맞는 것처럼 보인다.

2019년 11월에 스톡홀름에서 유럽 담당 북조선 외무차관과 대화를 나누었는데, 그는 북조선이 주로 국내 시장과 수입대체재에 집중하려 한다고 설명했다. 이것은 2018년과 2019년에 점점 더 자주 북조선의 공식적 진술에서 읽을 수 있는, 자립경제와 '자력갱생'이라는 호소와 일치한다. 이런 정책은 발전 전략의 시작으로는 매우 의미가 있다. 우선은 비싼 수입품을 자체 생산품으로 대체하고, 강력한 국내 시장을 구축하는 것이 중요하다. 하지만 장기적으로 이런 전략은 한계에 부딪칠 것이다. 북조선 같은 나라는 국내 시장이 제한되어 있기에 충분히 오랫동안 높은 성장률에 도달하기 위해서는 수출이 꼭 필요하다. 현재의 상황으로는 미국의 묵인과 제재 해제 없이는 수출지향적인 성장 전략은 성공할 수 없을 것이다. 지난 기간 북조선 수출의 발전은 그것을 매우 뚜렷하게 보여준다.

〈그림 4〉는 거의 중국에 대한 수출만을 다루고 있으며, 따라서 중국의 진술도 중요하다. 모든 독자는 이런 수치를 얼마나 믿을 것인가를 스스로 결정해야 한다. 특히 여기서 중요한 전략적 정보가 다루어지니 더욱 그렇다. 또한 1,400킬로미터 길이의 북-중 국경선을 따라 공식 통계에 잡히지 않는 경제적 접촉이 상당하다는 점도 감안해야 한다.

남한의 한국은행이 내놓은 북조선 경제 성장률 수치는 이보다 더욱 비현실적으로 보인다. 서울에서는 북조선의 국민총생산이 2017년에 -3.5퍼센트, 2018년에 -4.1퍼센트 등 극적으로 감소했다고 본다. 여기서는 특히 그래프가 심하게 요동치는 것이 눈에 띈다. 한국은행은 2016년의 북조선 국민총생산을 3.9퍼센트 성장으로 보았었다. 이 기간 북조선의 경제 발전에 대한 매우 부정적인 평가는, 현지 방문에서 볼 수 있었

〈그림 4〉 2005~2018년 북조선의 수출(단위: 미화 100만 달러)

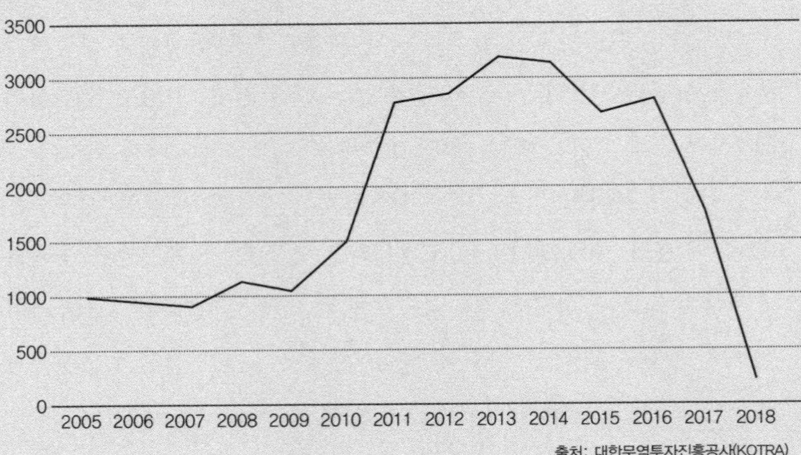

출처: 대한무역투자진흥공사(KOTRA)

던 것과는 잘 맞지 않는다.

이런 [한국은행의] 통계에서 해외 무역 연관성이 너무 강력한 위상을 차지한다는 것이 내가 받은 인상이다. 이것은 대부분의 국민경제에는 의미 있는 가정일 수 있다. 대부분의 국민경제는 국제 무역에서 자국 생산품의 매출과 그 공급 체인의 유지에 의존하기 때문이다. 하지만 북조선은 수십 년 전부터 스스로를 해외 무역에서 차단시켜왔으며, 지금도 해외 무역은 상당히 낮은 발전 수준에 있다. 이것은 해외 무역 의존도가 상대적으로 낮다는 것을 알려준다. 그 대신 서울과 서양에서 자주 저평가하는 것이, 지난 20년 동안 엄청나게 성장한 북조선의 국내 시장 부문이다. 북조선의 소비자들과 기업가들은 그사이 소박한 경제 성장을 이루기에 충분한 구매력을 갖게 되었다. 2018년 가을에 발표된 북조선의 수치들은 2017년 3.7퍼센트의 경제 성장을 했다고 알려준다. 이것은 연간 예산자료에 근거한 나의 계산에 상당히 근접하는 수치다. 〈그림 5〉를 보라. 토착경제의 성장은 북조선의 지속적인 해외 무역 적자를 메우는 재정 원천이 될 수도 있다. 이런 적자액은 2017년과 2018년에 각기 대략 20억 달러에 이르렀다.

김정은이 당면하고 있는 경제정책의 압력을 우리가 너무 높이 평가한다고 생각해볼 수 있다. 하지만 중국에 대한 일방적 의존이나 더욱 굳건한 성장을 향한 소망 모두, 얼른 제재를 끝내고 국제 시장에 접근하도록 강력하게 자극한다는 점도 사실이다. 따라서 평양이 미국과의 대화에서 어느 정도 협상의 각오가 되어 있다고 생각할 수가 있다. 하지만 베이징과 워싱턴 사이의 갈등이 얼마나 첨예해지느냐에 따라 북조선에는 대안이 열릴 수도 있다. 중국의 후원으로 수출지향적인 경제 발전을 이룬다는 것이 그런 대안이다. 인도주의적 성과로 보나 지금까지 지속된 북조선의 핵 실험을 정지시키려는 시도의 성과로 보나 경제제재는잘못이라고 낙인찍고, 미국의 분명한 의사에 맞서 북조선에 금융 시장과 무역 시장을 열어주는 일이다. 그렇게 된다면 앞서 서술한 냉전 시즌 2가 이미 현실이 되어 있을 것이다.

이렇게 중요한 경제정책적인 전략 결정과는 별개로 또 다른 본질적인 북조선의 국내정치 변화들이 완성되었다. '옛날 친위대'를 더 젊은 지도부 세력으로 차츰 교체하는 것을 전반적으로 알아볼 수 있다. 그사이 90세가 넘은 김영남은 최고인민회의 상임위원장 자리를 최룡해에게 넘겨주었다.

2019년 3월에 정기 의회 선거가 있었는데, 여기서 김정은은 처음으로 아예 등장하지 않았다. 극도로 상징적인 이런 조치는 그가 더는 '원로들 중의 1인자'로서 통치하지 않고, 공식적으로 선출된 국민의 대표들

〈그림 5〉 2005~2018년 북조선 국가수입의 연간성장률(단위: 퍼센트)

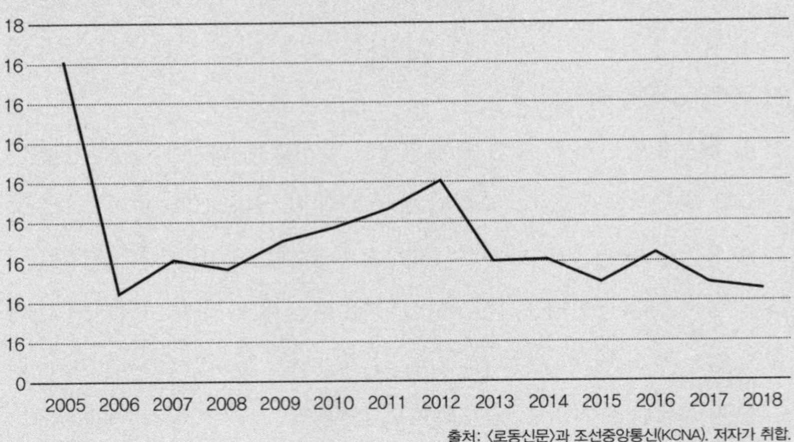

출처: 〈로동신문〉과 조선중앙통신(KCNA). 저자가 취합.

위에 있음을 의미한다. 2019년 4월의 정기 의회에서 헌법 개정이 결의되었고, 이것은 46년 이상 뿌리를 박고 있던 '주체' 개념을 없애고 김정은 치하에서 처음으로 만들어진 김일성-김정일주의를 국가의 최고이념으로 세웠다. 물론 비전문적인 이 두 개념 사이의 차이가 뭔지 아주 분명하지는 않지만.

김정은은 헌법에서 국무위원장으로 불리는데, 이로써 그는 헌법을 통해 국가의 최고직위를 갖게 된 것이다. 따라서 선출될 필요가 없고, 선출될 수도 없다. 김정은 개인의 이런 평가절상은 유일무이한 것이다. 이것은 2018년 한 해 동안에만 무려 일곱 번의 정상회담을 거친 젊은 지도자의 높아진 국제적 위상과 연관시킬 수 있을 것이다. 또 다른 해석들에 따르면, 이것은 무엇보다도 국내정치의 권력을 더욱 공고히 하려는 시도, 또는 그냥 국내에서 자신의 권한에 점점 더 익숙해진 사람이 형식적으로도 그것을 확실히 하려는 것이라고 본다. 여기서도 우리는 사변들에 기대지만, 무엇보다도 사실만을 근거로 해야 할 것이다. 새로운 의회 상임위원장 최룡해가 2019년 4월 연설에서 김정은을 "전체 조선인민의 최고대표자"라고 칭했는데, "북조선"이 아니라 "조선"이었다는 것은 사실에 속한다.

남한에 대해 더욱 강경해진 노선

문재인 대통령 치하의 남한 정부가 특히 2018년 초에 북조선과 미국의 접촉을 위해 맡았던 결정적인 역할을 생각하면, 평양이 2019년부터 서울의 파트너에게 점점 더 쌀쌀맞은 태도를 보이는 이유를 이해하기가 어렵다. 트럼프 대통령이 2019년 6월 30일에 일본을 방문한 다음 트위터를 통해 김정은에게 보낸 초청에 따라 북조선 지도자가 판문점으로 내려왔을 때 잠깐 만남이 이루어지기는 했다. 김정은은 불과 1주일 전에 중국의 시진핑 주석을 14년 만에 처음으로 평양에서 국빈으로 맞아들였고, 이런 일은 그의 자신감을 강화시켰다.

나는 마침 이 시기에 서울에 머물고 있었기에 대통령과 수행원을 태운 리무진들이 국경선 방향을 향해 달리는 것을 보았다. 하지만 김정은과 트럼프가 판문점의 하늘색 막사들 사이에서 웃는 얼굴로 힘차게 악수를 하며 세 번째로 서로 만났을 때, 문 대통령은 손님을 접대하는 주인보다는 오히려 그야말로 자동차의 스페어타이어 같은 모습이었다. 주역은 김정은과 트럼프였다. 손님을 맞은 남한의 대통령은 약간 뒷전으로 밀려나 있었다.

문 대통령이 2019년 8월 15일 광복절 연설에서 남북 접촉 행보를 계속하기를 촉구하자, 북조선 대표 한 사람은 싸늘한 태도로 반응하면서 남한과는 이야기할 것도 없으며 다시 만날 계획도 없다고 선언했다. 2019년 가을에 김정은은 남한을 향해 금강산에 지어진, 형식적으로 남한의 재산인 관광 시설을 싹 들어내고 자신의 "더욱 아름다운" 시설로 대체할 것이라고 선포했다.

이런 조치들은 북조선이 온갖 미사여구에도 불구하고 현재 국면을 신뢰하지 않으며, 독일의 상황을 적잖이 염두에 두고서 남한을 예나 지금이나 최고 적국으로 간주한다는 사실을 상기시킨다. 김정은의 장기적인 최고의 정치적 목표가 자신이 주도하는 한국의 통일이라고 본다면, 그의 태도가 적어도 이해는 간다. 북조선이 서울을 가장자리로 밀어붙이고 미국과 직접 대화를 하려고 한 것은 이번이 처음은 아니다. 지금까지는 동맹을 지키려는 워싱턴의 태도에 밀려 실패했다. 하지만 트럼프 대통령이 이른바 높은 방위 비용을 핑계로 서울에 높은 재정 부담을 떠넘기려고 가하는 압력과, 동맹국 일본과 거의 무역전쟁으로까지 확대된 서울의 의견 충돌은, 김정은의 공격적인 태도를 훨씬 더 쉽게 만들어주고 있다.

서방 관광객들에게 더욱 힘든 시기

미국과의 수차례 정상 간 만남, 트럼프 대통령이 동맹국들에게 취하는 일관성 없는 정책, 그리고 엄청나게 강화된 중국의 지원에서 생겨난 북조선의 자신감은, 서방 관광객들을 대하는 태도에서도 분명해졌다. 서방 관광객의 숫자는 연간 6,000명 정도로 보잘것없으면서도 엄청난 이념적 위험성을 지닌다. 하지만 그들은 지난 여러 해 동안 외환 수입을 위한 반가운 원천이었기에, 북조선은 그들에게 나라와, 지난 수십 년간 이룩한 개선들을 자랑스럽게 보여주었다. 나의 책《북한여행*Unterwegs in Nordkorea*》

에서 더욱 자세한 내용을 읽을 수 있을 것이다.

하지만 중국 지도부가 삼가는 태도를 버리고 2018년 중반부터 북조선을 후원하기 시작함에 따라 중국 관광객의 숫자도 늘어났다. 2019년에만 35만 명으로 추산된다. 이들은 대개 아주 짧은 시간만 머무르고 이 나라에서 별로 많은 돈을 지출하지도 않지만, 그런데도 숫자가 많아서 상당한 수입원이며, 이런 경향은 점점 커지고 있다.

또 다른 한편으로 워싱턴은 2017년 여름에 미국인의 북조선 여행을 금지했고, 2019년에는 서방 국가의 국민이라도 지난 몇 년 사이 한 번이라도 북조선을 방문했다면 미국에 무비자 입국을 금지하는 조항을 공표했다. 서양의 많은 사람들은 이제 북조선으로 여행했다가 다음번 미국 입국을 위험하게 또는 복잡하게 만들 것인지를 매우 세심하게 고려하고 있다. 나는 만약 북조선에 다음번 제재가 내려진다면, 관광에도 집중될 것이라고 생각한다.

북조선에서도 몇 가지 사고 전환이 일어나는 것으로 보인다. 몇몇 국가기관은 수천 명의 서방 관광객이 만들어내는 위험이 그것으로 생겨나는 수입보다 더욱 높다고 평가하는 것 같다. 그런 평가가 완전히 잘못된 것은 아니다. 여행자그룹에는 평범해 보이다가 나중에야 정체가 드러나는 저널리스트들이 자주 끼어 있다가, 그냥 손쉽게 몇 푼 벌려고 북조선에 대해 부정적인 기사들을 쓰곤 했다. 비밀공작 업무도 생각할 수 있다. 이유야 무엇이든 중국 관광객의 수가 늘어나는 정도에 맞춰 북조선은 서양 관광객을 참아줄 마음이 줄어들고 있다. 나는 이것이 잘못된 정책이라고 본다. 그런 일은 해외 무역에서 이미 압도적인 중국 의존을 더욱 키울 것이기 때문이다.

서방과 달리 중국은, 제재들을 동원해 효과적으로 위협하려면 우선 가능한 한 의존도를 높여야 한다는 사실을 이해했다. 북조선은 새로운 중국의 관광객 물결을 맞이하면서, 이 분야에서 다양성을 갖춤으로써 거대한 이웃나라에 맞서 균형추를 만들어내는 것이 좋을 것이다. 하지만 이것은 현재 평양의 지배적인 의견은 아닌 듯하다.

2019년 6월 말에 북조선 관청이 호주 시민을 체포했을 때 서방 관광객을 부정적으로 대하는 경향이 불쾌한 절정에 도달했다. 예전의 그런 체포 사례와는 달리 이번에는 이 나라의 규칙을 모르는 문외한이나 기독교 선교사가 아니라, 오랜 기간의 경험과 언어 능력을 지니고 북조선 전문 여행사를 세운 사람이었다. 호주인 알렉 시글리Alek Sigley는 김일성대학교 학생으로서, 조선문학으로 석사학위를 받으려던 사람이다. 북조선에 대한 그의 진술들은 모두가 긍정적인 것으로서, 덕분에 서양에서 일정한 비판까지 받았다. 그는 심지어 1년 전에는 이 나라와 가깝다는 것을 표현하기 위해 일본인 아내와 평양에서 결혼식을 올렸다. 그는 정기적으로 북조선에서 이것저것 탐지해서 식당, 커피하우스, 스마트폰 사용 등에 대한 세부사항들을 알리곤 했다. 시글리는 북조선 관청으로부터 체계적인 정보 수집으로 스파이질을 한다는 비난을 받았다. 다행히도 트럼프와 김정은이 2019년 6월 말에 갑작스럽게 판문점에서 만나지 않았더라면, 그는 아마도 모의재판도 없이 공개 사과를 하고 유죄 판결을 받았을지도 모른다. 정상 간의 만남 덕분에 그는 이후 며칠 만에 석방되어 집으로 돌아갔지만, 다시 북조선으로 돌아갈 희망은 별로 크지 않다.

중국에도 그와 비슷한 사건이 있다. 2018년 12월에 캐나다 시민 마이클 스페이버Michale Spavor가 북조선행 비행기에 오르려다가 체포되었다. 스페이버는 2013년 예전의 NBA 스타인 데니스 로드먼의 북조선 방문을 함께 조직했고, 덕분에 김정은을 만난 적이 있었다. 요트에서 반바지 차림으로 김정은과 함께 앉아 차가운 음료를 마시며 담배를 피우는 그의 휴대전화 사진들은 세계적으로 주목을 끌었다. 내가 2018년에 마지막으로 북조선을 방문했을 때 묘향산의 친선전시관에는 — 북조선 지도자들에게 보내온 선물들을 전시하는 곳 — 그의 사진도 걸려 있었다.

중국의 관청들은 스페이버가 국가안보를 위반했다고 비난했다. 그러니까 역시 스파이질을 했다는 것인데, 이런 고발이 사실인지 뒷받침하는 것은 없다. 내가 개인적으로 아는 마이클 스페이버를 생각해보면 강력한 의심이 드는 일이다. 2019년 11월 현재까지 재판은 없었다. 스페이버는 그러니까 50주 동안이나 중국의 어딘가 교도소에 잡혀 있는 것이다. 그의 체포는 또 다른 캐나다 시민의 경우와 마찬가지로, 중국 이동통신기업 화웨이 창업자의 딸이 캐나다에 체포되어 있는 것에 대한 보복으로 생각되곤 했다. 그럴 수도 있지만, 그의 낮은 지위와 — 국제적인 기술기업의 CFO와는 전혀 비교도 안 되는 — 북조선 지도부와의 밀접한 관계는 또 다른 사변을 허용한다. 어쩌면 여기서 중국 관청은 북조선 관리들이 아직 남아 있는 서방과의 좋은 관계들을 망쳐버릴 수 있도록, 그들에게 업무 협조를 하는 것일지도 모른다. 이것 또한 북조선과 연관된 많은 것이 그렇듯이 순전한 사변일 뿐이지만, 적어도 이 경우에서 수많은 답변되지 않은 질문들의 답이 나온다.

북조선으로 가려는 여행자들에게 또 다른 나쁜 소식들이 2018년 10월에 있었다. 주체사상탑 꼭대기에서 도시의 사진을 찍는 것이 당분간 금지되었다. 정부청사 방향을 보여주는 전체 창문이 반사 처리가 되어 있다는 것은 원래 알려진 일이었다. 북조선은 물리적으로도 계속 자신을 차단하고 있는 듯하다.

전망: 한국의 위기와 기회들

지난 몇 해 동안 북조선 안에서, 그리고 북조선을 둘러싸고 관찰된 극적인 변화들을 놓고 볼 때, 미래로 눈길을 던지기란 매우 위험한 일이다. 고려되지 않은 너무 많은 인자들이 작동하고 있다. 직위를 잃을 수도 또는 재선될 수도 있는 트럼프 대통령, 절대권력으로 무장하고 중국·남한·미국 사이에서 균형 행동을 취할 김정은. 그리고 현재 임기의 절반을 넘기고 있는 문 대통령이 점점 더 많은 정치적 도전을 받을 테고, 무엇보다도 경기침체 문제와 인구변화 문제에 열중해야 한다는 남한의 정치적 풍경들까지도 그렇다.

이런 배경을 놓고 볼 때, 또 다른 정상회담이나 북조선 핵 프로그램의 폐기에 대해 사변을 펼치는 것은 별 의미가 없다. 그보다는 차라리 남한의 독자들께 무엇보다도 앞으로 다가올 발전의 위험과 기회들에 대한 내 의견을 말씀드리고 싶다.

덜 좋은 소식으로 시작하기로 하자. 현재 남한의 장래에 가장 큰 외부적 위험은 미국과의 불확실한 동맹국 지위와, 글로벌한 힘의 이동을 꼽을 수 있다. 벌써 여러 해 전부터 중국에 대한 경제적 의존이 커지고 있다. 새로운 권한을 갖게 된 베이징이 지금까지처럼 뒤로 물러나 행동을 취할지, 아니면 한반도의 상황에 더욱 분명하게 개입할지 앞으로 드러날 것이다.

한반도는 미국과 중국 주도로 대립하는 냉전 시즌 2가 시작되는 최초의 장소들 중 하나가 될 가능성이 있다. 남한을 비롯해 해외 무역에 경제를 의존하는 다른 모든 나라들은 파괴적인 영향을 마주하게 될 것이다. 중국과 미국은 전체 세계경제의 시장이자 하청업자이다. 그들이 서로를 차단하면 글로벌 생산과, 또한 밀접하게 연결된 주식시장들이 심각한 손실을 입을 것이다. 그와 같은 시나리오에서 승자가 있기는 어렵다. 하지만 유감스럽게도 역사를 통해 우리는, 더 나은 지식에도 불구하고 너무나 자주 잘못된 결정들이 내려졌다는 사실을 알고 있다.

그래서 서울과 도쿄의 관계가 이렇게 막혀 있다는 사정은 특히 비극적이다. 한국과 일본은 정확하게 동일한 도전에 직면해 있고, 원래는 밀접하게 서로 협조해야 했을 터인데, 그 대신 지금 과거를 놓고 대립하는 중이다. 평양은 그런 갈등을 능숙하게 이용하는 것으로 유명하다. 남한과 일본 사이의 싸움을 부추기는 사람은 북조선의 이익을 위해 움직이는 것이다.

한국의 관점에서 보면, 현재의 지정학적 역동성에서 또 다른 문제가 나온다. 중국과 미국이 모두 한반도에서의 주도권에 관심이 있다는 것은 분명한 일이다. 중국은 자신의 핵 영역을 안전하게 확보하고 미국을 이 지역에서 몰아내려 한다. 미국은 중국의 부상을 늦추거나 심지어 방해하고자 한다. 한국은 지정학적으로 이런 상황에 매우 노출되는 위치에 있다. 트럼프 대통령은 자신을 언제나 거래에 관심이 있는 실용주의자라고 여긴다. 베이징과 워싱턴이 비밀협상에서, 미국이 대만 지지를 포기하고 중화인민공화국이 대만을 접수하는 것을 가만히 놓아두는 대신, 중국은 미국이 북조선을 공격해도 움직이지 않으며 공격하지 않기로 합의한다면, 어떻게 될까? 현재 이런 조정은 생각하기 어렵지만, 미국이 가장 가까운 동맹국들에 맞서 벌이는 무역전쟁이나 얼마 전까지 이어진 홍콩의 소요 사태를 생각해야 한다. 역사적으로 그런 선례가 있다. 1905년 가쓰라-태프트 밀약이 그것이다. 이는 일본이 미국의 필리핀 지배를 받아들이는 대신, 미국이 조선에서 일본의 이익을 인정해준 협정이다. 그 결과 일본의 식민지 지배가 나타났다. 한국은 두 강대국의 대립에서 작은 나라들의 이익이 뒷전으로 밀린다는 사실을 기억하라는 충고를 받아들이는 것이 좋을 것이다.

하지만 눈길을 안으로 돌려도 엄청난 어려움들이 드러난다. 남한의 경제는 지난 수십 년보다 느리게 성장하고, 부동산 가격은 치솟고 있으며, 교육체계에서의 압력은 견딜 수 없을 정도이고, 사회의 노령화도 복지예산에 짐이 되고 있다. 게다가 젊은 세대는 자신의 주장을 펼치기도 어렵고, 자신을 위한 미래를 발견하기도 어렵다. 2019년 9월의 설문조사에서는 겨우 22퍼센트 정도의 응답자만이 정치적·경제적·사회적·환경적 관점에서 한국 사회가 견고하고 지속성이 있다고 간주하는 것으로 나타났다.

남한의 수많은 사람들은 북조선과의 관계를 매우 위험하다고 보고 있으며, 통일에 대한 관심은 줄고 있다. 젊은 세대가 더욱 그렇다. 2018년 통일부의 설문조사에서는 20대의 24퍼센트만이 통일이 꼭 필요하다고 대답했다. 나머지는 평화로운 공존으로 만족할 것이란다. 통일이 경제에 미치는 부정적인 결과들에 대한 두려움이 크다. 2017년 위기의 해에는 겨우 6퍼센트의 응답자만이 경제가 통일보다 더 중요하다는 의견이었다.

독일의 예는 통일 비용에 대한 패닉에 가까운 공포의 원천 중 하나다. 하지만 여기서 나는 좋은 소식을 가지고 있다. 서독이 통일을 통해 엄청난 재정적 손실을 입었다는 지배적인 진술은 잘못된 정보다. 그 반대가 맞는다. 그것을 분명히 하기 위해 우선 단순한 예시 몇 가지를 내놓기로 하자.

A라는 사람이 B라는 사람에게 1만 원의 연금을 준다고 가정하자. 관찰자는 그것을 물론 송금이라고 볼 것이다. A는 1만 원을 잃고 B는 1만

원을 받았다. 이것은 현재 포퓰리즘 미디어와 분단된 한국에 널리 퍼진 독일 통일의 비용에 대한 관점이다. 하지만 B는 이 돈으로 무엇을 하는가? 자동판매기에서 커피 한 잔과 샌드위치를 산다. 그런 소비를 통해 두 사람이 함께 속한 국가로 세금이 흘러들어간다. 이것은 질이 높은 미디어와 학술적 기반을 가진 출판물에서 독일 통일의 비용을 계산할 때 흔히 적용하는, 약간 더 현실적인 '실제송금액'이라는 개념에 어울린다. 하지만 지금부터가 흥미롭다. 이 자판기와 커피, 샌드위치, 그 밖의 부재료를 생산하는 기업체들이 A의 것이라고 가정하자. 세금을 제하고 나서 나머지 돈 또한 다시 A에게로 되돌아간다.

독일의 경우 정확하게 이런 일이 일어났다. 동독에서는 통일 이후 처음 2년 동안 240만 개의 일자리가 사라지고, 서독에서 120만 개의 새로운 일자리가 생겨났다. 서독의 경제는 인플레율을 제하고 나서도 실질 성장률이 5퍼센트 이상에 달했다. 동독 주민들이 구입한 상품을 생산한 기업체들은 대부분 서독 사람들의 손에 들어 있었다. 신탁이[독일신탁관리청과 연방관리청] 민영화한 3만 5,000개 동독 기업체 중에서 겨우 3퍼센트만이 동독 사람의 손으로 들어갔다. 급행열차 노선, 고속도로, 이동통신 시설 등을 건설한 기업체들 역시 서독의 기업체였다.

현재 이용할 수 있는 숫자들은 이것을 분명하게 알려준다. 1991년부터 1994년까지 서독에서 동독으로, 계산에 따라 3500억~5000억 마르크가 송금되었다. 같은 기간에 동독의 주들은 서쪽에서 9390억 마르크 상당의 물자와 서비스를 수입하고, 겨우 2210억 마르크 상당의 상품과 서비스를 서쪽으로 내보냈다. 약 7180억 마르크라는 차액은 송금받은 금액을 훨씬 능가한다. 동독 사람들은 이 차액을 자신들의 저금과 스스로 생산한 수입으로 충당했던 것이고, 그로써 서독에 그토록 막대한 경제적 호황이 나타났던 것이다. 그런 호황이 아니었다면 서독의 경제는 6~7퍼센트 정도 적게 성장했을 것이다.

그러니까 독일의 통일이 재정적으로는 윈윈 상황이었다는 것이 분명하다. 동독 사람들은 엄청난 재정적 도움을 받았고 그것으로 적절한 삶을 누리면서 경제를 발전시킬 수 있었다. 서독 사람들은 수요의 폭발적 상승을 경험했고, 그로써 자기들의 부를 확보하고 확대할 수 있었다. 양측이 모두, 일부는 상당한 정도로 이익을 얻었다.

앞에서 통일을 다룬 장에서 나는 어째서 독일과 한국의 직접적인 비교를 비판적으로 보는지를 밝혔다. 하지만 어떤 이유에서든 한국과 독일 사이에 유사한 점들이 있다고 본다면, 독일의 예가 통일의 높은 재정부담의 증거로 쓰이는 것은 그야말로 헛소리다. 그와는 완전히 반대다. 현재 상황에서 한국의 통일은 정체된 남한 경제에 특별한 행운으로 나타날 수 있다. 보수적인 박근혜 대통령이나 진보적인 문재인 대통령이 모두 옳다. 한국의 재통일은 엄청난 경제적 이익이 될 것이다. 모든 한국인들에게 말이다. 하나가 된 한국은 변화하는 지정학적 현실에 대처하기에도 더 나은 위치가 될 것이다. 그래서 나는 한국의 가장 큰 미래 기회는 남북의 협조를 더욱 늘리는 데 있다고 생각한다.

그런 일을 이루기 위해 서울은 분명한 현실을 바라보고 더욱 적극적이 되어야 한다. 베이징, 워싱턴, 평양 방향에서 긍정적인 발걸음이 나오기를 기다리면서 예의바르게 문을 열고 참을성 있게 동반자로서 준비하고 기다리는 것만으로는 충분치 못하다. 물론 그것도 그리 단순한 일은 아니지만. 괴테[Johann Wolfgang von Goethe]의 말을 거칠게 인용해서 "망치가 되어야지 모루가 되지 않으려면", 남한은 더욱 자신감을 가지고 대담한 정치적·경제적 자본을 투입해야 할 것이다.

주

—— 서문

1 한국어 표기는 McCune/Reischauer 체계에 따른다. 읽기에 편하도록 광범위하게 알려진 개념, 장소이름, 사람이름은 미디어에서 널리 쓰이는 간편한 형태를 따른다. 따라서 P'yongyang은 Pjöngjang으로 쓴다.

—— 1. 전통과 기원

1 서양 언어로 이용 가능한 한국사 기본서 하나는 Ki-baek Yi, *A New History of Korea*(Harvard University Press, Cambridge 1984).

2 한국인의 이름은 극소수의 예외를 빼면 2음절 이름과 1음절 성으로 구성된다. 한국어로는 성이 맨 앞에 나온다. 여기서는 이런 전통을 그대로 따른다. 그 밖에 2음절 성과 혼동되는 일을 피하기 위해 이름은 가운뎃줄을 두어 표기한다[Kim Il-sung].

3 이 시기에 나온 설명 하나를 다음의 책에서 찾아볼 수 있다. John Jorganson, "Tan'gun and the Legitimization of a Threatened Dynasty: North Korea's Rediscovery of Tan'gun", *Korea Observer* XXVII/2, 1996, pp. 273-306.

4 Karl August Wittfogel, *Wirtschaft und Gesellschaft Chinas. Ver such der wissenschaft lichen Analyse einer grossen asiatischen Agrargesell schaft(C. L. Hirschfeld, Leipzig 1931); Oriental Despotism. A Com paritive Study of Total Power*(Yale University Press, New Haven 1957).

5 Gregory Henderson, *Korea. The Politics of the Vortex*(Harvard University Press, Cambridge 1968).

6 M. Kang, "Merchants of Kaesong", *Economic Life in Korea*(Seoul: International Cultural Foundation 1978), pp. 88-119.

7 남북이 같은 언어를 쓰지만, 영어 표기의 적용에서 한 가지 차이가 나타난다. 북한에서 영어 표기는 원칙적으로 기피되지만, 낱말의 맨 앞에 오는 'ㄹ'은 실제로 발음이 되며, 서양어로 표기할 때도 'R'로 표시된다. 남한에서는 대부분 그것을 말하지 않으며 서양어로도 통상 'Y'로 표기하거나, 아니면 'ㄴ'으로 발음하고 'N'으로 표기한다. 그래서 '리'는 남한에서 '이'가 되고, '로동'은 '노동'이 된다. 그러므로 당신이 '리Ri' 선생을 만난다면 그는 아마도 북조선 출신일 것이다. 남한에서라면 '이Yi/Lee/Rhee' 선생이 될 것이다.

8 북조선에서 이 문자는 그곳에서 통용되는 나라 이름을 이용하여 '조선글'로 불린다.

9 헤니 사브나이에Henny Savenije는 집중적으로 헨드릭 하멜Hendrik Hamel을 탐구했다. 그의 일기장과 수많은 메모들, 그리고 배경정보는 다음에서 찾아볼 수 있다. http://henny-savenije.pe.kr/index.html(Zugriff vom 23. 4. 2014).

10 이 표현은 주로 다음에서 이용된다. Andrei Lankov, *The Real North Korea: Life and Politics in the Failed Stalinist Utopia*(Oxford University Press, London und New York 2013).

11 Brian Myers, *The Cleanest Race. How North Koreans See Themselves and Why It Matters*(Melville House, New York 2011).

12 연합군과 일본 사이의 평화조약은 1951년, 즉 한국전쟁 기간에 샌프란시스코에서 체결되었다. 소련은 이 조약에 조인하지 않았다. 모스크바는 중국의 부재와 일본이 미국 우방국으로 자리 잡는 것에 반대했다. 소련과 일본은 1956년에야 전시 상태를 끝내고 외교관계의 시작을 가능케 하는 공동성명서에 합의했다.

13 공식적인 북조선 전기가 있는데, 이것은 매우 읽어볼 만한 문서다. 제1권은 영어로 번역되어 온라인에서도 찾아볼 수 있다. Il-sung Kim, *With the Century, http://www.korea-dpr.com/lib/202.pdf(Zugriff vom 25. 4. 2014).* 김일성에 대한 서양의 다른 표준 서적으로는 *Dae-sook Suh, Kim Il Sung. The North Korean Leader*(Columbia University Press, New York 1988).

14 이 장면의 변화에 대한 논의는 다음에서 찾아볼 수 있다. Frank Hoffmann, "Brush, Ink and Props", Rüdiger Frank(Hg.), *Exploring North Korean Arts*(Verlag für Moderne Kunst, Nürnberg 2011), S. 159f.

15 북한과 연관해서 여러 특이한 것들 중 하나는 1945년부터 1950년의 기간이 이 나라에서 가장 잘 기록되고 탐구된 발전국면이라는 점이다. 그에 반해 뒷날의 발전과정에 대해 우리는 훨씬 잘 모른다. 이것은 두 가지 이유가 있다. 처음에는 한국의 분단이 아직 완전히 이루어지지 않아서 자유로운 개인들의 소통이 광범위하게 있었다. 그리고 한국전쟁 기간에 미국은 조선로동당과 북조선 정부의 문서고에서 톤 단위로 엄청난 내부 자료를 빼냈는데, 이런 자료가 처음에는 정보부에, 그리고 나중에는 학자들에게도 해방 이후 몇 년 동안의 정치에 대한 깊은 통찰을 가능하게 해주었다. 그중 한 예는 Charles Armstrong, *The North Korean Revolution 1945–1950*(Cornell University Press, Ithaca und London 2003).

16 잘 읽히는 것으로는 Adrian Buzo, *The Guerilla Dynasty. Politics and Leadership in North Korea(Tauris, London 1999).* 고전적인 책으로는 *Dae-sook Suh, Korean Communism,*

1945–1980: A Reference Guide to the Political System(University of Hawaii Press, Honolulu 1981).

17 오랜 기간 한국전쟁을 다룬 표준 저작으로 여겨졌으며 오늘날 비판을 받는데도 불구하고 읽을 만한 것은 Bruce Cumings, *The Origins of The Korean War(2 vols., Princeton University Press 1981, beziehungsweise Cornell University Press 2004).* 소련과 동유럽의 문서고에서 이 분야와, 특히 전쟁 발발의 문제에 대한 여러 기록은 워싱턴 우드로윌슨센터의 *Cold War International History Project*, 온라인으로는 http://www.wilsoncenter.org/program/cold-warinternational-history-project.

18 이 문제를 다룬 내 책은 동독 첫 수상의 아들인 한스 그로테볼Hans Grotewohl 같은 시대의 증인들과의 인터뷰와, 특히 동독 독일사회주의통일당(SED)의 옛날 문서고, 바우하우스 데사우 문서고 등의 자료에 근거한 것이다. Rüdiger Frank, *Die DDR und Nordkorea. Der Wiederaufb au der Stadt Hamhŭng 1954–1962*(Shaker, Aachen 1996).

19 북조선에서 중국과 소련 간 경쟁의 결과들에 대해 가장 잘 연구된 저술은 Balázs Szalontai, *Kim Il Sung in the Khrushchev Era. Soviet-DPRK Relations and the Roots of North Korean Despotism, 1953–1964*(Stanford University Press, Redwood City 2006).

—— 2. 이념과 지도자: 가장 깊숙이에서 나라를 지탱하는 요소

1 김정일, "사상 사업을 앞세우는 것은 사회주의 위업수행의 필수적 요구이다." 1995년 6월 19일. http://redyouthnyc.files.wordpress.com/2013/06/kim-jongil-ideological.pdf(Zugriff vom 29. 4. 2014)

2 이것은 주로 다음의 탁월한 책에서 읽을 수 있다. Janos Kornai nachlesen, *The Socialist System. The Political Economy of Communism*(Princeton University Press 1992).

3 대략 8분 동안 지속되는 연설을 다시 들을 수 있다. Deutsches Rundfunkarchiv, *Volkskammer-Videos 1989*, http://1989.dra.de/ton-und-videoarchiv/videos.html (Zugriff vom 30. 4. 2014).

4 www.rodong.re.kp에서 당 기관지 〈로동신문〉의 인터넷판과 PDF 파일도 볼 수 있다. 그 밖에 국영 통신사 조선중앙통신(KCNA)은 www.kcna.kp라는 이름으로 자체 웹사이트를 운영한다. 여기서 이따금 데이터 전송의 문제 등에 부딪칠 수 있다. 일본의 서버 www.kcna.co.jp에서 1998년 이후로, 포맷은 낡았어도 접근하기가 더 나은 국영 뉴스의 판본을 접할 수 있다.

5 마이어스는 자신의 책에서 북조선 주민들이 당국에 의해 교육이 필요한 어린이로 여겨진다고 주장한다. Brian Myers, *The Cleanest Race*, chap. 1, note 11.

6 "김정은동지께서 만경대유희장을 돌아보시였다", 〈조선중앙통신〉, 2012. 5. 9., http://www.kcna.co.jp/calendar/2012/05/05-09/2012-0509-010.html(Zugriff vom 30. 4. 2014).

7 북조선의 온갖 형식의 예술에 나타난 문제를 일단의 국제적 전문가 그룹이 기록했다. Rüdiger Frank(Hg.), *Exploring North Korean Arts*(Verlag für Moderne Kunst, Nürnberg 2011).

8 Kim Dschong Il, *Über die Filmkunst*(Verlag für fremdsprachige Literatur, Pjöngjang 1989).

9 Ebenda, p. 31.

10 직접 한 말은 다음 참조. http://www.dailynk.com/english/ keys/2001/6/06.php. 그 기원과 내용에 대한 논의는 다음 참조. James Person, "The 1967 Purge of the Gapsan Faction and Establishment of the Monolithic Ideological System", *NKIDP e-Dossier* Nr. 15(Woodrow Wilson Center, Washington, D.C. 2013).

11 Kim Ir Sen. 김일성의 러시아어 표기.

12 "Information. Die Politik der Bruderparteien der sozialistischen Länder", Archiv der Parteien und Massenorganisationen der ehemaligen DDR im Bundesarchiv, Aktenbestand der Abteilung Internationale Verbindungen, IV 2/20/32, Bl. 176. 더욱 상세한 논의는 Rüdiger Frank, *Die DDR und Nordkorea*, Kap. 1, Anm. 18.

13 두 권으로 출간된 김정일의 어린 시절에 대한 책은 그 한 예이다. In Su Zö, *Kim Dschong Il, Führer des Volkes*, Bd. 1(Verlag für Fremdsprachige Literatur, P'yŏngyang 1983).

14 김정숙은 김일성의 첫째 부인이며 김정일의 어머니. 오늘날 여성 혁명가의 모범이자 이 나라 여성의 모범으로 여겨진다.

15 Kim Dschong Il. 동독에 널리 퍼진 한국어 텍스트의 독일어 판본에서 '김정일'의 표기.

16 Zö, Anm. 13, S. 1 – 6.

17 Hyang Jin Jung(2013), "Jucheism as an Apotheosis of the Family: The Case of the Arirang Festival", *Journal of Korean Religions*, vol. 4/2, October 2013, pp. 93 – 122.

18 Sok Rye Jin의 초상화(1979). 2010년 5월 19일~9월 5일 빈응용미술박물관에서 개최된 '김일성을 위한 꽃' 전시회의 카탈로그에서(Verlag für Moderne Kunst, Nürnberg 2010) 98쪽.

19 Helen Louise Hunter, *Kim Il-song's North Korea*(Praeger, Westport 1999).

20 '-산'이라는 음절은 산 또는 산맥을 나타내고, 이름 뒤에 붙는다. 또 다른 전형적인 이름의 음절 '-강'은 강, '-리'는 마을, '-령'은 고개, '-시'는 도시, '-도'는 섬 또는 도를 뜻한다.

21 이 점에 비추어 북조선에 대한 학술적 글이나 언론보도의 질을 추정할 수 있다. 오늘날에도 '친애하는 지도자'를 뜻하는 'Geliebter Führer'나 'Dear Leader' 등의 용어를 쓰는 사람은 분명히 북조선 출판물을 원어로 읽어보려는 노력을 하지 않은 것이다.

22 예를 들면 다음을 보라. "Bizarrer Auft ritt von Dennis Rodman in Nordkorea", *Die Welt Online*, 8. 1. 2014, http://www.welt.de/sport/ article123648941/Bizarrer-Auft ritt-von-Dennis-Rodman-in-Nordkorea.html(Zugriff vom 1. 5. 2014).

23 2011년 12월의 권력승계에 대한 상세한 논의는 Rüdiger Frank, "North Korea after Kim Jong-Il: The Kim Jong-Un era and its challenges", *The Asia-Pacific Journal* vol. 10/2, 9. 1. 2012, http://www.japanfocus.org/-R_diger-Frank/3674(Zugriff vom 1. 5. 2014).

24 약간 이상한 이런 개념조합은, 민주주의가 다수의 지배라는 마르크스-레닌주의 입장에서 나온 것이다. 계급이 둘뿐이기 때문에—프롤레타리아와 부르주아지—사회의 다수를 차지하는 프롤레타리아 독재는 완벽한 민주주의이기도 하다.

25 조선로동당의 중앙위원회 정치국 확대회의에 대한 보도. 〈로동신문〉, 2013년 12월 9일자.

26 Rüdiger Frank, "Exhausting Its Reserves? Sources of Finance for North Korea's Improvement of People's Living", *38 North*, 12. 12. 2013, http://38north.org/2013/12/rfrank121213(Zugriff vom 1. 5. 2014).

27 김일성-김정일의 병합에 대한 논의는 다음에서 찾아볼 수 있다. Seong-Chang Cheong, "Stalinism and Kimilsungism: A Comparative Analysis of Ideology and Power", *Asian Perspective* 24/1, 2000, pp. 133-161.

28 김일성이 노동계급이 아니라 인민에 대해 말하고 있다는 점을 주목하라.

29 Kim Il Sung, "Antworten auf Fragen australischer Journalisten vom 4. 11. 1974", *Werke*, Bd. 29(Verlag für Fremdsprachige Literatur, Pjöngjang 1987), S. 543-544; 한국어 원서 판본은 김일성 전집의 56권에 있음.

30 Kim Il-sung, *Über die Beseitigung des Dogmatismus und des Formalismus sowie über die Herstellung des Juche in der ideologischen Arbeit*, Rede vom 28. 12. 1955(Verlag für Fremdsprachige Literatur, P'yŏngyang 1971).

31 Brian Myers, "The Watershed that Wasn't: Re-Evaluating Kim Il Sung's 'Juche

Speech' of 1955", *Acta Koreana*, 9. 1. 2006, pp. 89 – 115.

32 마르크스와 헤겔의 이념관계, 그리고 포이어바흐 주장의 관계 등에 대한 논의는 Paul Thomas, *Marxism and Scientific Socialism: From Engels to Althusser*(Routledge, London 2008).

33 *Neues Deutschland*, 15. 8. 1989, S. 1.

34 Kim Jong-il, *Über die Dschutsche-Ideologie*(Verlag für Fremdsprachige Literatur, P'yŏngyang 1982).

35 John Jorganson, "Tan'gun and the Legitimization of a Threatened Dynasty: North Korea's Rediscovery of Tan'gun", *Korea Observer* XXVII/2, 1996, pp. 273 – 306.

36 한국어로는 "자기 땅에 발을 붙이고 눈은 세계를 보라." 〈로동신문〉, 2010년 9월 1일자. http://www.kcna.co.jp/calendar/2010/09/09-01/2010-0901-014.html (Zugriff vom 2. 5. 2014).

37 〈로동신문〉, 2003년 4월 3일자.

38 Selig Harrison, *Korean Endgame. A Strategy for Reunifi cation and U.S. Disengagement*(Princeton University Press, Princeton 2002).

39 〈로동신문〉 2003년 3월 21일자.

40 여기서 주목해야 할 것은 만수대언덕의 두 지도자상 왼편에 있는 군상은 여전히 〈공산당선언〉을 하늘로 쳐들고 있다는 것이다. 북조선은 항상 논리적이지는 않다.

41 〈로동신문〉 2003년 4월 3일자.

—— 3. 정치체제: 권력의 세 기둥

1 http://world.moleg.go.kr/KP/law/23273?astSeq=582 beziehungsweise http://unibook.unikorea.go.kr/?sub_num=53&recom=1(Zugriff vom 5. 5. 2014).

2 현행[2014년] 헌법 원문은 한국어로만 나와 있다. http://naenara.com.kp/ko/great/constitution.php(Zugriff vom 5. 5. 2014). 이것과 이어지는 북조선 헌법 인용문은 여기서 얻은 내용을 저자가 번역한 것이다.

3 특히 인상적인 문서는 Blaine Harden, *Flucht aus Lager 14*(Deutsche Verlags-Anstalt, München 2012).

4 "가소로운 '인권' 소동", 〈조선중앙통신〉, 2008. 4. 9., http://www.kcna.co.jp/calendar/2008/04/04-09/2008-0408-010.html(Zugriff vom 5. 5. 2014).

5 Siehe unter anderem "Windpower Project in North Korea", 7. 8. 1998, http://www.wiseinternational.org/node/2073(Zugriff vom 6. 5. 2014).

6 정부직할시는 평양, 라선, 남포, 개성이다.[평양시는 직할시uuu, 라선시 개성시 남포시는 특급시로 운영되다가 2010년 라선시가 특별시로 지정되었다.] 9개 도와 도청소재지는 평안북도(신의주), 평안남도(평성), 자강도(강계), 량강도(혜산), 황해북도(사리원), 황해남도(해주), 함경북도(청진), 함경남도(함흥), 강원도(원산) 등이다.

7 "중앙선거위 최고인민회의 제13기 대의원선거결과에 대하여", 〈조선중앙통신〉, 2014. 3. 11., http://www.kcna.co.jp/ calendar/2014/03/03-11/2014-0311-007.html(Zugriff vom 28.3. 2014).

8 "최고인민회의 제13기 대의원선거 각지 선거분구들에서 계속 진행", 〈조선중앙통신〉, 2014. 3. 9., http://www.kcna.co.jp/item/2014/201403/news09/20140309-11ee.html(Zugriff vom 28. 3. 2014).

9 "인민의 나라를 빛내여갈 애국의 열의", 〈조선중앙통신〉, 2014. 3. 9., http://www.kcna.co.jp/item/2014/201403/news09/20140309-13ee.html(Zugriff vom 28. 3. 2014).

10 숫자는 다음 참조. Rüdiger Frank, "Some Thoughts on the North Korean Parliamentary Election of 2014", *38 North*, http://38north.org/2014/03/rfrank031414(Zugriff vom 6. 5. 2014).

11 "Why does autocratic North Korea hold elections? It's not merely a political ruse", *New Focus International*, 24. 1. 2014, http:// newfocusintl.com/autocratic-north-korea-hold-elections-merelypolitical-ruse(Zugriff vom 28. 3. 2014).

12 Siehe zum Beispiel "로동신문 김정은제1비서의 업적 칭송", 〈조선중앙통신〉, 2014. 2. 5., http://www.kcna.co.jp/calendar/2014/02/02-05/2014-0205-008.html(Zugriff vom 31. 3. 2014).

13 2014년 5월 현재 사업영역이 없는 부총리가 한 명 있고, 나머지 세 명은 국가계획 담당, 화학산업 담당, 농업 담당 부총리다.

14 Siehe unter anderem Andrei Lankov, *North of the DMZ. Essays on Daily Life in North Korea*(McFarland, Jefferson 2007).

15 김치는 한국의 민족적 상징. 배추를 절여 소금, 마늘, 고추 등과 함께 버무리면 유산균 발효를 통해 오래 보존할 수 있게 된다.

16 이런 사실은 탈북자들의 보고를 취급하는 남한의 자료에서 얻었다. 강성윤 외, 《북한 정치의 이해》(을유문화사, 서울 2001); MOU, *Understanding North Korea*(Ministry of Unification: Seoul 2012).

17 부부 사이에 성이 다른 것은 한국에서는 극히 정상이다. 그들은 결혼한 다음에도 원래의 성을 그대로 쓰기 때문이다.

18 Markus Weber, "Peace: Axe macht aus Diktatoren romantische Helden", W&V, 16. 1. 2014, http://www.wuv.de/marketing/peace_axe_ macht_aus_diktatoren_romantische_helden(Zugriff vom 6. 5. 2014).

19 "Korea Execution Is Tied to Clash Over Businesses", *The New York Times*, 23. 12. 2013, http://www.nytimes.com/2013/12/24/world/ asia/north-korea-purge.html?pagewanted=all&_r=0(Zugriff vom 6. 5. 2014).

20 "김정은제1비서 제681군부대관하 포병구분대 포사격훈련 지도", 〈조선중앙통신〉, 2014. 4. 26., http://www.kcna.co.jp/ calendar/2014/04/04-26/2014-0426-001.html(Zugriff vom 6. 5. 2014).

21 Office of the Secretary of Defense, Military and Security Developments involving the Democratic People's Republic of Korea, Annual Report to Congress, 15. 2. 2013, http://www.defense.gov/pubs/report_ to_congress_on_military_and_security_developments_ involving_ the_dprk.pdf (Zugriff vom 6. 5. 2014). 부분적으로 전혀 다른 수치를 제공, http://www.globalfi repower.com/country-military-strengthdetail.asp?country_id=north-korea(Zugriff vom 6. 5. 2014).

22 한반도에너지개발기구(KEDO)는 1994년의 총괄협정에 따라 1995년 3월에 설립되었다. http://www.kedo.org.

23 Rüdiger Frank, "Can North Korea Prioritize Nukes and the Economy at the Same Time?", *Global Asia*, vol. 9, no. 1, Spring 2014, pp. 38 – 42.

—— 4. 경제: 연마하지 않은 금강석

1 Rüdiger Frank, "Currency Reform and Orthodox Socialism in North Korea", *NAPSNet Policy Forum* 09-092, 03. 12. 2009, http://nautilus. org/napsnet/napsnet-policy-forum/currency-reform-and-orthodoxsocialism-in-north-korea(Zugriff vom 20. 5. 2014).

2 동독은 1963~1980년에 3만 3,000명 이상의 정치범을 서독에 팔아넘겼고, 이는 거의 35조 마르크의 수입을 가져왔다. Anja Mihr, *Amnesty International in der DDR*(Ch. Links, Berlin 2002), S. 41.

3 순환 교역은 개인 차원에서도 행해졌다. 그 결과 나타나는 부조리에 대한 놀라운 예를 헤르만 칸트Hermann Kant가 단편소설 〈셋째 못Der dritte Nagel〉에서 전해주고 있다.

4 Siehe unter anderem Rüdiger Frank, *Die DDR und Nordkorea, wie Kap. 1, Anm. 18,* 그리고 매우 읽을 만한 연구서로는 *Liana Kang-Schmitz, Nordkoreas Umgang mit Abhängigkeit und Sicherheitsrisiko am Beispiel der bilateralen Beziehungen zur DDR*, 공개되지 않은 박사학위 논문, 27. 8. 2010, Universität Trier, http://ubt.opus.hbz-nrw.de/volltexte/2011/636/pdf/Nordkorea_DDR.pdf(Zugriff vom 15.5. 2014).

5 Rüdiger Frank, "Lessons from the Past: The First Wave of Developmental Assistance to North Korea and the German Reconstruction of Hamhŭng", *Pacific Focus*, vol. XXIII, no. 1(April 2008), pp. 46–74.

6 한국은행, "2012년 북한 경제 성장률 추정결과 보도자료", www.bok.or.kr.

7 현대경제연구원, www.hri.co.kr.

8 여기서는 이른바 '제2의 경제'가 핵심이다. 제2의 경제란 암거래경제와 혼동되어서는 안 되고, 군대에 직접 소속되어 국가예산을 통한 우회로를 거치지 않고 군대에 공급하는 일상물품 생산을 관리하는 정규 기업들을 가리킨다.

9 http://www.theglobaleconomy.com/rankings/coal_production(Zugriff vom 16. 5. 2014).

10 USGS(2008), *2007 Minerals Yearbook: North Korea*[Advanced Release], Washington, D.C., U.S. Department of the Interior, U.S. Geological Survey, http://www.nkeconwatch.com/nk-uploads/usgsdprk.pdf(Zugriff vom 18. 5. 2014).

11 Edward Yoon, *Status and Future of the North Korean Minerals Sector*(Nautilus Institute, San Francisco 2011), p. 6.

12 *Yonhap North Korea Newsletter*, no. 230, 4. 10. 2012.

13 북조선의 희토류와 SRE의 기획에 대해 더욱 자세한 정보는 http://www.sreminerals.com; Frik Els, "Largest known rare earth deposit discovered in North Korea", http://www.mining.com, 5. 12. 2013.

14 Tompson, Drew, *Silent Partners. Chinese Joint Ventures in North Korea, U.S.-Korea Institute, Washington, D.C.(2011), p. 53; IFES, "Transfer of Management Rights to Chinese Investment Companies within North Korea", NK Brief* 11-04-05(Institute of Far Eastern Studies, Seoul 2011).

15 예컨대 John Feffer, "North Korea's wealth gap", *Asia Times Online*, 14. 3. 2012, http://www.atimes.com/atimes/Korea/ NC14Dg01.html(Zugriff vom 20. 5. 2014).

16 현재 상세하고 신뢰할 만한 북조선 농업에 대한 자료는 이 나라에 오랫동안 머물

고 있는 세계기아원조Welthungerhilfe의 보고다. 현재의 보고에 대해서는 FAO, *Democratic People's Republic of Korea-FAO/ WFP Crop and Food Security Assessment Mission*, November 2013, http://www.wfp.org/content/democratic-peoples-republic-koreafao-wfp-crop-food-security-assessment-nov-2013(Zugriff vom 16. 5. 2014).

17 이런 목표는 2011년 12월 말에 새로운 지도자가 등장할 때 공공 현수막들에 이미 나타났고, 2013년 신년사에서도 되풀이되었다. "New Year Address Made by Kim Jong Un", *KCNA*, 1. 1. 2013, http://www.kcna.co.jp/ item/2013/201301/news01/20130101-13ee.html(Zugriff vom 20. 5. 2014).

18 Rüdiger Frank, "Can North Korea Prioritize Nukes and the Economy at the Same Time?", chap. 3, note 23.

19 대한민국 통계청,《북한의 주요 통계지표》(대전 2011), 12쪽.

20 Korea Meteorological Administration, zitiert in *Yonhap North Korea Newsletter* no. 195, 2. 2. 2012.

21 Hermann Lautensach, *Korea. A Geography Based on the Author's Travel and Literature*(Springer Verlag, Berlin 1988), pp. 93, 172.

22 FAO(2013), note 16.

23 대한민국 통계청(2011), 주 19, 24쪽.

24 각각의 보도는 FAO 웹사이트에서 볼 수 있다. Siehe FAO(2013), note 16.

25 Vgl. auch Rüdiger Frank, "Classical Socialism in North Korea and its Transformation: The Role and the Future of Agriculture", *Harvard Asia Quarterly*, vol. X/2, 2006, pp. 15-33.

26 대한민국 통계청(2011), 주 19, 22쪽.

27 "German Embassies Help Korean Farmers", *KCNA*, 28. 10. 2009, http://www.kcna.co.jp/item/2009/200910/news28/20091028-16ee.html(Zugriff vom 20. 5. 2014).

28 FAO(2013), note 16.

29 Stephan Haggard and Marcus Noland, *Famine in North Korea: Markets, Aid, and Reform*(Columbia University Press, New York 2007), p. 3.

30 FAO(2013), note 16.

31 FAO (2010), note 16.

32 "세포등판에 많은 거름을 실어내고있다", 〈조선중앙통신〉, 2013. 8. 24., http://

www.kcna.co.jp/item/2013/201308/news24/2013082419ee.html(Zugriff vom 20. 5. 2014).

33 Randall Ireson, "Food Security in North Korea: Designing Realistic Possibilities", Stanford, *Walter H. Shorenstein Asia-Pacific Research Center Working Paper*, Feb. 2006, http://iis-db.stanford.edu/pubs/21046/Ireson_FoodSecurity_2006.pdf(Zugriff vom 21. 5. 2014.

34 KDB, "북한 산업현황과 남북 산업협력방향"(서울 2013), 47쪽.

35 Ebenda, 48쪽.

36 Gary Clyde Hufbauer, Jeffrey J. Schott and Kimberly Ann Elliott, *Economic Sanctions Reconsidered: History and Current Policy*(Institute for International Economics, Washington, D.C. 1990).

37 개별 제재들에 대한 상세한 목록은 Mary Beth Nikitin et al., *Implementation of UN Security Council Resolution 1874, Special Report, 11. 11. 2010(Congressional Research Service, Washington, D.C. 2010); Karin Lee and Julia Choi, North Korea: Unilateral and Multilateral Economic Sanctions and U.S. Department of Treasury Actions, 1955–April 2009*(National Committee on North Korea, Washington D.C. 2009).

38 Kimberly Ann Elliott, "Factors Affecting the Success of Sanctions", David Cortright and George A. Lopez(ed.), *Economic Sanctions: Panacea or Peacebuilding in a Post-Cold War World*(Westview Press, Boulder, Colorado 1995), pp. 51 – 60.

39 Felix Abt, *A Capitalist in North Korea*, Kindle edition, 2012, www.amazon.com.

40 "Schweiz verbietet Skilift-Lieferung an Nordkorea", *Die Welt*, 20. 8. 2013, http://www.welt.de/wirtschaft/article119190192/Schweizverbietet-Skilift -Lieferung-an-Nordkorea.html(Zugriff vom 21. 5. 2014).

41 이런 문제들에 대해서는 기꺼이 외국인들에게 발언할 기회를 준다. 한 예는 "철면피성의 극치-미국의 '도발'과 '위협'타령", 〈조선중앙통신〉, 2014. 5. 6., http://www.kcna.co.jp/item/2014/201405/news06/2014050614ee.html(Zugriff vom 21. 5. 2014).

42 Joy Gordon, "Economic Sanctions, Just War Doctrine, and the 'Fearful Spectacle of the Civilian Dead'", *Cross Currents*, vol. 49/3, 1999, www.crosscurrents.org/gordon.htm.

43 Marc Bossuyt, *The Adverse Consequences of Economic Sanctions on the Enjoyment of Human Rights*(United Nations Economic and Social Council, Commission on Human

Rights, Genf 2000).

44 상세한 논의는 John McGlynn, "Banco Delta Asia, North Korea's Frozen Funds and US Undermining of the Six-Party Talks: Obstacles to a Solution", *The Asia-Pacific Journal*, 9. 6. 2007, http://www.japanfocus.org/-John-McGlynn/2446(Zugriff vom 21. 5. 2014).

45 "Joint Statement of the Fourth Round of the Six-Party Talks Beijing 19 September 2005", US Department of State, http://www. state.gov/p/eap/regional/c15455.htm(Zugriff vom 21. 5. 2014).

46 남한의 발전에 대한 탁월한 분석과 함께 그 수단과 부작용에 대한 비판을 포함하는 글은 Jungen Woo, *Race to the Swift. State and finance in Korean Industrialization*(Columbia University Press, New York 1991).

47 북조선에 대해 매우 비판적인 단체가 2014년에 보고서 하나를 내놓았는데, 여기는 '타락한 변환'이라는 말도 들어 있다. 이전에 정권이 행했던 마약거래, 위조지폐 생산과 담배암거래 등 불법적인 활동들이 이제는 새로 생겨난 개인들의 영역으로 옮겨갔다는 것이다. Sheena Chestnut Greitens, *Illicit. North Korea's Evolving Operations to Earn Hard Currency*(Committee for Human Rights in North Korea, Washington 2014).

48 자료 출처는 KOTRA, 〈2011년도 북한의 대외무역 동향〉(서울 2012). 이 통계에서 남북교역은 빠져 있다는 점을 주목할 것.

49 자료 출처는 KOTRA, 〈2012년도 북한의 대외무역 동향〉(서울 2013).

50 KOTRA(2013), a. a. O.

51 Alexander Vorontsov, "Is Russia-North Korea Cooperation at a New Stage?", *38 North*, 8. 5. 2014, http://38north.org/2014/05/avorontsov050814(Zugriff vom 16. 5. 2014).

52 "Russia writes off 90 percent of North Korea debt, eyes gas pipeline", *Reuters*, 19. 4. 2014, http://www.reuters.com/article/2014/04/19/ukrussia-northkorea-debt-idINKBN0D502V20140419(Zugriff vom 16. 5. 2014).

53 자료 출처는 한국무역협회, 《남북 교역통계》(서울 2013).

54 Mark Manyin and Mary Beth Nikitin, *Foreign Assistance to North Korea*(Congressional Research Service, Washington, D.C. 2011).

55 Benjamin Habib, "North Korea's surprising status in the international climate change regime", *East Asia Forum*, 9. 11. 2013, http://www.eastasiaforum.org/2013/11/09/north-koreas-surprisingstatus-in-the-international-climate-

change-regime(Zugriff vom 23. 6. 2014).

56 "N. Korea desperate to rake in foreign currency amid isolation and poverty", *North Korea Newsletter*, no. 317, 12. 6. 2014, http://english.yonhapnews.co.kr/northkorea/2014/06/11/57/0401000000AEN201406110 08900325F.html(Zugriff vom 25. 6. 2014).

5. 개혁: 한 걸음 전진, 두 걸음 후퇴

1 Janos Kornai, *The Socialist System*, chap. 2, note 2.

2 "무역성을 대외경제성으로 하기로 결정", 〈조선중앙통신〉, 2014. 6. 18., http://www.kcna.co.jp/calendar/2014/06/06-18/2014-0618-031.html(Zugriff vom 19. 6. 2014).

3 동독의 주도적인 작가의 관점에서 나온 기억할 만한 서술은 Stefan Heym, *5 Tage im Juni*(btb, München 1974/2005).

4 슘페터는 자본주의는 꾸준히 스스로를 경신하기 위해 창조적 파괴를 요한다는 주장으로 유명해졌다. 위기, 파산, 구조변화 등은 그의 관점에서 보면 정상일 뿐만 아니라 꼭 필요한 것이고, 이런 것을 막으려는 시도는 장기적으로 부정적인 결과들을 불러올 수 있다. Joseph A. Schumpeter, *Capitalism, Socialism and Democracy(Harper and Brothers, New York 1942);* 독일어 번역본은 *Kapitalismus, Sozialismus und Demokratie*(Francke, Bern 1972).

5 마오쩌둥과 그의 행동의 기원들에 대한 상세한 연구는 Edward E. Rice, *Mao's Way*(University of California Press, Berkeley and London 1974).

6 미국 중앙정보국(CIA)의 고위급 직원은 1970년대와 1980년대에 북조선 망명자들과의 수많은 대화를 토대로 이런 종류의 유대감이 어떻게 작동하는지를 생생하게 서술했다. Helen-Louise Hunter, *Kim Il-song's North Korea*(Praeger, Westport und London 1999).

7 Lars Müller, "Vor 55 Jahren sorgte Adolf Hennecke für Aufsehen", *Mitteldeutsche Zeitung*, 10. 10. 2003, http://www.mz-web.de/politik/sonderschicht-vor-55-jahren-sorgte-adolf-hennecke-fuer-aufsehen,20642162,17561576.html(Zugriff vom 3. 6. 2014).

8 "련이어 솟아오르는 위대한 창조물들", 〈조선중앙통신〉, 2009. 9. 4., http://www.kcna.co.jp/item/2009/200909/news04/20090904-11ee.html(Zugriff vom 3. 6. 2014).

9 Siehe unter anderem Hy-Sang Lee, "North Korea's Closed Economy: The Hidden Opening", *Asian Survey*, vol. 28, no. 12(December 1988), pp. 1264 – 1279.

10 한국인들은 20세기에 다양한 방법으로 일본으로 갔다. 흔히 완전히 자의만은 아니었다. 식민지 시기에는 2차대전의 강제노동자로 갔고, 1945년 이후로는 남한에서 정치적 박해 때문이었다. 그들은 오늘날까지도 일본의 시민권을 가졌음에도 '자이니치'라는 이름으로 차별을 당하고 있는데, 그 결과 북조선을 후원하는 등 민족주의적인 반응을 보인다. 이 회원들 또는 그 조상들이 대부분 남한 출신이라는 점은 아무런 역할도 못하는 것 같다. 지난 몇 년 동안 일본 여론이 핵무기 프로그램과 납치 등에 대한 비판을 한 덕에 조총련이 퇴조하는 영향이 관찰된다. Apichai W. Shipper, "Nationalisms of and Against Zainichi Koreans in Japan", *Asian Politics & Policy*, vol. 2/1, 2010, pp. 55 – 75.

11 "전국8월3일인민소비품전시회 진행", 〈조선중앙통신〉, 2013. 8. 20., http://www.kcna.co.jp/item/2013/201308/news20/20130820-17ee.html(Zugriff vom 3. 6. 2014).

12 Ilpyong J. Kim, "Kim Jong Il's Military First Politics", Young W. Kihl and Hong Nack Kim(ed.), *North Korea: the Politics of Regime Survival*(M.E. Sharpe, Armonk 2006), p. 69 f.

13 이 회담에서 가결된 공동성명은 http://www.mofa.go.jp/region/asia-paci/n_korea/pmv0209/Pyongyang.pdf.

14 탁월한 분석은 Alexandre Mansourov, "The Kelly Process, Kim Jong Il's Grand Strategy, and the Dawn of a Post-Agreed Framework Era on the Korean Peninsula, *Nautilus Policy Forum Online* 02-06A, 22. 10. 2002, http://oldsite.nautilus.org/archives/fora/security/0206A_Alexandre.html(Zugriff vom 3. 6. 2014).

15 Complete, Verifiable and Irreversible Dismantlement.

16 북조선에 대한 유럽연합의 제재 목록은 http:// www.consilium.europa.eu/uedocs/cms_Data/docs/pressdata/EN/foraff/136733.pdf(Zugriff vom 3. 6. 2014). Zu KEDO siehe chap. 3, note 22.

17 Rüdiger Frank, "Economic Reforms in North Korea(1998-2004): Systemic Restrictions, Quantitative Analysis, Ideological Background", *Journal of the Asia Pacific Economy*(Routledge), vol. 10/3 (2005), pp. 278 – 311.

18 Siehe unter anderem Kim Yong-sop, "Two Sirhak Scholars' Agricultural Reform Theories", *Korea Journal* 14/10(October 1974), pp. 13 – 26.

19 평양의 학술 백과사전 출판사가 발간하는 《경제연구》라는 유일한 경제전문지에서 찾아볼 수 있는 한국어 논문들이 매우 많은 것을 알려준다.

20 Nam Won-suk, *Economic Development Plan: Major Policies and Performance*(KOTRA, Seoul 2001).

21 김정일, "21세기는 거창한 전변의 세기, 창조의 세기다." 〈로동신문〉, 2001년 1월 4일자, 2면.

22 "Kim Jong Il's Plan to Build Powerful Nation", *People's Korea*, 31. 1. 2003, http://www.koreanp.co.jp/pk/174th issue/2002/013101.htm(Zugriff vom 2. 5. 2003).

23 이것은 경제에서 국가의 중심적 역할과 관련된다.

24 우리가 기억해야 할 것은, 결국 한국이 독립을 잃고 일본의 식민지가 되었다는 사실이다.

25 Leon V. Sigal, "Nuclear North Korea: A Debate on Engagement Strategies", *Korean Studies*, vol. 29, January 2005, pp. 170-173.

26 2014년 5월 말에 북조선과 일본 사이에서, 1970년대에 납북된 일본 시민들의 문제에 대한 돌파구가 있었다. 이것이 가능할 경우 양측에서 제재의 종식과 경제접촉의 활성화로 연결될 수도 있다. Justin McCurry, "North Korea to reopen inquiry into abductions of Japanese during cold war", *Japan Times*, 29. 5. 2014, http://www.theguardian.com/world/2014/may/29/north-korea-reopen-inquiryabductions-japanese-cold-war(Zugriff vom 3. 6. 2014).

27 Barry Naughton, *The Chinese Economy: Transitions and Growth*(MIT Press, Cambridge and London 2006).

28 인플레율과 식량 부족이나 2002년 7월의 가격개혁 등의 수치들은 다음의 자료에서 세부사항을 찾아볼 수 있다. Rüdiger Frank, "Economic Reforms in North Korea", chap. 5, note 17.

29 *China Statistical Yearbook 2013*(China Statistics Press, Beijing 2013).

30 이것과 북조선에 대한 다른 중요한 정보들은 FAO 인터넷 사이트에서 찾아볼 수 있다. http://www.fao.org/countryprofi les/index/en/?iso3=PRK.

31 "2002년 국가예산 집행의 결산과 2003년 국가예산에 대한 보고", 〈조선중앙통신〉, 2013년 3월 26일, http:// www.kcna.co.jp/calendar/2003/03/03-27/2003-03-27-002.html(Zugriff vom 23. 1. 2014).

32 Robert Collins, *Marked for Life: Songbun, North Korea's Social Classification System*(The Committee for Human Rights in North Korea, Washington, D. C. 2012).

33 "Inside North Korea's Crystal Meth Trade", *Foreign Policy*, 21. 11. 2013, http://www.foreignpolicy.com/articles/2013/11/21/inside_north_ koreas_crystal_meth_trade(Zugriff vom 7. 12. 2013).

34 www.kcna.co.jp에 나온 영문 기사들을 이용했다. 비교가능성을 만들어내기 위해 여기서 찾는 표제어를 포함한 기사들의 숫자를 해마다 발간되는 기사의 총수에 대비해 분석했다.

35 이들의 활동에 대한 개관은 Mi Ae Taylor and Mark Manyin, *Non-Governmental Organization's Activities in North Korea*(Congressional Research Service, Washington, D.C. 2011).

36 "혁명적대고조의 앞장에 선 강선의 로동계급", 〈조선중앙통신〉, 2009. 1. 2., http://www.kcna.co.jp/item/2009/200901/ news02/20090102-11ee.html(Zugriff vom 3. 6. 2014).

37 내각전원회의 확대회의, 〈조선중앙통신〉. 2008년 10월 20일, http://www.kcna.co.jp/calendar/2008/10/10-21/2008-1020-011.html.

38 InSung Kim and Karen Lee, "Mt. Kumgang and Inter-Korean Relations", National Committe on North Korea, http://www.ncnk.org/resources/briefi ng-papers/all-briefing-papers/mt.-kumgang-andinter-korean-relations(Zugriff vom 3. 6. 2014).

39 Rüdiger Frank, "Socialist Neoconservatism and North Korean Foreign Policy in the Nuclear Era", Kyung-ae Park(ed.), *New Challenges to North Korean Foreign Policy*(Palgrave Macmillan, New York 2010), pp. 3-42.

40 "김정일 총비서 황해제철 련합기업소를 현지지도", 〈조선중앙통신〉, 2009년 3월 12일, http://www.kcna.co.jp/calendar/2009/03/03-12/2009-0312-015.html(Zugriff vom 5. 6. 2014).

41 "DPRK revalues currency", *North Korean Economy Watch*, 4. 12. 2009, http://www.nkeconwatch.com/2009/12/04/dprk-renominates-currency(Zugriff vom 5. 6. 2014).

42 "North Korean singer rumoured to have been executed appears on TV", *The Guardian*, 17. 5. 2014, http://www.theguardian.com/ world/2014/may/17/north-korean-singer-rumoured-executedappears-tv(Zugriff vom 5. 6. 2014).

— 6. 경제특구: 수익창출원이자 위험요인

1 이것과 북조선에서의 특구들을 위해서는 Berhard Seliger, "Special Economic Zones, Trade, and Economic Reform: The Case of Rason City", Rüdiger Frank et al.(ed.), *Korea 2012: Politics, Economy and Society*(Brill, Leiden 2012), pp. 209 – 237.

2 미래 능력에 대한 최초의 논의의 하나는 Eckart Dege, "Die Tumen-Mündung: Nordost-Asiens 'Goldenes Delta' oder größter Flop?", *Koreana* 2/1993, S. 18 – 22.

3 본문은 다음에서 찾아볼 수 있다. http://www.nkeconwatch. com/nk-uploads/Law-on-Rason.pdf(Zugriff vom 6. 6. 2014).

4 Seliger, "Special Economic Zones", note 1.

5 더 자세한 내용은 http://www.tumenprogramme.org.

6 이것은 최근에 북조선 측에 의해 부정되었다. 2013년 장성택 처형과의 연관성을 짐작하게 된다. 그는 무엇보다도 외국인들에게 북조선 영토를 폭리를 취하고 팔았다는 비난을 받았다.

7 1945년 이후 북조선에서 베네딕트 수도회의 가혹한 운명을 매우 선명하게 묘사한 것은 Ambrosius Hafner, *Längs der Roten Straße*(EOS Verlag, St. Ottilien 1960).

8 Kim Son Hoang, "Göttlicher Beistand für Nordkorea", *Der Standard*, 13. 11. 2013, http://derstandard.at/1381371685722/GoettlicherBeistand-fuer-Nordkorea(Zugriff vom 6. 6. 2014).

9 2013년 3차 박람회에 대한 보고는 "성황리에 진행되고있는 라선국제상품전시회", 〈조선중앙통신〉, 2013. 8. 21., http:// www.kcna.co.jp/item/2013/201308/news21/20130821-17ee.html(Zugriff vom 6. 6. 2014).

10 Siehe unter anderem "Korean cows breach cold war frontier", BBC, 27. 10. 1998, http://news.bbc.co.uk/2/hi/asia-pacific/202107.stm(Zugriff vom 6. 6. 2014).

11 InSung Kim and Karen Lee, "Mt. Kumgang and Inter-Korean Relations", chap. 5, note 37.

12 이런 수식어는 문제가 없지 않다. 정확한 의미가 분명하지 않고, 시간이 흐르면서 바뀌기 때문이다. 나는 여기서 남한의 논의에서 쓰이는 개념을 그대로 쓴다.

13 특별히 가혹한 비판은 Kisam Kim and Donald Kirk, *Kim Dae-jung and the Quest for the Nobel: How the President of South Korea Bought the Peace Prize and Financed Kim Jong-il's Nuclear Program*(Palgrave Macmillan, New York 2013).

14 수많은 것들 중 한 예를 들면, "로동신문 남조선보수세력의 집권에 종지부를 찍어야 한다", 〈조선중앙통신〉, 2012. 11. 27., http://www.kcna. co.jp/item/2012/201211/

news27/20121127-08ee.html(Zugriff vom 6. 6. 2014).

15 "로동신문 '남조선당국이 반북대결로 얻을 것은 파멸뿐이다' 리명박'정권'", 〈조선중앙통신〉, 2008. 4. 1., http://www.kcna. co.jp/item/2008/200804/news04/01.htm1(Zugriff vom 6. 6. 2014).

16 Eul-Chul Lim, *Kaesong Industrial Complex: History, Pending Issues, and Outlook*(Haenam Publishing, Seoul 2007).

17 개성공단의 발생사와 처음 몇 해 동안의 발전과정에 대한 훌륭한 조망은 주 16의 저작을 볼 것.

18 "Several companies at joint Korean venture already packing up", *The Hankyoreh*, 11. 10. 2006, http://www.hani.co.kr/arti/ISSUE/29/163526.html(Zugriff vom 6. 6. 2014).

19 "NoKo 'Made In North Korea' Jeans Pulled From Sweden's Shelves", *The Huffington Post*, 18. 3. 2010, http://www.huffingtonpost. com/2009/12/07/noko-made-in-north-korea_n_382436. html(Zugriff vom 6. 2014).

20 Dick K. Nanto and Mark E. Manyin, *The Kaesong North-South Korean Industrial Complex*(Congressional Research Service, Washington, D.C. 2011).

21 최신 데이터는 http://www.unikorea.go.kr.

22 Madison Park, Frances Cha and Evelio Contrera, "How Choco Pie infiltrated North Korea's sweet tooth", CNN, 27. 1. 2014, http://edition.cnn.com/2014/01/27/world/asia/choco-pie-koreas(Zugriff vom 6. 6. 2014).

23 Siehe dazu unter anderem "Security Council Condemns Use of Ballistic Missile Technology in Launch by Democratic People's Republic of Korea in Resolution 2087", UN Security Council, 22. 1. 2013, http://www.un.org/News/Press/docs/2013/sc10891.doc.htm(Zugriff vom 6. 6. 2014).

24 "개성고도과학기술개발구건설에 착수한 평화경제개발그룹", 〈조선중앙통신〉, 2013. 11. 13., http://www.kcna.co.jp/item/2013/201311/news13/2013111317ee.html(Zugriff vom 6. 6. 2014).

25 Lim 2007, note 16, p. 9.

26 Lim 2007, p. 11.

27 Hendrik Ankenbrand, "Nordkorea. Die bizarre Kapitalisteninsel und ihr gefallener König", *Der Spiegel*, 4. 10. 2002, http://www.spiegel.de/ wirtschaft /nordkorea-die-bizarre-kapitalisteninsel-und-ihr-gefallener-koenig-a-216772.html(Zugriff vom

6. 6. 2014).

28 "China's Embrace of North Korea: The Curious Case of the Hwanggumpyong Island Economic Zone", *38 North*, http://38north.org/2012/02/hgp021712(Zugriff vom 9. 7. 2013).

29 Ebenda.

30 "New bridge connects China, DPRK this year", *People's Daily*, 14. 1. 2014, http://english.peopledaily.com.cn/90883/8512607.html(Zugriff vom 6. 6. 2014).

31 "조선에서 도들에 경제개발구들 내오기로 결정", 〈조선중앙통신〉, 2013. 11. 21., http://www.kcna.co.jp/item/2013/201311/news21/20131121-24ee.html (Zugriff vom 6. 6. 2014).

32 지역들의 위치를 표시한 지도와 세부사항은 "North Korea to set up 14 new special economic development zones", *The Hankyoreh*, 22. 11. 2013, http://english.hani.co.kr/arti/english_edition/e_northkorea/612341.html(Zugriff vom 6. 6. 2014).

33 "2013년국가예산집행 결산과 2014년국가예산", 〈조선중앙통신〉, 2014. 4. 9., http://www.kcna.co.jp/item/2014/201404/ news09/20140409-09ee.html(Zugriff vom 6. 6. 2014).

— 7. 김정은 치하의 북조선: 아직 이용되지 않은 잠재력

1 자동차가 실제로 얼마나 '사유화된' 것인지 아주 분명하지는 않다. 그에 대한 진술들은 서로 모순된다. 적어도 그 이용은 실질적으로 사유화되었지만, 소유 문제에서 조합이 허수아비로 기능하고 있을 수도 있다.

2 이 문제에 대해서는 아주 많은 글이 쓰였다. 특히 Lawrence J. Lau, Yingyi Qian and Gerard Roland, "Reform without Losers: An Interpretation of China's Dual-Track Approach to Transition", *Journal of Political Economy*, vol. 108/1, February 2000, pp. 120-143.

3 사람들의 평균적인 칼로리 요구량에 대한 신뢰할 만한 데이터가 존재한다. 단순화를 위해서 북조선의 남자, 여자, 어린이, 사무직 노동자, 중노동자, 크고 작은 사람 모두에게 대략 비슷한 양을 할당한다면 한 사람의 1일 칼로리 요구량은 보수적으로 따져서 대략 2,500킬로칼로리 정도다. 저개발국가 사람들은 칼로리 요구량의 대략 75퍼센트를 전분이 들어간 식량에서 얻는다. 이는 1,875킬로칼로리에 해당한다. 한국에서 기본식량은 쌀이고, 쌀은 종류에 따라 100그램당 370킬로칼로리의 에너지를 제공한다. 다른 모든 식량은 쌀로 치환될 수가 있다. 북조선 인민은 대략 2,500만

명이고, 1년은 어디서나 365일이다. 이것을 곱하면 연간 요구량은 460만 톤의 쌀, 또는 이에 해당하는 분량의 옥수수, 밀, 보리, 감자 등 다른 전분함유 식량이 나온다. 저장과 운송, 이듬해 파종을 위한 보존 등을 더하면 연간 대략 540만 톤이라는 총량이 나온다.

4 FAO, "Democratic People's Republic of Korea – FAO/WFP Crop and Food Security Assessment Mission", *Food and Agriculture Organization of the United Nations*, November 2013, http://www.wfp.org/content/democratic-peoples-republic-korea-fao-wfp-crop-food-securityassessment-nov-2013(Zugriff vom 16. 5. 2014).

5 여기서는 앞서 나온 쌀 배급량 제한이 타당해진다. 곧 이용 가능한 일정 양부터는 생명유지 수단이던 것이 향유 수단으로 바뀌고, 이것이 강력하게 수요행동에 영향을 주게 된다는 말이다. 그럼에도 정치적으로 영향을 미친 사실은 동독에서는 커피와 열대과일 같은 수입식품 결핍도 체제에 대한 불만으로 연결되었다는 점이다.

6 "N. Korea's food ration hits lowest level in 4 months", *Global Post*, 3. 6. 2014, http://www.globalpost.com/dispatch/news/yonhap-newsagency/140602/n-koreas-food-ration-hits-lowest-level-4-months(Zugriff vom 17. 6. 2014).

7 그중 50퍼센트 이상이 식품으로, 40퍼센트 정도가 에너지공급으로 나타났다. Mark E. Manyin and Mary Beth D. Nikitin, "Foreign Assistance to North Korea", FF(Congressional Research Service, Washington D.C. 2014), http://www.fas.org/sgp/crs/row/R40095.pdf(Zugriff vom 17. 6. 2014).

8 1965년 조약의 세부사항과 북조선의 배상금 관련 사변에 대해서는 Mark E. Manyin, "North Korea-Japan Relations: The Normalization Talks and the Compensation/Reparations Issue", *CRS Report for Congress*, 13. 6. 2001, http://assets.opencrs.com/rpts/RS20526_20010613.pdf(Zugriff vom 17. 6. 2014).

9 비난의 전체 텍스트는 "조선로동당 중앙위원회 정치국 확대회의에 관한 보도" 참조, 〈로동신문〉, 2013년 12월 8일자 1면.

10 삭스는 자신의 역할에 대한 비판에 반발한다. 그는 자신의 처방을 가장 짧은 시일 내에 바닥으로 떨어진 국민경제를 위한 해결책을 찾아낼 일종의 '응급' 처방이라고 본다. 자신이 자유주의 계열인 '워싱턴 합의'를 전달하는 사람이라는 이미지를 거부한다. Jeffrey Sachs, "What I did in Russia", 14. 3. 2012, http://jeffsachs.org/2012/03/what-i-did-in-russia(Zugriff vom 17. 6. 2014).

11 이 저작은 일종의 고전이다. Chalmers Johnson, *MITI and the Japanese Miracle: The Growth of Industrial Policy 1925–1975*(Stanford University Press, Stanford 1982).

12 남한에서 회사 사장들의 체포와 거대 재벌기업의 폐쇄 등을 포함하는, 이 과정을 다룬 매우 읽을 만한 연구는 Jung-en Woo, *Race to the Swift*, chap. 4, note 46.

13 대만의 경제 발전에 대한 기본서는 Robert Wade, *Governing the Market. Economic Theory and the Role of Government in East Asian Industrialization*(Princeton University Press, Princeton 2004).

14 여기서 국내기업들은 수출시장을 두고 국제적 경쟁자들과 경쟁하면서 동시에 상대적으로 안전한 국내 시장을 기반으로 삼는다. 나중에 국가는 수출시장을 관세와 쿼터 등으로 통제하면서, 기업들이 국내에서도 더 나은 효율성을 갖도록 강제할 수 있게 된다.

15 이런 이미지에 대해 오해가 없기를. 남북 양측에서 보통 남성들은 고령에 이르기까지 머리를 검게 염색한다.

16 오랜 전통을 가진 라이프치히 신문에는 그런 일이 보도할 가치가 있는 것 이상이었다. 예를 들면 Ulrike John und Matthias Roth, "Lange Schlangen vor Leipziger Straßenbahnen in Pjöngjang", *Leipziger Volkszeitung*, 4. 4. 2011, http://www.lvz-online.de/nachrichten/topthema/lange-schlangen-vor-leipziger-strassenbahnen-in-pjoengjang/r-topthema-a-82614.html(Zugriff vom 17. 6. 2014).

17 '북조선의 자전거'라는 흥미진진한 주제만이 아니라 다른 것들에 대해서도 바르바라 운터베크Barbara Unterbeck 박사 덕에 깊은 통찰을 얻었다.

18 "평양시 살림집건설장에서 사고 책임일군들이 유가족과 시민들에게 사과", 〈조선중앙통신〉, 2014. 5. 18., http://www. kcna.co.jp/item/2014/201405/news18/20140518-05ee.html(Zugriff vom 17. 6. 2014).

19 이 주제에 대한 최신 연구 하나는 Yon-ho Kim, *Cellphones in North Korea: Has North Korea Entered the Telecommunications Revolution?*(US-Korea Institute at SAIS, Washington D.C. 2014).

20 태블릿 PC 삼지연과 거기 들어간 다양한 앱과 전자책들에 대한 16페이지에 달하는 상세하고 포괄적인 리뷰는 Rüdiger Frank, "The North Korean Tablet Computer Samjiyon: Hardware, Soft ware and Resources", *38 North*, 10/2013, U.S.-Korea Institute at the School of Advanced International Studies(SAIS), Johns Hopkins University, http://38north.org/wp-content/uploads/2013/10/SamjiyonProductReview_RFrank102213-2.pdf(Zugriff vom 2. 5. 2014).

21 이는 보수적인 수치. 휴대전화 소유자들만 포함시키고 그들의 가족은 포함시키지 않았다. 물론 유통되는 휴대전화 숫자가 휴대전화 소유자의 숫자와 일치하지 않는

다는 점도 생각해야 한다. 북조선의 많은 사람들이 여러 대의 전화기를 가지고 있기 때문이다.

22 여성 상인의 최저 연령은 2008년 이후 여러 단계에 걸쳐 30세에서 49세로 상향되었다. *North Korea Today*, no. 117, GoodFriends, Seoul, March 2008, http://goodfriendsusa.blogspot.co.at/2008/04/north-korea-today-no117.html(Zugriff vom 18. 6. 2014).

23 이에 대한 더욱 상세한 내용은 Rüdiger Frank, "Exhausting Its Reserves? Sources of Finance for North Korea's 'Improvement of People's Living'", *38 North*, 12/2013, U.S.-Korea Institute at the School of Advanced International Studies(SAIS), Johns Hopkins University, http://38north.org/2013/12/rfrank121213.

24 2013년 말에 금 매각에 대한 소식들이 많아졌다는 사실과 잘 부합한다. 물론 이런 보도들은 언제나 조심스럽게 다루어야 한다. "N. Korea sells gold in sign of imminent economic collapse: source", *Yonhap*, 11. 12. 2013, http://english.yonhapnews.co.kr/northkorea/2013/12/11/33/0401000000AEN20131211004100315F.html?9caee628(Zugriff vom 18. 6. 2014).

—— 8. 대형 구경거리 아리랑: 90분 만에 보는 북조선

1 영국 출신의 영화광이자 성공한 여행사 대표인 닉 보너Nick Bonner의 다큐멘터리 영화 〈어떤 나라A State of Mind〉를 적극 추천한다. 이 영화는 아리랑 공연에 참가하는 두 아이의 일상과 공연 준비를 보여준다. 유럽의 선례들과 음악에 대한 훌륭한 조망은 Lisa Burnett, "Let Morning Shine over Pjöngjang: The Future-Oriented Nationalism of North Korea's Arirang Mass Games", *Asian Music*, vol. 44/1, Winter/Spring 2013, pp. 3-32.

2 예를 들면 1987년 공연을 유튜브에서 보고 경탄할 수 있다. http://www.youtube.com/watch?v=WcE4oRAo2iA

3 Siehe zum Beispiel "Kivett Productions amazed crowds with the USAA Tribute Vikings Card Stunt on November 11, 2012. Vikings fans show their military appreciation during the 'Salute to Service' card stunt, presented by USAA", http://www.cardstunts.com/usaatribute-vikings-card-stunt(Zugriff vom 3. 1. 2014 .

4 Hyang Jin Jung, "Jucheism as an Apotheosis of the Family: The Case of the Arirang Festival", *Journal of Korean Religions*, vol. 4/2, October 2013, pp. 93-122.

5 Andray Abrahamian, "Are the Arirang Mass Games Preparing People for

A Chinese Path?", *38 North*, 13. 8. 2012, http://38north.org/2012/08/aabrahamian081312(Zugriff vom 18. 6. 2014).

6 한국인들의 일상복은 20세기 초까지 실제로 흰색이었다. 흰옷은 더러워지기 쉽기 때문에 이는 놀라운 일이다. 그 이유는 이렇다. 1392년 이후로 이 나라를 지배한 유교는 가까운 친척이나 왕이 죽으면 여러 해나 계속되는 초상을 치르도록 엄격하게 규정해놓았다. 상복이 흰색인데, 자주 이것을 입어야 했으므로, 언제부터인가 이것이 아예 일상복이 되었다.

7 한국은 독자적인 문자를 갖고 있는데, 특히 북조선에서는 엄격하게 조선글 사용을 고수한다. 그러나 조선글의 많은 낱말과 대부분의 이름들이 한자어로 되어 있다. 모든 북조선 사람들은 자신의 이름에 쓰인 한자를 안다. 중국의 경제적 의미가 커지면서, 남북 모두에서 중국어를 배우는 일이 매우 인기가 있다.

8 미쓰비시란 일본어로 '세 개의 다이아몬드'를 뜻하는데, 이것이 분명 우연은 아니다.

9 '리'는 한국어로 거리를 나타내는 단위다. 여기서는 말 그대로 1만 리라는 뜻은 아니다. 1만이라는 숫자는 동아시아에서는 '많음'을 뜻한다. 이것은 아마도 일본어의 전투구호 '반자이萬歲(1만 년)'에서 온 것인 듯하다. 1만 리는 그냥 '매우 많음'이라는 뜻이다.

10 마이어스의 글은 최고지도자에 대한 영원한 빚이라는 주제를 매우 설득력 있게 서술한다. Brian Meyers, *The Cleanest Race*, chap. 1, note 11.

11 Katrin Bischoff, "Robert der Rammler goes East", *Berliner Zeitung*, 6. 1. 2007, http://www.berliner-zeitung.de/archiv/karl-szmolinskyzuechtet-riesenkaninchen--jetzt-auch-fuer-nordkorea-robertder-rammler-goes-east,10810590,10446372.html(Zugriff vom 30. 6. 2014).

12 빈 대학교의 동료이며 중국학자인 리하르트 트라플Richard Trappl, 펠릭스 벰호이어Felix Wemheuer가 지적한 내용으로, 그들의 도움이 없었다면 나는 이런 내용을 알지 못했을 것이다.

13 중국어로 얄루라는 이름으로 불리는, 한국과 중국 사이를 흐르는 국경의 강.

—— 9. 통일: 미래 전망

1 그가 연설한 장소, 맥락, 내용에 대한 매우 비판적인 논의는 Rüdiger Frank, "Fire the Speech Writers: An East German's Perspective on President Park's Dresden Speech", *38 North*, 4/2014, U.S.-Korea Institute at the School of

Advanced International Studies(SAIS), Johns Hopkins University, http://38north.org/2014/04/rfrank040314.

2 1990년부터 대략 2010년까지 독일 통일 논의와 그 발전에 대한 포괄적인 서술은 Raj Kollmorgen, Frank Thomas Koch und Hans-Liudger Dienel(Hg.), *Diskurse der deutschen Einheit*(Springer, Wiesbaden 2011).

3 매우 정확하고 상세한 서술은 Werner Weidenfeld, *Außenpolitik für die Deutsche Einheit: Die Entscheidungsjahre 1989/90*(DVA, Stuttgart 1998).

4 한국 민족주의에 대한 상세한 논의는 Gi-Wook Shin, *Ethnic Nationalism in Korea: Genealogy, Politics, and Legacy*(Stanford University Press, Redwood City 2006).

5 2006년 월드컵 대회의 맥락에서도 그랬다. Markus C. Schulte von Drach, "Party-Patriotismus ist Nationalismus", *Süddeutsche Zeitung*, 29. 6. 2012, http://www.sueddeutsche.de/wissen/fahnenmeere-zur-em-party-patriotismus-ist-nationalismus-1.1394854(Zugriff vom 15. 5. 2014).

6 전체 조망을 쉽게 하도록 소수점 이하 숫자는 임의로 생략. 정은미, 〈민관이 함께하는 통일 기반조성의 필요〉, 《민족화해》 11-12권(서울 2013년 12월), 24~27쪽.

7 "6 out of 10 S. Koreans view N. Korea as partner of cooperation: poll", *Yonhap*, 29. 5. 2014, http://english.yonhapnews.co.kr/northkore a/2014/05/29/12/0401000000AEN20140529002400315F.html(Zugriff vom 31. 5. 2014).

8 일본과는 무엇보다도 독도를 둔 싸움이 있다. 중국에 대해서 한국의 민족주의자들은 만주 땅 일부에 대한 요구를 하고 있다. Andre Schmid, *Korea between Empires*(Columbia University Press, New York 2002), p. 213.

9 남한의 여성 대통령에 대한 일련의 고약한 욕설들. 특히 "늙어가는 창녀"라는 욕설이 나온 뒤로 2014년 5월에 남한의 국방장관은 북조선이 "얼른 사라져야 한다"고 말했다. 북조선은 남한 정부의 각료들을 모조리 처단하겠노라는 위협으로 대응했다. "North Korea threatens to 'wipe out' South Korea after defence ministry insults Kim Jong-un", *National Post*, 13. 5. 2014, http://news.nationalpost.com/2014/05/13/north-korea-threatens-to-wipe-out-south-korea-after-defence-ministry-insults-kim-jong-un(Zugriff vom 15. 5. 2014).

10 Deutsches Rundfunkarchiv, "Ausreise", http://1989.dra.de/no_cache/themendossiers/politik/ausreise.html(Zugriff vom 7. 5. 2014).

11 총 98명이 베를린장벽을 넘으려고 시도하다가 사살당했다. Hans-Hermann Hertle und Maria Nooke, *Die Todesopfer an der Berliner Mauer 1961–1989. Ein biographisches*

Handbuch(Ch. Links, Berlin 2009).

12 Ronald Galenzia und Heinz Havemeister(Hg.), *Wir wollen immer artig sein… Punk, New Wave, HipHop und Independent-Szene in der DDR von 1980 bis 1990*(Schwarzkopf und Schwarzkopf, Berlin 2005). 국립 영화사 DEFA의 주문을 받아 Dieter Schumann이 촬영한 영화 〈속삭임과 외침(Flüstern und Schrei'n)〉(1985~1988)은 통일 전인 1988년에 처음으로 상연되었다.

13 Eckhard Jesse, "Wessis im Osten", Friedrich Thießen(Hg.), *Die Wessis. Westdeutsche Führungskräfte beim Aufbau Ost*(Boehlau, Köln, Weimar und Wien 2009), S. 27 – 36.

14 Zahlen nach Bettina Effner and Helge Heidemeyer(Hg.), *Flucht im geteilten Deutschland. Erinnerungsstätte Notaufnahmelager Marienfelde*(be.bra Verlag, Berlin 2005); 통일부, "북한 이탈주민 현황", http://www.unikorea.go.kr/index.do?menuCd=DOM_000000105006006000(Zugriff vom 8. 5. 2014).

15 "Südkorea rechtfertigt tödliche Schüsse auf Schwimmer", *Der Standard*, 17. 9. 2013, http://derstandard.at/1379291077377/Suedkorearechtfertigt-toedliche-Schuesse-auf-Schwimmer(Zugriff vom 21. 4. 2014).

16 예컨대 Egon Krenz, *Herbst 89(Edition Ost, Berlin 2009),* 또는 *Hans Modrow(mit Hans-Dieter Schütt), Ich wollte ein neues Deutschland*(Dietz Verlag, Berlin 1998).

17 삼성이나 현대 같은 남한의 기업집단들을 가리키는 표현. 이들은 박정희 치하에서 1960년대 초부터 시작된 발전 역사의 결정적인 주역들이었다.

18 상세한 비판적 논의는 Aurel Croissant, "Südkorea: Von der Militärdiktatur zur Demokratie", Thomas Heberer und Claudia Derichs(Hg.), *Einführung in die politischen Systeme Ostasiens*(VS Verlag für Sozialwissenschaft en, Wiesbaden 2008), S. 285 – 349.

19 1950년대의 몇몇 분명한 예는 Rüdiger Frank, *Die DDR und Nordkorea*, Kap. 1, Anm. 18.

20 2014년 초에 합당한 비난들을 총괄하는, 370쪽이 넘는 북조선에 대한 유엔 인권보고서가 나왔다. http://www.ohchr.org/EN/HRBodies/HRC/CoIDPRK/Pages/ReportoftheCommissionofInquiryDPRK.aspx. 평양 정부는 즉시 날카롭게 항의했다. 보고의 방법에 대한 비판은 Felix Abt, "Das ist eine massive Übertreibung", *Baseler Zeitung*, 21. 2. 2014, http://bazonline.ch/ausland/asien-und-ozeanien/Das-ist-eine-massive-Uebertreibung/ story/23026835(Zugriff vom 9. 5. 2014).

21 파케 같은 저자들은 독일 통일의 앞뜰에서 정치에 의해 강화되고 설득된 기대감

을 비판했다. Karl-Heinz Paqué, *Die Bilanz. Eine wirtschaft liche Analyse der Deutschen Einheit*(Hanser Verlag, München 2009).

22 이 주제에 대한 기본서 하나의 부제가 '경제 규칙과 충돌하는 정치적 압력'이라는 것이 이미 이런 유의 책들에 대해 말해준다. Dieter Grosser, *Das Wagnis der Währungs-, Wirtschafts- und Sozialunion. Politische Zwänge im Konflikt mit ökonomischen Regeln*(DVA, Stuttgart 1998).

23 So zitiert in Wolfgang Jäger, *Die Überwindung der Teilung. Der innerdeutsche Prozess der Vereinigung 1989/1990*(DVA, Stuttgart 1998), S. 15.

24 Friedrich Thießen(Hg.), *Die Wessis*, Anm. 13.

25 이른바 배경에 대한 일종의 분류체계. Robert Collins, *Marked for Life*, chap. 5, note 32.

26 Robert L. Worden(ed.), *North Korea: A Country Study*(Library of Congress, 2008); Übersetzung RF.

27 Friedrich Thießen(Hg.), *Die Wessis*, Anm. 13, S. 10.

28 한 예로, 하이청 시양 그룹은 북조선에 철광석 생산을 위한 합작회사로 투자했던 것을 악몽이라고 서술하고 있는 반면 북조선은 중국의 합작 파트너가 협약을 이행하지 않았다고 비난했다. "North Korea Blasts Chinese Company in Failed Deal", *The New York Times*, 5. 9. 2012.

29 Jeong-ah Cho et al., *The Emergence of a New Generation: The Generational Experience and Characteristics of Young North Koreans*, Study Series 14-03(Korea Institute for National Unification, Seoul 2014).

30 통일 내지는 그와 연관된 거래비용에 대한 매우 상세하고 포괄적인 서술은 Marco Hietschold, *Die Integration des "Aufb au Ost" in die bundesdeutsche Finanzordnung: Potentiale und Perspektiven wachstumswirksamer Transfermittelverwendung*(Cuvillier, Göttingen 2010), vor allem S. 34 – 50.

31 "Deutsche Einheit hat fast zwei Billionen Euro gekostet", *Frankfurter Allgemeine Zeitung*, 4. 5. 2014, http://www.faz.net/aktuell/wirtschaft/expertenschaetzung-deutsche-einheit-hat-fast-zwei-billionen-eurogekostet-12922345.html(Zugriff vom 12. 5. 2014).

32 Lena Schipper, "Die Rente frisst den Bundeshaushalt auf", *Frankfurter Allgemeine Zeitung*, 4. 9. 2013, http://www.faz.net/aktuell/wirtschaft /wirtschaftspolitik/staatsausgaben-die-rente-frisst-denbundeshaushalt-auf-12556533.html(Zugriff vom 12. 5. 2014).

33 Jungmin Shon and Howard A. Palley, "South Korea's Poverty-Stricken Elderly", *East Asia Forum*, 10. 5. 2014, http://www.eastasiaforum.org/2014/05/10/south-koreas-poverty-stricken-elderly (Zugriff vom 12. 5. 2014). 이 수치들은 극단적으로 낮다. 많은 남한 사람들은 여러 가지 보험을 통해 그보다 훨씬 많은 연금을 지급받는다. 또한 특정 직업군에는 별도의 연금 규정들이 있다. Kamg과 Lee 두 사람은 연금 급여액이 모든 연금 가입자들의 소득 평균의 5퍼센트에 이른다고 말하는데, 이는 독일과 비교하면 여전히 주관적으로 낮은 수치다. Ji Young Kang and Jieun Lee, "A comparison of the public pension systems of South Korea and Japan from a historical perspective focusing on the basic pension schemes", Paper bei der Konferenz "Asian Social Protection in Comparative Perspective" conference paper, University of Maryland, 9. 1. 2009, http://www.umdcipe.org/conferences/policy_exchanges/conf_papers/Papers/1051.pdf(Zugriff vom 30. 6. 2014).

34 Siehe unter anderem B. C. Koh, "Inter-Korean Relations: Seoul's Perspective", *Asian Survey*, vol. 20/11, November 1980, pp. 1108 - 1122.

35 한국어로는 연합Konföderation과 연방Föderation이라는 두 개념을 위해 동일한 낱말이 쓰인다.(북조선에서는 련방, 남한에서는 연합). 그 결과 공식문서에서조차 잘못된 번역이 나타날 수 있다. 개념의 내용으로 보면, 여기서 예컨대 독일에서와 같은 연방이 아니라 일종의 국가연합이 다루어진다는 것이 분명하다.

36 흥미로운 난외주석. 1948년 남한에서도 잠깐 새로 시작하는 공화국의 이름으로 고려라는 이름이 숙고되었다. 그러다가 임시정부로 돌아가면서 오늘날 쓰이는 대한민국(줄여서 한국)으로 정해졌다.

37 Ji-Eun Seo, "Unification may be jackpot: Park", *Korea Joongang Daily*, 7. 1. 2014, http://koreajoongangdaily.joins.com/news/article/article.aspx?aid=2983129(Zugriff vom 20. 6. 2014).

38 러시아 외무부 소속 관리들과 대화를 해보면, 당시 '정치적 아마추어들'이 남한의 호의와 무엇보다도 경제 원조를 얻으려는 희망에서 북조선에 대해 강경노선을 취했던 것을 거듭 탄식하곤 했다. 결과는 정반대였다. 서울은 러시아가 평양에 접근할 유일한 통로가 아니라는 사실을 알아차리자 러시아에 대한 흥미를 잃었고, 재정적 지원에 대한 모스크바의 희망은 성취되지 않았다. 그에 반해 북조선에서는 옛날 파트너에게 배신을 당했다는 감정이 있었고, 덕분에 관계를 재정립하는 데 긴 시간 어려움이 있었다. E. Dobryshev, "Korejskaja Politika Rossii Trebuet Korrektirovki"[러

시아의 한국정책은 수립이 필요하다], *Problemy Dal'nego Wostoka*(Probleme des Fernen Ostens), no. 1, 1996.

39 첫 구간은 일본 쓰시마에서 남한의 부산을 잇는 해저터널을 포함하게 될 것이다.

—— 후기: 북조선 2014~2016년

1 조선로동당 중앙위원회 정치국 당 제7차대회를 소집할 것을 결정, http://www.kcna.kp(Zugriff vom 1. 11. 2015).

2 Rüdiger Frank, "The 7th Congress of the Workers' Party of Korea in 2016: Return to a New Normal or Risk a Take-Off?", *38 North*, 11/2015, U.S.-Korea Institute at the School of Advanced International Studies(SAIS), Johns Hopkins University, http://38north.org/2015/11/rfrank111115(Zugriff vom 10. 10. 2016).

3 "Detained and interrogated for 10 hours in North Korea", BBC, 20. 5. 2016, http://www.bbc.com/news/magazine-36200530(Zugriff vom 10. 10. 2016).

4 http://www.rodong.rep.kp/ko/index.php?strPageID=SF01_02_01&newsID=2016-05-08-0001(Zugriff vom 10. 10. 2016).

5 김정은: 조선로동당 제 7 차대회에서 한 당중앙위원회 사업총화보고, 〈로동신문〉, 2016년 5월 8일자, http://www.rodong.rep.kp/ko/index.php?strPageID=SF01_02_01&newsID=2016-05-08-0001(Zugriff vom 10. 10. 2016).

6 상세한 분석은 Rüdiger Frank, "The 7th Party Congress in North Korea: An Analysis of Kim Jong-un's Report", *The Asia-Pacific Journal*, vol. 14, issue 14, no. 8, July 2016, http://apjjf.org/2016/14/Frank.html(Zugriff vom 10. 10. 2016).

7 Kim Jong-un, "Bericht über die Arbeit des Zentralkomitees".

8 폐쇄에서 이득을 보았느냐 손실을 보았느냐 하는 포괄적인 논의는 Rudiger Frank and Théo Clément, "Closing the Kaesŏng Industrial Zone: An Assessment", *The Asia-Pacific Journal*, vol. 14, issue 6, no. 7, March 2016, http://apjjf.org/2016/06/Frank.html(Zugriff vom 10. 10. 2016).

9 "S. Korea tracks money flow over N. Korea's Kaesŏng revenue use", *Yonhap*, 15. 2. 2016, http://english.yonhapnews.co.kr/news/2016/02/15/0200000000AEN20160215005100315.html(Zugriff vom 10. 10. 2016).

10 KOTRA, 〈2014년 북한의 대외무역동향〉, http://www.globalwindow.org/gw/krpinfo/GWKITR020M.html?BBS_ID=16&MENU_CD=M10403&UPPER_MENU_CD=M10401&MENU_STEP=2&ARTICLE_ID=5031941&ARTICLE_

SE=20346(Zugriff vom 20. 11. 2015).

11 韩媒称朝鲜向中国东北输出大量劳工赚取外汇[남한 매체들은 북조선이 외화벌이를 위해 다수의 노동력을 중국 동북부에 수출한다고 보도한다], *Cankao Xiaoxi*, 1. 2. 2016, http://www.cankaoxiaoxi.com/china/20160201/1066952.shtml(Zugriff vom 1. 2. 2016).

12 "In Davos, Shunning Controversy in Favor of Restrained Debate", *The New York Times*, 19. 1. 2016, http://www.nytimes.com/2016/01/19/business/dealbook/muting-the-global-dialogue-in-davos.html?_r=0(Zugriff vom 10. 10. 2016).

찾아보기

ㄴ

ㄷ

ㄹ

ㅁ

ㅂ

ㅅ

ㅈ

ㅊ

ㅋ

ㅌ

ㅍ

ㅎ

기타

중화인민공화국
러시아
두만강
회령
무산
라선
함경북도
백두산
청진
라남
혜산
량강도
압록강
조선인민주의
인민공화국
자강도
강계
단둥
평안북도
묘향산
김책
탄천
함경남도
신의주
구성
태천
영변
함흥
신포
흥남
대동강
순천
평성
평안남도
원산
평양
강원도
동해
남포
황해북도
금강산
사리원
황해남도
평산
군사분계선
38°
해주
판문점
개성
인천
서울
울릉도
한강
독도
대한민국
서해
금강
대전
낙동강
군산
포항
대구
광주
부산
후쿠시마
일본
도청(인민위원회) 소재지
4대 경제특구
0 50 100 km
제주도
한라산

북한: 전체주의 국가의 내부관점

초판 1쇄 인쇄 2020년 9월 21일
초판 1쇄 발행 2020년 9월 28일

지은이 뤼디거 프랑크
옮긴이 안인희
펴낸이 이상훈
편집인 김수영
본부장 정진항
인문사회팀 권순범 김경훈
마케팅 천용호 조재성 박신영 조은별 노유리
경영지원 정혜진 이송이
디자인 [★]규

펴낸곳 한겨레출판㈜ www.hanibook.co.kr
등록 2006년 1월 4일 제313-2006-00003호
주소 서울시 마포구 창전로 70(신수동) 화수목빌딩 5층
전화 02-6383-1602~3 **팩스** 02-6383-1610
대표메일 book@hanibook.co.kr

ISBN 979-11-6040-431-9 03300